Mo Gawdat & Alice Law

WIE MAN UNSTRESSBAR WIRD

Der praktische Leitfaden für ein stressfreies Leben

REDLINE | VERLAG

Mo Gawdat
& ALICE LAW

WIE MAN UNSTRESSBAR WIRD

Der praktische Leitfaden für ein stressfreies Leben

Bibliografische Information der Deutschen Nationalbibliothek
Die Deutsche Nationalbibliothek verzeichnet diese Publikation in der Deutschen Nationalbibliografie.
Detaillierte bibliografische Daten sind im Internet über http://dnb.de abrufbar.

Für Fragen und Anregungen:
info@m-vg.de

Wichtiger Hinweis
Ausschließlich zum Zweck der besseren Lesbarkeit wurde auf eine genderspezifische Schreibweise sowie eine Mehrfachbezeichnung verzichtet. Alle personenbezogenen Bezeichnungen sind somit geschlechtsneutral zu verstehen.

1. Auflage 2024

Türkenstraße 89
80799 München
Tel.: 089 651285-0

Die englische Originalausgabe erschien 2024 bei St. Martin's Essentials, einem Imprint der St. Martin's Publishing Group, unter dem Titel *Unstressable*.

Übersetzung: Jordan Wegberg
Redaktion: Monika Spinner-Schuch
Umschlaggestaltung: Marc Fischer
Umschlagabbildung: Adobe Stock/vadymstock
Satz: ZeroSoft, Timisoara
Druck: GGP Media GmbH, Pößneck
Printed in Germany

ISBN Print 978-3-86881-969-4
ISBN E-Book (PDF) 978-3-96267-596-7
ISBN E-Book (EPUB, Mobi) 978-3-96267-597-4

Wir produzieren nachhaltig
www.m-vg.de

Weitere Informationen zum Verlag finden Sie unter
www.redline-verlag.de
Beachten Sie auch unsere weiteren Verlage unter www.m-vg.de

Inhalt

Dies ist keine Einleitung

Sie sind gestresst. Oder etwa nicht? Wenn Sie in unserer modernen Welt mit all ihrer irrwitzigen und unablässigen Hektik leben, sind Sie es ganz bestimmt. Und wenn der Titel dieses Buches Sie dazu gebracht hat, es aufzuschlagen und dies zu lesen, müssen Sie tatsächlich Stress haben. Das haben Sie gut gemacht. Sie haben sich Ihr Empfinden eingestanden. Nun sind Sie wahrscheinlich neugierig, was Sie dagegen tun können. Neugier ist der wichtigste Schritt auf dem Weg zur Genesung. Willkommen! Hier sind Sie richtig.

Ganz recht, ich sagte *Genesung*, denn Stress, der Stress unserer modernen Zeit, ist wirklich eine Krankheit. Tatsächlich ist es *die* am weitesten verbreitete Krankheit. Sie laugt die Menschheit aus und führt zu vielen anderen Erkrankungen, die zu behandeln wir uns bemühen, während wir die ihnen zugrunde liegende Ursache weiter erstarken lassen.

Wie man unstressbar wird ist ein Buch mit einer Mission. Wir haben es nicht geschrieben, damit Sie die Ruhe bewahren, egal, was das Leben Ihnen bringt. Vielmehr geht es ebenso sehr um die Prävention von künftigem Stress wie um die Heilung Ihrer gegenwärtigen Belastungen. Alice und ich haben uns vorgenommen, eine Gemeinschaft zu schaffen, die Jahr für Jahr einer Million Menschen zu einem stressfreien Leben verhelfen soll – #OneMillionUnstressable –, eine Bewegung, der auch Sie hoffentlich beitreten.

Wir alle – egal, wie leicht oder schwer unser Leben sich gestalten mag – stehen tagtäglich vor Herausforderungen. Sei es eine Weltwirtschaftskrise, eine Auseinandersetzung mit dem Chef oder der Partnerin oder eine Erkrankung: Wir alle erleben Notlagen, doch unsere Reaktionen unterscheiden sich voneinander. Der eine ist überfordert und gestresst, ja sogar deprimiert, der andere dagegen erkennt in seinem individuellen Problem auch eine Chance.

Könnte die Realität womöglich viel erhellender sein, als man uns glauben machte? Auch wenn die Probleme, die unseren Lebensweg säumen, uns aufgezwungen werden, könnte es sein, dass wir die Wahl haben, ob wir uns davon gestresst fühlen. Könnten wir Fähigkeiten und Ressourcen entwickeln, um den Stress abzulegen? Kann Stress vermieden werden? Die Antwort ist ein nachdrückliches *Ja*.

Sehr wichtig! Nicht die Ereignisse in unserem Leben stressen uns, sondern die Art und Weise, wie wir mit ihnen umgehen.

Es muss Sie nicht beunruhigen, wenn Sie gestresst sind. Da sind Sie nicht der oder die Einzige! Wir alle sind Teil dieser komplizierten, stressigen, schnelllebigen modernen Welt, und man erwartet von uns, dass wir fehlerfrei damit umgehen, ohne dass wir im Geringsten gelernt hätten, *wie* wir denn nun diese Stressfaktoren für uns statt gegen uns arbeiten lassen können. Diese Erwartung ist ebenso lächerlich, als würde man Sie auffordern, in einen Rennwagen zu steigen, bei strömendem Regen die Formel-1-Strecke zu fahren, den Siegerpokal zu gewinnen und lebend wieder von der Piste zu kommen, ohne dass Sie je eine Fahrschule besucht hätten.

Wirklich epidemisch

Die meisten Menschen glauben, die einzige Pandemie, die uns bisher in unserem Leben begegnet ist, sei Corona gewesen, aber das stimmt nicht. Schon seit vielen Jahren bezeichnet die Weltgesundheitsorganisation Stress als »Epidemie des 21. Jahrhunderts«.

Studien belegen, dass 70 bis 90 Prozent *aller* Arztbesuche in den USA in irgendeiner Form mit Stress in Zusammenhang stehen.[1] Gemäß dem American Institute of Stress leidet einer von drei Amerikanern unter extremem Stress, 77 Prozent haben stressbedingte gesundheitliche Probleme, und Stress wirkt sich negativ auf die psychische Gesundheit von 73 Prozent aller Amerikaner aus. Jeder zweite Amerikaner hat aufgrund von Stress Schlafprobleme[2] – und solche Statistiken sind sicherlich kein US-spezifisches Phänomen. Der globale Markt für Schlaftabletten wird für 2019 auf 64,29 Milliarden Dollar geschätzt und soll bis 2026 sogar bei 101,7 Milliarden Dollar liegen.[3]

Was Großbritannien betrifft, so sind Studien zufolge 74 Prozent der Briten so gestresst, dass sie nicht mit dem Leben zurechtkommen; 51 Prozent davon klagen auch über Depressionen und 61 Prozent leiden unter Angstgefühlen.[4] Stress hat als Hauptursache für Arbeitsausfälle die muskuloskelettalen Probleme (unsere Rückenschmerzen aufgrund von zu langem Sitzen am Schreibtisch) abgelöst; 17,9 Millionen Fehltage jährlich gehen im Vereinigten Königreich allein auf Stress zurück.

Noch besorgniserregender ist, dass in den Vereinigten Staaten jedes Jahr über 120 000 Menschen aufgrund von beruflichem Stress *sterben*, und das, obwohl über 190 Milliarden Dollar für die Behandlung von Krankheiten ausgegeben wurden, die mit Stress am Arbeitsplatz in Zusammenhang stehen.[5]

Und wie steht es mit dem Rest der Welt? Tokio gilt als die Stadt mit dem meisten Stress, und Griechenland, das wir normalerweise mit einer entspannten Lebensweise, frischen Nahrungsmitteln und Sonnenschein verknüpfen, läuft allen anderen als stressintensivstes Land den Rang ab. Wir konnten hierzu keine Statistiken finden, dürfen aber wohl davon ausgehen, dass sie noch schlechter ausfallen als die Amerikas oder Großbritanniens.

Vorbei sind die Zeiten, da die Jugend sorglos war. Je jünger Sie sind, desto höher die Wahrscheinlichkeit, dass Sie gestresst sind: 61 Prozent der Erwachsenen in der Generation Z (im Alter von 18 bis 23 Jahren) geben an, im letzten Monat Stress empfunden zu haben. Das sind wesentlich mehr als in allen anderen Generationen: Bei den Millennials (24 bis 41 Jahre) sind es 56 Prozent, bei der Generation X (42 bis 55 Jahre) 52 Prozent, bei den Boomern (56 bis 74 Jahre) 40 Prozent und bei älteren Erwachsenen (über 75 Jahre) 33 Prozent.[6] Das könnte mit der Tatsache zusammenhängen, dass wir mit zunehmendem Alter lernen, besser mit Stress zurechtzukommen, oder dass wir uns stärker daran gewöhnen im Hinblick auf Ressourcen, die unser Leben ein bisschen leichter machen.

Ob Sie nun jung sind oder alt, ob Sie in der Sonne leben oder in der Kälte:

Nicht vergessen! Wenn Sie Teil der modernen Welt sind, können Sie dem Stress nicht entkommen.

Ohne Zweifel kannten wir Stress schon, als wir noch Höhlenmenschen waren. Der Unterschied ist jedoch, dass er damals jener entscheidende Faktor war, der unsere Vorfahren in lebensbedrohlichen Situationen überleben ließ, während er in der von uns geschaffenen heutigen Zivilisation zum lautlosen Mörder unserer Gesundheit, unseres Glücks und unseres Wohlbefindens geworden ist.

Wenn wir Stress als Pandemie betrachten, wäre es sicherlich interessant, ihn zu seinen Wurzeln zurückzuverfolgen auf der Suche nach …

Patient Zero

Wären unser Vorfahren – die Höhlenmenschen – nicht regelmäßig gestresst gewesen, dann wären wir heute nicht hier. Stress war ein notwendiger Bestandteil des Lebens, um Gefahren zu vermeiden und in Sicherheit zu bleiben. Wenn ein Säbelzahntiger im Gebüsch lauerte, bereit, Sie anzuspringen, war es Ihre Stressreaktion, die Sie davon abhielt, lächelnd auf ihn zuzugehen und zu sagen: »Ach, du süßes Miezekätzchen!« Stattdessen löste der Stress Ihre Kampf-oder-Flucht-Reaktion aus, die Sie entweder wegrennen oder angreifen ließ, um Ihr Leben zu retten.

Solche Reaktionen in Sekundenbruchteilen waren – und sind immer noch – das Ergebnis einer perfekt aufeinander abgestimmten biologischen Maschinerie. Die Amygdala erkennt die Bedrohung und alarmiert den Hypothalamus, der wiederum das sympathische Nervensystem aktiviert, indem er Signale an die Nebennieren aussendet, die sofort das Stresshormon Cortisol in Ihren Blutkreislauf freigeben, das wie ein zusätzliches Oktan funktioniert, um Ihren Körper auf das einzustellen, was er angesichts der Gefahr tun muss.

Nicht vergessen! Ungerechtfertigter, anhaltender, nicht kontrollierter Stress wirkt sich auf jeden Fall wie eine Erkrankung aus.

Doch es ist keine Erkrankung ohne Behandlungsmöglichkeit.

Unsere genetische Programmierung hat sich nicht groß verändert seit der Zeit, da wir in Höhlen lebten. Unsere Welt ist erheblich sicherer geworden, aber unser Verstand nimmt mehr von unserer Umgebung als gefährlich wahr. Denn jetzt jagen wir nach Jobs, Social-Media-Likes, materiellem Besitz oder einem passenden Partner statt nach Kalorien, die unserer täglichen Ernährung dienen. Jetzt durchwandern wir Flughäfen oder belebte Straßen, um Kaffee und Kinos anstelle von Wärme und Schutz zu finden. Wir sorgen vor für die Rente, für den Überfluss und für die Party am Wochenende, statt Lebensmittelvorräte für den kommenden Winter anzulegen, und der Stress wird immer größer, bis alles zu viel wird. Wie reagieren wir also darauf? Wir werden …

Comfortably Numb

Stress durchdringt unser Leben und breitet sich sprunghaft aus, da wir uns sogar *gegenseitig* stressen, und doch nehmen wir ihn kaum als solchen wahr. Viele verbergen ihn, viele tragen ihn sogar wie ein Ehrenzeichen. Hervorzuheben, wie gestresst man ist, gilt heute als Kurzform für: »Ich werde gebraucht. Ich bin begehrt. Ich bin gefragt. Ich bin wichtig.« Wir bleiben am Leben, während der Stress langsam unsere Fähigkeit zum Empfinden von Freude abtötet. Wir lernen, unseren Stress zu verschleiern. Wir versuchen, ihn zu ignorieren, ihn abzustreifen und weiterzumachen. Nach und nach wächst er zu einem Monster heran, das anzuschauen uns sogar noch mehr Angst macht. Deshalb stecken wir den Kopf noch tiefer in den Sand und tun, als wäre alles in Ordnung. Wir lernen, das Gefühl von Stress als normal zu akzeptieren. Wir lernen, Müdigkeit zu akzeptieren, sogar Erschöpfung. Wir lernen, uns in einem Leben einzurichten, dem es sowohl an Leidenschaft wie auch an Freude fehlt. Irgendwie glauben wir, wenn wir es bis jetzt geschafft haben, können wir auch noch ein bisschen länger damit leben.

Solange es nicht *völlig* kaputt ist, muss es auch nicht repariert werden, argumentieren wir.

Wenn man mal darüber nachdenkt, ist es lächerlich. Es ist, als stünden Sie während eines heftigen Erdbebens auf dem Dach eines Hochhauses, würden sich aber weigern zu gehen, ehe Sie Risse im Beton sehen.

Nicht vergessen! Der kollektive Stress der Gesellschaft breitet sich rasant aus, doch wir nehmen sein Ausmaß immer weniger zur Kenntnis.

In »Comfortably Numb«, meiner – Mos – Meinung nach dem besten Song, der je geschrieben wurde (und der mit Sicherheit eins der besten Gitarrensoli aller Zeiten enthält), beschreiben Pink Floyd auf brillante Weise, wie wir unsere Emotionen betäuben und ständig den Schmerz zu lindern versuchen, um wieder auf die Füße zu kommen und die Show des Lebens fortsetzen zu können. Trotz der Schmerzen wird in diesem Song der Besuch eines Arztes imaginiert, bei dem eine Injektion verschrieben wird, die den ganzen Alltagsstress beheben soll. *Können Sie aufstehen? Ich glaube, es wirkt, gut. Das wird Ihnen helfen, die Show über die Bühne zu bringen. Na, dann los, es wird Zeit,* sagt der Arzt.

Das ist alles Betrug. Es ist an der Zeit, dass Sie und alle anderen in voller Lautstärke mitsingen. Diese vom Stress gezeichnete Version meiner selbst ist nicht das, was ich wirklich bin.

Nicht vergessen! Ich bin angenehm empfindungslos geworden.

Alice und ich haben beschlossen, dieses Buch zu schreiben, weil wir fest daran glauben, dass der von Stress verursachte Schaden vermeidbar ist. Ein Grund dafür ist, dass wir ihn beide selbst erlebt haben, und nachdem wir den Weg zu einem ruhigeren Leben gefunden haben, war es uns ein Anliegen, anderen davon zu erzählen und sie davon profitieren zu lassen.

Unsere Stressreaktionen sind so vorhersehbar, dass man sie in mathematische Gleichungen umwandeln kann. Angst ist eine programmierte Reaktion. Der Punkt, an dem wir Burn-out und Erschöpfung erreichen, kann mit ebenso viel Präzision vorhergesagt werden wie die Physik, die uns widerstandsfähige Maschinen entwickeln lässt. Ich verwende diese Gleichungen in vereinfachter Form, damit Sie sich als jene widerstandsfähige Maschine neu aufstellen können, deren Potenzial Sie in sich tragen.

Die Gleichungen werden zeigen, dass Stress nicht einfach das Ergebnis Ihrer Lebensumstände ist, zumindest nicht zur Gänze. Wie stark Sie Stress empfinden, hat auch viel mit den Fähigkeiten, Techniken und Ressourcen zu tun, die Ihnen zur Verfügung stehen, um sich Ihren Herausforderungen zu stellen. Ungefähr so, wie ein Hindernisparcours einem durchtrainierten Sportler leicht vorkommt, während ein Spaziergang im Park anstrengend sein kann für jemanden, der nicht gut in Form ist.

Besorgnis, Angst, Panik und Beklemmung können ebenfalls arithmetisch untersucht werden. Wenn wir die Parameter verstehen, die sie verstärken, lernen wir, damit umzugehen.

Um den Burn-out zu verstehen, werden wir uns mit einem Konzept beschäftigen, das in der Physik als *Ermüdung* bekannt ist – der Grund, warum die meisten Objekte irgendwann kaputtgehen, nicht weil sie einer starken Einwirkung unterzogen sind, sondern fortgesetzt einer weniger starken. Es mag sich seltsam anhören, aber es kann sehr erhellend sein, Belastung bei Menschen auf eine ähnliche Weise zu betrachten, wie wir sie in der Physik untersuchen.

Auch Stress kann biologisch als vorhersagbare Maschine beschrieben werden. Man kann ihn als Betriebsprozess sehen. Unsere biologischen Maschinen steuern uns, indem sie Chemikalien durch unseren Körper pumpen. Diese veranlassen uns, bestimmte Handlungen auszuführen, die unserem Überleben und der Leistungsstärke in kritischen Situationen dienen. Ist eine Herausforderung bewältigt, so sollen die Chemikalien sich auflösen und die Stressmaschine abschalten, damit Sie zu einem normalen, gesunden Leben zurückkehren können. Manchmal ist die Maschine blockiert und muss gewartet werden. Wie gute Mechaniker wollen wir Ihnen zeigen, was die Maschine blockiert und daran hindert, wie geplant zu funktionieren, und Sie mit gesünderen Gewohnheiten bekannt machen, die sie anschließend reibungslos laufen lassen.

Nicht vergessen! Da Stress vorhersehbar ist, lässt er sich auch weitgehend vermeiden.

Ja, er ist vermeidbar, nicht nur *bewältigbar.* Wenn Sie wissen, was Sie tun, müssen Sie gar nicht erst an Stress leiden. Das lässt Sie jetzt vielleicht ein bisschen mit den Zähnen knirschen (eine typische Stressreaktion), weil es eine hohe Erwartung ist. Aber wir führen Sie mit einem einfachen Modell und einem (recht intensiven) Sprachkurs dorthin.

Wir nennen das Modell *die drei L* – limitieren, lernen und lauschen. Die Stressfaktoren zu beschränken, die Sie in Ihr Leben lassen, ist leichter, als

Sie glauben. Es ist ungefähr so, als würden Sie ein kostbares Auto vorsichtig fahren, damit es gut in Schuss bleibt und Sie weiterhin dahin bringt, wohin Sie müssen. Lernen ist der Prozess präventiver Wartung. Es geht darum, die Gewohnheiten zu erlernen, die Sie brauchen, um Ihre Fähigkeiten und Ressourcen im Umgang mit nicht limitierbarem Stress zu steigern. Und beim Lauschen schließlich geht es genau darum – die Anzeichen zu beobachten, damit Sie wissen, wenn etwas aus dem Ruder zu laufen droht oder wenn sie Ihnen signalisieren, etwas anders zu machen. Das würden Sie auch mit einem wertvollen Auto machen und einen Wartungsstopp einlegen, sobald Sie ein unerwartetes Klappern hören.

Um aufmerksam zuzuhören, müssen Sie vier neue Sprachen erlernen, die jeweils mit den verschiedenen Arten zusammenhängen, wie Stress sich auf uns auswirkt. Stress kann **kognitiv, emotional, körperlich oder spirituell** empfunden werden. Je nach dem Einfallstor, durch das der Stress nach Ihnen greift, unterscheiden sich die Anzeichen und erfordern einen unterschiedlichen Umgang:

- Kognitiver Stress wird durch Ihre Gedanken ausgelöst. Er findet in Ihrem Gehirn statt, das fortwährend mit Ihnen spricht, aber niemals die Wahrheit sagt.
- Emotionaler Stress sitzt in Ihrem Herzen, das auf eine subtile, verschleierte Art spricht, deren Entschlüsselung Ihrer vollen Aufmerksamkeit bedarf.
- Körperlicher Stress wird körperlich empfunden. Seine Sprache sind Beschwerden und Schmerzen, die sich zu Krankheiten auswachsen, wenn man sie ignoriert
- Spirituellen Stress schließlich können Sie nur mit Ihrer Intuition wahrnehmen und durch den Ausgleich beheben, den Sie zwischen Ihrer wahren Zielsetzung und Ihrer tatsächlichen Existenz anstreben müssen.

Wenn Sie den Stress ignorieren, setzt er sich fest. Er wächst und ergreift Besitz von Ihnen und allem, das Ihnen lieb ist.

So werden Sie achtsam, verbindlich, kompetent und sachkundig

Dass unsere moderne Welt so stressig ist, liegt nicht an den Herausforderungen, die sie mit sich bringt. Wie auch immer Sie es betrachten mögen: Unser heutiges Leben hält für uns alle gewiss weniger Bedrohliches bereit, als das bei unseren Vorfahren oder auch vor gar nicht allzu langer Zeit bei unseren Großeltern der Fall war. Wir sind so gestresst, weil wir ihn schwären lassen, ihn akzeptieren und sogar als Ehrenabzeichen tragen, um unsere Wichtigkeit und unseren Erfolg zu signalisieren in einer Welt, die nur diejenigen bejubelt, die machen, verdienen und »Einfluss ausüben«.

Stress ist unsere neue Sucht. Man fragt sich, warum wir so versessen darauf sind, »beschäftigt« zu sein, statt versessen darauf zu sein, uns großartig zu fühlen.

Der Grund liegt in den vier Lücken zwischen dem wunderbaren Zustand der Ruhe und dem quälenden Zustand des Gestresstseins. Diese Lücken bestehen aus Achtsamkeit für die Stress auslösenden Faktoren in einem selbst wie auch in unserer Umgebung, aus dem verbindlichen Streben nach Veränderung, aus der Kenntnis dessen, was für ein stressfreies Leben nötig ist, und aus der Übung, die es erfordert, neue Gewohnheiten und solide Fertigkeiten zu entwickeln.

Beginnen wir mit der ersten Lücke: *Achtsamkeit.* Bitte nehmen Sie sich jetzt einige Minuten Zeit, um eine kurze Liste dessen zu erstellen, was Sie aktuell stresst. Es muss ja Gründe geben, warum Sie dieses Buch ausgewählt haben – Schwierigkeiten in der Arbeit, Beziehungsprobleme, Rückenschmerzen, ein Verlust oder die ständigen Anforderungen des Lebens. Was immer es sein mag, schreiben Sie es auf. Wir werden diese Liste als Ihren Stressbestand bezeichnen und weiter unten in diesem Buch zum Gegenstand unserer Überlegungen machen.

Seien Sie ehrlich zu sich selbst. Solange Sie nicht wissen, was im Argen liegt, können Sie auch nichts unternehmen, um etwas daran zu ändern.

Doch Achtsamkeit genügt nicht. Sie haben keine Chance, sich besser zu fühlen, wenn Sie nicht beschließen, auch die zweite Lücke zu schließen: *Verbindlichkeit.*

Niemand wacht morgens auf und denkt: *Ich weiß, wie ich mich heute fühlen will – GESTRESST!*

Das Problem ist jedoch, dass auch nur sehr wenige Menschen beim morgendlichen Erwachen das Gegenteil denken. Wann haben Sie zuletzt morgens als Erstes gedacht: *Meine höchste Priorität heute ist, den ganzen Tag gelassen zu bleiben?*

Genau diese Verbindlichkeit, mit der Sie alles Notwendige tun, um durch regelmäßige Übung die Stressfaktoren aus Ihrem Leben zu entfernen und zu mehr Gelassenheit zu gelangen, verändert alles. Ich kann Ihnen ohne Umschweife versichern, dass es Sie fit macht, wenn Sie Fitness zu Ihrer Priorität erklären und vier- oder fünfmal pro Woche trainieren. Wenn Sie körperlich gesund sind, garantiere ich es Ihnen. Nur wenn Sie Fitness wirklich zu Ihrer Priorität machen, verkneifen Sie sich diesen Brownie, und nur wenn Sie regelmäßig im Fitnessstudio auftauchen, werden Sie Ergebnisse sehen.

Legen Sie dieses Versprechen ab. Hier und jetzt. Es ist Ihre Verbindlichkeit wert.

Nicht vergessen! Ich werde tun, was ich kann, um mein Leben stressfrei zu machen.

Doch »unstressbar« zu sein, benötigt noch einen weiteren Bestandteil jenseits von Achtsamkeit und Verbindlichkeit. Es erfordert *Kompetenz* und *Sachverstand.* Blicken Sie mal zurück auf Dinge, die Sie vor ein paar Jahren gestresst haben und mit denen Sie *jetzt* locker umzugehen verstehen, um sich den Wert zu vergegenwärtigen, den Ihr Sachverstand und Ihre Kompetenz für die Verringerung Ihres Stresszustands haben.

Etwas zu wissen, ist nutzlos, solange Sie nicht wissen, wie Sie das Wissen praktisch anwenden können. Sie können hundert Bücher übers Fahrradfahren lesen, ohne dem Erlernen auch nur einen Schritt näher zu kommen, solange Sie nicht die Füße auf die Pedale setzen und es ausprobieren.

Dies hier ist kein Selbsthilfebuch nach dem Muster »Fünf magische Tipps, um den Stress zu beenden«. Es ist ein Buch für Menschen, die zu verstehen bereit sind, was geändert werden muss, und die sich die Zeit zum Üben nehmen, um diese Veränderung hervorzurufen. Wenn Sie gerade denken:

Ich hab aber so viel zu tun, erinnern Sie sich an die Wahrheit. Niemand ist wirklich so beschäftigt. Wir wirken nur gern beschäftigt, weil es uns den Eindruck von Wichtigkeit vermittelt. Wenn morgen Ihre Lieblingsband in der Stadt wäre, würden Sie die Zeit erübrigen, zum Konzert zu gehen. Erübrigen Sie die Zeit, Ihr Leben zu retten. Sie können in nur fünf bis 20 Minuten täglich eine Veränderung bewirken. Wahrscheinlich vergeuden Sie mehr Zeit damit, sich tagtäglich gestresst zu fühlen.

Unstressable.com

Damit Sie den Lerneffekt dieses Buches maximieren können, bieten wir Ihnen einen Rabatt in Höhe von 15 Dollar auf den Preis des ersten Abonnement-Monats unserer exklusiven Community auf Unstressable.com. Dieser Rabatt entspricht hoffentlich mehr oder weniger dem, was Sie für dieses Buch bezahlt haben (das hängt davon ab, in welchem Land Sie es erworben haben). Als Teil der Community Unstressable.com erhalten Sie die Konzepte dieses Buches in Form von Videotrainings, bei denen wir Sie an die Hand nehmen und einzeln durch die Praxis- und Gedankenübungen führen. Darüber hinaus bekommen Sie Zugang zu unserer Gemeinschaft von Mitgliedern, die sich einem stressfreien Leben verschrieben haben. Sie lernen Gleichgesinnte kennen, schaffen sich ein Unterstützungsnetzwerk und können die Fortschritte und Schwierigkeiten Ihres Lernprozesses mit anderen teilen. Als Mitglied können Sie auch an unseren monatlichen Live-Webinaren teilnehmen, bei denen Sie uns Ihre Fragen direkt stellen und sich von den Erfahrungen der anderen Mitglieder inspirieren lassen können.

Nutzen Sie bei der Registrierung den Geschenk-Code IAMUNSTRESSABLE. Sie können Ihr Abonnement auch jederzeit kündigen, obwohl wir uns natürlich freuen würden, wenn Sie dabeibleiben und Teil unserer Familie werden.

Nehmen Sie sich eine Minute Zeit, um das jetzt gleich zu erledigen, ehe Sie weiterlesen.

Weiterer Content auf Social Media

Wenn Sie schon dabei sind, nehmen Sie sich bitte auch die Zeit, uns und den offiziellen *Unstressable*-Accounts auf Social Media zu folgen. Wir posten dort regelmäßig Tipps und Ratschläge, damit Sie in der Spur bleiben, während Sie auf dem Weg zur »Unstressbarkeit« Ihre Lebensgewohnheiten verändern. Folgen Sie Mo @mo_gawdat bei Instagram oder @MoGawdat bei LinkedIn. Folgen Sie Alice @alicelaw_ bei Instagram oder @unstressable_alice bei TikTok. *Unstressable* selbst ist unter @unstressable.official bei Instagram zu finden und unter www.linkedin.com/company/unstressable bei LinkedIn. Wir freuen uns, Sie dort zu treffen.

Wie das Ganze funktioniert

Teil 1: Die Grundlagen

- Stress spielt eine Rolle
- Die Stressmaschine
- All die verschiedenen Stressfaktoren
- Das 3L-Modell im Einsatz

Teil 2: Ein Sprachkurs

- Kognitiver Stress
- Emotionaler Stress
- Körperlicher Stress
- Spiritueller Stress

Teil 3: So fügt sich alles zusammen

- Gewohnheiten der Unstressbaren

Unsere Absicht bei *Wie man unstressbar wird* ist, Ihnen ein umfassendes Modell zur Verfügung zu stellen, mit dem Sie sich dem Thema Stress aus allen relevanten Richtungen nähern können. Das Buch gliedert sich in drei Teile. Es beginnt mit Teil 1 – die Grundlagen, wobei wir bereits erläutert haben, warum dieses Thema wichtig ist. In Kapitel 1 behandeln wir die eigentliche Maschinerie, die uns Stress verursacht, zuerst die Biologie, dann die Physik. In Kapitel 2 werden all die verschiedenen Arten von Stressfaktoren beleuchtet – Trauma, Obsessionen, Geplapper und Ärgernisse.

In Teil 2 dieses Buches beginnen wir mit Ihrem Sprachkurs. Wir führen Sie durch die vier Sprachen, mit denen Stress spricht, und beginnen mit einer kurzen Umfrage, damit Sie einschätzen können, wie gestresst Sie gerade sind und welche Stressformen dabei dominieren. Dann gehen wir die Sprachen durch: kognitiver Stress in Kapitel 4, emotionaler Stress in Kapitel 5, körperlicher Stress in Kapitel 6 und spiritueller Stress in Kapitel 7.

Schließlich führen wir das alles in Teil 3 zusammen, wo wir Ihnen in Kapitel 8 die Gewohnheiten der Unstressbaren näherbringen.

Dies ist keine Schnellanleitung, sondern ein Nachschlagewerk, in dem Sie jedes Tool finden sollen, das Sie für die vorliegende Aufgabe benötigen – unstressbar zu werden.

Ehe wir die Stressmaschine auseinandernehmen, gibt es, glaube ich, noch eine Kleinigkeit anzumerken. Meinem Eindruck nach haben wir uns noch nicht richtig vorgestellt, also erlauben Sie bitte, dass wir Ihnen auf ein paar Seiten von Alice und mir erzählen – von unseren Qualifikationen und davon, warum wir uns entschlossen haben, dieses Buch zu schreiben. Falls Sie bereits mit unserer Arbeit vertraut sind, können Sie natürlich direkt zu Kapitel 2 vorspringen.

Anderenfalls: Erfreut, Sie kennenzulernen. Das Folgende gibt es über uns zu sagen.

Der moderne Berufstätige

Stress ist mir nicht fremd (hier spricht übrigens Mo). Genau genommen bin ich das Paradebeispiel eines naiven, wilden Rennfahrers, der sich ins Rennen gestürzt hat. Ich kann mich noch gut erinnern, wie das alles damit begann, dass ich mich verliebte.

Obwohl ich mein Ingenieurstudium mit Auszeichnung abgeschlossen hatte, wollte ich als junger Mann Zimmermann werden. Ich wollte allmorgendlich in Frieden schöne Dinge schaffen, und das tat ich auch. Ich eröffnete eine kleine Werkstatt und verdiente etwas Geld, doch dann kam der Tag, an dem ich wie alle anderen auch erwachsen werden musste.

Ich wollte mit meiner Uni-Liebe Nibal eine Familie gründen. In Ägypten, wo wir damals wohnten, bedeutete das, dass ich bei ihrem Vater um ihre Hand anhalten musste – ein strenger *Befragungsprozess*, den ein Zimmermann, der für seine Kunst lebte, sicherlich nicht bestehen würde. Ich brauchte eine richtige Arbeit, und mit etwas Glück fand ich viel mehr als nur einen Job. Ich bekam eine Stelle bei IBM, damals das mit weitem Abstand führende Technologieunternehmen in Ägypten. Das ging einher mit guter Bezahlung, einer eindrucksvollen Stellenbezeichnung und viel Arbeit und Stress. Doch es lohnte sich. Ich bekam den Hauptgewinn. Ihr Vater willigte ein.

Nibal ist eine sehr, sehr kluge Frau. Sie begriff instinktiv, dass meine Arbeit es uns ermöglicht hatte, ein Leben für uns und unsere zukünftige Familie aufzubauen, und doch ermutigte sie mich nicht nur, es ein bisschen langsamer angehen zu lassen, um meinen Stress zu verringern, sondern sie tat auch, was sie konnte, um den Stress verschwinden zu lassen. Sie überschüttete mich mit Liebe, sorgte für wunderbare Wochenenderlebnisse, pflegte unseren Freundeskreis und plante Erholungs- und Urlaubszeiten ein. Ihretwegen führten wir ein wunderbares Leben, das fast frei von irgendeinem spürbaren Stress war, bis sich alles änderte.

Es war das erste Mal, dass ich das Gesicht meines wundervollen Sohnes Ali sah. Ich war im Kreißsaal, als Nibal ihn zur Welt brachte, und hielt ihre Hand, als der Arzt dieses verschrumpelte kleine Ding hochhielt, und mein Herz setzte einen Schlag aus. Ich wurde von Liebe überwältigt, und wie viele andere verantwortungsbewusste Väter beschloss ich auf der Stelle, den Rest meines Lebens dafür zu sorgen, dass all seine Bedürfnisse erfüllt wurden.

Sie können sich sicher vorstellen, wie die Geschichte weiterging. Ich arbeitete mehr und mehr, um mehr Geld zu verdienen, versuchte aber immer noch, gesund zu bleiben, bis zu dem Tag, als es an der Zeit war, meine wundervolle Tochter Aya, die im folgenden Jahr auf die Welt gekommen war, in den Kindergarten zu bringen. Ich konnte es mir leisten, Ali in einen der besten Kindergärten der Stadt zu schicken, doch mein Einkommen reichte nicht aus, dass beide ihn besuchen konnten. So stimmte ich bereitwillig zu, mich für sie zu opfern. Ich hörte auf, auf mich selbst achtzugeben, und arbeitete so viel wie nur irgend möglich, um mehr Geld zu verdienen. Ich nahm 50 Pfund zu, machte keinen Sport mehr, hatte Schmerzen und Beschwerden am ganzen Körper und litt unter ständigen Kopfschmerzen, die oft wochenlang anhielten. Ich hatte mich von dem glücklichen Künstler entfernt, der ich einmal gewesen war, um zum Prototyp eines gestressten modernen Berufstätigen zu werden.

Für Nibal war es auch nicht leichter. Sie war jetzt zweifache Mutter und musste sich in einer neuen Umgebung zurechtfinden, in der alles fremd und teurer war, hatte keine Freunde und keine Familie in der Nähe, auf die sie sich stützen konnte, und einen gestressten, nie erreichbaren, ungesund lebenden Ehemann, der überdies auch noch übellaunig war. Sie hatte ihre Karriere aufgegeben, um sich auf die Kinder zu konzentrieren, und musste eine echte Superheldin sein, um jenes komplexe Projekt zu meistern, das wir Familie nennen, und um die Kinder zu behüten und bei Laune zu halten, während alles ringsumher angespannt und schwierig war. Wenn ich auf mein damaliges Leben zurückblicke und wie oft ich ausrastete, kann ich mit Sicherheit sagen, dass ich zu keiner anderen Zeit jemals so gestresst war. Ich war eine sich abzeichnende Katastrophe.

Kommt Ihnen das bekannt vor?

Ich werde nie diesen einen Tag vergessen. Aya muss fünf gewesen sein. Es war ein Samstag, und Nibal hatte einen Familienspaßtag für uns geplant. Als Aya aufwachte, konnte sie ihre Aufregung kaum in den Griff bekommen. Sie sprang vor Freude auf und ab, während sie den vor uns liegenden Tag beschrieb: »Papa, wir gehen dahin, wo es diese leckeren Pfannkuchen gibt, und dann gehen wir zum Spielplatz und dann zu Toys"R"Us. Können wir bitte Cola und Popcorn kaufen, ehe wir ins Kino gehen?« Ich meinerseits mühte mich ab, eine berufliche E-Mail zu lesen, und wurde immer genervter davon, dass sie mich störte, bis ich sie schließlich anherrschte: »Können wir jetzt hier *bitte* mal einen Moment lang ernsthaft sein?«

Ernsthaft? Was heißt denn hier ernsthaft? Sie war *fünf!*

Und natürlich reagierte sie wie eine Fünfjährige. Tränen strömten aus ihren wunderschönen kleinen Augen, und ich starrte sie übellaunig an und sah, wie meiner Tochter das Herz brach. Das war mein Weckruf.

An diesem Tag wurde mir klar, was aus mir geworden war. Ich konnte nicht mehr mit dieser Version meiner selbst leben. An diesem Tag begann ich eine Reise, die mich zurück zu meinem alten glücklichen Selbst brachte, bis das Leben, wie viele meiner Leser wissen werden, mir die ultimative Prüfung auferlegte.

Am 1. Juli 2014 verließ mein wunderbarer Sohn Ali diese Welt aufgrund eines ärztlichen Kunstfehlers bei dem einfachsten aller medizinischen Eingriffe. Es war plötzlich und vermeidbar, eine verheerende Tragödie, die jeden liebenden Vater zugrunde richten kann, doch meine Reaktion war ebenso unerwartet wie der Verlust.

17 Tage nach Alis Tod begann ich, *Die Formel für Glück* zu schreiben – ein Buch, das in 32 Sprachen übersetzt wurde, sich Hunderttausende Male verkaufte und zu einem internationalen Bestseller wurde –, und begab mich auf eine Mission, *OneBillionHappy*, die sich zum Ziel gesetzt hat, Alis Botschaft des Glücklichseins an eine Milliarde Menschen weiterzugeben, und die bereits viele Millionen auf aller Welt erreicht und beeinflusst hat.

Ich kündigte meine Stelle als Chief Business Officer bei Google X, schrieb zwei weitere Bücher – *Scary Smart* und *Die kleine Stimme im Kopf*, die an die Spitze der Verkaufslisten stiegen und internationale Anerkennung erzielten – und startete meinen Podcast *Slo Mo*, der ebenfalls die Charts eroberte und die Zuhörer aufforderte, es langsamer angehen zu lassen und sich von unserer stressigen Welt abzukehren, um stattdessen kostenlos einigen der weisesten Lehrer der Welt zuzuhören und etwas über Glück zu lernen. Ich entschied mich, den Rest meines Lebens dieser Mission zu widmen, bis ich wieder mit Ali vereint sein werde, wo immer er auch ist.

Sobald ich mich darauf eingelassen hatte, begann ich den entschlossenen Kämpfer gegen Unglück, Depressionen, Angst und Burn-out wiederzuerkennen, der ich immer gewesen war. Wie die meisten meiner Leserinnen und Leser, Zuhörerinnen und Zuhörer oder Follower glaubte ich, dass meine Reise zum Glücklichersein damit begonnen hatte, wie ich Aya das Herz brach, und mit meiner Verpflichtung zu der Mission, die mit Alis Tod einsetzte. Erst als Alice mich bat, über Stress zu schreiben, erinnerte ich mich an eine tiefere, ältere Verletzung. Sie geht zurück auf die einzige Person, die ich so sehr geliebt habe wie meine Ex-Frau und meine Kinder – meinen Vater.

Mein Vater, der ebenfalls Ali hieß, war ein brillanter Ingenieur und, anders als der typische nahöstliche Mann seiner Generation, ein Ausbund der Liebe. Im Rahmen seiner beruflichen Laufbahn wurde er zu einem sehr angesehenen Ingenieur in unserem Heimatland Ägypten, denn er leitete den Ausbau des Straßen- und Brückennetzwerks, das seinerzeit zum entscheidenden wirtschaftlichen Rückgrat des Landes wurde. Er war so geradlinig wie ein Pfeil und kämpfte anfangs gegen die in der Branche weitverbreitete Korruption, wovon das Land auf viele erkennbare Arten profitierte. Später in seinem Berufsleben zwang ihn die Organisationspolitik, angeführt von Menschen, die von einem korrupten Umfeld profitierten, beiseitezutreten und seine Führungsposition abzugeben. Dieser eine Moment vernichtete ihn. Er fühlte sich hilflos und ungerecht behandelt und stürzte infolgedessen in eine tiefe Depression. Die letzten Jahre seines Lebens verbrachte er in seinem Wohnzimmersessel, den Kopf in die Hände gestützt und unablässig über das Geschehene nachgrübelnd.

Ich liebte meinen Vater sehr, und oft, wenn ich ihm still im Sessel gegenübersaß, tat es mir weh, seinen Kummer mitanzusehen. Er war nicht mehr das glückliche, von Leben übersprudelnde Vorbild, mit dem ich groß geworden war. Mein Vater verblasste Tag um Tag, und ich saß dort und versuchte vergeblich, ihn zurückzuholen.

Am letzten Tag im März 1991 wollte ich losfahren, um meinen Bruder vom Flughafen abzuholen, und mein Vater bestand darauf, mich zu begleiten. Das war sehr untypisch für ihn, da er hektische, überfüllte und unübersichtliche Orte nicht mochte. Natürlich ergriff ich die Gelegenheit, ihn aus der Dunkelheit dieses Wohnzimmers herauszuholen. Während der gesamten Fahrt zum Flughafen und des Wartens auf meinen Bruder unterhielt ich ihn mit Geschichten. Er antwortete mit keinem Wort. Stattdessen saß er schweigend da, als warte er auf etwas. Als mein Bruder erschien, stand er auf und umarmte ihn. Dann sagte er: »So, fertig. Ich bin bereit für den Heimweg.«

Dies waren seine allerletzten Worte. Damals wusste ich nicht, dass er einen anderen Heimweg meinte: weg von der Qual der Depression, an der er so lange gelitten hatte. Während des Rückwegs brachten mein Bruder und ich uns gegenseitig auf den neusten Stand und lachten über hundert kleine Geschichten, doch mein Vater sagte kein Wort. Als wir nach Hause kamen, ging er direkt zu seinem Wohnzimmersessel und setzte sich hin, als warte er in Ruhe auf etwas. Als mein ältester Bruder mit seiner Familie hereinkam, umarmte und küsste mein Vater sie alle. Sie gingen hinaus, um meine Mutter zu begrüßen, und er legte sich auf den Boden mit einem Ausdruck der Entspanntheit, den ich sehr lange nicht mehr auf seinem Gesicht gesehen hatte. Ich sagte nichts dazu. Ich dachte, er wollte seinen Rücken strecken, aber eine Minute später erlitt er einen Herzanfall. Er sah mir in die Augen, während ich ihn in den Armen hielt, und verließ still unsere Welt.

Die ganze Nacht verbrachte ich grübelnd in seinem Zimmer. Ich wusste nicht, ob ich traurig über den Verlust sein sollte oder froh, dass er befreit von dem Stress und der Depression war, die ihn aufgezehrt hatten. In den darauffolgenden Wochen kehrte ich zu meinem normalen Alltag zurück, ohne etwas von der Schwere zu ahnen, die sein Weggang in mein Leben brachte. Erst vor Kurzem wurde mir bewusst, dass ich mir im Laufe der Jahre, die ich ihn in seinem depressiven Zustand begleitet hatte, unbewusst darüber klar geworden war, um wen es sich bei dem wahren Feind der Menschheit handelte. Ich kennzeichnete den Feind als den Stress, der meinem Vater seine Fröhlichkeit genommen hatte, und die Depression, die ihn mir weggenommen hatte.

Stress ist der Feind. Hätte ich die Möglichkeit dazu, so schwor ich mir, würde ich alles in meiner Macht Stehende tun, damit niemand jemals erleiden musste, was mein Vater hatte erleiden müssen. Meine Mission *OneBillionHappy* wurde damals auf den Weg gebracht – am Tag, als mein Vater diese Welt verließ. Ich investierte Arbeit in meine Qualifikation dafür, als ich Aya das Herz brach, und wurde über 20 Jahre später durch den Tod meines Sohnes dazu veranlasst, alles hinter mir zu lassen und die Mission Wirklichkeit werden zu lassen.

Und nun reiche ich die Tastatur weiter an eine weitere entschlossene Kämpferin gegen den Stress – Alice.

Keine Partys in meinen Zwanzigern

Ich hatte das Glück, in einer intakten Familie aufzuwachsen; meine Eltern lebten glücklich zusammen. Mein Vater war Entrepreneur und hatte erfolgreich Unternehmen für Grundstückserschließung und erneuerbare Energien aufgebaut. Er arbeitete viel, sorgte aber immer dafür, genügend da zu sein, um uns die Aufmerksamkeit und Liebe geben zu können, die ein Kind verdient. Meine Mutter ist so lieb und fürsorglich, wie eine Mutter nur sein kann. Sie widmete uns ihre gesamte Zeit, und so fühlte ich mich, während ich heranwuchs, sicher, umsorgt und geliebt. Selbst als bei meinem Vater Nierenkrebs diagnostiziert wurde – damals war ich drei Jahre alt –, verbargen meine Eltern das so gut, dass weder ich noch meine Schwester Georgina davon erfuhren.

Bis zu meinem 19. Lebensjahr war mein Leben weitgehend leicht und sorgenfrei, doch dann war es an der Zeit für einen anderen Plan.

Nach der Kreditkrise 2008 machte sich mein Vater genau wie viele andere, deren Geld in Investitionen angelegt war, Sorgen um sein Geschäft und um die finanzielle Zukunft seiner Familie. Wie mein großartiger Vater eben war, fand er, dass er dies allein klären und die Last allein tragen müsse, deshalb hatten wir praktisch keine Probleme. Aber ich nahm eine unterschiedliche Energie wahr. Es war das erste Mal, dass ich echter Besorgnis und Stress begegnete, ja sogar Kummer, obwohl er jedes Mal das Thema wechselte, wenn wir nachfragten. Allmählich verloren wir unsere Sicherheit, der erste einer langen Reihe von Stressfaktoren, die auf mich zukamen.

Nach und nach wurde er dem Vater, den ich kannte, immer unähnlicher. Er trank mehr und lachte weniger. Er verlor seine Leichtigkeit und Lebensfreude.

Wenig später war mein Vater gezwungen, für das Unternehmen, das er über Jahre hinweg aufgebaut hatte, Insolvenz anzumelden.

Auf dem Höhepunkt der Arbeitslast, die der Prozess der Unternehmensabwicklung erforderte, litt die psychische Gesundheit meines Vaters – die irrationale Scham, die Trauer und die Sorge, die damit einhergingen, verzehrten ihn innerlich. Er war in einer Zeit aufgewachsen, in der »Männer die Verantwortung tragen«. Nun lag seine ganze Identität in Trümmern, und ich verlor den Vater, den ich gekannt hatte.

Tragischerweise war er gezwungen, alle persönlichen Güter zu verkaufen, darunter auch unser Zuhause, das ich mein ganzes Leben lang gekannt hatte. Das Leben war angespannt, aber es sollte noch viel schlimmer werden.

Eines Abends erhielten wir wie aus dem Nichts die besorgniserregende Nachricht, dass bei meiner ältesten Halbschwester Suzanne, die ich sehr liebte, Krebs festgestellt worden war. Suzanne war eine wunderbare Frau, eine liebevolle Mutter und selbst Unternehmensgründerin. Nun wurde ihr Leben von einem Augenblick zum nächsten auf den Kopf gestellt, und das rief das größte Trauma meines Vaters wach. Nicht nur, dass er fürchtete, sein ältestes Kind zu verlieren; mein Vater kannte den Krebs nur zu gut, denn seine eigene Zwillingsschwester war an Krebs gestorben, genau im selben Alter, das Suzanne jetzt hatte, und zufälligerweise auch als Mutter von Kindern im selben Alter. Da er selbst ebenfalls gegen den Krebs gekämpft hatte, kam nun alles zusammen. Wir sahen mit an, wie die tiefe Besorgnis um seine Tochter, der Stress in seiner Firma und die finanziellen Sorgen ihn zugrunde richteten. Und uns alle damit ebenfalls.

Suzanne erholte sich und gab uns etwas Hoffnung auf eine Wende zum Guten, doch der Krebs kehrte zurück, und wir erlebten, wie sie tapfer verschiedene Behandlungen durchlitt. Ihre unnachgiebige Stärke besiegte den Krebs ein weiteres Mal, und sie war wieder im ersten Stadium der Entwarnung. Wir waren unendlich erleichtert, bis sich ohne Vorwarnung in einen Albtraum verwandelte, was eigentlich eine Familienfeier bei ihr zu Hause hätte sein sollen.

Ich fuhr von London aus zu ihr, als sie mich anrief und fragte, ob ich unseren Vater unterwegs aus dem Dorfpub abholen könne. Frohgemut ging ich hinein und fand meinen Vater dort friedlich mit einem Freund der Familie beim Bier sitzend. Lächelnd ging ich auf ihn zu, um ihn zu umarmen, doch irgendetwas stimmte nicht. In meiner segensreichen Unwissenheit setzte ich mich hin und fragte fröhlich: »Wie geht's Suzanne?«, worauf mein Vater nach unten sah, während unser Freund Nick entgegnete: »Oh Gott! Hat dir denn keiner Bescheid gesagt?«

Ich erstarrte, und mir wurde übel. In der Miene meines Vaters suchte ich nach einer Antwort. Er starrte zu Boden und sagte leise: »Suzanne will es dir selbst sagen.«

Später hörte ich ungläubig, wie Suzanne erzählte, der Krebs sei nicht nur zurückgekehrt, sondern die Ärzte hätten auch gesagt, es sei nun endgültig. *Das muss ein Witz sein,* dachte ich. *Wie kann man denn erst Entwarnung geben und dann von Endgültigkeit sprechen?* Wir verloren sie nicht nur, sondern von da an verlor ich auch das Vertrauen ins Leben selbst.

Mit Anfang 20 hatte ich Angst, auf mein Handy zu sehen, weil ich weitere schlimme Nachrichten von meiner Familie fürchtete. Verborgene Ängste fraßen mich auf. Bei der Arbeit war ich unkonzentriert und machte mir Sorgen über die zunehmenden Depressionen meines Vaters und seine Flucht in den Alkohol, über die Schmerzen meiner Schwester, über das Elend meiner Mutter, die für meinen Vater alles zusammenzuhalten versuchte, über die finanzielle Lage und den Verkauf unseres Zuhauses. Ich sorgte mich um meine gesamte Familie. Bei der Arbeit gab ich eindeutig nicht mein Bestes, aber es war immerhin noch ausreichend. Als Arzthelferin war es meine Aufgabe, mir Dinge für jemand anderen zu merken, und mein angegriffenes Gedächtnis sowie meine fehlende Konzentration vergrößerten den Stress noch.

Und dann war da der gesellschaftliche Druck. Wenn ich mich mit Freundinnen traf, trug ich ein Lächeln zur Schau, obwohl ich innerlich wie abgestorben war. Während sie über normale, belanglose Hochschulabsolventinnenprobleme von Mittzwanzigern sprachen, war ich mit den Gedanken ganz woanders. Das gab mir das Gefühl, ausgeschlossen und allein zu sein. Eine weitere Last, die zu meinem wachsenden Stress beitrug.

Um alldem die Krone aufzusetzen, war mein damaliger langjähriger Freund nach Singapur gezogen. Weil ich nicht damit klarkam, alles gleichzeitig verarbeiten zu müssen, hatte ich die Beziehung vor seinem Weggang nicht beendet. Obwohl ich im Herzen wusste, dass wir nicht zusammenbleiben würden, hielt ich an der Beziehung fest aus Angst und Verzweiflung und um wenigstens *etwas* Angenehmes und Vertrautes in meinem Leben zu behalten. Ich versuchte es mit einer Fernbeziehung, die offensichtlich nicht funktionierte, sich allmählich auflöste und mir aufgrund des unbekannten Zeitpunkts seiner Rückkehr noch mehr Stress bereitete. Meine Bemühungen wurden nicht belohnt und führten schließlich zu einem Ende der Beziehung nur wenige Monate nach dem entsetzlichen Verlust Suzannes. Der hatte ihre Familie zerbrechen lassen, ihren Mann und ihre beiden Kinder, und sich auch auf unsere erweiterte Familie ausgewirkt.

Als der Schmerz meines Vaters über den bevorstehenden Verlust seines ältesten Kindes auf dem Höhepunkt war, wurde ein Prozess gegen ihn geführt von Menschen, die wir einmal als Familie betrachtet hatten. Es ging dabei um den Verlust einer Investition vor vielen Jahren. Ihre falschen Beschuldigungen trafen ihn zum furchtbarsten Zeitpunkt seines ganzen Lebens und zertrümmerten, was von seinem ohnehin bereits angegriffenen Geist noch übrig war.

Er hatte nicht die Kraft und nun auch nicht mehr die finanziellen Mittel, um die besten Anwälte zu engagieren oder das Beweismaterial vorzulegen, das zu diesem Zeitpunkt zum Beweis seiner Unschuld nötig war (die sich erst in seiner letzten Stunde erwies), und der Gerichtsstreit zog sich ewig hin. Er zehrte seine finanziellen Reserven auf, während die zunehmenden Depressionen ihn immer mehr Alkohol trinken ließen, um seinen Schmerz zu betäuben.

Es war niederschmetternd, meinen Vater so vor meinen Augen verschwinden zu sehen. Ich fühlte mich so allein. Ich war bedrückt, bekümmert und befand mich in einem Zustand permanenter Angst. Ich hatte das Vertrauen zu dem Leben verloren, das ich gekannt hatte, und dann tauchte endlich ein Strohhalm auf.

Nur wenige Tage nach Suzannes Beerdigung mussten wir den Notarzt rufen, und mein Vater wurde sofort ins Krankenhaus gebracht, wo man ein Blutgerinnsel in seinem Bein feststellte. Es konnte beseitigt werden, doch eine gesamtkörperliche Untersuchung ergab, dass sein Krebs zurückgekehrt war, diesmal sowohl in der Bauchspeicheldrüse als auch in der Lunge.

Zu diesem Zeitpunkt war klar, dass er aufgegeben hatte. Er lehnte eine Behandlung seiner Krebserkrankung ab und hatte keinerlei Interesse daran, weitere Zeit im Krankenhaus zu verbringen. So musste ich meinem Vater, meinem Helden und besten Freund, nun dabei zusehen, wie er nicht einmal kämpfen wollte, während er dahinschwand. Ich dagegen weigerte mich aufzugeben.

Ich versuchte, Antworten und einen entschlossenen Plan einzufordern, doch er schmetterte meine Fragen einfach ab und wechselte das Thema. Er hatte bereits eine Entscheidung getroffen. Er hatte beschlossen, dass er wegwollte.

Inzwischen war der Verlust in all seinen Ausprägungen in meinem Leben präsenter geworden als das Leben selbst, und dann war da noch mein Kontrollverlust. Ich versuchte, ein Ergebnis zu gestalten, dessen Herbeiführung nicht meine Angelegenheit war, und mir das Schlimmste auszumalen, denn nach all diesen Schlägen war ich nun darauf konditioniert zu glauben, dass das Leben einen unausgesetzt im Stich lässt. Ich hatte jegliches Vertrauen verloren. Ohne alle weitere Hoffnung hatten mein Stress und meine Angst ihren Gipfelpunkt erreicht.

Bald reagierte mein Körper darauf und fügte meiner langen Liste seinen eigenen physischen Stressfaktor hinzu. Ich entwickelte ein heftiges Reizdarmsyndrom mit so schweren Symptomen, dass die Ärzte schon

Angst hatten, ich könnte ebenfalls Darmkrebs haben. Die Ungewissheit um meine eigene Gesundheit verstärkte den Druck natürlich noch und verursachte mir noch mehr Stress. Und um nur *ein paar* weitere Faktoren hinzuzufügen, hatte auch meine jüngste Liebesbeziehung ein plötzliches Ende genommen und mir das Herz gebrochen, während gleichzeitig mein Unternehmen den britischen Markt verlassen musste, was mich überflüssig machte und mir den letzten Rest an Stabilität und Routine raubte, den meine Stelle und die tägliche Zusammenarbeit mit meinen sehr lieben Kolleginnen und Kollegen mir gegeben hatten.

Ich war am Tiefpunkt. All meine alten Emotionen, die ich aufgrund der ganzen Verluste und des Drucks nicht verarbeitet hatte, drängten an die Oberfläche. Was tat also mein etwas über 20-jähriges Ich? Es betäubte den Schmerz mit möglichst viel Ablenkung. Ich ging zu so vielen Partys, wie mein Freundeskreis nur zu bieten hatte. Ich betäubte mich mit Alkohol und Drogen. Während die meisten anderen meiner damaligen Bekannten das zum Spaß taten, tat ich es aus Angst. Der Angst vor dem Fühlen.

Ich arbeitete das Lehrbuch der Stressbelastungen durch und ließ keine Kleinigkeit aus. Verlust geliebter Menschen, Kontrollverlust, finanzielle Probleme, Liebeskummer, Verlust meines Zuhauses, Arbeitslosigkeit, kein Einkommen mehr, Sorge, Angst, Schlaflosigkeit, körperliche Schmerzen, Krankheit, Erschöpfung, Konzentrationsunfähigkeit, Ablenkungen, Alkohol und Drogen. Was immer dazugehört, ich machte es durch. Es fühlte sich an, als stürze meine gesamte Welt rings um mich ein, während ich von außen betrachtet »gut drauf« zu sein schien.

Ich mache Ihnen keinen Vorwurf, wenn Sie jetzt denken: *Was soll mir eine so kaputte Person denn heute beibringen?* Nun, ich kann Ihnen sicherlich sagen, wie sich Stress in fast all seinen Ausprägungen anfühlt, aber ich kann Ihnen auch sagen, wie man das alles hinter sich lässt.

Man muss kein Genie sein, um zu erkennen, dass sich etwas ändern musste und dass das Leben keine Hilfe bieten würde – zumindest schien es seinerzeit nicht die Absicht zu haben. Es war an der Zeit für mich, in die Realität zurückzukehren, so schmerzlich sie auch sein mochte. Ich konnte Suzanne nicht zurückholen, ich konnte nichts an der finanziellen Lage meiner Familie ändern, ich hatte nicht die Ressourcen, um den Verkauf unseres Hauses aufzuhalten, ich konnte den Prozess gegen meinen Vater nicht verschwinden lassen, ich konnte ihn nicht glücklich machen oder ihn dazu bringen, dass er sich ärztlich behandeln ließ oder sogar zu trinken aufhörte, egal, wie sehr ich mich bemühte. Ich konnte mir nicht meine letzte Beziehung zurückwünschen, meine Stelle wiederbekommen oder den Krebs meines Vaters wegzaubern.

Ich konnte überhaupt nichts tun gegen die äußeren Stressfaktoren in meinem Leben – aber ich konnte etwas für mich tun. Das Einzige, was ich ändern konnte, war mein Umgang mit dem Stress, den das Leben für mich bereithielt. Das Einzige, was meiner Entscheidung unterlag, war meine Reaktion. Also machte ich es mir in dieser Zeit allmählich zu meiner Mission, genau das zu lernen.

Ich las alles zum Thema Stress, das ich finden konnte. Ich sah und hörte jede Doku, jeden Podcast, jedes YouTube-Video. Ich ging zu Vorträgen. Ich stürzte mich in die Recherche vom Aufstehen bis zum Schlafengehen. Immer wenn meine Chefs in die Mittagspause gingen, setzte ich mich an den Computer oder las unter dem Schreibtisch.

Es gibt sicher Hunderte verschiedene Ansätze für den Umgang mit Stress und Angst, von spirituell bis wissenschaftlich, von Geist bis Seele, vom physischen Körper bis zu unserer energetischen Hülle, von logisch bis ganzheitlich, von unseren Gedanken bis zu unseren Emotionen. Ich erforschte sie alle.

Ich führte aus, was mir gesagt wurde, probierte verschiedene Dinge aus und testete, was für mich funktionierte. Ganz allmählich bewegte ich mich von einer permanent sorgenvollen, ängstlichen, überforderten und traurigen Person in Richtung der ausgeglichenen, glücklichen Person, die ich als Heranwachsende gewesen war. Der Mensch, der ich von Natur aus bin, kehrte ins Leben zurück.

Nur indem ich mich bemühte und dafür arbeitete, begann ich mich zu erholen. An meiner äußeren Umgebung änderte sich nichts, und doch ließ mich das, was ich lernte, nicht einfach nur über den Stress hinweggehen, sondern das Leben wieder zu genießen beginnen.

Meine Wegrationalisierung erwies sich als Geschenk. Das Leben, von dem ich gedacht hatte, es sei gegen mich, führte mich zu meinem nächsten Schritt – der Arbeit, die ich jetzt mache. Mit der Unterstützung meiner ehemaligen Arbeitgeber gründete ich mein Geschäft.

Als mir die Paradoxie meiner Empfindungen klar wurde, nahm ich mir trotz der fortgesetzten Probleme in meinem Leben vor, anderen dabei zu helfen, dasselbe zu fühlen. Ich ging zu formalen Lernprozessen über und schulte mich in einigen der unterschiedlichen Stressbewältigungstechniken, die meiner eigenen Erfahrung nach funktionierten. Achtsamkeit, EFT, Reiki, Meditation und schließlich Akashic Healing. Ich befasste mich mit Spiritualität, las die traditionellen Texte und modernere Bücher. Ich beschäftigte mich mit der Kabbala und unterhielt mich mit jedem, der mich zu unterrichten anbot, über Buddhismus, Sufismus und andere Glaubensrichtungen. Mit großem Interesse lernte ich alles über Psychologie, Coaching und Neurowissenschaften und arbeitete selbst mit einem ausgezeichneten Coach. Und ja, ich las sogar Bücher, die ein Ingenieur über das Thema Glück geschrieben hatte – ich meine Mo.

Als ich den Eindruck hatte, bereit dafür zu sein, gestattete ich mir, durch das Lehren zu lernen. Durch diese Kombination aus eigener Erfahrung, Lehrgängen und einem sich ständig weiterentwickelnden Lernen entwickelte ich Kurse für meinen wachsenden Kundenkreis, die speziell auf Stress und Angst ausgerichtet waren, was mir die Möglichkeit gab, einige der gestresstesten Führungskräfte zu beraten und in großen Konzernen Vorträge zu halten. Die Vielfalt unserer menschlichen Erfahrungen erweiterte meinen Horizont noch weiter.

Ich nehme an, ich wurde für die ultimative Prüfung vorbereitet. Diese Prüfung war gekommen, als meine Mutter eines Tages ganz unerwartet meiner Schwester und mir eine Nachricht schickte: »Fahre mit Papa ins Krankenhaus, Krankenwagen war hier. Aber keine Panik, rufe euch später an. Ich habe euch lieb. Mama.«

Trotz ihrer Worte sagte etwas in mir: *Du musst sofort hinfahren.* Also nahm ich einen Zug und fuhr direkt zum Krankenhaus. Mein Vater sah genauso erschöpft und zerbrechlich aus, wie ich befürchtet hatte. Ich wusste, dass es wohl an der Zeit war, aber irgendwie bewahrte ich die Ruhe.

Ich tat alles mir Mögliche, damit die Ärzte und das Pflegepersonal ebenso sehr für ihn kämpften, wie wir es in den Wochen seines Krankenhausaufenthalts taten. Es wurden üble Behandlungsfehler gemacht, und meine Mutter, meine Schwester Georgina und ich verwandten all unsere Energie darauf, dass zum richtigen Zeitpunkt das Richtige für ihn getan wurde, und blieben gleichzeitig optimistisch für ihn. Dennoch war damit nichts geholfen, und sein Zustand verschlechterte sich weiter. Erst nachdem er im Krankenhaus einen plötzlichen Herzstillstand erlitt, fanden die Ärzte endlich die Antwort, während sie auf der Intensivstation um sein Leben kämpften: ein großes Magengeschwür war aufgebrochen und verursachte schwere Komplikationen. Sein plötzlicher Tod rund eine Woche später, nachdem er endlich eine Nacht mit Palliativpflege zu Hause verbracht hatte, war die Folge seines Magengeschwürs und des Herzstillstands – die Folge von Stress, jenem lautlosen Mörder, der ihn uns am Ende genommen hatte.

Genau wie Mos Vater hatte auch meiner aufgrund von Stress gesundheitliche Probleme gehabt. Mo hatte den Stress der Überraschung und Verwirrung erlebt, der von einem plötzlichen Verlust herrührt, während ich unter anhaltenden Konfliktsituationen litt. Wir kamen auf verschiedenen Wegen zu denselben Schlussfolgerungen und zur selben Mission.

In jenem Moment, als ich in der Friedhofskapelle neben dem Sarg meines Vaters stand, traf ich bewusst meine Entscheidung darüber, wie mein Leben sich gestalten sollte. Er sah friedlicher aus, als ich ihn während mehr als acht Jahren gesehen hatte. In jenem Moment wusste ich: Meine Mission war es, so vielen Menschen wie nur möglich zum Frieden zu verhelfen, solange sie noch leben.

Ich versprach, dem chronischen Stress, der meinen Vater sowohl psychisch als auch körperlich verzehrt hatte, den Kampf anzusagen. Ich beschloss, alles weiterzugeben, was ich durch meine bitteren Erfahrungen über Krankheit, Liebe, Verlust, Kummer und Bedürftigkeit gelernt hatte und wie ich meinen Weg zurück zur Gelassenheit gefunden hatte. Dieses Buch ist Teil meines Vorhabens, das Versprechen einzulösen.

Auch wenn all meine Arbeit mir die Jahre nicht wiedergeben kann, die ich mit meinem Vater verloren habe, gibt sie mir doch das Gefühl, anderen zu helfen, die ebenso leiden, wie ich es getan habe. Als er gegen seinen eigenen Stress, seinen Kummer und seine zunehmenden Depressionen kämpfte, konnte ich ihm nicht helfen, sosehr ich mich auch bemühte. Wenn jetzt jemand zu mir kommt, habe ich das Gefühl, dem Vater oder geliebten Menschen von jemand anderem dabei zu helfen, sich selbst zu retten. Es macht mich glücklich, um die Wirkung zu wissen, die das nicht nur auf eine einzelne Person hat, sondern auch auf ihre Familie, auch wenn ich meinen eigenen Vater nicht zu seinem wahren Ich zurückbringen konnte.

Wenn ich jetzt auf diese Leidenszeit zurückblicke, empfinde ich Dankbarkeit. Ja, ich bin dankbar dafür, dass ich gelernt habe, was ich jetzt lehre – dass es mich nicht nur zu mir selbst zurückgeführt, sondern auch die Beziehung zu meinem Vater in seinen letzten Lebensjahren gerettet hat. Mit wachsender Bewusstheit hörte ich auf, seine gesundheitlichen Entscheidungen lenken zu wollen, und versuchte, die Zeit, die mir mit ihm noch vergönnt war, auf die bestmögliche Weise zu genießen. Ich bin dankbar, dass mein Erleben, nicht nur mein Wissen, mir das Recht gibt, den Strauchelnden einen anderen Weg aufzuzeigen.

Wenn ich mein eigenes Leben in meinen Zwanzigern erneuern konnte, dann können Sie das ebenfalls, egal, was Sie gerade durchmachen. Sie müssen einfach nur wissen, wie.

Beginnen wir also mit der Arbeit, Sie unstressbar zu machen. Zurück zu dir, Mo.

TEIL 1
Die Grundlagen

Um eine Maschine zu reparieren, muss man verstehen, wie sie funktioniert, was die Störung verursacht hat, womit sie betrieben wird und welche Ergebnisse in jedem ihrer Betriebsmodi zu erwarten sind. Um sie unzerstörbar zu machen, muss man jedes Detail der vorbeugenden Wartung und des Betriebsvorgangs kennen.

Stress ist eine äußerst vorhersehbare Maschine, die einem bestimmten Zweck dient.

Bei guter Pflege ist sie von Nutzen. Bei Vernachlässigung wird sie einen kaputtmachen.

Kapitel 1

Welcome to the Machine

Haben Sie sich jemals ein leichtes und stressfreies Leben vorgestellt? Erinnern Sie sich an eine Zeit, zu der Sie so gelebt haben? Als alles nicht so kompliziert war? Es gab nicht allzu viele Pflichten, die Ihren Tag füllten, und wenn etwas ein bisschen schwieriger wurde, gingen Sie es an und klärten es mühelos? Ist es überhaupt möglich, vorwiegend stressfrei zu leben?

Also, dieses Buch behauptet das zumindest – dass es leicht erreichbar und Ihre unbedingte Pflicht ist, es Wirklichkeit werden zu lassen. Stress als Zyklus ist nicht schwer zu verstehen, und wenn Sie begreifen, wie er funktioniert, ist er nicht schwer zu vermeiden und aufzuheben. Ein bisschen Stress ist nötig, um unsere Sicherheit zu gewährleisten und uns zu Spitzenleistungen zu verhelfen, aber es soll nicht so sein, dass man die ganze Zeit unter Stress steht.

Unsere Maschinen scheinen kaputt zu sein. Wir müssen sie in die Werkstatt bringen und reparieren lassen. Doch zuvor müssen wir, wie jeder gute Techniker das täte, erst mal die Details der genauen Funktionsweise dieser Maschinen erfassen.

Biologie, Chemie und Neurowissenschaft

Das Empfinden von Stress ist das Produkt eines sehr komplexen Prozesses, der sich im Nerven- und Endokrinsystem des Körpers abspielt. Komplex, aber sehr vorhersehbar, denn jedes Mal, wenn Sie oder ich Stress empfinden, läuft der Prozess auf exakt dieselbe Weise ab. Dieses Gefühl, an das wir uns in der modernen Welt gewöhnt haben, erfordert eine gut aufeinander abgestimmte Interaktion zwischen Biologie, Chemie und Neurowissenschaft. Mehrere Bereiche Ihres Gehirns und des Nervensystems arbeiten im Einklang mit den Drüsen, um es auszulösen. Das ist wie beim Turbolader eines Sportwagenmotors, wenn der Treibstoff in unterschiedlichen Verhältnissen mit Sauerstoff vermischt wird: Ein gewöhnlicher Motor verwandelt sich in eine wahre Höllenmaschine. Auch Sie werden, wenn Sie gestresst sind, zu einer völlig neu konfigurierten Maschine, die sich von Ihrem gewöhnlichen Selbst unterscheidet.

In der Wissenschaft wurde jahrelang darüber gestritten, woher Stress rührt. Der traditionelle Standpunkt lautet, dass er von Gedanken in Ihrem rationalen Hirn ausgelöst wird, doch jüngere Studien deuten auf das Gegenteil hin – dass der Stress zuerst ausgelöst wird und die daraus resultierenden Gefühle und körperlichen Empfindungen dann Ihr rationales Hirn zum Denken veranlassen. Diese Gedanken können Ihnen helfen, sich zu beruhigen, oder Sie aufpeitschen, sodass Sie noch gestresster werden. Ich glaube, beide Szenarios sind richtig, je nachdem, was Sie stresst. Lassen Sie mich das erklären.

Gestresst sein

Stress ist eine automatische Reaktion. Ihr Stress beginnt mit einem Auslöser. Ein Ereignis findet statt, das eine mögliche Gefahr sein könnte.

Dieses stressauslösende Ereignis wird von Ihrem denkenden Hirn nicht einmal erkannt. Beispielsweise wenn dieser Kumpel, den Sie eigentlich noch nie so richtig leiden konnten, sich von hinten an Sie heranschleicht und »Buh!« brüllt. Während er sich kaputtlacht, springen Sie fast aus dem Hemd, Ihr Herz rast und Sie empfinden eine Version von Stress, die Sie auch verspüren würden, wenn Sie einem Säbelzahntiger gegenüberstünden. In einem Sekundenbruchteil fühlen Sie zunächst den Stress, und später denken Sie darüber nach. Was in solchen Fällen sofort in Kraft tritt, ist eine Seite Ihres *autonomen Nervensystems* (das, wie der Name schon sagt, für automatische Funktionen Ihres Körpers zuständig ist, zum Beispiel dass Ihr Herz kontinuierlich schlägt, ohne dass Sie darüber nachdenken). Diese Seite des beteiligten Systems wird im Allgemeinen als sympathisches Nervensystem bezeichnet und dann aktiviert, wenn eine gefährliche Situation erkannt wird, die nach Kampf, Flucht oder Einfrieren verlangt. Ihr Überlebensinstinkt hat keine Zeit, um zu analysieren, um was es sich bei der scheinbaren Bedrohung handelt. Er reagiert zunächst einmal und löst den Alarm aus.

Der Wachschutz, der für das Auslösen des Alarms zuständig ist, ist die Amygdala. Sie liegt ganz unten in Ihrem Gehirn unmittelbar vor dem Hirnstamm und somit in der bestmöglichen Position, um mit dem Rest Ihres Körpers zu kommunizieren. Man kann die Amygdala durchaus als Ihren paranoiden Teil betrachten. Ständig hält sie Ausschau nach Dingen, vor denen sie Sie beschützen muss (und ist auch zuständig für Lustgefühle, wenn das Leben es gut mit uns meint, aber darüber reden wir heute nicht – nur über den Stress).

Wenn die Amygdala aktiviert wird, schießen die Emotionen hoch, und nun übergeben die elektrischen Impulse, die durch Ihr Nervensystem schießen, an die chemische Seite Ihres Körpers. Ein perfekt aufeinander abgestimmtes Trio, das im Allgemeinen als *HHN-Achse* bezeichnet wird, übernimmt. Zum HHN gehört eine Gruppe von hormonproduzierenden Drüsen – nämlich der Hypothalamus, die Hypophyse und die Nebennierenrinde.

Von der Amygdala wahrgenommene Stressgefühle veranlassen den Hypothalamus zur Freisetzung eines Hormons namens *CRH* oder Corticoliberin, das wiederum die Hypophyse zur Ausschüttung eines Hormons namens *ACTH* oder adrenocortitropes Hormon in den Blutkreislauf anregt. Die von ACTH vermittelte Nachricht verteilt sich rasch im Blutkreislauf und verursacht die Produktion des verrufenen Hormons *Cortisol* durch die Nebennierenrinde. Jetzt ist es offiziell. Sie sind gestresst.

Cortisol ist ein maßgebliches Hormon, das zum Schutz der Gesundheit und des Wohlbefindens insgesamt dient. Da die meisten Zellen über Cortisolrezeptoren verfügen, wirkt es sich auf viele verschiedene Körperfunktionen aus. Cortisol hilft, den Blutzuckerspiegel zu kontrollieren, den Stoffwechsel zu regulieren, Entzündungen zu verringern und die Gedächtnisbildung zu unterstützen. Es sorgt für ein Gleichgewicht von Salz und Wasser und reguliert den Blutdruck. Cortisol hilft auch bei der fetalen Entwicklung in der Schwangerschaft.

Das gilt für die normalen, einfachen Zeiten. In Stressmomenten jedoch dient Cortisol vor allem einem – Sie vor Schwierigkeiten zu bewahren. Dafür muss es Energie an Ihr Gehirn leiten, damit Sie über einen Ausweg nachdenken können, und an Ihre Muskeln, damit Sie nötigenfalls wegrennen oder kämpfen können. Der Nährstoff, den Ihr Gehirn vorzugsweise für die Energieerzeugung verbrennt, ist Glukose. Die klare Anweisung des Cortisols an die Fettzellen in Stressmomenten lautet, Fett in den Blutkreislauf abzugeben, und an die Leber, Glukose freizusetzen. Es veranlasst die Muskeln, nur Fett zu verbrennen, damit der gesamte im Blutkreislauf verbleibende Zucker dem Gehirn zur Verfügung steht. Das Ergebnis? Ein Turbolader mit Superkräften – alle Energie und Konzentration, die Sie brauchen, um zu handeln, nötigenfalls Ihr Leben zu retten, und dann wieder zu Ihrem Normalzustand zurückzukehren.

Diese Form von Stressreaktion ist gut (wir bezeichnen sie als *Eustress*). Sie sorgt für Ihre Sicherheit und erweitert Ihre Fähigkeiten. Sie gibt Ihnen, was Sie zur Überwindung eines Problems brauchen.

Nicht vergessen! Ein bisschen Stress ist gut für Sie.

Wir verstehen jetzt den biologischen Zyklus, der Stress auslöst. Eine Gefahr wird erkannt. Die Amygdala gerät in Panik. Der Hypothalamus weist die Hypophyse an, Alarm auszulösen. Das Signal wird durch den Blutkreislauf zur Nebennierenrinde transportiert, die die von Ihnen benötigte Stärkung ausschüttet: Cortisol und andere Stresshormone wie Adrenalin und Norepinephrin. Das ermöglicht es Ihnen, die übermenschlichen Wunder zu bewirken, die Sie zum Überleben oder zum Überwinden von Schwierigkeiten brauchen. Doch der Kreislauf ist hier noch nicht zu Ende.

Hat der Stress seinen Zweck erfüllt, sorgt Ihr Körper durch aktives Steuern dafür, dass Sie wieder in den Normalzustand zurückkehren. Was beendet den Stress? Nun, das ist ein anderer Kreislauf, und der heißt für gewöhnlich …

Negative Feedbackschleife

Ihre menschliche Maschine ist darauf ausgelegt, mit Stress als Unterbrechung ihres entspannten Normalzustands umzugehen. Nach ihrem Verständnis soll Stress nicht unbegrenzt anhalten. Wenn der Cortisolspiegel im Blut hoch ist, registrieren die Rezeptoren im Hypothalamus und Hippocampus das Vorhandensein von Cortisol, also halten sie weiter nach Gefahren Ausschau. Falls sie welche entdecken, verstärken sie den Zyklus, damit Sie weiterhin maximale Leistungen erbringen können, dann prüfen sie die Umgebung erneut. Finden sie schließlich keine Gefahren mehr vor und gibt es somit keinen anhaltenden Grund zur Besorgnis, erkennen sie die Diskrepanz zwischen dem Zustand Ihres Körpers – gestresst – und der Realität der Situation – sicher – und beenden die Stressreaktion, um Sie wieder zum Normalzustand zurückzuführen. Der Verstärker wird aus Ihrem Blutkreislauf entfernt, und Sie sind wieder die gelassene Version Ihrer selbst. Wirklich ganz einfach.

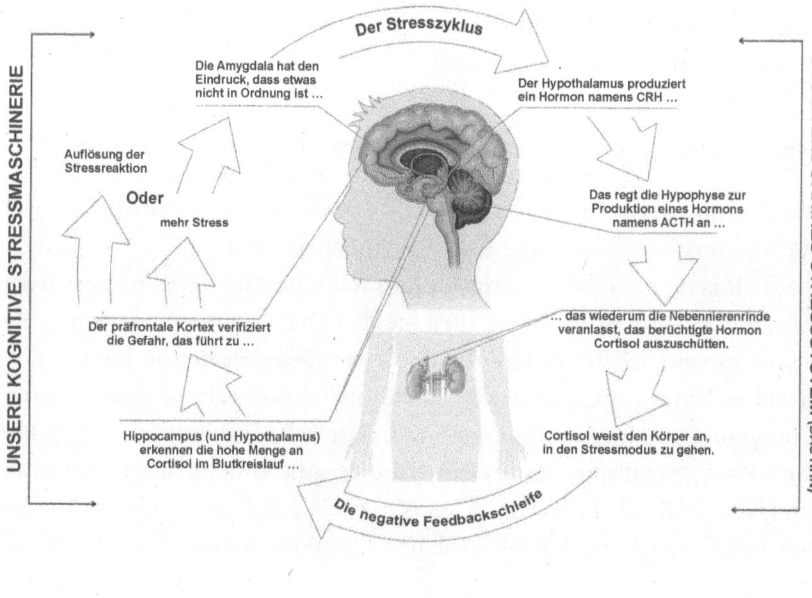

Zusammengenommen bilden der Stresskreislauf und die negative Feedbackschleife eine ganze Reise entlang der Stressstraße, die ungefähr so aussieht:

Was ist Stress?

In unserer modernen Kultur hat der Begriff *Stress* viele negative Konnotationen. Das ist eine natürliche Reaktion auf Geschichten wie meine und die von Alice. Wir mussten beide zusehen, wie unsere Väter vom Stress aufgefressen wurden und dann an daraus entstandenen Krankheiten starben. Jeder kennt mindestens einen Menschen, dem es so ergangen ist. Stress muss aber nichts Negatives sein. Er kann auch gut für Sie sein.

Auf der obersten Ebene ist Stress beim Menschen lediglich ein weiterer Überlebensmechanismus. Er ist der Turbolader, der oktanstarke Treibstoff, der Ihnen den Verstärker zur Verfügung stellt, den Sie zum Überleben schwieriger Situationen brauchen. Wenn es gut funktioniert, ist es großartig, gestresst zu sein. Zum Beispiel an diesen Tagen vor einem großen Vorhaben, als Sie mit Ihrem Team zusammen die Nächte durchgearbeitet, gelacht und die Kollegialität genossen haben, oder damals, als Sie beschlossen haben, ihr einen Heiratsantrag zu machen. Stressig? Ja! Aber trotzdem herrlich und lohnenswert.

Vom Standard abweichende Betriebsabläufe

Was lässt also diese erfreulichen, wenn auch stressigen Erlebnisse zu Burnout, Depressionen und sogar Suizidgedanken werden?

Als Ingenieur habe ich gelernt, dass ich eine Maschine, wenn ich sie vollständig begreifen wollte, in allen möglichen Funktionszuständen beobachten musste. Ich bezeichne das als *Gesamtzyklus-Simulation.* Ein gut entwickeltes Gerät – sagen wir mal, Ihr Mobiltelefon – funktioniert erwartungsgemäß, solange es innerhalb der vorgesehenen Betriebsumgebung läuft. Wird es extremer Hitze oder Kälte ausgesetzt oder ist sein Speicher mit Datenmüll verstopft, legt es allerdings ein ganz anderes Verhalten an den Tag. Es ist unsere Aufgabe, solche widrigen Situationen zu identifizieren, die unsere Stressmaschine zu einer Fehlfunktion bringen, und zu beobachten, wie wir uns infolgedessen verhalten.

Beginnen wir mit einer genauen Beschreibung der normalen Arbeitsbedingungen, die wir bisher besprochen haben – ein Stressreaktionszyklus, ausgelöst durch eine Gefahr, ruft eine Reaktion hervor, gefolgt von einer negativen Feedbackschleife, die uns wieder in den Ruhezustand zurückbringt.

> Nicht vergessen! Stress ist eine biologische Überlebensreaktion, die unseren Körper neu konfiguriert und uns mit den besten Fähigkeiten auf Situationen reagieren lässt, die dem Körper zur Verfügung stehen.

Nicht mehr und nicht weniger. In diesem Szenario des normalen Betriebsablaufs ist Stress wirklich Ihr bester Verbündeter.

Sprechen wir nun über andere, unnatürliche Betriebsbedingungen. Hier kann die Sache schiefgehen. Und zwar gründlich!

Am Anfang steht ein Gedanke

Unser normaler Stresszyklus beginnt mit der Entdeckung einer möglichen Gefahr. In der Frühzeit der Menschheit hat es wirklich niemanden gekümmert, ob er Pickel auf der Stirn hatte; damals galt das nicht als Gefahr. Vielmehr überprüfte Ihr Stressreaktionssystem die Welt auf physische Gefahren, zum Beispiel Tiger oder Feuer. Wir erleben immer noch ähnlichen Stress, wenn sich etwa beim Überqueren der Straße ein Auto rasch nähert oder wenn wir auf einem ansonsten ruhigen Flug in Turbulenzen geraten. Doch im Allgemeinen ist es der Zivilisation gelungen, die physischen Gefahren für unser Überleben auf ein Minimum zu reduzieren. Heutzutage laufen die Dinge eher so …

> Nicht vergessen! Moderner Stress beginnt oft mit einem Gedanken.

Das geschieht ganz an der Spitze dessen, was unser Gehirn menschlich macht, nämlich im als *Kortex* bekannten denkenden Teil des Gehirns. Im

Kortex analysieren wir unsere Lebensereignisse. Zum Beispiel beginnt der Nachrichtensender, den gewaltsamen Konflikt in einem Land zu thematisieren, von dem Sie noch nie gehört haben. Es wird über die Opfer gesprochen und über die erwarteten wirtschaftlichen Schäden. Das alles hören Sie sich an, während Sie in der Behaglichkeit Ihres Heims sitzen, kein Konflikt weit und breit, ungefähr zu der Zeit, da Ihr Gehalt auf Ihrem Konto eingeht. Sie verhungern nicht, Sie sind nicht obdachlos und befinden sich in keiner tatsächlichen Gefahr. Im Großen und Ganzen geht es Ihnen gut, und doch beschleicht Sie das Gefühl, dass etwas falsch läuft. Nicht speziell für Sie, sondern weil Sie sich in Gedanken all die möglichen Szenarien ausmalen und erkennen, dass sich auch für Sie alles ändern könnte. Sie mögen nicht in unmittelbarer Gefahr sein, aber Sie gehen fest davon aus, dass Ihnen Schwierigkeiten bevorstehen. Ihr denkendes Hirn – insbesondere der präfrontale Kortex – analysiert die Situation, weist ihr aber keine Emotion zu. Es sagt Ihnen nicht, was Sie diesbezüglich empfinden sollen. Jedenfalls noch nicht.

Gestresst zu sein von Ereignissen, die noch gar nicht stattgefunden haben oder die vollkommen außerhalb unseres Einflussbereichs und unserer Kontrolle liegen, gehört nicht zum Standardablauf unserer Stressmaschine. Die biologische Stressmaschine verfügt nur über eine Einstellung: die Stärkung Ihrer körperlichen Fähigkeiten, um mit einer physischen Gefahr fertigzuwerden. Und während ebenjene Maschine sich als hilfreich erwies, als sie Ihnen ermöglichte, in der kurzen Zeit bis zum Examen Ihre Konzentrationsfähigkeit zu erhöhen, versagt sie dort, wo eine körperliche Reaktion die Situation nicht verbessert. Wenn Ihre Stressreaktion die Situation, die nicht von einem tatsächlichen Ereignis, sondern von einem Gedanken hervorgerufen wird, nicht bewältigen kann, ermittelt die negative Feedbackschleife das fortgesetzte Bestehen der kognitiv erzeugten Gefahr und lässt Sie stundenlang, tagelang, manchmal sogar jahrelang in einem überdrehten Zustand körperlicher Leistungsfähigkeit verharren. Wenn Sie mental gestresst sind, gibt es keine reale Gefahr, mit der Sie es aufnehmen können.

Nicht vergessen! Der Stress hält so lange an, wie der Gedanke bestehen bleibt.

Wir leben in einer Welt, die von Negativem in den allgemeinen und sozialen Medien überschwemmt wird und in der wir uns von unseren Gedanken unter Stress setzen lassen …

Nicht vergessen! Unsere Stressbewältigungsfähigkeit ist nur auf unsere Fähigkeit zum negativen Denken begrenzt.

Das negative Denken ist leider unbegrenzt, solange es nicht aktiv unter Kontrolle gebracht wird. Für den Großteil der von uns erzeugten negativen Gedanken ist keine Lösung in Sicht. Das Maß an Gedanken, die an jedem unserer typischen Tage Stress auslösen können, überschreitet bei Weitem die Anzahl tatsächlicher physischer Gefahren, denen unsere Vorfahren ausgesetzt waren, selbst im wildesten Urwald.

Unsere Stressmaschine ist nicht dafür geschaffen, mit einem endlosen Strom an Negativem zurechtzukommen. Wir müssen intervenieren, *ehe* diese Gedanken überhaupt ausgelöst werden, wenn wir unsere Stressreaktion auf ihre normale Betriebsumgebung beschränken wollen. Ihre hoch getaktete Stressreaktion rettet Sie nicht. Sie zerstört Ihre fehlgeleitete biologische Maschine.

Von Emotionen gestresst

Ein weiteres unvertrautes Gebiet, das unsere Vorfahren vermutlich nicht erlebt haben, ist der Stress, den wir infolge unserer Emotionen erleiden. Unsere Gedanken lösen unsere Emotionen aus, und dann setzen diese Emotionen wieder weitere Emotionen in Gang. Denken Sie mal darüber nach. Wenn wir allein leben, fühlen wir uns vielleicht einsam, was sich für die menschliche Psyche wie eine Gefahr anfühlen kann, weil wir soziale Lebewesen sind. Das führt dazu, dass wir uns niedergeschlagen und unzulänglich fühlen. Wir befürchten, dass wir niemals Liebe finden werden, und auch das fühlt sich an wie eine Gefahr. Verlieben wir uns dann, so sind wir anfangs hochgestimmt, doch dann werden wir vielleicht eifersüchtig. Unser Bedürfnis, das zu schützen, was wir haben, lässt uns besitzergreifend und obsessiv werden. Wir machen uns Sorgen, dass die Beziehung enden könnte. All diese Gefühle werden nicht von bestimmten Ereignissen ausgelöst. Sie scheinen uns wie aus dem Nichts zu überkommen und zu überwältigen. Sie stressen uns und lösen unsere Überlebensreaktion aus, wobei wir uns nicht mal darüber im Klaren sind, wogegen wir eigentlich kämpfen oder wovor wir wegrennen. Sie sind so lange gestresst, wie das Gefühl anhält, ohne sich kognitiv überhaupt dessen bewusst zu sein, was passiert ist – weil tatsächlich gar nichts passiert ist.

Nicht vergessen! Oft ist man sich der Gründe für den Stress gar nicht bewusst.

Meine Freundin und eine meiner wahren Heldinnen, die Neurowissenschaftlerin Jill Bolte Taylor, sagt:

Nicht vergessen! Wir sind fühlende Geschöpfe, die denken, nicht denkende Geschöpfe, die fühlen.

Nicht nur, dass wir des endlosen Empfindens von Emotionen fähig sind, sondern unsere internen Mechanismen lassen die Emotionen sogar noch *weitere* Gedanken und Emotionen hervorbringen. Unsere Empfindungen ziehen oft einen Reigen aufeinanderfolgender Verstärkungen nach sich, die zu weiteren Emotionen führen, die dann wiederum weitere negative Gedanken zur Folge haben – ein endloser Kreislauf, der sich in keiner Weise mit der Art von Stress vergleichen lässt, die Menschen empfunden haben, als Gefahren noch einfach physischer Natur waren. Die Häufigkeit, mit der einige von uns an einem ganz normalen Tag Stress empfinden, wenn sie die Nachrichten sehen oder in einer modernen Dating-App unterwegs sind, überschreitet bei Weitem die Häufigkeit tatsächlicher physischer Gefahren, denen unsere typischen Vorfahren in einem ganzen Menschenleben ausgesetzt waren. Das Maß an modernem Stress, mit dem wir es zu tun haben, übersteigt erheblich die Kapazitäten unserer Stressmaschine. Wie bei unserem kognitiven Stress geht es auch beim emotionalen Stress nicht um irgendeine bestimmte Gefahr, der wir uns stellen müssen. Er tobt einfach nur in unserem Herzen. Und auch er hält so lange an, wie sein Auslöser – die Emotion – andauert.

Umgang mit einem Gespenst

Der Wandel zu mentalen und emotionalen Stressfaktoren hat es der Menschheit ermöglicht, aus dem Nichts heraus ein enormes Maß an Stress zu erzeugen. Das Ironische ist, dass nichts von dem, was uns in Stress versetzt, jemals wirklich in diesem Augenblick existiert. Woher ich das weiß?

Nicht vergessen! Allein die Tatsache, dass Sie Zeit und Raum haben, sich von einem Gedanken oder einer Emotion in Ihrem Inneren in Stress versetzen zu lassen, ist der Beweis dafür, dass außerhalb von Ihnen in diesem Augenblick keine physische Gefahr existiert.

Denken Sie bitte mal eine Minute darüber nach. Wäre ein Tiger gerade dabei, Sie anzuspringen, hätten Sie keine Zeit, darüber nachzudenken, was passiert, wenn Sie Ihren Arbeitsplatz verlieren. Verstehen Sie?

Wir haben es mit Gespenstern zu tun, die von unseren Gedanken und Emotionen erschaffen werden, obwohl sie in diesem Augenblick gar nicht existieren.

Genau genommen haben wir es sogar mit einer ganzen Armee davon zu tun. Sie werden in uns erzeugt wie die Pixel auf einem Bildschirm, und keine Kampf-oder-Flucht-Reaktion kann sie auslöschen. Sie bleiben und vervielfachen sich.

Unsere moderne Welt ist nicht stressiger als die vergangene. Sie ist in jeder nur denkbaren Weise viel sicherer. Warum hat der Stress sich dann von einem Retter der Menschheit in der Wildnis in einen Killer verwandelt?

Müssten wir alles auf einen Grund zurückführen, dann wäre das …

Die Verstärkung von Feedbackschleifen

In der typischen Betriebsumgebung der Stressmaschine werden die körperlichen Symptome von Stress von Ihrem denkenden Gehirn aufgegriffen. Erst springen Sie wegen des albernen Streichs Ihres Kumpels aus dem Sessel hoch, *dann* fangen Sie erst an, darüber nachzudenken. Ihr Kortex übernimmt es, die Situation zu analysieren, und in Fällen, in denen er entscheidet, dass die Stress auslösenden Umstände noch nicht geklärt sind, ergreift er Maßnahmen, um Ihnen weiteren Stress zu bereiten. Wäre dieser Tiger immer noch drauf und dran, Sie zu verspeisen, soll das erhöhte Maß an Cortisol natürlich nicht die negative Feedbackschleife beenden, sodass Sie ohne die notwendige Energie dastehen, um mit der Situation umzugehen, in der der Stressfaktor immer noch gegenwärtig ist; Stress soll so lange anhalten, bis Sie die Situation im Griff haben. Das ist, nun ja, stressig, aber notwendig. Zum Problem wird das erst, wenn der Kortex Sie fortwährend stresst, obwohl es dafür keinen echten Grund gibt. Dieser gesamte Kreislauf ist jedoch viel, viel kürzer, als wir im Allgemeinen vermuten.

Als ich Jill Bolte Taylor für meinen Podcast *Slo Mo* interviewte, stellte sie ein Konzept aus ihrem Buch *Gehirn^4* vor, das sie als 90-Sekunden-Regel bezeichnet. Sie sagte:

> Von dem Moment, da ich einen Gedanken habe, der meinen emotionalen Kreislauf stimuliert – der mich beispielsweise Wut empfinden lässt –, bis zu dem Zeitpunkt, da meine physiologische Reaktion ausläuft – die Zeit, die es dauert, um Adrenalin in meinen Blutkreislauf zu pumpen, das in mich hinein- und aus mir herausströmt, vom Beginn des Gedankens bis zu dem Moment, wo mein Blut frei von dieser Chemikalie ist –, vergehen weniger als neunzig Sekunden. Doch viele von uns haben die Fähigkeit, länger als neunzig Sekunden wütend zu bleiben. Das ist nicht das Ergebnis des ursprünglichen Auslösers. Man wiederholt dann einen Gedanken, der den Wutkreislauf immer und immer wieder ankurbelt. Auf diese Weise können wir tagelang wütend bleiben.

Wenn das geschieht, läuft die Feedbackschleife – der Kreislauf, der perfekt vom Auslöser über den Stress bis zum Sieg über den Stressfaktor bis zum Nachlassen des Stresses funktioniert – rückwärts. Manchmal, in der modernen Welt sogar häufig, beendet die Feedbackschleife Ihre Stressreaktion nicht. Sie verstärkt sie stattdessen.

Das ist das Schlimmste an Stressfaktoren, die von Gedanken oder Emotionen ausgelöst werden. Sie halten so lange an wie das Gefühl oder der Gedanke, die sie angestoßen haben, und sie vervielfachen sich, weil Gedanken Emotionen einleiten und Emotionen Gedanken einleiten. Infolgedessen platzt die negative Feedbackschleife, dieser Mechanismus, der Sie eigentlich in den Ruhezustand zurückbringen soll. In diesem Fall führt die Kognition nicht zu der Erkenntnis, dass es keinen Grund zum Stress gibt; vielmehr setzt sie ebenjene virtuelle Gefahr wieder ein, die sie überhaupt erst geschaffen hat, und verstärkt die Notwendigkeit von *weiterem* Stress.

Keine tatsächliche Gefahr, bloß Gedanken und Gefühle, und dann wird es sogar noch schlimer. Stress selbst führt dazu, dass Sie empfänglicher werden für weitere Stressfaktoren. Und das Ganze führt dann zu …

Der Swirlpool

Wenn Sie Angst haben, kommt Ihnen alles wie ein Dämon vor. Das Bewusstsein, dass irgendein Stressfaktor vorhanden ist, führt dazu, dass wir uns hineinsteigern. Die primäre Aufgabe Ihres Gehirns ist die Wahrung Ihrer Sicherheit. Wird es aber von seinen eigenen Ängsten und Sorgen beeinflusst, so fängt es an, überall nach Gefahren zu suchen. Und wenn Sie nach etwas suchen, finden Sie es mit größerer Wahrscheinlichkeit. Probieren Sie es aus. Suchen Sie morgens mal nach VW Passats, und ich kann Ihnen garantieren, dass Sie mehr davon entdecken als heute. Nicht weil mehr auf den Straßen unterwegs sind, sondern weil Sie jetzt darauf achten, wenn Ihnen einer ins Blickfeld gelangt.

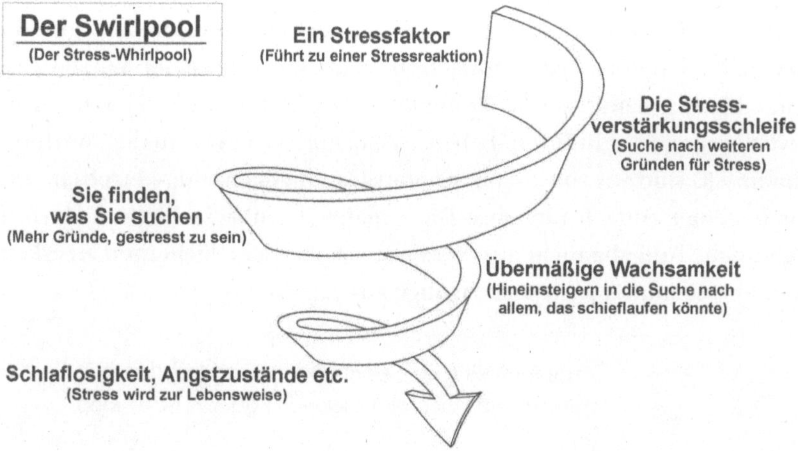

Suchen Sie nach einem Grund, Angst zu haben, und genau wie bei den VW Passats werden die Gründe sich Ihnen von selbst bieten. Das Leben wird sich anfühlen wie ein Gespensterhaus, obwohl sich in Wirklichkeit nichts daran verändert hat. Das Entdecken von weiteren Gründen für Stress selbst stresst Sie sogar noch mehr, also suchen Sie noch verbissener und finden immer mehr Stressauslöser in einer endlosen Spirale, die wir als *selbst geschaffenen Stress-Whirlpool* bezeichnen. Nennen wir ihn einfach Swirlpool.

Übertriebene Wachsamkeit bestimmt unser Leben dann vollständig. Permanent auf der Suche nach Schwierigkeiten zu sein, wird zur obersten Priorität des Gehirns. Wir werden reizbar und hektisch, sind ständig besorgt und kommen nie zur Ruhe. Wir wälzen uns nächtelang schlaflos hin und her, selbst wenn es in der Stille unseres Schlafzimmers gar keine Stressfaktoren gibt, weil wir wie besessen jedes mögliche Problem durchdenken und analysieren. Wir entwerfen Szenarios, die es nie gab und nie geben kann. Wir verlieren das Vertrauen in unsere Mitmenschen und das Leben selbst. Und daran ist kein verkorkstes Leben schuld und kein anderer, sondern nur unsere hyperaktive Fantasie. Immer tiefer geraten wir in den Wirbel in einem selbst geschaffenen Whirlpool und ertrinken in unseren eigenen dummen Illusionen.

Ein *bisschen* Stress hat noch keinen umgebracht, aber wiederholte Stressauslöser können tödlich sein. Alles von einem langen Arbeitsweg über einen nervigen Nachbarn, einen aufdringlichen Freund, ein schwieriges pubertierendes Kind, beruflichen Ärger, den Verlust eines geliebten Menschen, Geldsorgen bis hin zu gesundheitlichen Problemen, und die Liste ließe sich noch endlos fortsetzen. Man kann über einen kurzen Zeitraum hinweg damit zurechtkommen. Doch wenn einer oder mehrere davon lange genug in Ihrem Leben verharren, zieht es Sie in den Swirlpool hinein. Oft sind wir von vielen Stressauslösern gleichzeitig betroffen, und das bedeutet einfach nur eins: Die negative Feedbackschleife führt ihre eigentliche Aufgabe nicht aus. Statt unsere physische Sicherheit zu erkennen, löst sie immer neue Durchgänge aus.

Nicht vergessen! Oft bleiben wir tage-, wochen- oder gar jahrelang gestresst, und manchmal sogar das ganze Leben lang.

Stress soll etwas Akutes, plötzlich Auftretendes und Vorübergehendes sein. Der Mensch ist dazu geschaffen, sich aktiv um sein Überleben zu kümmern, nicht sich über Likes bei Instagram den Kopf zu zerbrechen. Wenn eine Gefahr auftaucht, sollen wir ihr direkt entgegentreten und sie entweder bewältigen oder, tja, gefressen werden.

Nicht vergessen! Zu viel ist immer schlecht, egal von was. Zu viel Cortisol für einen zu langen Zeitraum ist einfach fatal.

Der lautlose Killer

Unser biologischer Mechanismus, der noch nicht den Anschluss an die Änderungen unserer Lebensweise seit der Höhlenmenschenzeit gefunden hat, geht mit jeder Art von Stress gleich um: Er überschwemmt uns mit Cortisol. Da so viel von diesem Steroid in unseren Systemen umherfließt, möchte ich Ihnen ein paar Fakten vermitteln, deren Sie sich bewusst sein sollten.

Denken Sie daran: Sie brauchen Blutzucker für Ihr Gehirn und Fett für Ihr Muskelgewebe, um die Energie zu haben, mit der Sie sich aus einer stressigen Situation befreien können. Doch ein hoher Cortisolspiegel über einen längeren Zeitraum hinweg in Fällen von chronischem Stress kann zu vielen Problemen führen.

Zunächst mal zerstört ein hoher Cortisolspiegel Ihr Muskelgewebe. Muskeln bestehen aus Proteinen; eine Form der Synthetisierung von Zucker ist es, gespeicherte Glukose in Form von Glykogen freizusetzen, indem die Proteine in Aminosäuren aufgespalten werden, die dann in Blutzucker umgewandelt werden können. Ein Übermaß an Cortisol zerstört auch Fettsäuren und verwandelt diese ebenfalls entweder in Glukose oder in Blutzucker, die ins Muskelgewebe abgegeben werden für den Fall, dass Sie wegrennen oder kämpfen müssen. Infolgedessen verringert chronischer Stress die Muskelmasse im Körper des Betroffenen.

Cortisol verbrennt auch Fett, also aufgepasst, mein kleines Bäuchlein. *Her mit dem Stress, dann bin ich auf dem nächsten Instagram-Foto schön dünn,* denken Sie jetzt vielleicht. Aber freuen Sie sich nicht zu früh. Tatsächlich trifft genau das Gegenteil zu.

Die Muskeln verbrennen zwölfmal mehr Kalorien als jedes andere Körpergewebe, sogar im Ruhezustand. Bei weniger Muskeln geht Ihr Stoffwechsel, also die Fähigkeit, die mit der Nahrung aufgenommenen Kalorien zu verbrennen, zurück. In Stressphasen ist das typischerweise verbunden mit verstärkten Gelüsten und Appetit; Sie essen also mehr und führen Ihrem Gehirn Zucker zu. Je schneller, desto besser, also essen Sie immer mehr vom Falschen, nämlich dem Süßen. Jeder Aspekt des hohen Cortisolspiegels weist in dieselbe Richtung und erhöht die Wahrscheinlichkeit, dass Sie zunehmen.

Sogar das Fett, das Sie im Kampf-oder-Flucht-Modus verbrennen, ist nicht das, was Sie eigentlich verbrannt haben wollen. Stress verbrennt Ihr peripheres Fett, verstärkt jedoch Ihr viszerales Fett, das dafür bekannt ist, zu Störungen wie einer Insulinresistenz beizutragen. Das führt zu einem schlechteren Abbau von hartnäckigem Körperfett und größerer Gier nach Essen.

Wenn auch Ihre Körperformen keine Rolle spielen, die Gesundheit tut das ganz gewiss, und die Art Fett, die das Ergebnis anhaltender Stressphasen ist, ist eine der unwillkommensten. Die Neigung zu viszeralem Abdominalfett, auch als *Bauchfett* bekannt, ist als Entzündungsverstärker bekannt. Entzündungen wiederum stehen im Zusammenhang mit Herzerkrankungen, Diabetes, Krebs, Arthritis, Magengeschwüren und verschiedenen Darmkrankheiten. Genau genommen ist die Entzündung selbst eine Form von Stress für unseren Körper, die in der Folge zu einem noch höheren Cortisolspiegel führt, und so setzt sich der Kreislauf fort.

Zu viel Cortisol schädigt die immunschützende Schleimhaut Ihres Magen-Darm-Trakts. Diese Schicht soll Sie vor Infektionen und Nahrungsmittelunverträglichkeiten schützen. Ohne sie werden die Darmwände durchlässig, und Sie leiden an dem sogenannten *Leaky-Gut-Syndrom*, das nicht komplett verdaute Nahrung, Bakterien und Giftstoffe in Ihren Blutkreislauf gelangen lässt. Zu den Symptomen eines Leaky-Gut-Syndroms gehören Blähungen, Nahrungsmittelunverträglichkeiten, Müdigkeit, Verdauungsprobleme, Hautunreinheiten und natürlich noch mehr Stress.

So wie Cortisol das Muskelgewebe verstoffwechselt, greift es auf der Suche nach Energie auch die Knochen an. Das führt zu einer verringerten Knochendichte und erhöht das Risiko für Osteoporose.

Cortisol regt auch das Antikörper produzierende Immunsystem an. Das unterdrückt denjenigen Teil Ihres Immunsystems, der eigentlich gegen Dinge wie Krebs und Infektionen vorgehen soll.

Wenden wir uns nun Ihrem Gehirn zu. Zu viel Cortisol vermindert die Aktivität des Frontallappens, der mit Ihrem Arbeitsspeicher und Ihrer Konzentrationsfähigkeit verknüpft ist. Eine verringerte Frontallappenaktivität wird mit Depressionen und verminderter Intelligenz in Zusammenhang gebracht. Ein hoher Cortisolspiegel über einen längeren Zeitraum hinweg kann Ihren Hippocampus schädigen, den Teil des Gehirns, der entscheidend für die Kontrolle des Cortisolanteils ist, um Stress als Teil der negativen Feedbackschleife zu beenden. Somit sind Sie nicht mehr in der Lage, den Stress auszumachen, der diesen Abbruch überhaupt erst verursacht hat.

Ihr Hippocampus ist zuständig für die Umwandlung von Kurzzeit- in Langzeitgedächtnis. Dementsprechend wird vermutet, dass eine anhaltende Verringerung der Hippocampus-Funktion zur Alzheimer-Erkrankung führen kann.

Ein hoher Cortisolspiegel über einen langen Zeitraum beeinträchtigt auch die Hirnanhangsdrüse, die nicht nur ACTH ausschüttet – das Hormon, das überhaupt erst zur Freisetzung von Cortisol führt –, sondern auch viele andere Hormone, die anderen Drüsen Ihres Körpers signalisieren, welche essenziellen Hormone sie produzieren sollen. Eine Beeinträchtigung der Hirnanhangsdrüse führt zur Freisetzung des Hormons Thyroid, das sich auf jede Zelle und sämtliche Körperorgane auswirkt, denn es steuert das Ausmaß, in dem Kalorien verbrannt werden. Bei Frauen regt es die Eierstöcke zur Produktion von Östrogen und Progesteron an. Bei Männern regt es die Hoden zum Ausstoß von Testosteron an. Das sind die Hormone, die bei Geschlechtsanpassungen verabreicht werden. Die Folgen, die Stress für sie hat, können sich unmittelbar auf unser Verhältnis zur eigenen geschlechtlichen Identität auswirken.

Die Hirnanhangsdrüse produziert auch Wachstumshormone, ohne die die Zellregenerationsfähigkeit zum Erliegen kommt.

Worauf ich hinauswill, ist ganz einfach: Cortisol ist vereinfacht gesagt wie ein Nitrobooster bei einem Rennauto. Wenn es in den Motor eingespritzt wird, spaltet es sich unter Wärmeeinwirkung auf in Sauerstoff und Stickstoff. Der zusätzliche Sauerstoff lässt den Treibstoff mit höherer Hitze verbrennen, und das erzeugt mehr Kraft, um diese vorübergehende Verstärkung zu erzeugen, die den Fahrer für einen sehr kurzen Zeitraum schnell sein lässt wie der Blitz. Wird allerdings weiter Nitro injiziert, so geht aufgrund der exzessiven Hitze der ganze Motor kaputt, und dann verlieren Sie das Rennen, ganz zu schweigen von all den Unfällen, die auf dem Weg zu diesem unvermeidlichen Zusammenbruch geschehen.

Anhaltender chronischer Stress macht mit unserem Körper dasselbe. Bei extremem lang anhaltendem Stress wie in Fällen von PTBS (posttraumatisches Belastungssyndrom) zum Beispiel oder bei chronischem Stress, der zu Burn-out führt, zeigen sich alle oben genannten Symptome bei Patienten sehr deutlich. Chronische Schmerzen, Herz-Kreislauf-Erkrankungen, Bluthochdruck, Autoimmunerkrankungen, Depressionen, Angststörungen, Abhängigkeit, soziale Isolation und Rückzug, Fettleibigkeit, Diabetes, chronische Müdigkeit und Reizdarmsyndrom – was immer man sich vorstellen kann. Durch Trauma verursachter Stress macht Menschen fast unweigerlich anfällig für chronische Krankheiten, psychiatrische Probleme und Suchttendenzen. Die Zahlen von psychiatrischer, medizinischer und suchtbezogener Komorbidität bei PTBS liegen bei über 80 Prozent, das heißt, es ist sehr unwahrscheinlich, jemanden mit PTBS zu finden, der nicht unter einer Komorbidität leidet, häufig sogar unter mehreren gleichzeitig. Das alles ist das Ergebnis von anhaltendem chronischem Stress.

Nicht vergessen! Zu viel Stress über einen längeren Zeitraum hinweg ist sprichwörtlich tödlich.

Entschuldigen Sie bitte all diese Negativität. Es ist wichtig, dass Sie sich bewusst machen, wie weitreichend die Auswirkungen von ständigem Stress sein können. Aber es gibt auch eine gute Nachricht: So weit muss es nicht kommen.

Für alle oben genannten negativen Folgen – beispielsweise Depression – gilt die folgende Aussage: Die meisten depressiven Phasen entstehen durch ein negatives Lebensereignis. Das Gegenteil allerdings trifft nicht zu. Nicht jeder Stress führt zu Depressionen. Genau genommen führen die meisten Stressphasen nicht zu Depressionen. Das geht aus den oben genannten Zahlen klar hervor. Wenn die meisten Menschen ständig gestresst sind, aber nur einer von vier unter Depressionen leidet, haben die anderen drei ja offensichtlich einen Ausweg aus den meisten Stressphasen gefunden. Warum führen also nicht alle negativen Lebensereignisse zu Depressionen?

Das gilt auch für Fälle von extremem Stress wie bei PTBS. Beispielsweise sollen 75 Prozent der Amerikaner mindestens einmal im Leben mit der Art von Trauma konfrontiert werden, die PTBS auslösen kann. Die Quote von lebenslanger PTBS liegt allerdings nur bei 6,8 Prozent (10 Prozent bei Frauen und 4 Prozent bei Männern). Ungeachtet der Schwere des Traumas erholen sich die meisten davon. Im Falle von 9/11 zum Beispiel sank die Zahl jener, bei denen anfangs eine PTBS diagnostiziert wurde, innerhalb von vier Monaten um 20 Prozent und nach sechs Monaten um 90 Prozent. Allgemein erholen sich die meisten PTBS-Patienten innerhalb von drei Monaten oder weniger, nur 3,5 Prozent leiden nach einem Jahr noch unter einem posttraumatischen Stresssyndrom.[7] Aber warum erholen sich einige und andere nicht?

Zu verstehen, warum die meisten Menschen es schaffen, sich aus extremem Stress zu befreien, während andere darin stecken bleiben, manchmal ein Leben lang, könnte der Schlüssel sein für den Entwurf eines Wegs der Erholung von jeglicher Art von Stress, nicht nur in extremen Fällen.

Manche Menschen zerbrechen am Stress, während andere ihn mit Bravour meistern. Der Unterschied liegt nicht in der Art des Lebensereignisses, dem sie ausgesetzt sind. Diejenigen, die nicht übermäßig gestresst sind, haben einfach eine passende Reaktion gezeigt, während die der anderen negativ ist. Es liegt daran, wie sie damit umgehen. Manchmal betrachten die Unstressbaren die Ereignisse zunächst einmal anders. Sie sehen das Positive in dem, was andere als negativ betrachten. Was mir Unsicherheit vermittelt, gibt Ihnen das Gefühl von Freiheit. Wenn ich beispielsweise vor einer Herausforderung stehe, denke ich an das potenzielle Wachstum, das ich erleben werde, wenn ich es geschafft habe, sie zu überwinden. Deshalb ist in meiner Vorstellung nicht alles schlecht. Wie stark das Leben jeden Einzelnen von uns stresst, hat immer mit Methoden und Schwellwerten zu tun.

Im Streben nach einem tieferen Verständnis dessen, wie das alles funktioniert, beschloss ich, das Stresskonzept im Blickwinkel einer anderen

Wissenschaft als der obigen Mischung aus Biologie, Chemie und Neurowissenschaft zu betrachten. Sehen Sie, Stress betrifft nicht nur den Menschen. Er betrifft alles, einschließlich unbelebter Objekte. Vor diesem Hintergrund wollen wir mal ein wenig Zeit darauf verwenden zu verstehen, wie Stress in der Physik funktioniert.

Das gestresste Objekt

In der Physik führt eine auf ein Objekt angewendete Kraft zu Belastung, Spannung und schließlich Ermüdung – bis das Objekt kaputtgeht.

Der Schweizer Mathematiker und Mechaniker Jakob Bernoulli fand 1705 heraus, dass die Verformung eines Objekts, auf das eine Kraft angewendet wird, sich mathematisch beschreiben lässt. Er war der Erste, der uns etwas über Stress und Belastung lehrte.[8]

Belastung ist das, was ein Objekt erfährt, wenn es einer Kraft unterworfen wird. Sie wird gemessen als die Kraft geteilt durch den Oberflächenbereich des Objekts, auf den die Kraft einwirkt.

Die angewendete Kraft ist auf diesen Bereich verteilt. Jedes winzige Stück dieses Bereichs trägt einen winzigen Teil der Kraft. Je größer der Bereich, desto mehr kann das Objekt aushalten, und dementsprechend geringer ist die Belastung, die es erfährt, wenn es einer externen Last ausgesetzt wird. Die Kraft geteilt durch den Bereich wird in Pascal gemessen, was ironischerweise ein Messwert für Druck ist. Ich glaube, dasselbe lässt sich auch vom Menschen sagen.

Bildlich können Sie sich dieses Stresskonzept vorstellen als eine Methode des Objekts, die darauf angewandte Kraft auszuhalten. Hat ein Objekt eine geringe Oberfläche von, sagen wir mal: einem Quadratzentimeter, der die gesamte Krafteinwirkung tragen muss, ist es weit stärker belastet, als wäre es 100 Quadratzentimeter groß. Im letzteren Fall trägt jeder Quadratzentimeter nur ein Hundertstel dessen, was das erste Objekt aushalten musste.

Es sind nicht nur externe Kräfte, die zur Belastung führen.

Nicht vergessen! Bei geringeren inneren Ressourcen für den Umgang mit einer externen Kraft wird mehr Stress empfunden.

Wenn Sie eine Kraft ausüben – sagen wir die eines sich rasch bewegenden Hammers, der auf den kleinen Bereich des flachen Kopfes eines Nagels einwirkt –, dann wird die gesamte Kraft durch diesen winzigen Bereich ausgeübt, was es dem Nagel ermöglicht, in ein solides Holzstück einzudringen. Verändern Sie jedoch diese Kontaktzone, etwa durch eine Drehung des Nagels von oben nach unten, sodass der breitere Kopf in Kontakt zum Holz ist, wird es diesem nahezu unmöglich, viel mehr zu hinterlassen als eine kleine Kerbe. Um Stress zu mindern, können Sie entweder die angewendete Kraft verringern oder den Bereich vergrößern, auf den die Kraft ausgeübt wird.

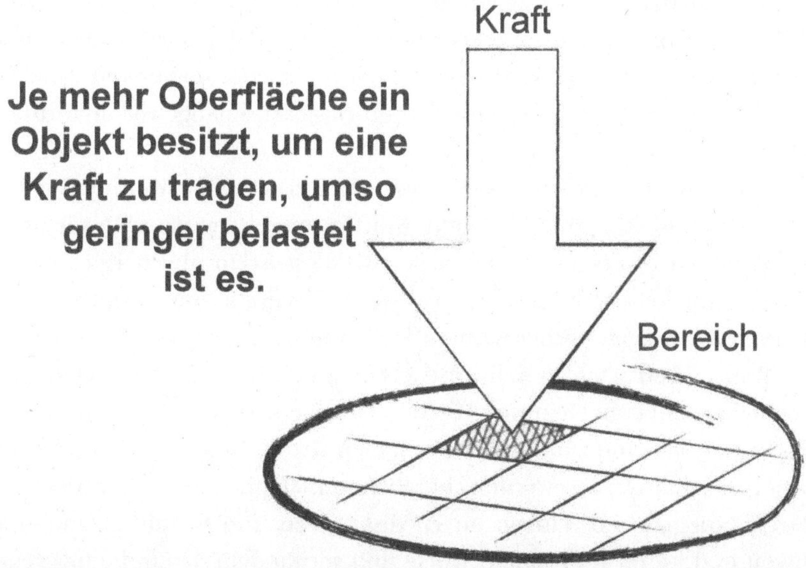

Auf sehr ähnliche Art erleben auch wir Menschen Stress. Kräfte, Schwierigkeiten und Druck werden die ganze Zeit auf uns ausgeübt, vom verletzenden Kommentar eines Freundes über zahlreiche Überstunden bis hin zu Krankheit und finanziellen Problemen, denen wir alle zum einen oder anderen Zeitpunkt unseres Lebens ausgesetzt sein können. Der Umgang mit diesen Kräften wird durch unsere Fähigkeit bestimmt, Stress zu bewältigen.

Selten gibt es nur eine Sache, die uns stresst. Bei der Geschwindigkeit des modernen Lebens sind wir oft mehreren Stressfaktoren gleichzeitig und sicherlich Dutzenden Stressauslösern täglich ausgesetzt. Je höher die Zahl der Stressauslöser, desto größer die daraus resultierende Kraft und die Intensität – oder zumindest unsere Wahrnehmung davon – und dementsprechend die Last, die wir tragen müssen. Schon beim morgendlichen Aufstehen begegnen wir Auslösern, die uns Stress verursachen. Von den Tagen, an denen die Partnerin oder der Partner schlecht gelaunt aufwacht, über die ärgerliche Nachricht auf Social Media bis zur Negativität der Zeitungsschlagzeilen. Von den Tagen, an denen das Geld knapp ist, bis zu den Tagen, an denen wir tatsächlich in Streit und Auseinandersetzungen geraten. Von den Tagen, an denen wir mit unserer Figur hadern, bis zu den Tagen, da wir uns über einen Kollegen beklagen, der uns bei der Arbeit nervt. Die resultierende Kraft, die tagtäglich auf jeden von uns einwirkt, ist die Summe all dieser unterschiedlichen Auslöser, solange wir sie fortdauern lassen.

Die Kraft ist jedoch nicht das, was uns Stress macht. Wenn wir genügend Ressourcen hätten, um diese Kraft zu tragen, empfänden wir überhaupt keinen Stress. Vielmehr würden wir diese Kräfte als Energie nutzen, die uns im Leben voranbringt, so wie die Energie eines Hammers die Spitze eines Nagels mühelos durch Holz treibt.

Wenn Ihre Partnerin sich frustriert äußert, weil Sie mal wieder vergessen haben, auf dem Heimweg Milch zu besorgen, ist das an sich kein Ereignis, das uns als Individuen gleichermaßen stresst. Jeder von uns geht mit einem solchen Auslöser unterschiedlich um. Manche lassen sich in einen Streit hineinziehen, fangen an zu diskutieren und Schuld zuzuweisen, sagen und hören verletzende Worte und verwandeln dadurch ein stressiges Erlebnis in ein riesiges Arsenal von Stressfaktoren, die alle darauf abzielen, unsere Laune und unsere Beziehung zu beeinträchtigen. Andere dagegen mögen ganz anders mit der Situation umgehen. Manche kehren um, eilen zum Supermarkt und fügen der Situation noch ein paar stressige Minuten hinzu, ehe sie dann aufgelöst wird. Andere erklären ganz ruhig, dass sie einen harten Arbeitstag hinter sich haben, und bitten um eine Pause, ehe sie die Milch holen gehen, während die Unstressbaren ihrer Partnerin aufmerksam zuhören, sich liebevoll für das Versäumnis entschuldigen, anbieten, mit ihr essen zu gehen und auf dem Heimweg kurz anzuhalten, um die Milch zu kaufen; und weil sie die Energie des Ereignisses als Auslöser genutzt haben, um ihrer Partnerin die Aufmerksamkeit zu schenken, nach der sie sich in ihrem Ärger gesehnt hat, haben sie direkt nach ihrer Heimkehr leidenschaftlichen Sex.

Es ist derselbe Auslöser, und doch unterscheidet sich der daraus resultierende Stress. Aber es sind nicht nur die Auslöser, die uns Stress machen. Ähnlich wie eine größere Zone in der Physik bei einem Objekt für geringere Belastung sorgt, wenn man eine beliebige Kraft darauf einwirken lässt, so sind unsere Fähigkeiten für den Umgang mit dem, was uns stresst, unsere Kompetenzen und die Ressourcen, auf die wir uns beim Umgang mit der Situation stützen können, die Gamechanger, wenn es darum geht, wie wir den resultierenden Stress erleben.

Wer weniger gestresst erscheint, begegnet ähnlichen Herausforderungen wie wir alle. Er kann einfach besser damit umgehen.

Sehr wichtig!

Das Leben ist voller Stressfaktoren. Wir fühlen uns weniger gestresst, wenn wir die Fähigkeiten erlernen, die wir zum Umgang mit Druck benötigen.

Wer die Kompetenzen und Fähigkeiten besitzt, mit Stress umzugehen, fühlt sich nicht nur besser, sondern hat auch sicher bessere Erfolgsaussichten. Eine dieser Kompetenzen ist zum Beispiel unsere Realitätswahrnehmung. Wenn eine Kraft, ein Stressfaktor oder Auslöser auf uns einwirkt, beeinträchtigt das einige, aber nicht jeden. Unsere Wahrnehmung dieser Kräfte wirkt sich ebenso stark auf uns aus wie ihre Realität. Als ich im Jahr 2008 bei Google arbeitete, erlebte die Welt eine große Wirtschaftskrise. Keine Frage, das waren harte Zeiten. Die jüngeren Mitglieder meines Teams waren gestresst, sogar panisch. Sie sagten, es würde ein enormer Kampf werden, ihre Ziele zu erreichen, und mit dieser impulsiven Reaktion mögen sie recht gehabt haben. Auf dem Höhepunkt der Krise fühlte es sich an, als würde die Geschäftswelt untergehen. Kunden ergriffen drastische Einsparungsmaßnahmen, und das begann mit dem, was das Kerngeschäft von Google ist – Marketing und Werbung. Sie wissen ja, was man sagt: Die Hälfte Ihres Werbebudgets ist rausgeschmissenes Geld, Sie wissen bloß nicht, welche Hälfte.

Doch da ich älter war als die durchschnittlichen Google-Mitarbeiter, hatte ich schon viele Wirtschaftsabschwünge erlebt. Ich war nicht so gestresst wie viele der anderen. Jahrelange Erfahrung hatte mir die Fähigkeit verliehen zu erkennen, dass jede Krise auch eine gewisse Chance darstellt. Wir mussten uns bloß beruhigen und sie entdecken. Um es mit der Begrifflichkeit der Physik auszudrücken: Diese Fähigkeit hatte mir eine größere Oberfläche gegeben, um die neu auf mich einwirkenden Kräfte zu tragen. Jeder erfahrene Geschäftsmann weiß, dass wirtschaftliche Kreisläufe alle sieben bis zehn Jahre zu einem maßgeblichen Rückgang führen und dass das Leben anschließend immer wieder zum Normalzustand zurückkehrt. Es war klug von den Kunden, die Hälfte der Marketingkosten einzusparen, deren Wirkungslosigkeit sie im Grunde kannten. Dazu gehörten die schicken Plakatwände, die teuren Sponsorings und die himmelschreiend kostspielige Fernsehwerbung. Es war jedoch klar, dass diese Kunden trotzdem weiter ihre Produkte verkaufen mussten, um zu überleben, also mussten sie irgendwie weiterhin Werbung machen, nur eben auf wirksamere Weise. Was war damals die wirkungsvollste Werbemethode? Pay per Click – das Brot-und-Butter-Geschäft von Google. Statt Stress zu empfinden, stellten wir unseren Kunden eine Maßnahme vor, die wir *Speeding up in a slowdown* nannten. Wir zeigten ihnen, wie sie wirkungsvoll mehr Kunden mit einem kleineren Werbebudget erreichen konnten, wenn sie mehr von ihren Ausgaben in messbare, effektive Pay-per-Click-Anzeigen investierten.

Ich erinnere mich noch gut, wie sich die Mienen meiner Kunden veränderten, wenn wir dieses Gespräch führten. Unsere datenorientierte Perspektive verschaffte ihnen Hoffnung, und wer sie besaß, der erkannte, dass die Krise für die Cleveren eher eine Chance als ein Problem war. Wenn sie die neue Perspektive einnahmen, sie gut zum Einsatz brachten und die Ergebnisse sehen konnten, waren auch sie erfreut statt gestresst. Wir machten mehr Umsatz und hatten zufriedenere Kunden. Kein Stress!

Wenn Sie den vor Ihnen liegenden Herausforderungen mit Anspannung entgegensehen, fühlen Sie sich davon gestresst und gehen unter ihrem Druck in die Knie. Entwickeln Sie dagegen die Fähigkeit, mit den Widrigkeiten des Lebens zurechtzukommen, so werden sie Ihnen einfacher, leichter, besser zu bewältigen vorkommen, ja ich wage sogar zu behaupten, Sie können sie dann genießen wie eine Achterbahnfahrt, die Arme in die Luft strecken und richtig Spaß haben … sich lebendig fühlen.

Das gilt nicht nur im Geschäftsbereich – auch ein leidenschaftlich romantischer Beziehungspartner kann als Belastung wie als Bereicherung empfunden werden. Ein langer Arbeitsweg kann Grund zum Verdruss sein oder die Chance, sich einen guten Podcast anzuhören. Ein langer Fußmarsch zum Supermarkt kann als notwendige Pflicht betrachtet werden oder als Möglichkeit, Ihr tägliches Bewegungspensum zu erhöhen und sich zu entspannen.

Nicht vergessen! Es sind nicht die Ereignisse des Lebens, die Ihnen Stress verursachen. Es ist die Art und Weise, wie Sie damit umgehen.

Wie können Sie mit jeder Situation am besten zurechtkommen? Indem Sie die Kompetenzen, Fähigkeiten und Ressourcen aufwenden, die Sie in die optimale Position versetzen, um das Beste aus der Situation zu machen.

Stress ist in diesem Fall nichts weiter als die Verteilung der uns begegnenden Probleme und unsere Fähigkeit, sie präzise wahrzunehmen und damit umzugehen.

Das kann in einer sehr einfachen mathematischen Gleichung zusammengefasst werden:

$$\textbf{Stress} = \frac{\text{Summe der uns begegnenden } \textbf{Probleme}}{\text{unsere } \textbf{Fähigkeit}\text{, sie präzise wahrzunehmen und damit umzugehen}}$$

Mathematisches Grundschulwissen genügt, um zu erkennen, dass man zur Minimierung des Ergebnisses dieser Gleichung – in diesem Fall der Minimierung von Stress – den Zähler (also die Zahl oberhalb des Teilungsstriches) minimieren und den Nenner (die Zahl unten) maximieren muss.

Damit liegt die Verantwortung, mit Ihrem eigenen Stress klarzukommen, eindeutig bei Ihnen. Und was noch interessanter ist: Obwohl viele dem Leben gern die Schuld geben würden für die Stressauslöser, die es ihnen bereitet, können Sie den Stress, dem Sie ausgesetzt sind, sogar steuern. Die Mehrzahl der Stressfaktoren, mit denen wir zu schaffen haben, ist vermeidbar, wenn wir die richtigen Gewohnheiten entwickeln. Jenseits der schwierigen Lebensereignisse wage ich zu behaupten, dass der von uns empfundene Stress häufig nicht einmal das Ergebnis dessen ist, was das Leben uns bringt, sondern eher die Gedanken und Emotionen, die wir diesbezüglich entwickeln. Und auch die, das kann ich Ihnen versichern, liegen in unserer Hand.

Halten Sie diesen Gedanken fest. Wir kommen in Teil 3 dieses Buches noch näher darauf zu sprechen.

Nicht vergessen! Ein stressfreies Leben unterliegt vollständig Ihrer Kontrolle.

Bleiben wir noch ein wenig bei Mathematik und Logik und schauen wir uns an, was physikalisches Verständnis uns noch beibringen kann.

Die Dinge nehmen, wie sie kommen

Wenn Sie die Form eines Objekts betrachten, das einer äußeren Kraft ausgesetzt wird, dann stellen Sie fest, dass sie sich ein wenig verändert. Ziehen Sie an einem Gummiband, so wird es länger. Werfen Sie einen Gummiball auf eine harte Oberfläche, so verformt er sich beim Aufprall kurzfristig zu einem flacheren Oval.

Sobald Sie jedoch die Belastung wegnehmen, kehren diese Objekte, da sie elastisch sind, wieder zu ihrer ursprünglichen unbelasteten Form zurück. Das Gummiband schrumpft und hält Gegenstände zusammen. Der Ball übt eine gewisse Kraft auf den Boden aus, wenn er zu seiner ursprünglichen Form zurückkehrt, was ihm Aufschwung verleiht und ihn hochspringen lässt.

Die Verformung eines Objekts ist als *Beanspruchung* bekannt und wird anhand der Dimensionen des Objekts im Vergleich zu seiner Normalgröße gemessen. Diese Veränderung führt zu drei wichtigen physikalischen Phänomenen, die zu verstehen sich lohnt. Das erste, das ich oben soeben erwähnt habe, hängt von der Elastizität des Objekts ab. Wenn die Verformung des Objekts dieses nicht kaputtgehen lässt, gleicht eine darin befindliche innere Kraft die Belastung aus und stellt den Normalzustand wieder her.

Diese innere Stärke gilt jedoch nur für Objekte und Menschen, die Elastizität und Flexibilität aufweisen.

Elastische Objekte können mehr Beanspruchung und entsprechend höhere Krafteinwirkungen aushalten, ehe sie kaputtgehen. Wenn Sie auf einem Trampolin hüpfen, trägt dessen Elastizität Ihr Gewicht, und es dehnt sich, um es auszugleichen, woraufhin es seine innere Kraft nutzt, um Sie wieder hochzudrücken. Hüpfen Sie gleichermaßen auf einer Glasscheibe, riskieren Sie einen bösen Unfall. Der Unterschied liegt nicht in Ihrem Gewicht. Vielmehr ist es die Bereitschaft und Flexibilität der Oberfläche, mit dem Gewicht zurechtzukommen, die den Tag retten kann.

Nicht vergessen! Unter dem Einfluss von Stress können Ihre innere Stärke und Flexibilität Ihnen helfen, in neue Höhen emporzuspringen.

Diese interne Kraft, die bei positiver Lenkung aus Stress hervorgeht, kann als etwas Gutes betrachtet werden. Wenn Menschen ein bisschen Stress empfinden und sie Superkräfte erlangen, die aus der verstärkten Hormonausschüttung entstehen, erreichen sie tendenziell deutlich mehr als in ihrem Normalzustand. Das zählt als positiv.

Das zweite Ihrer Aufmerksamkeit würdige Phänomen ist, dass Stress ein Objekt gelegentlich mit einer winzigen Veränderung seiner Form zurücklässt. Wenn Sie einen Ballon eine Zeit lang mit Luft aufgepumpt hatten und die Luft dann ablassen, stellen Sie fest, dass er ein bisschen größer geworden ist als vorher, ehe der Druck auf ihn ausgeübt wurde. Pumpen Sie ihn erneut auf, so hat sich seine Gesamtkapazität interessanterweise vergrößert. Sie können mehr Luft hineinpumpen als vor dem ersten Dehnen, ohne dass er zu platzen droht. Dasselbe passiert auch mit uns Menschen. Denken Sie nur an Dinge, die Sie früher völlig haben ausrasten lassen und Ihnen heute nicht mehr so viel ausmachen. Wenn der vormalige Stress nachlässt, führt das zu größerer Resilienz.

Bei Menschen wird das in seiner extremen Form normalerweise als *posttraumatisches Wachstum* bezeichnet. Das Wachstum, das auf ein schwieriges, gar traumatisches Erlebnis folgt, ist eine Form der positiven psychologischen Veränderung, die manche Menschen nach einer Lebenskrise oder einem traumatischen Ereignis erfahren. Posttraumatisches Wachstum ist kein Abstreiten der tiefen Verzweiflung, sondern folgt der Erkenntnis, dass widrige Umstände der Grund für ein verändertes Verständnis seiner selbst, anderer und der Welt sein können. Ein Dehnen des elastischen Bandes über lange Zeit programmiert die Moleküle nahezu um, sodass sie künftigen Belastungen besser standhalten können. Dies ersetzt die ursprüngliche Konfiguration, die den Luxus zugrunde legt, dass ein Gummiband existieren kann, ohne gedehnt zu werden.

Am resilientesten sind jene Menschen mit einer gewissen Aufgeschlossenheit und der Bereitschaft, sich dorthin führen zu lassen, wohin das Leben sie treibt. Sie beharren nicht auf einer bestimmten Lebenssicht und geraten nicht unter Druck, wenn diese Sicht in ihrer Lebensrealität fehlt. Vielmehr akzeptieren, ja begrüßen sie sogar den Wandel und nehmen jede Situation so, wie sie kommt. Genau wie ein Trampolin können die resilientesten Menschen …

Nicht vergessen! … den Stress annehmen und rasch wieder zurückspringen, um die Spannung zu lösen …

… wobei sie dazulernen und sich bereit machen, mit dem nächsten Sprung zurechtzukommen.

Doch leider erleben manche Menschen, wenn sie zu stark oder zu lange gestresst sind, eine dauerhafte Form der Belastung. Diese gebrochenen Menschen tragen Narben durchs Leben, als hätten sie verloren und das Leben gewonnen, ohne zu wissen, dass das Leben nie die Absicht hatte, sie zu besiegen. Das ist das dritte Stressphänomen, das sich an Objekten und Menschen beobachten lässt, wenn sie Stress und Belastung ausgesetzt sind.

Wie ein Gummiband, das wochenlang gedehnt wurde und dann ausgeleiert und brüchig ist, oder wie ein Glas, das zerplatzt, wenn es plötzlich mit einer sehr heißen Flüssigkeit gefüllt wird, die es über seine molekulare Fähigkeit der Stabilität hinaus ausdehnt, gibt es Umstände, unter denen auch Menschen einen Punkt erreichen, an dem sie die Belastung nicht mehr ertragen können. Wenn das passiert, geben sie auf und zerbrechen.

Warum wir zerbrechen

In der Physik gibt es zwei Hauptgründe dafür, dass ein Objekt unter Belastung zerbricht. Der erste ist, dass eine exzessive Kraft, die über die Tragfähigkeit des Objekts hinausgeht, für sehr kurze Zeit darauf einwirkt. Die Intensität der Kraft gefährdet die strukturelle Integrität des Objekts, verursacht Risse und lässt es nachgeben. Der zweite ist, dass ein Objekt wiederholt einer Belastung ausgesetzt ist, bis sich Mikrorisse bilden und im Laufe der Zeit die strukturelle Integrität des Objekts untergraben. Das ist als *Materialermüdung* bekannt.

K. o.

Wenn Sie einen Zweig zwischen zwei Steine klemmen und ihn mit dem Finger herabdrücken, biegt er sich ein wenig unter dem Druck und kehrt dann in seinen Ausgangszustand zurück, sobald der Druck aufhört. Springen Sie jedoch mit dem gesamten Gewicht Ihres Körpers darauf, bricht er sofort. Auch wir brechen, wenn wir schwergewichtigen, wiederholt angewendeten Stressfaktoren ausgesetzt sind.

Wir bezeichnen diese exzessiven, schnellen Stressauslöser als *Traumata.* Schwere Unfälle, körperliche oder sexuelle Übergriffe, Missbrauch, massive Gesundheitsprobleme, der Verlust eines nahestehenden Menschen, Krieg, Konflikt, die Wahrnehmung einer existenziellen Bedrohung oder Zeuge des exzessiven Leidens anderer zu werden – all das sind Beispiele für Stressfaktoren, die über unsere menschliche Widerstandskraft hinausgehen. Wenn der ausgeübte Druck das, was wir ertragen können, weit übersteigt, gibt unsere psychische Integrität nach, wir erleiden tiefgehende Verletzungen und haben Mühe, in der uns umgebenden Welt einen Sinn zu erkennen. Ein Schlag durch solchen Stress genügt für ein K. o. Wir stürzen zu Boden. Wir zerbrechen, hören auf zu funktionieren und suchen nach Möglichkeiten, die zerbrochenen Teile aufzusammeln.

Das lässt sich algorithmisch mit etwas erläutern, das ich als *Traumaformel* bezeichne.

Wir zerbrechen an einem Trauma, wenn ...

> Die Intensität des **Problems** >>> Unsere **Fähigkeit**, damit umzugehen

In diesem Buch geht es nicht um den Umgang mit Traumata. Wenn Sie einem traumatischen Ereignis ausgesetzt waren, raten wir Ihnen dringend, einen Traumaexperten aufzusuchen. Unser Hauptthema hier ist der unablässige tägliche Stress, von dem die Statistik beweist, dass er der größere Auslöser der Stresspandemie unserer heutigen Zeit ist.

Ein Trauma kann uns massiv verändern. Es lässt uns deformiert und verwundet zurück, selbst wenn die Tragödie schon längst vorüber ist. Doch unsere Deformation infolge eines Traumas stellt oft eine Verbesserung dar, die Narben verleihen uns Schönheit und wir sind danach stärker geworden. Wenn Sie auf Ihr Leben zurückblicken, werden Sie oft feststellen, dass die härtesten Zeiten Sie zu dem Menschen gemacht haben, der Sie heute sind. Im Umgang mit einer schwierigen Situation verändern wir uns. Es gibt uns die Kraft, leicht mit derselben Situation fertigzuwerden, sollte sie noch ein weiteres Mal eintreten.

Nicht vergessen! Extreme Stressauslöser, die uns nicht schädigen, machen uns immer stärker.

Was ist nun der größte Verursacher der weitverbreiteten Stressbelastung in unserer heutigen Zeit? Es ist die Wiederholung von Stress, egal wie geringfügig.

Ein weiterer Schlag

Wie oft erleben Sie, dass Menschen zusammenbrechen, obwohl es den Anschein hat, dass ihr Leben ganz in Ordnung ist, zumindest verglichen mit anderen, die es viel schwerer haben?

Auch ohne gravierende Verluste und Traumata kann uns die heutige Zeit in den Abgrund treiben. Zu viele Stressfaktoren, manche unbedeutend und manche fordernd, die über einen längeren Zeitraum zusammenwirken, können uns wirklich das Genick brechen. Obwohl keiner der Stressauslöser, denen wir unterworfen sind, selbst von großer Bedeutung sein mag, können eine große Zahl von Stressfaktoren oder der wiederholte Ablauf eines einzelnen oder einiger davon, wie klein sie auch sein mögen, zu etwas werden, mit dem wir einfach nicht mehr umgehen können. Dann brennen wir aus.

Die erste Seite dieses Konzepts ist leicht zu verstehen. Wenn der oben beschriebene Zweig Sie oder mich repräsentiert und unseren Umgang mit den Widrigkeiten des Lebens, dann würden die schwächeren Zweige bereits an einem ganz kleinen Problem zerbrechen, sagen wir mal, an dem bissigen Kommentar eines Freundes in den sozialen Netzwerken. Die stärkeren Zweige dagegen können mühelos mit viel größeren Schwierigkeiten zurechtkommen. Doch wir alle, egal, wie stark wir auch sein können, kommen irgendwann an die Bruchgrenze, wenn die Last sich immer weiter erhöht. Würden beispielsweise viele unserer Freunde bösartige Kommentare abgeben und das über mehrere Wochen hinweg, so trüge jeder dieser Kommentare zu dem Gewicht bei, bis es schließlich einfach zu viel wird. So geht es uns allen manchmal, oder? Der Chef nervt, die Straßen sind verstopft, Sie haben Kopfschmerzen und Ihre Verabredung ist nicht aufgetaucht. Für sich genommen würde Sie nichts davon umhauen, aber wenn es alles zusammenkommt, bringt es Sie an Ihre Grenzen. Wenn dann noch irgendeine alberne Kleinigkeit zur bestehenden Last hinzugefügt wird – nehmen wir an, ein bisschen von Ihrem Kaffee schwappt auf die Theke –, platzt Ihnen der Kragen.

Nicht vergessen! Viele kleine Stressfaktoren, egal wie unbedeutend, summieren sich letztlich zu einer unerträglichen Last.

Doch ob Sie es glauben oder nicht, das ist nicht der größte Grund für den Stress, an dem die moderne Gesellschaft heutzutage leidet. Selbst wenn wir an jedem beliebigen Tag mit zahlreichen Herausforderungen konfrontiert werden, schaffen wir es immer noch, die Belastung zu ertragen und uns auf einen leichten Tag zu freuen. Niemand ist nach einem einzigen harten Tag am Ende. Der Burn-out erwischt uns erst, wenn wir die Wiederholung derselben Art von oft geringfügigen Stressfaktoren immer und immer wieder zulassen. Kleine, ja sogar unbedeutende Stressauslöser bleiben oft unbeachtet, manchmal sogar unbemerkt, und so dauern sie über längere Zeit hinweg an. Tag für Tag mehren sich unsere inneren Brüche und Sprünge, bis wir es nicht mehr schaffen, aus dem Bett zu kommen, ohne zu begreifen, was da überhaupt schiefgelaufen ist. Um diesen Prozess etwas besser zu verstehen, kehren wir noch mal kurz zur Physik zurück.

Weiter oben haben wir über das physikalische Phänomen der Materialermüdung gesprochen – wenn Objekte, die im Laufe der Zeit wiederholt einer Kraft ausgesetzt sind, schließlich unter einem Belastungsmaß zusammenbrechen, das weit unterhalb ihrer ultimativen Stärke liegt. Materialermüdung ist interessanterweise verantwortlich für die große Mehrheit aller mechanischen Konstruktionsmängel weltweit – genau wie der Burn-out verantwortlich ist für die Mehrheit aller menschlichen Zusammenbrüche unter Stress. Wenn man eine Maschine gut entwickelt, geht man davon aus, dass sie die Lasten, denen sie ausgesetzt ist, mühelos bewältigt. Wird jedoch dieselbe erträgliche Belastung wiederholt ausgeübt, geht die Maschine letztlich trotzdem kaputt. Falls Sie je bei IKEA waren, erinnern Sie sich vielleicht an diese Glasschaukästen, in denen ein Sessel wiederholt von einem Roboterarm niedergedrückt wird, um eine darauf sitzende Person zu simulieren. Eine digitale Anzeige verrät, wie vielen Belastungszyklen der Sessel ausgesetzt wurde, sodass IKEA sich damit brüsten kann, wie widerstandsfähig diese Sessel sind, denn Sie können sich Tausende Male daraufsetzen, und sie bleiben heil. Das physikalische Phänomen, das IKEA Ihnen durch diese Vorführung demonstriert hat, ist wohlgemerkt nicht, dass der Sessel einer enormen Belastung standhält. Dafür hätten sie einen Elefanten daraufsetzen müssen (nette Werbeidee). Vielmehr ist es eine Bestätigung, dass der Sessel infolge wiederholter Nutzung – nicht unsachgemäßer Nutzung – nicht kaputtgeht, selbst wenn Sie ihn Hunderttausende Male belasten, indem Sie sich daraufsetzen, dann aufstehen, ihn dann wieder belasten.

Was diese Schaukästen bei IKEA aber nicht zeigen, ist, dass es *immer* eine Grenze für die Anzahl der Belastungszyklen gibt, die alles und jeder ertragen kann. Es gibt *immer* einen Punkt, und sei es nach einer Million Durchgängen, an dem dieser Sessel, der Rahmen Ihres Fahrrads, eine Türangel oder Sie als Mensch schließlich zerbrechen.

Materialermüdung tritt aufgrund derselben strukturellen Risse auf, die exzessive Kräfte bei einem Objekt verursachen. Der Unterschied ist aber, dass die kleine Belastung Mikrorisse verursacht, die wir oft nicht bemerken und demzufolge nicht als Grund für die Sorge erkennen, dass sie zum Bruch führen können. Die auf uns ausgeübte Kraft ist im Allgemeinen innerhalb der Grenzen des Erträglichen, also lernen wir, damit klarzukommen.

Zuerst bilden sich ein paar winzige Risse, für gewöhnlich an der Oberfläche des Objekts, aber sie bleiben unbemerkt. Ohne eine Gefahr oder ein Versagen wahrzunehmen, belasten wir das Objekt weiterhin, und weitere Belastung konzentriert sich rund um die schwächeren Risse. Im Laufe der Zeit werden einige dieser Risse größer, bleiben aber immer noch unbemerkt, weil die sie verursachenden Kräfte nach wie vor erträglich zu sein scheinen, bis schließlich ein Riss eine kritische Größe erreicht, und an dieser Stelle kommt es zum Bruch.

Das ist wahr, nicht nur in der Physik. Wir erleben es bei uns allen. Sie wissen, wenn Ihr Tag stressig ist, aber wenn die Last erträglich ist, machen Sie weiter. Wir brechen normalerweise nicht zusammen, weil wir vor ein paar Problemen stehen. Die meisten Menschen halten einigen Druck aus. Zuerst nervt uns der Stress, er ermüdet uns, aber wir ignorieren das und machen weiter, bis unsere Erschöpfung spürbar wird. Wir widmen den Stressfaktoren, von denen wir unter Druck gesetzt werden, unsere Zeit und denken darüber nach, wenn sie uns nachts wach halten, aber wir tun noch immer nichts, um ihnen ein Ende zu setzen. Wenn nichts gegen sie unternommen wird, laugen sie uns aus und stressen uns weiter, und doch lassen wir die Stresszyklen sich wiederholen und versuchen, uns mit Drinks in der Bar oder einem Serienmarathon bei Netflix abzulenken. Wir ackern uns durchs Leben und glauben, es muss eben stressig sein. »Ich kann damit umgehen«, sagen wir. Die Ablenkung gibt uns ein falsches Gefühl vorübergehender Erholung, doch der stetige Strom der Belastungen erhöht fortwährend den Druck. Früher oder später wird uns alles zu viel, und schließlich brechen wir zusammen. Wir enden in Burn-out, Depressionen und Verzweiflung. Was ist also die wichtigste Fertigkeit, um unstressbar zu sein?

Sehr wichtig!

Halten Sie den Stress in Ihrem Leben immer auf einem bewältigbaren, erfreulichen Niveau.

Burn-out ist nichts Willkürliches. Er kann verlässlich mit einer einfachen algorithmischen Formel beschrieben werden.

Burn-out lässt uns zerbrechen, wenn ...

Die Anzahl unserer **Probleme** X die **Intensität** jedes einzelnen davon X ihre zeitliche **Dauer** X die **Häufigkeit** ihrer Wiederholungen > Unsere **Fähigkeit,** stark zu bleiben

Um den Burn-out zu vermeiden, müssen Sie dieser Formel zufolge die Zusammensetzung der Stressfaktoren auf der linken Seite der Gleichung verringern und Ihre Fähigkeit auf der rechten Seite erhöhen. Verantwortlichkeit vorausgesetzt, werden Sie erkennen, dass beide Seiten viel mehr Ihrer Kontrolle unterliegen, als Sie denken. Zu dieser Auffassung von Zuständigkeit komme ich später noch zurück. Zuvor möchte ich jedoch über den anderen großen Killer neben dem Burn-out in der heutigen Zeit sprechen – einen Killer, der Sie schon angreift, ehe die Probleme überhaupt auftauchen.

Angst und all ihre Nebenformen

Ich hege keinerlei Zweifel, dass der Burn-out das schmerzliche Ende einer langen, mit Stress vermüllten Straße ist. Und sehr viel von dem kollektiven Schmerz in unserer heutigen Zeit ist das Ergebnis unserer häufigen Ängste auf diesem Weg.

> **Nicht vergessen!** Wir machen uns oft selbst Stress, nicht wegen etwas, das in unserem Leben passiert, sondern wegen etwas, von dem wir fürchten, dass es in der Zukunft passieren könnte.

Um vollständig zu verstehen, was diese zukunftsgerichteten Modalitäten von Stress auslöst, müssen wir uns die Zeit nehmen, um Angst und ihre wichtigsten Nebenformen – Besorgnis, Panik und Beklemmung – zu ergründen. Ich will sie zunächst in einer einfachen Grafik zusammenfassen und dann näher auf jede einzelne davon eingehen.

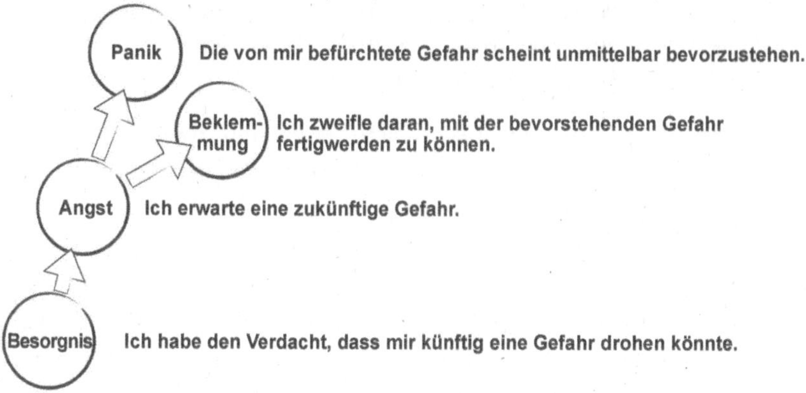

Von all den Varianten der Angst ist Besorgnis das Gefühl mit der geringsten Intensität, denn sie ist nichts weiter als ein unbestätigter Verdacht. Grob gesagt ist Besorgnis das, womit Ihr Gehirn Ihnen signalisiert, dass es vermutet, in der Zukunft könne etwas geschehen, das Ihre Sicherheit gefährdet. Ihr Gehirn ist noch nicht in der Lage, genügend Beweise vorzulegen, dass dieses künftige Szenario wahrscheinlich ist. Es hält es nur für möglich und macht Sie darauf aufmerksam, damit Sie frühzeitig planen können. Ein wirtschaftlicher Abschwung, bei dem in allen Nachrichten von Entlassungen berichtet wird, genügt Ihrem Gehirn für Besorgnis, selbst wenn Ihre eigene Firma schwarze Zahlen schreibt und Sie zufällig zu den Spitzenleuten in Ihrer Abteilung gehören. Die Besorgnis richtet sich dann auf die Wahrscheinlichkeit, mit der die Gefahr eintritt, nicht auf die Intensität der Gefahr selbst, was sich in einer einfachen mathematischen Formel wiedergeben lässt.

Besorgnis = die Wahrscheinlichkeit (einer Gefahr für Ihr Wohlergehen in der Zukunft)

Je höher die Wahrscheinlichkeit, desto größer Ihre Besorgnis. Das heißt, wenn Sie wegen etwas besorgt sind, ist die beste Frage, die Sie sich stellen können, nicht, wie schlimm es werden könnte, sondern mit wie hoher Wahrscheinlichkeit es eintritt.

Statt Ihre Gehirnaktivitäten zu vergeuden, suchen Sie lieber nach Lösungen, um Ihre Sicherheit zu gewährleisten.

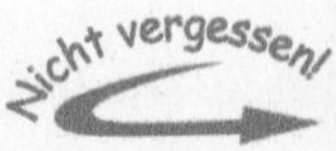

Um Ihre Besorgnis zu lindern, tragen Sie die nötigen Fakten zusammen, um herauszufinden, ob das, was Ihnen Sorge bereitet, überhaupt real ist.

Sie werden überrascht sein, wie oft sich herausstellt, dass es tatsächlich keinen Grund zur Besorgnis gibt und Sie bereits in Sicherheit sind.

Falls Ihr Gehirn es schafft, genügend Belege dafür zusammenzutragen, dass das Befürchtete mit großer Wahrscheinlichkeit eintreten wird – zum Beispiel wenn auch Ihr Unternehmen anfängt, Mitarbeiter zu entlassen –, verwandelt sich Ihre Besorgnis in Angst. Bei Angst ist Ihr Gehirn nicht mehr mit Wahrscheinlichkeiten befasst. Auch wenn keine Zukunftsaussage jemals gewiss ist, geht es davon aus, dass das Befürchtete mit Sicherheit eintritt, und beginnt daher, sich auf das Schlechte zu fokussieren. Angst ist in diesem Fall das Signal Ihres Gehirns an Sie, dass Ihnen eine künftige Gefahr droht, nennen wir sie T_1, die es Ihrem Wohlergehen für weniger zuträglich hält als Ihren derzeitigen Zustand T_0. Die Intensität Ihrer Angst ist direkt proportional zur Gefährlichkeit des künftigen Moments im Vergleich zu Ihrem gegenwärtigen Zustand, was sich ebenfalls in einer einfachen Formel ausdrücken lässt.

Angst = Ihr Gefühl von Sicherheit bei T_1 – Ihr Gefühl von Sicherheit bei T_0

Wenn Sie also Angst haben, ist es für einen objektiven Umgang mit Ihrer Angst mit am wichtigsten zu definieren, wie schlimm es werden kann und ob Sie mit dem Worst-Case-Szenario zurechtkommen, denn das werden Sie in den allermeisten Fällen, mag es auch unangenehm oder schmerzhaft sein.

Nicht vergessen!

Um die Angst in den Griff zu bekommen, tragen Sie die Fakten zusammen, mit denen sich die tatsächliche Höhe des Schadens verifizieren lässt, den Sie nehmen könnten, falls Ihre Angst zur Realität wird.

Wenn Ihnen etwas Angst macht, lassen Sie nicht zu, dass Ihr Gehirn es überdimensional aufbläht. Fragen Sie sich, ob das, was Sie ängstigt, wirklich so schlimm ist, wie Sie glauben. Es hilft, es als das zu betrachten, was es wirklich ist, damit Sie Ihre Gedankenschleifen darauf richten können, damit zurechtzukommen, statt es zu fürchten.

Panik dagegen befasst sich weder mit der Größe der Gefahr noch mit ihrer Wahrscheinlichkeit. Panik wird empfunden, wenn die von Ihrem Gehirn erwartete Gefahr unmittelbar droht. Je näher Sie ihr kommen, desto mehr Panik haben Sie. Mathematisch könnten wir eine einfache Gleichung zur Beschreibung von Panik verwenden:

$$Panik = F(1 / T_1 - T_0)$$

Natürlich hilft Ihnen das Verharren im Panikzustand nicht dabei, mit der nahenden Gefahr umzugehen. Genau genommen hemmt es Ihre Fähigkeit, das Notwendige zu tun. Wenn Sie also Panik verspüren, sollten sich die Fragen, die Sie sich stellen, hauptsächlich um das Verifizieren der Unmittelbarkeit der drohenden Gefahr drehen, um herauszufinden, ob es für die Panik einen glaubhaften Grund gibt. Falls ja, sollte Ihr Fokus darauf liegen, die Ihnen noch verbleibende Zeit zum Entkommen zu nutzen oder zur Minimierung des Schadens, den die mögliche Gefahr anrichten kann.

Nicht vergessen!

Um die Panik zu lindern, konzentrieren Sie sich auf den zeitlichen Aspekt. Finden Sie heraus, ob Sie genügend Zeit haben, um mit dem umzugehen, was Ihnen Sorge macht, und falls nicht, fokussieren Sie sich darauf, wie Sie das Notwendige beschleunigen können, um es in der Ihnen verfügbaren Zeit zu schaffen.

Bleibt noch die Beklemmung. In der heutigen Zeit scheinen viele Menschen häufiger Beklemmung zu verspüren als Angst, Besorgnis oder Panik. Ich mag mich irren, aber es scheint, dass die ständig Ängstlichen sich selbst von der Gefährlichkeit der Welt überzeugt haben, und statt Zeit darauf zu verwenden, sich über die Möglichkeit, das Ausmaß oder die Unmittelbarkeit einer Gefahr zu sorgen, glauben sie lieber, dass die Gefahr gewiss ist und furchtbar sein wird, und so entscheiden sie sich unbewusst, ihre eigene Fähigkeit des Umgangs damit infrage zu stellen. Ob Sie es glauben oder nicht, Beklemmung ist nicht einmal das Nachdenken über die Gefahr an sich. Vielmehr ist sie völlig fokussiert auf Ihre Fähigkeit oder deren Fehlen, so damit zurechtzukommen, dass Ihre Sicherheit gewahrt bleibt. Mathematisch lässt sich das so darstellen:

Beklemmung = F (1 / Fähigkeit, mit einer erwarteten Gefahr umzugehen)

Je zuversichtlicher Sie sind, eine Gefahr bewältigen zu können, umso weniger Beklemmung verspüren Sie, und umgekehrt. Daher ist der Umgang mit Beklemmungen keine Frage der Einschätzung der Gefahr selbst. Vielmehr sollten Sie die Behauptung Ihres Gehirns hinterfragen, dass Sie sie nicht bewältigen könnten, obwohl Sie jede andere Gefahr, die Ihnen bisher begegnet ist, bewältigt haben (was bewiesen wird durch die Tatsache, dass Sie immer noch hier sind und jetzt gerade in Sicherheit dieses Buch lesen). Es geht auch darum, sich auf die Entwicklung Ihrer Kompetenzen und Fähigkeiten zu konzentrieren, damit das Bewältigen der Gefahr leichter wird. Statt Ihre Tage und Nächte mit Beklemmung zu verbringen, nutzen Sie sie lieber für die Arbeit an Ihren Plänen, und erwerben Sie die nötigen Kompetenzen für eine weichere Landung. Selbst wenn die Gefahr, Ihre Arbeit zu verlieren, real ist, hilft Beklemmung nicht bei der Risikominderung. Hilfreich sind stattdessen die Verbesserung Ihres Finanzmanagements, die Stellensuche und ein Bewerbungstraining. Damit verlängern Sie Ihre Startbahn und erhöhen die Chance, einen neuen Arbeitsplatz zu finden. Verstehen Sie?

Nicht vergessen!

Um gegen Ihre Beklemmung vorzugehen, konzentrieren Sie sich nicht auf das, was Ihnen Sorge bereitet, sondern auf die Einschätzung und Verbesserung Ihrer Fähigkeit, damit zurechtzukommen.

Ich hoffe, auch Ihnen fällt auf, dass wir anscheinend immer wieder auf Objektivität, Kompetenzen, Fähigkeiten und Handeln zurückkommen, wenn es um den Umgang mit Stressemotionen geht. Das ist die Grundlage des in diesem Buch angewendeten Modells. Es geht davon aus, dass Sie drei Verantwortlichkeiten haben, die Sie durch die Umsetzung dreier Methoden wahrnehmen können.

Ihre drei Verantwortlichkeiten

Wie oben bereits erwähnt, liegt das Zusammenbrechen aufgrund eines traumatischen Ereignisses nicht in unserem Kontrollbereich, doch mit der richtigen Intervention erholen sich die meisten Menschen wieder davon. An Beklemmung zu leiden, ist eine Frage der Steigerung unserer Fähigkeit, mit stressigen Situationen umzugehen, und diese Fähigkeit ist auch bei der Vermeidung von Burn-out ein häufiger Parameter. Zugunsten des Gesamtbildes werde ich es also vermeiden, mich hier auf den Burn-out zu fokussieren. Die Verantwortlichkeiten, die Sie wahrnehmen müssen, tragen auch zur Verringerung von Beklemmung bei.

Kommen wir zurück zur grundlegenden Mathematik. Ein Blick auf die Burn-out-Formel genügt, um zu erkennen, dass man minimieren muss, was auf der linken Seite steht, und maximieren, was auf der rechten Seite steht, um einen Zusammenbruch unter Stress zu vermeiden.

Auf der linken Seite können Sie die Gesamtsumme minimieren, indem Sie aktiv die Zahl der Stressfaktoren verringern, die Sie in Ihrem Alltag zulassen, ihre jeweilige Intensität verringern, die Häufigkeit ihres Auftretens oder die tägliche Zeit ihrer Einwirkung. Um die rechte Seite zu maximieren, müssen Sie in die Weiterentwicklung Ihres Wissens, Ihrer Ressourcen und Kompetenzen investieren, damit Sie mit dem Stress besser umgehen können, der auf die eine oder andere Art unweigerlich in Ihrem Leben auftauchen wird.

Auf den ersten Blick mag es Ihnen so vorkommen, als hätten wir keinerlei Kontrolle über die Probleme und Schwierigkeiten, die das Leben uns bringt, doch das stimmt nicht. Wenn wir ehrlich sind, müssten wir eingestehen, dass dies eher das Ergebnis unserer Resignation gegenüber der Verantwortung für unsere eigene Stresssituation ist, als dass es am natürlichen Verlauf des Lebens liegt. Viele der Probleme, mit denen wir in unserem heutigen Leben konfrontiert werden, sind eigentlich das Ergebnis unserer eigenen Entscheidungen und Handlungen. Nur sehr wenige liegen vollkommen außerhalb unseres Kontrollbereichs. Viele sind gänzlich vermeidbar. Wenn der Arbeitsweg Ihnen zum Beispiel Stress bereitet, haben Sie sicherlich zahllose Möglichkeiten, den Stress zu verringern. Sie könnten sich eine andere Stelle suchen, eine andere Wohnung mieten oder darum bitten, häufiger von zu Hause aus arbeiten zu dürfen. Sie fahren zu einer anderen Zeit oder mit einem anderen Verkehrsmittel, auch wenn das ein bisschen teurer ist. Wenn nichts davon funktioniert, können Sie sicherlich die Fähigkeit entwickeln, den Arbeitsweg zu genießen, statt ihn zu verabscheuen. Sie können Ihre Lieblings-Playlist, einen Podcast oder ein Getränk mit auf den Weg nehmen. Sie können die Zeit zum Meditieren nutzen oder um sich bei Freunden zu melden, oder Sie können – und sollten – die Zeit als Übung nutzen, um Dankbarkeit dafür zu empfinden, dass Ihr Arbeitsweg sicherlich viel leichter ist als für all die weniger Privilegierten in ärmeren Ländern oder Kriegsgebieten oder für Menschen mit einem noch längeren oder mühsameren Arbeitsweg als Ihrem in Ihrer eigenen Stadt.

Als ich bei Google angestellt war, arbeitete ich für kurze Zeit im New Yorker Büro.

Damals wohnte ich an der 42. Straße, während das Google-Büro an der 14. Straße war. Zuerst fuhr ich mit dem Taxi zur Arbeit. Ich muss Ihnen ja über New Yorker Taxis nichts erzählen – eines zu bekommen, ist der reinste Albtraum; sie fahren im Schneckentempo durch Manhattan, und der Fahrer ist immer schlecht gelaunt. Länger als zwei Tage konnte ich das nicht aushalten, deshalb versuchte ich es mit der U-Bahn. Tja, das war noch schlimmer. Nie pünktlich, total verdreckt und voll wie eine Sardinendose. Am nächsten Tag ging ich zu Fuß – wie ein New Yorker. Ich marschierte wie ein Besessener die Straßen entlang, rempelte Menschen an, die in der Gegenrichtung unterwegs waren, und legte manchmal Sprints ein, um beim Überqueren der Straßen die grüne Welle zu nutzen. Das war zwar ein besseres Erlebnis, aber es stresste mich immer noch. Daher beschloss ich eines Tages, mein verrücktes morgendliches Rennen zu stoppen. Ich schaffte es in 36 Minuten, wenn ich mein Äußerstes tat. Am nächsten Morgen ging ich 15 Minuten früher los, kaufte mir unterwegs einen Kaffee, spazierte, als hätte ich nichts vor, und hörte Musik, während ich im frischen New Yorker Herbst an meinem warmen Kaffee nippte. Ich gestattete mir sogar, die wahnwitzige Geschwindigkeit aller anderen Passanten zu beobachten, und hatte ehrlich gesagt einen Mordsspaß dabei. Mein Arbeitsweg dauerte 42 Minuten. Nun fragen Sie sich, was sind schon sechs Minuten mehr, wenn sich dadurch Ihr kompletter Tag ändert und Sie kein gestresstes Wrack mehr sind, sondern entspannt und gut gelaunt? Wir haben immer eine Wahl. Finde ich jedenfalls.

Die Entscheidung, nicht die Optionen auszuüben, die unser Leben leichter machen, ist selbst eine Wahl, die wir treffen, vielleicht weil wir andere Prioritäten haben. Diese Bevorzugung kann aber nicht über die Tatsache hinwegtäuschen, dass es trotzdem Optionen gibt. Und selbst wenn uns die Stressauslöser vollständig aufgezwungen werden, wie im Fall einer globalen Pandemie, können wir immer noch entscheiden, unsere Wahrnehmung zu überprüfen und auch die Chancen und Silberstreifen am Horizont zu sehen statt bloß die Nachteile.

Den Stress zu erkennen und den Kurs zu wechseln, um ihn zu beheben, wie ich es im obigen Beispiel getan habe, ist eine Fertigkeit. Je mehr Sie das erlernen, desto besser können Sie mit Stress umgehen, und das verringert die Wahrscheinlichkeit, dass Sie auf lange Sicht wegen eines Burn-outs zusammenklappen.

Häufig investieren wir Zeit und Mühe, um eine neue Sprache zu erlernen, fit zu bleiben oder uns eine neue Fertigkeit anzueignen, mit der wir mehr Geld verdienen können. Wir verbringen Zeit damit, ein neues Videospiel zu lernen oder ein Rezept nachzukochen, doch nur selten wenden wir die Zeit dafür auf, jene Fertigkeiten zu erlernen, die uns bei der Bewältigung unseres stressigen Lebens helfen. Das muss sich ändern. Um dem Stress etwas Gutes abgewinnen zu können, müssen wir drei Verantwortlichkeiten akzeptieren, die so simpel sind wie das Zählen bis drei.

Verringern Sie die wiederholte Begegnung mit Stressfaktoren, besonders mit den unnötigen oder irrelevanten. Wenn Sie einen Stressauslöser nicht vollständig vermeiden können, geben Sie Ihr Bestes, um seine Intensität zu mindern. Lassen Sie nicht mal den kleinsten Stress anhalten oder sich wiederholen, und arbeiten Sie aktiv an der Entwicklung der Fertigkeiten, die für den Umgang mit Stressfaktoren notwendig sind, wenn diese sich auf Ihr Leben auswirken.

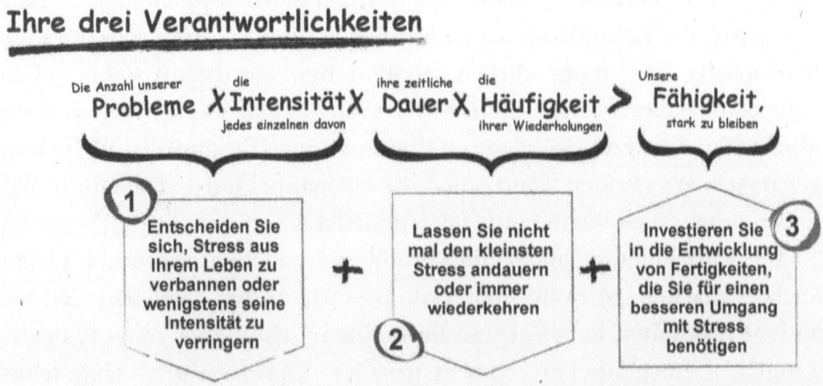

Nun, ich muss mich korrigieren. Es sind eins, zwei, drei, aber ganz so simpel ist es dann doch nicht. Dieses gesamte Buch wird nötig sein, um einige der Gewohnheiten umzukehren, die Stress zu unserer Lebensart werden lassen. Zeit ist dafür grundlegend und Disziplin entscheidend, also lassen Sie uns über die Gewohnheiten sprechen, die Sie immer wieder aufrechterhalten müssen, um jenen Verantwortlichkeiten gerecht zu werden. Wir haben diese Gewohnheiten in einem einfachen Modell zusammengefasst.

Die drei L

Alles Wissen der Welt, alles, was wir auf den Seiten dieses Buches unterbringen können, reicht nicht aus, damit Sie ein stressfreies Leben führen, es sei denn, Sie setzen das Gelernte in tägliche Gewohnheiten um.

Die Unstressbaren leben nach drei Grundsätzen: Sie limitieren, sie lernen und sie lauschen.

Limitieren

Die moderne Welt ist voller Stressfaktoren. Sofern Sie nicht auf einem Bauernhof mit einem Überfluss an Sicherheit, Nahrung und Natur leben, gemeinsam mit Ihren Liebsten und ohne jeglichen nur denkbaren Zugang zur modernen Welt, sind Sie dem Stress ausgesetzt. Und selbst wenn, könnte ein Sturm oder ein gelegentlicher Streit ... Sogar Ihre eigenen Gedanken werden Ihnen früher oder später Stress verursachen.

Um ein unstressbares Leben zu führen, müssen wir lernen zu beobachten, was uns stresst, und dies aktiv limitieren. Ein Großteil dessen, was uns stresst – und davon gibt es reichlich –, sind Dinge, mit denen wir die Berührungspunkte beschränken können, indem wir unsere Lebensführungsentscheidungen ändern. Selbst wenn Sie einem Stressauslöser nicht völlig zu entkommen vermögen, können Sie doch lernen, seine Auswirkungen auf Sie zu limitieren, und sei es auch in ganz geringem Maßstab. Da Stressfaktoren sich summieren, zählt jede Kleinigkeit.

Wir geben Ihnen in Kürze einen Überblick über alle möglichen Stressauslöser, und dann zeigen wir Ihnen, wie Sie auf eine Weise damit umgehen können, die Ihnen Ruhe und Gelassenheit vermittelt. Wenn Sie unstressbar leben wollen ...

Nicht vergessen! Tun Sie alles Nötige, um die Stressfaktoren zu limitieren, denen Sie tagtäglich ausgesetzt sind.

Nur ein Bruchteil aller Dinge, die Ihnen Stress verursachen, sind maßgeblich genug, um Druck auf Sie auszuüben, und liegen zugleich vollständig außerhalb Ihres Kontrollbereichs. Für diese ganz besonders, aber auch ganz allgemein für jede stressige Situation zahlt es sich aus, an der zweiten Lebensgewohnheit festzuhalten.

Lernen

Weil Stress nicht nur das Ergebnis der Probleme ist, mit denen wir konfrontiert werden, sondern ebenso das Ergebnis unserer Unfähigkeit, damit zurechtzukommen, ist Lerneifer sicherlich eine der wichtigsten Eigenschaften von Menschen, die ein unstressbares Leben führen.

So wie Objekte auf Abnutzung reagieren, entwickeln auch wir das Wissen, die Fertigkeiten und die Ressourcen, die wir benötigen, um mit Stress umzugehen, wann immer wir ihm in einem zu bewältigenden Ausmaß ausgesetzt sind. Nicht die Wörter in einem Buch sind es, die unser Können verbessern. Es ist die Übung, die uns stärker, agiler und kompetenter macht. Übung macht den Meister, und um zu üben, müssen wir nicht unbedingt eine reale Stresssituation erleben. Man kann seine Fertigkeiten auch lange vor dem Auftreten von Stress verfeinern.

Wir vermitteln hier nicht nur das Wissen, das Sie brauchen, um die innere Funktionsweise der Maschine namens Stress und den Umgang damit zu verstehen, sondern auch viele Übungen und Aufgaben, die Ihnen zu einer anderen Vorgehensweise verhelfen, um die Auswirkungen unvermeidlicher Stresssituationen zu verringern. Bitte überblättern Sie diese Übungen nicht einfach. Führen Sie sie aus und machen Sie sie zu einem Teil Ihres Alltags. Wissen Sie, ich kann Ihnen hier und jetzt sagen, dass eine gesunde Ernährung und Sport mehrmals wöchentlich Sie fit machen, aber das zu *wissen*, macht Sie nicht fit. Sie müssen sich auch tatsächlich gesund ernähren und Sport machen, damit dieser wertvolle Rat irgendeine Wirkung auf Ihre überflüssigen Pfunde und Ihre Rückenschmerzen hat. Wenn Sie unstressbar werden wollen …

Nicht vergessen! Nehmen Sie sich fest vor, die erlernten Gewohnheiten anzuwenden.

Es liegt auf der Hand. Wer übt, sei es, weil er in seinem Leben bereits ein gewisses Maß an Stress erlebt hat oder weil er die richtigen Gewohnheiten entwickelt, begegnet Schwierigkeiten eher mit Gelassenheit und Ruhe, fast als beträfen sie ihn gar nicht. Wer dagegen nicht in das Lernen investiert hat, wird angesichts derselben Schwierigkeiten heulen, der Welt die Schuld an allem geben und sein Schicksal verfluchen.

Doch wie können Sie die neu entwickelten Fertigkeiten zum Einsatz bringen, wenn Sie sich des Ausmaßes an zu ertragendem Stress gar nicht bewusst sind? Um dieses Bewusstsein zu entwickeln, müssen Sie eine dritte Gewohnheit annehmen, das dritte L.

Lauschen

So komisch sich das auch anhören mag, aber ein großer Teil dieses Buches ist nichts weiter als ein Sprachkurs.

Die ersten beiden L helfen Ihnen, Stressfaktoren proaktiv aus Ihrem Leben zu entfernen und das Wissen, die Fertigkeiten und die Ressourcen zu entwickeln, die Sie brauchen, um mit den verbleibenden stressigen

Ereignissen zurechtzukommen. Dann müssen Sie nichts weiter tun, als Ihrem Verstand, Ihrem Herzen, Ihrem Körper und Ihrer Seele zu lauschen, denn sie verursachen Ihnen entweder Stress, oder sie warnen Sie, informieren Sie und fordern Sie zu einer Veränderung auf, sodass der Stress Sie nicht überwältigen kann.

Ihr Verstand spricht die ganze Zeit mit Ihnen, aber er neigt zum Übertreiben und zum Verfälschen der Wahrheit. Wenn Sie die Sprache des Verstandes lernen, können Sie lernen, den unnötigen Stress loszuwerden, den er Ihnen verursacht.

Ihr Herz spricht die ganze Zeit mit Ihnen, aber seine Sprache ist subtil und verschachtelt. Wenn Sie Ihre Emotionen ignorieren oder falsch interpretieren, verpassen Sie die Zeichen dafür, dass Sie die Richtung wechseln und heil werden müssen – dass Sie sich für die Liebe statt für die Angst entscheiden sollen.

Ihr Körper spricht die Sprache der Empfindungen. Er kann Ihnen sagen, dass alles in Ordnung ist, indem er Ihnen das Gefühl von Ruhe und Gelassenheit vermittelt, oder er kann Sie mit der Sprache von Schmerzen und Beschwerden anbrüllen und alarmieren. Der körperliche Schmerz, den wir spüren, wenn wir unter Stress stehen, ist ein Warnzeichen, das ernst genommen werden muss, doch er ist auch ein weiterer Grund für unseren Stress. Wenn Sie die Sprache des Körpers zu lange ignorieren, werden die ungehörten Schreie Sie zugrunde richten; sie können Sie sogar buchstäblich töten. Wenn Sie Ihrem Körper zuhören und für ihn sorgen, kehrt sich der Trend jedoch um, und Sie lernen, stressfrei zu leben.

Ob Sie nun spirituell veranlagt sind oder nicht, Sie bestehen aus mehr als nur Ihrer körperlichen Erscheinungsform. Es gibt ein nicht-physisches Element, das einfach Bescheid weiß. Nennen Sie es Intuition, Bauchgefühl, Bewusstsein, Geist oder Seele. Wenn Sie sich von Ihrem nicht-körperlichen Teil abkoppeln, fühlt er sich nicht gehört und empfindet ebenfalls Stress, doch wenn Sie ihm lauschen, erhalten Sie unschätzbare personalisierte Erkenntnisse über ein stressfreies Leben. Die Sprache Ihrer Seele, Ihrer Intuition besteht nicht aus Wörtern oder Logik. Um zu verstehen, was sie Ihnen sagen will, müssen Sie das Konzept dessen, was Sprache überhaupt ist, neu definieren.

Lernen Sie die Sprache, die Ihr Stress durch Ihren Verstand, Ihr Herz, Ihren Körper und Ihre Seele spricht, und Sie finden sich in stressverdächtigen Gebieten zurecht wie ein ortskundiger Einheimischer, der weiß, wie man Scherereien und Ärger in den heruntergekommenen Bezirken dieser Stadt vermeidet, die wir *das moderne Leben* nennen.

Als wir in früheren Zeiten erstmals der schädlichen Einwirkung des Menschen auf die Umwelt bewusst wurden, lehrte man uns zu reduzieren, wiederzuverwenden und zu recyceln. Ich hoffe, dies ist zu einem integralen Bestandteil Ihres Alltags geworden, denn auch Sie spielen eine Rolle bei der Bewahrung unserer Erde.

Um eine Rolle bei Ihrer Bewahrung vor Stress zu spielen, denken Sie an die drei *L*: limitieren, lernen, lauschen.

Wiederholen Sie dieses Verhalten tagtäglich, bis es Ihnen zur zweiten Natur wird, und es wird Ihnen das Leben erleichtern.

Es sind nicht die Ereignisse Ihres Lebens

Sie sollten keine weitere Minute Ihres Lebens damit vergeuden, sich unnötig gestresst zu fühlen. Unstressbar zu werden, liegt wahrhaftig ganz allein in Ihrer Verantwortung. Das heißt, wenn Sie beschließen, Ihre Rolle zu ignorieren, wird das mächtige Rad des Lebens Ihnen unweigerlich Stress verursachen. Wenn das geschieht, geben Sie nicht dem Leben die Schuld. Das Leben tut nur, was es immer tut. Sie sind es, der das Nötige tun muss, um ein stressfreies Leben zu führen.

Nicht vergessen!

Es sind nicht die Ereignisse Ihres Lebens, die Sie unter Stress setzen. Es ist die Art und Weise, wie Sie damit umgehen.

In diesem Kapitel haben wir Ihnen erklärt, wie Ihre menschliche Maschinerie tatsächlich funktioniert. Ich habe es *Welcome to the Machine* überschrieben, was auch der Titel eines Pink-Floyd-Songs ist, nur dass sie sich nicht auf den menschlichen Körper bezogen haben, sondern auf die Maschine, die ihn zermürbt – die moderne Welt mit all ihren Stressfaktoren.

Diese Maschine wird unsere nächste Station sein: Es gilt, all die Stressauslöser zu erkennen, die sie Ihnen in den Weg stellt, damit Sie deren Intensität, Dauer und Häufigkeit verringern und sie dann ganz beseitigen können.

Es ist Zeit zu lernen, wie man die Maschine abstellt.

Kapitel 2

Die Auslöser

Teil 1: Die Grundlagen

- Stress spielt eine Rolle
- Die Stressmaschine
- All die verschiedenen Stressfaktoren
- Das 3L-Modell im Einsatz

Teil 2: Ein Sprachkurs

- Kognitiver Stress
- Emotionaler Stress
- Körperlicher Stress
- Spiritueller Stress

Teil 3: So fügt sich alles zusammen

- Gewohnheiten der Unstressbaren

Willkommen, mein Junge. Willkommen bei der Maschine. *Die Maschine* ist der Begriff, mit dem Pink Floyd beschrieben haben, wie die moderne Welt uns prägt. Wie sie uns formt und uns in Ecken drängt, die uns Stress verursachen. Die Maschine der heutigen Zeit ist ein Ort, an dem wir blindlings dem folgen, was man uns aufträgt.

Unsere Gedanken, Überzeugungen, Handlungen und Wünsche werden uns verkauft, und wir akzeptieren sie. Wir bringen unser Leben damit zu, ihnen hinterherzujagen, und halten niemals inne, um das zu bemerken, während uns das Leben durch die Finger rinnt. Jeden Tag sind wir ein bisschen erschöpfter, ein bisschen gestresster, Tag für Tag für Tag.

Dass wir uns nicht widersetzen, liegt oft daran, dass wir die ganzen Dinge, die uns stressen, gar nicht erkennen. Wir gewöhnen uns an den Stress, und deshalb lassen wir ihn unbemerkt in unser Leben Einzug halten, angefangen mit dem allerersten Stressfaktor, wenn unser aggressiver Weckton den Tag schon auf feindselige Art beginnt. Statt kurz innezuhalten, um das für den folgenden Morgen zu verhindern, drehen wir uns einfach auf die Seite und drücken die Snooze-Taste, worauf der Angriff sich ein paar Minuten später wiederholt, und wir akzeptieren diese wiederholte Feindseligkeit als unseren normalen unangenehmen Tagesbeginn.

Kaum hat der Tag begonnen, werfen wir schon einen eifrigen Blick auf die morgendlichen Schlagzeilen, um uns unsere zuverlässige tägliche Injektion Negativität und Furcht zu holen, was dem Tag die perfekten Startbedingungen für den Stress bereitet, der sich mit jedem einzelnen Schritt fortsetzt, bis wir wieder nach Hause zurückkommen, erschöpft, wo wir uns dann mit dem Partner zanken oder uns mit der Gewalt, der Täuschung und dem Horror eines Serienmarathons betäuben, ehe wir schlafen gehen.

Nicht vergessen! Vieles von dem, was Ihnen Stress bereitet, ist vermeidbar, wenn Sie beschließen, es in Ihrem Leben nicht zu dulden.

Doch der erste Schritt, den Sie zu seiner Vermeidung tun müssen, ist, zu erkennen, wann er in Ihrem Leben auftritt. Die Stressfaktoren, unter denen wir tagtäglich leiden, sind zahlreich. Im Folgenden nehmen wir sie genauer unter die Lupe.

Ein Haufen Stress

Sofern Sie dies hier nicht gerade behaglich fernab vom Alltag an einem weißen Sandstrand lesen, unter Ihrer eigenen Palme, die bei Bedarf frische Datteln fallen lässt, während Sie an Ihrer Piña colada nuckeln, ohne von nervigen Menschen, Geplapper, Deadlines und Ablenkungen umgeben zu sein, gibt es wahrscheinlich in Ihrer Umgebung eine Menge Gründe, gestresst zu sein.

In der heutigen Zeit können Sie dem Stress nicht entkommen. Stressauslöser sind überall. Manche groß, manche klein. Manche sind vorhersehbar, und andere kommen wie ein Blitz aus heiterem Himmel, wenn Sie am wenigsten damit rechnen. Manche stoßen Ihnen zu, und andere bringen Sie selbst hervor, um sich zu quälen.

Statt jeden einzelnen möglichen Stressfaktor zu zählen, erleichtert es die Sache, wenn Sie vier Hauptkategorien kennen. Das macht es einfacher, damit umzugehen und den Stress entweder zu beheben oder zu minimieren.

Manche Formen von Stress sind *extern* – Lebensereignisse, die von außen an Sie herangetragen werden. Andere sind *intern* – verursacht von Ihren eigenen Gedanken, Emotionen, von körperlichen Schmerzen und falscher Ausrichtung.

Wo immer sie auch herkommen, ob extern oder intern, Stressauslöser können von hoher Intensität sein – wir bezeichnen sie als *Makrostressfaktoren* – oder klein und erträglich – das sind *Mikrostressfaktoren.*

Die Stressquadranten

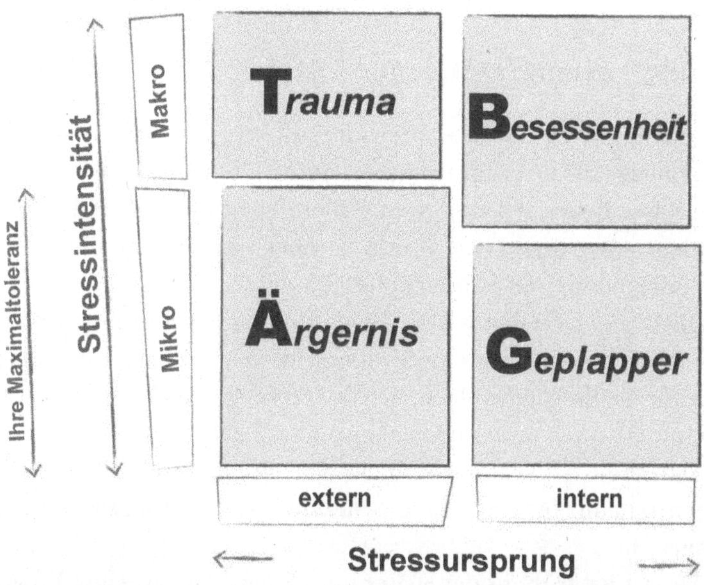

Mithilfe dieser vier Varianten können Sie alle unterschiedlichen Arten von Stress visualisieren und übersichtlich in vier Quadranten aufteilen, wie sie im Diagramm der Stressquadranten zu sehen sind.

Eine zu beobachtende Dimension ist die Intensität des Auslösers, der Sie stresst. Ein bedeutsames Ereignis, das Ihre Fähigkeit der Bewältigung übersteigt, ist als Trauma bekannt.

Ein oder mehrere Gedanken oder Emotionen können Sie zermürben und sich festsetzen. Wir bezeichnen sie als Obsession.

Alle weiteren externen Stressfaktoren, an denen Sie nicht zerbrechen, weil sie sich innerhalb Ihres Toleranzbereichs bewegen, teilen wir in die Kategorie Ärgernis ein, und alle weiteren internen Gedanken und Emotionen, die sich in Ihrem Inneren abspielen, aber nicht das Zeug zur Obsession haben, wollen wir als Geplapper bezeichnen.

Wir werden nun alle diese Punkte im Einzelnen besprechen mit dem Ziel, dass Sie sie zuerst einmal wahrnehmen. Im folgenden Kapitel kommen wir dann darauf zu sprechen, wie Sie sie reduzieren oder sogar gänzlich beseitigen und die richtigen Maßnahmen ergreifen können, damit sie nicht wieder auftauchen, was Sie … unstressbar macht.

Trauma – externe Makrostressfaktoren

Traumatisierende Stressfaktoren sind die Art von gravierenden äußeren Ereignissen, die uns ganz unvorbereitet an einem ruhigen Sonntag treffen und unser Leben auf den Kopf stellen. Egal, wie vorbereitet wir zu sein glauben, wir haben keine Kontrolle über das, was uns treffen mag. Die Krebsdiagnose eines nahestehenden Menschen, der Tod eines Familienmitglieds oder Freundes, ein Unfall, der Sie ans Bett fesselt, der Betrug eines Geliebten oder das Ende einer Ehe, von der Sie geglaubt haben, sie wäre für die Ewigkeit. Solche Traumata erzeugen nicht nur Stress, sondern erschüttern auch unseren Glauben an das Leben.

Das ist die Art von Stress, die weit außerhalb unseres Lebenskreises zu liegen scheint, bis sie über uns hereinbricht und unsere gesamte Welt beherrscht.

Jeder wird früher oder später mit einem traumatischen Ereignis konfrontiert. Das gehört einfach zum Leben dazu. Sie können nichts unternehmen, damit so etwas niemals geschieht, aber Sie können auf jeden Fall lernen, wie Sie damit umgehen, wenn Sie davon betroffen sind.

Um ein Trauma zu erleben, muss der Auslöser Sie gar nicht unbedingt betreffen. Wer mitansehen muss, wie ein geliebter Mensch gegen eine unheilbare Krankheit kämpft, wird vielleicht zum Gesundheitsfanatiker oder entwickelt panische Angst vor Keimen in der Hoffnung, nie dasselbe Schicksal erleiden zu müssen. Wer den Kampf ums Geld eines nahestehenden Menschen miterlebt hat, fürchtet immer, nicht genug zum Leben zu haben, selbst wenn er zum Millionär geworden ist, und in Extremfällen leiden jene, die in Kriegsgebieten waren oder auf einer Intensivstation und dort das Leid und den Tod anderer mitansehen mussten, unter posttraumatischem Stress und Panikattacken, selbst wenn sie selbst sich wieder in Sicherheit befinden.

In den ersten Wochen, nachdem mein wunderbarer Sohn Ali von uns gegangen war, besuchte ich fast täglich sein Grab. Ich empfand dort einen gewissen Frieden und erzählte ihm all die Dinge, die ihm zu erzählen ich mir nicht die Zeit genommen hatte, als er noch am Leben gewesen war. Friedhöfe in Dubai sind schlicht – riesige Flächen von Ödland, auf denen täglich Gräber gegraben werden von Arbeitskräften, die nicht wissen, wer vorbeikommt und an diesem Tag eine Grabstelle kaufen wird.

An dem Abend, als ich Ali zu seinem letzten Ort auf Erden trug, war seines das letzte Grab, das an diesem Tag belegt wurde. Seine Ruhestätte war direkt neben dem Wirtschaftsweg. Ich stellte mein Auto ein paar Meter davon entfernt ab, setzte mich in den warmen Sand und weinte.

Einige Wochen nach seinem Tod, als meine Tränenflut ein bisschen nachließ, begann ich, meine Umgebung zu beobachten. Sie war anders geworden. Der Wirtschaftsweg war nicht mehr da. An seiner Stelle gab es eine neue Gräberreihe. Immer weitere Besucher tauchten auf, Tag für Tag wurden weitere Gräber belegt. Die neueren wurden von trauernden Hinterbliebenen aufgesucht, die unaufhörlich weinten, wie ich es anfangs getan hatte, während meine Leidensgenossen an den älteren Gräbern ein wenig ruhiger zu sein schienen.

Nicht alle Gräber, fiel mir auf, waren gleich groß. Manche waren kleiner, eindeutig für Kinder gedacht. Es gab so viele davon. Ich war nicht der Einzige, der ein Kind verloren hatte, obwohl mein Kind über 1,80 Meter gewesen war. Mir wurde bewusst, dass jeder, der dort lag, jemandes Kind gewesen war. Und viele von ihnen hatten sicherlich noch lebende und trauernde Eltern wie mich.

Wenn ich Ali jetzt, Jahre später, besuchen gehe, muss ich einen langen Fußweg zurücklegen und komme an Tausenden Besuchern vorbei. Dabei denke ich daran, dass der Tod eines jeden hier Beerdigten im Leben eines anderen ein Trauma ausgelöst hat, so wie Alis Tod es bei mir getan hat.

Nicht vergessen! Kummer, sogar Traumata, sind ein Schicksal, das wir alle teilen.

Sosehr ich auch darum bete, dass Sie niemals den Schmerz erleiden müssen, einen so nahestehenden Menschen zu verlieren, irgendwann wird es die meisten von uns treffen. **Akzeptieren Sie, dass das Leben Ihnen früher oder später ein traumatisches Ereignis bescheren wird.** Diese Akzeptanz sollte kein Grund zum Kummer oder zur Verzweiflung sein. Vielmehr sollte es Sie daran erinnern …

Nicht vergessen! Es ist tröstlich zu wissen, dass Milliarden Menschen Ihr Trauma teilen. Wenn sie überleben und sich davon erholen können, dann können Sie das auch.

Es gibt noch ein weiteres Lebensmuster, das uns oft nicht auffällt, wenn wir mit Schwierigkeiten zu kämpfen haben. Mit etwas Rechenarbeit werden Sie erkennen, dass die schweren Zeiten nur ein Schnappschuss sind, nur ein paar Einzelbilder im langen Film Ihres Lebens.

Mühsal ist eine Tatsache des Lebens, aber gewiss nicht die einzige und nicht einmal eine besonders herausragende. Wenn wir unter die Oberfläche unserer Ängste blicken, erkennen wir rasch, dass die Grundnote unseres Lebens Leichtigkeit ist. Kummer ist die Anomalie, welche die Norm durchbricht. Das ist unstrittig. Für die meisten von uns ist Gesundheit die Norm, die wir die längste Zeit unseres Lebens genießen. Krankheit ist die Anomalie, die gelegentlich die Gesundheit unterbricht. Die meisten Menschen wandeln ihr Leben lang auf festem Boden. Ein Erdbeben oder eine Naturkatastrophe ist die Unterbrechung, welche die Norm stört. Zum Opfer von Gewalt zu werden, einen Unfall zu erleiden und mit lebensbedrohlichen Katastrophen konfrontiert zu werden, sind Herausforderungen, denen nur wenige von uns für eine begrenzte Anzahl ihrer Lebenstage ausgesetzt sind. Deshalb sorgen solche Ereignisse für Schlagzeilen … weil sie die Ausnahme von der Regel sind. Das ist vielleicht der Grund, warum wir angesichts von traumatischen Ereignissen erstarren, wenn diese so unerwartet unseren Weg kreuzen.

Während Traumata – selbst PTBS auslösende Traumata, die das Extrem darstellen – unser Leben bis in die Grundfesten erschüttern, erholen sich erstaunliche 91 Prozent aller Menschen, die ein solches PTBS auslösendes Trauma erlebt haben.[9]

Das Schlimme ist nicht die Zeit, in der wir mit einem traumatischen Ereignis zu kämpfen haben.

Nicht vergessen!

Den größten negativen Einfluss, den der Kummer des Lebens ausübt, zeigt sich in den Jahren, die wir damit zubringen, uns davor zu fürchten, und in den Jahren, in denen wir zulassen, dass er andauert.

Mit der richtigen Einstellung und etwas Übung können Sie sich solche Jahre ersparen. Darauf kommen wir gleich näher zu sprechen. Zuerst wollen wir aber noch die weiteren Stressquadranten untersuchen.

Obsessionen – interne Makrostressfaktoren

Obsessionen sind so intensiv und schädlich wie die traumatischen Ereignisse, die uns gelegentlich den Weg versperren, aber es handelt sich dabei nicht um Vorgänge des Lebens. Sie sind Vorgänge unseres Geistes und unserer Gefühle. Während Traumata uns sofort niederschmettern und uns zerbrochen und verwirrt zurücklassen, zermürben Obsessionen uns im Laufe der Zeit. Sie fressen uns von innen auf. Manchmal mögen sie durch ein äußeres Ereignis ausgelöst werden, etwa wenn eine Freundin sagt: »Guck dir bloß mal die Mädchen bei Instagram an. Mit deren Schönheit können wir niemals mithalten« – ein einfacher Kommentar, der sich in Ihrem Inneren zu dem Gedanken verzerrt: *Ich werde niemals geliebt werden.*

Dieser Gedanke ergreift dann Besitz von Ihnen – tagein, tagaus. Er wächst und wächst, trotz seiner Nichtigkeit, entstanden lediglich aus Ihrer Unsicherheit und lebhaften Fantasie. Ohne dass wir eine echte Gefahr vor uns hätten und statt unsere Mühen darauf zu verwenden, mit unserem imaginären Dämon zurechtzukommen, sitzen wir in einer Ecke und wälzen den Gedanken immer wieder im Kopf umher. Nach und nach werden wir traurig. Wir werden schwächer. Wir werden deprimiert. Wir werden verzweifelt und hoffnungslos, denn da wir in unserem Kopf leben, ändert sich nichts an der tatsächlichen Welt, was unsere Obsession bestätigt, und so sinken wir immer tiefer – ein Gedanke, der unseren Geist ausfüllt, bis er unser Leben nimmt. Der Gedanke *Sie haben mir nie Wertschätzung entgegengebracht* hat mir meinen Vater genommen, obwohl jeder in seinem Umfeld ihn auf jede nur denkbare Weise geschätzt hat.

In der Anfangsszene eines meiner Lieblingsfilme aller Zeiten, *Inception*, wird eine Frage gestellt: »Wer ist der widerstandsfähigste Parasit? Ein Bakterium? Ein Virus? Ein Darmparasit? ... Ein Gedanke!«

Nicht vergessen! Hat ein Gedanke sich erst einmal im Hirn festgesetzt, ist es fast unmöglich, ihn auszulöschen.

Nun, das gilt jedenfalls, wenn Sie ihn weiterleben lassen – übernehmen Sie stattdessen die Kontrolle über Ihr Gehirn, lässt das keinem Gedanken Raum, um sich festzusetzen.

Obsessionen können fortdauern, weil wir ein unzulängliches Verständnis der Feinheiten unseres Verstands und seiner Funktionsweise haben. Unsere Gedanken sind nichts, das in unserer Welt geschieht; sie kommen aus unserem Inneren, und auch wenn sie manchmal eine vernünftige Reaktion auf die äußeren Ereignisse zu sein scheinen, die sie ausgelöst haben, werden sie aufgebauscht, bis sie größer sind als das eigentliche Ausmaß des Ereignisses.

Nur sehr wenige Menschen haben nicht wenigstens einmal in ihrem Leben ihre Arbeit verloren, doch als mein Vater aufgefordert wurde, seinen Posten zu räumen, zerstörte dieses Ereignis seine Vorstellung von Leben und Fairness. Nur sehr wenige Liebesgeschichten enden nicht mit einer Trennung, doch wenn wir den Punkt des Abbruchs erreichen, glauben wir, dass unser Leben uns fertigmachen will. Wir glauben, das Leben mit all seiner Macht habe uns ausgewählt, um uns Ärger zu bereiten – nur uns und niemandem sonst.

Ich will Ihnen eine persönliche Erfahrung erzählen, die deutlich dieses Maß der Übertreibung zeigt und den Unterschied zwischen Trauma und Obsession. Ich hatte mal eine Beziehung zu einer Buddhistin, die sich den höchsten Maßstäben von Gelassenheit und Mitgefühl verpflichtet hatte. Wir waren schon seit über einem Jahr zusammen, als wir ein paar unserer besten Freunde einluden. Es war ein wunderbarer gemeinsamer Abend. Die Freundin meines besten Freundes, die auch mir eine gute Freundin war, fragte mich, ob sie mich wegen etwas um Rat bitten dürfe. Wir saßen in einer Ecke auf dem Sofa, wo sie mir erzählte, dass sie einen hitzigen Streit mit ihrem Freund gehabt habe, ehe sie hergekommen war, und dass sie ihn sehr liebte und ihn nicht verlieren wolle. Sie wurde sehr emotional, deshalb umarmte ich sie, während ich ihr erklärte, es werde alles wieder gut. In diesem Moment stürzte meine Freundin auf uns zu – wirklich rasend vor Zorn – und brüllte: »Lass die Finger von meinem Mann, du Schlampe!« Ich verweise noch mal darauf, dass dieses Paar unsere besten Freunde waren, mit denen wir oft Zeit verbrachten, und erinnere an die buddhistische Friedfertigkeit, die meine Freundin normalerweise verkörperte, damit Sie verstehen, wie übertrieben diese Reaktion war.

Nachdem die Peinlichkeit sich aufgelöst hatte, setzen wir uns zum Reden zusammen. Zuerst gab sie zu, dass sie überreagiert hatte, und entschuldigte sich bei unserer Freundin. Dann verriet sie uns, dass ihre letzten beiden Freunde sie mit einer Freundin betrogen hatten, und ihre größte Angst, seit wir zusammen waren, sei, dass ich eines Tages dasselbe tun würde.

Ich fragte, ob ich ihr irgendeinen Grund zur Sorge gegeben hätte, und sie antwortete: »Ganz im Gegenteil. Alles, was du tust, sollte mir Sicherheit geben, aber je mehr du dich so verhältst, umso mehr fragt sich mein Verstand, was du wohl vor mir verbirgst. Ich glaube, zuerst hat mein Verstand sich festgelegt und beschlossen, dass du mich betrügst, und dann hat er in sämtlichen Ereignissen nach Bestätigung für seine Annahme gesucht.« Die Erlebnisse mit den betrügerischen Freunden – die das Trauma auslösenden Ereignisse – lagen lange hinter ihr. Ihr derzeitiges Leben war genau das, wovon sie geträumt hatte, und doch führte sie ein Leben des Leidens. Warum? Besessenheit. Sie durchlebte das Szenario, das sie fürchtete, in Gedanken so oft, dass es für sie zur Realität geworden war.

Imaginäre Dämonen

Hier ist wieder Alice. Ich will Ihnen noch ein eigenes Erlebnis erzählen, kombiniert mit einem meines Vaters, als Beispiel für den Kampf, den wir ausstehen, wenn wir in einer Obsession feststecken.

Als die Hypothekenkrise des Jahres 2008 zuschlug, geriet das Unternehmen in Schwierigkeiten, das mein Vater über Jahre hinweg geschaffen und in das er seine ganze Seele eingebracht hatte. Es dauerte nicht lange, da musste es schließen. Dieser Verlust führte später zu einer klassischen Obsession. Ein Gedanke ergriff Besitz von ihm: *Ich darf meine Familie nicht in diesem Chaos zurücklassen.* Eines Abends erzählte er mir beim Essen, dass dieser Gedanke, nach dem er seit dem Verlust seines Geschäfts sein Leben ausrichtete, ihn nachts wach hielt und zunächst nur innerhalb seines Kopfes stattfand.

Die Ereignisse, die eine stressige Besessenheit in Gang setzen, sind real – externe Auslöser –, doch oft werden sie im Hinblick auf ihre Bedeutsamkeit oder ihre Wirkung in der Vorstellung des Besessenen total übertrieben. Für gewöhnlich hat die Obsession, die anhält, nicht einmal mit dem Geschehenen zu tun. Es geht mehr um die Gedanken, die davon ausgelöst wurden. Oft ist das ursprüngliche Erlebnis vorüber, und doch hält der Stress monate- oder gar jahrelang an.

Zwar sind einige unserer Gedanken wahr, wenn wir über die eigentlichen Fakten nachdenken, die mit dem Ereignis zu tun haben; doch der Großteil des erfundenen Narrativs, das in unserem Kopf umhergeistert, sollte einen Oscar für das beste Horrorfilm-Drehbuch bekommen.

Mein Vater kannte die Tatsache, dass sein Unternehmen unter Zwangsverwaltung stand, dass es die Firmenschulden abzahlen musste und dass er seine persönlichen Wertanlagen zu verkaufen hatte. Das waren alle bloßen Fakten, die seine Aufmerksamkeit verdienten und extern ausgelösten Stress, Sorge und Schmerz verursachten.

Sein Leid ging jedoch auf Gedanken zurück, die nicht Bestandteil der faktischen Wahrheit waren. Er grübelte stundenlang über unsere Zukunft nach. Statt darüber nachzudenken, wie er die Situation in den Griff bekommen konnte, wurde er vollkommen beherrscht von Zukunftsängsten, Schuldgefühlen wegen Dingen, die er niemals hätte beeinflussen können, und Selbstzweifeln. Obwohl uns nichts wichtiger war, als ihn nicht zu verlieren, sorgte er sich, dass er uns nicht genügend Geld hinterlassen könne, wenn er gehen musste. Ich konnte regelrecht sehen, wie sich in seinem Kopf die Zahnrädchen drehten, während er wie in Trance vor sich hin starrte. Wir wollten, dass er blieb, doch seine Obsession zerrte ihn schmerzhaft in die andere Richtung. Er sorgte sich ebenso um uns wie wir uns um ihn. Seine Obsession an *jedem* einzelnen Tag war, unsere Sicherheit zu wahren und dass es uns nicht gut gehen könne, während sein Hinschwinden uns aus der Bahn warf. Das Schlimmste war, dass er sich deswegen gar keine Sorgen hätte machen müssen, denn die Worst-Case-Szenarios, die er sich vorstellte, traten nicht ein, und uns – mir, meiner Schwester und unserer Mutter – ging es gut, nur eben leider ohne ihn.

Trotz der finanziellen Engpässe, die unsere Familie ertragen musste, ist meine Schwester beruflich erfolgreich und konnte sich etwas Eigenes schaffen. Ich bin eine unabhängige, veröffentlichte Autorin und Rednerin und gründe fröhlich ein Unternehmen mit einem der Business-Magier der Welt (ja, Mo). Hätte mein Vater die Situation realistisch eingeschätzt, dann hätte er sich daran erinnert, dass ganz viele erfolgreiche Personen bescheiden angefangen haben; dass der finanzielle Verlust für uns als Familie, so belastend er auch sein mochte, sich vielleicht irgendwann als etwas Gutes entpuppte, das uns dazu brachte, die Dinge in die Hand zu nehmen und unser Bestes zu geben.

Nicht vergessen! Wir sind, durch das Geschehene beeinflusst, besessen von Ereignissen, die vermutlich nie eintreten werden.

Die Gedanken wiederholen sich jeden einzelnen Tag in einer Endlosschleife, jahrelang, und ihre Fähigkeit nimmt zu, so viel Stress, Angst und Sorge zu erzeugen wie ein externes Trauma. Externe traumatische Ereignisse sind auf die Härte des Ereignisses selbst beschränkt. Hier haben wir es mit etwas sogar noch Schlimmerem zu tun.

Nicht vergessen! Durch Obsessionen verursachter Stress wird nur von Ihrer eigenen Vorstellungskraft begrenzt.

Der Stress kann sich zu imaginären Monstern auswachsen, die viel beängstigender sind als die Wahrheit. Ohne Intervention wird die Obsession immer stärker, bis sie zu einem untrennbaren Teil jedes einzelnen Gedankens wird und die Grenzen verschwimmen lässt zwischen dem, was an dem Monster eine Tatsache und was reine Fiktion ist.

Sprechen Sie mit einem Freund, von dem Sie wissen, dass er von etwas nicht Realem besessen ist. Konfrontieren Sie ihn mit den Fakten. Wie reagiert er? Er leistet Widerstand. Er wird wütend. Er erzählt Ihnen von den Geschichten, die er in den Medien gehört oder in Filmen gesehen hat und die seine Obsession stützen, wobei er die zahllosen anderen Realitäten von Geschichten außer Acht lässt, die seinem fiktionalen Standpunkt widersprechen.

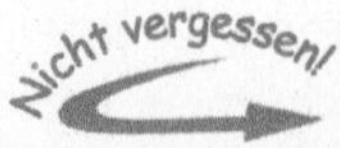

Unsere Obsessionen fühlen sich für uns wahrhaftiger an als die Wahrheit.

Zudem schaffen Obsessionen uns manchmal eine neue Realität. Denken Sie beispielsweise an den Temperamentsausbruch von Mos Ex-Freundin. Ihre beständige Angst führte zu Eifersucht und Besitzanspruch, und das, nicht eine andere Frau, ließ die Beziehung in die Brüche gehen.

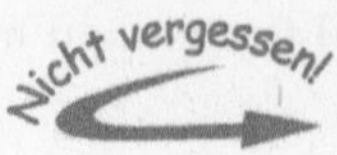

Unsere Obsessionen werden letztlich zu dem realen Monster, das uns auffrisst.

Wir schaffen die Obsessionen aus dem Nichts. Wir verleihen ihnen die Lebendigkeit und die Macht, unser Leben zu bestimmen.

Nehmen Sie sich etwas Zeit, um über solche Realitäten nachzudenken und vielleicht auch über einige Ihrer eigenen Obsessionen, zutiefst negative Gedanken, an deren Richtigkeit Sie fest glauben, und überlegen Sie, wie real sie tatsächlich sind und inwieweit sie Ihr Leben beeinflussen. Bitte nehmen Sie sich die Zeit, statt weiterzulesen. Mo und ich werden hier auf Sie warten, bis Sie zurückkommen.

Der größte aller Dämonen

Jedes tiefe Verständnis der Funktionsweise von Stress führt zu der Erkenntnis, dass das größere Monster, die wahre menschheitsbedrohende Pandemie, nicht das Ergebnis traumatischer Ereignisse ist.

Der wirkliche Schaden, den wir erleiden, sind die Folgen unserer eigenen Obsessionen.

Depressionen und Suizid resultieren niemals aus einem externen Trauma. Lesen Sie das noch einmal. Das tun sie nicht, nicht direkt. Man muss zunächst den Kreislauf der Obsession in Gang setzen, das Trauma in Gedanken verwandeln, die schließlich zu den Säulen dieser erweiterten, tiefer gehenden Diagnose werden.

Nicht vergessen!

Wir werden nicht depressiv wegen dem, was die Welt uns beschert. Wir werden depressiv wegen unseres Denkens darüber, was die Welt uns beschert.

Depressionen bei Patienten, die keinerlei externes Trauma erlebt haben, sind auf dem Vormarsch. Schätzungsweise bei einem von vier Erwachsenen lassen sich heutzutage Depressionen diagnostizieren. Depressive Phasen dauern häufig jahrelang an und kehren oft immer wieder zurück. Fast die Hälfte aller Menschen, die eine depressive Phase erleben, weisen im Laufe ihres Lebens eine oder mehrere weitere solcher Phasen auf.[10]

Obsessionen entstehen aufgrund unserer Unfähigkeit, unsere Gedanken davon abzuhalten, bis an die dunkelsten Orte vorzudringen, um nach einem Trauma oder sogar ganz ohne Auslöser über jede belastende Besorgnis zu grübeln. Sie halten viel zu lange an und müssen auf jeden Fall unter Kontrolle gehalten werden. Ein zu lang andauernder Gedanke kann ein Leben zerstören.

Schauen wir uns noch die weiteren Stressquadranten an, ehe wir uns den Lösungen zuwenden. Es ist Zeit, sich mit den kleineren Stressfaktoren zu befassen. Auch sie finden sich auf der internen Seite – negative Gedanken, die ständig in unseren Köpfen ablaufen, ausgelöst durch das fehlende Verständnis unserer Emotionen und unseres Verstands in ihren Grundlagen – und bei externen Ereignissen, die wir als Teil unseres Lebens zu akzeptieren gelernt haben.

Solche kleineren Stressfaktoren gewinnen ihre Macht durch ihre Vielzahl. Zusammengenommen sind es täglich Dutzende, manchmal Hunderte. Egal, wie stark wir sind, jeder von uns kann zerbrechen, wenn der Druck groß genug ist. Beginnen wir mit der externen Seite der Mikrostressfaktoren.

Ärgernisse – externe Mikrostressfaktoren

Im Allgemeinen wird angenommen, dass nur die großen Stressauslöser uns zerbrechen lassen und wir resilient genug sind, um einem kleineren Druck standzuhalten. Wir rennen kreuz und quer durch unser geschäftiges Leben und glauben, wenn dieses nicht durch irgendwelche traumatischen Ereignisse durchkreuzt werde, könnten wir uns wohl nicht beklagen. Alles andere lässt sich sicher irgendwie bewältigen. Wir kommen schon klar. Uns geht's gut. Oder?

»Mir geht's gut« ist wohl die größte tägliche Lüge der Menschheit in der modernen Gesellschaft. Auf jeden Fall die am häufigsten ausgesprochene Lüge. Sie ist unsere Standardantwort auf die Frage nach unserem Befinden. »Mir geht's gut«, sagen wir in heiterem, munterem Tonfall, und das bedeutet in Wahrheit: *Ich glaub, mir geht es total beschissen, aber ich bin mir nicht sicher, denn ich bringe es gerade nicht fertig, mich mit meinem emotionalen Zustand zu beschäftigen, geschweige denn ihn zu erklären. Also wenn Sie mich nicht zweimal fragen, so als würde es Sie wirklich interessieren, sage ich einfach »gut«, damit wir weiterkommen. Zu sagen »Mir geht's entsetzlich« würde Sie schockieren, und es käme zu einem peinlichen Schweigen, und »Mir geht's großartig« scheint mir eine zu weit hergeholte interne Lüge, um sie heute bewältigen zu können.*

Gut ist ein Zustand von … hmpf! Wird schon irgendwie gehen. Noch nicht am Boden zerstört, aber auch nicht wirklich gut. Einen weiteren Tag auszuhalten, aber nicht glücklich. Lächelnd, aber … tja … nicht gut. Denken Sie mal darüber nach. Ist das wirklich das Leben, das Sie verdienen? Warum lassen Sie Ihr Leben dann so sein? Wir lassen diese Tage ins Land ziehen, weil wir es einfach nicht schaffen, innezuhalten und uns aufrichtig mit uns selbst zu beschäftigen. Wenn wir es schließlich doch tun, fangen wir an zu glauben, dass mit uns vielleicht etwas nicht stimmt. Warum sind wir niedergeschlagen, ängstlich oder gestresst, wenn doch gar nichts *so* Stressiges oder Traumatisches im Spiel ist?

Hier ist Mo. Ich sage Ihnen, warum. Dazu will ich Sie kurz noch mal zurück zur Physik führen.

Bei der Analyse von Stress haben wir diesen errechnet als die ausgeübte Kraft, dividiert durch die verfügbaren Kompetenzen und Ressourcen zu ihrer Bewältigung. Der Begriff *Kraft* wird normalerweise in Newton gemessen, einer etwas komischen Einheit, denn es ist die Kraft, die benötigt wird, um ein Kilogramm Masse mit der Geschwindigkeit von einem Meter pro Sekunde im Quadrat zu beschleunigen. Einfach ausgedrückt: Wenn Ihr Auto kaputtgeht und Sie ihm Starthilfe geben wollen, müssen Sie es mit einer Kraft von so viel Newton anschieben, dass es sich bewegt, und die Geschwindigkeit erhöhen, bis es schnell genug ist, um anzuspringen. Und da liegt der Haken. Es spielt keine Rolle, ob Sie das Auto allein anschieben oder ein paar Ihrer Freunde herholen, um zu schieben. Entscheidend ist, dass genügend Kraft ausgeübt wird, um den gewünschten Effekt zu erzielen – oder im Fall von Stress sprechen wir von genügend Kraft, um den unerwünschten Effekt zu erzielen. Die Nettokraft ist die Summe aller Kräfte, ob groß oder klein. Wenn mehrere kleine Probleme auf Ihr Leben einwirken, die sich im Einzelnen alle unbedeutend anfühlen, ist der gesamte Nettoeffekt, mit dem Sie umgehen müssen, die Summe aller Kräfte, die auf Sie einwirken.

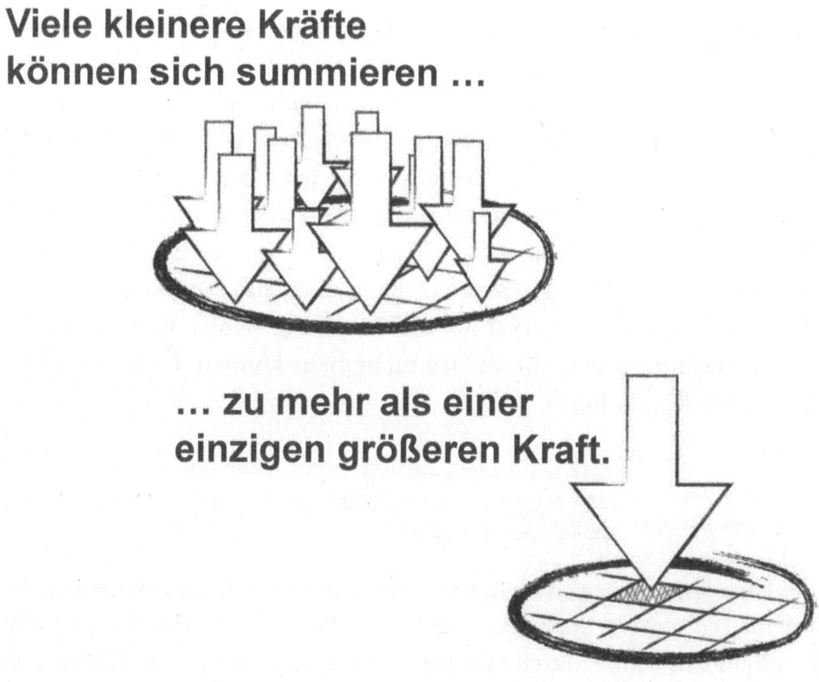

Es ist wichtig anzumerken, dass diese Kräfte nicht immer geringfügig sind, wie der Begriff *Ärgernisse* andeuten mag. In diese Gruppe externer Mikrostressfaktoren fallen alle Stressauslöser, die nicht traumatisch sind, und dementsprechend alle Stressfaktoren, die Sie für sich genommen nicht zugrunde richten würden. Einige davon sind erheblich und recht schwer zu bewältigen, und auch wenn Sie an jedem einzelnen nicht zerbrechen würden, reicht es, noch ein paar kleinere hinzuzufügen, und die Sache wird wirklich problematisch.

Wir ignorieren normalerweise die kleineren Kräfte, weil jede einzelne davon sich geringfügig anfühlt und leicht zu bewältigen ist. Nehmen Sie jedoch alle zusammen, so tragen Sie eine Last, die Ihre Toleranzgrenze weit überschreitet, obwohl es den Anschein haben mag, dass jener letzte zusätzliche Stress Sie hat in die Knie gehen lassen. Die ungerechtfertigte Bemerkung eines Freundes oder noch eine E-Mail mit der Aufforderung, dann an einem Meeting teilzunehmen, wo Sie sich bereits mit einem Date verabredet hatten, und Sie explodieren oder brechen zusammen.

Stellen Sie sich die wachsenden kleineren Stressfaktoren wie ein Kartenhaus vor. Eine Karte nach der anderen lassen das wacklige Gebäude entstehen. Je höher es wird, desto näher gerät es dem unvermeidlichen Einsturz. Schließlich fügen Sie nur eine weitere praktisch gewichtslose Karte hinzu, und alles bricht zusammen. Es ist immer die letzte Karte, die alles aus dem Gleichgewicht bringt – diese letzte Karte, bis zu der alles großartig und unter Kontrolle zu sein scheint. Vielleicht sind wir mit diesem Bild vor Augen weniger hart zu uns selbst, wenn wir »ohne erkennbaren Grund« traurig, gestresst oder ängstlich sind. Die Karten wurden aufeinandergestapelt, und oft sind wir nur einige wenige Karten von dem Punkt entfernt, an dem wir einfach nicht mehr können. Und doch fügen wir weitere Karten hinzu.

Nicht vergessen!

Egal, wie resilient Sie sind, es gibt immer einen Punkt, an dem ein weiterer unmaßgeblicher Stressfaktor Ihnen unweigerlich den Rest gibt.

Ein Kartenhaus lässt sich nicht reparieren, wenn es einmal zusammengefallen ist. Die einzige Maßnahme, um den Einsturz zu verhindern, ist eine handhabbare Höhe durch die Begrenzung der Anzahl an Karten. Die

Lösung zu einer Stärkung Ihres Kartenhauses ist, es weniger hoch zu bauen. Es ist tatsächlich so einfach. Deshalb ist die erste der drei Verantwortlichkeiten auf dem Weg zur Unstressbarkeit – der drei L – das Limitieren.

Limitieren Sie die Stressfaktoren, die Sie in Ihrem Leben zulassen. Entfernen Sie sie, egal, wie unbedeutend sie erscheinen mögen.

Da wir noch einen Absatz lang bei der Physik bleiben, erinnere ich Sie auch an das Konzept der Materialermüdung, das wir im vorherigen Kapitel besprochen haben und das beim Menschen seine Analogie im Burn-out findet, im Zusammenbruch, nachdem die Probleme Ihnen immer wieder Stress bereitet haben. Ihr Erleben eines Stressfaktors liegt nicht nur in seiner Intensität begründet. Es hat auch mit der Häufigkeit seiner wiederholten Einwirkung zu tun und mit der Dauer dieser Einwirkung auf Sie. Wenn ich Sie einmal leicht in die Rippen stoße, spüren Sie das kaum, stoße ich Sie aber wiederholt oder lasse meine Hand eine Zeit lang dort, wird es Sie unweigerlich irgendwann nerven. Ich habe nicht die Absicht, das mit Ihnen zu machen, also lassen Sie das bitte auch Ihr Leben nicht machen. Lernen Sie, die Stressfaktoren auf allen vier Dimensionen zu limitieren, die zum Burn-out führen.

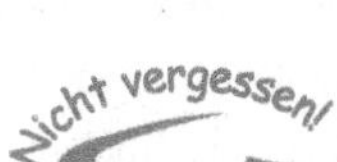

Limitieren Sie die Zahl der Stressfaktoren, die Intensität jedes einzelnen davon sowie die Dauer und Häufigkeit ihrer Einwirkung.

Wenn wir diese Vorgehensweise beherzigen, bleibt kein noch so kleiner Stressauslöser unbemerkt. Wir werden die Herren unseres eigenen Systems. Dann erkennen wir, dass wir und nur wir allein den Schlüssel zur Gelassenheit in unserem Leben besitzen. Schließen Sie die Augen und stellen Sie sich eine Minute lang einen Tag vor, an dem nur sehr wenig externer Stress Sie auslaugt. Spüren Sie die Gelassenheit und den Frieden. Und dann nehmen Sie sich vielleicht fest vor, aktiv jeden Tag diesem Tag so nah wie möglich zu kommen. Ja, einige Stressfaktoren sind unvermeidlich, aber jenseits der Beschränkung der Anzahl von Stressauslösern, die Sie aushalten müssen, kann auch jeder davon in seiner Intensität, Häufigkeit oder der Dauer seiner Anwesenheit in Ihrem Leben limitiert werden. Stellen Sie sich vor, wie wundervoll dieser Tag wäre, wenn die Ärgernisse auf das absolut Unvermeidliche begrenzt wären – ein kurzer Weg zur Arbeit, keine nervtötenden Leute, ein gut zu bewältigendes Aufgabenpensum, keine unrealistischen Deadlines und dazu noch gelegentlich eine Pause. Und nun lächeln Sie.

Ärgernisse greifen Sie von außen an, und sie können täglich dutzend- oder hundertfach auftreten. Es gibt jedoch noch eine weitere Form von Mikrostressfaktoren, die aus Ihnen selbst kommen und buchstäblich unbegrenzt sind in ihrer Fähigkeit, sich über Ihnen aufzutürmen. Zusammengefasst bezeichnen wir diese Arten von Stressauslösern als …

Geplapper – interne Mikrostressfaktoren

Keiner der kleinen negativen Gedanken, unter denen wir ständig leiden, ist groß genug, um uns zusammenbrechen zu lassen, oder bedrohlich genug, dass wir uns hineinsteigern. Vielmehr nagen diese hartnäckigen kleinen Gedankenbeißer – die internen Mikrostressfaktoren – an uns herum wie Termiten. Sie zermürben uns und reizen uns, ohne dass wir überhaupt bemerken, dass es sich nicht um tatsächliche Ereignisse handelt, sondern um Gedanken und Emotionen, die wir selbst aus uns heraus geschaffen haben.

Geplapper ist, wenn Sie so wollen, wie diese Mitschülerin, die immer eine Gelegenheit fand, Ihnen zu stecken, dass Ihre Haare kraus waren, wobei sie süßlich lächelte, als wäre das ein Kompliment. Manche wissen einfach, wie sie Ihre wunden Punkte erreichen, diese kleinen Spitzen, die Ihr Selbstbewusstsein untergraben und Sie im Weggehen denken lassen: *Ich hasse meine krausen Haare.* (Hier schreibt natürlich Alice, Mo hat ja keine Haare.)

Worte und Bemerkungen sind *nie* eine Bedrohung für Ihr Überleben. Niemand ist *jemals* an einem Wort gestorben. Doch in der heutigen Zeit lösen sie unsere Stressreaktion aus wie damals ein Tiger, sogar noch stärker. Sie sind winzige Dosen von internem Stress, die wir uns selbst injizieren, bis wir genügend Gift in uns haben, um uns den Tag zu verderben.

Wenn wir uns über einen abfälligen, kritischen Kommentar ärgern, den ein Kollege geäußert hat, spielen wir die Bemerkung in Gedanken immer wieder ab im Bemühen herauszufinden, warum er das gesagt hat, ob unsere Arbeit wirklich nutzlos war, wie wir hätten reagieren sollen, um ihn zu beschämen, was wir tun sollten, um uns vor weiterer negativer Kritik zu schützen, und ob wir nicht einfach die ganze Arbeit hinschmeißen sollten, damit wir endlich diesen Schmerz loswerden.

Nicht vergessen!

Geplapper besteht aus all den kleinen negativen Spitzen, an denen wir uns festhalten und die uns, hätten wir sie sofort beiseitegeschoben, wenig bis gar keinen Stress bereitet hätten.

Geplapper ist hochselektiv und negativ vorbelastet. Sich an diesen einen Kommentar zu erinnern, den unser Partner vorgestern geäußert hat und der uns geärgert hat, während wir seine 20 anderen liebevollen Bemerkungen ignorieren, ist sicher keine objektive Sichtweise auf unsere Welt, aber wir tun es trotzdem.

Wir alle wälzen ein Narrativ im Kopf herum, das darauf abzielt, unser Leben zu optimieren. Um dies muss man sich kümmern, jenes muss man in Ordnung bringen und hier muss etwas anders werden. Es ist überhaupt nichts falsch daran, das Leben objektiv zu betrachten und sich um Verbesserungen zu bemühen. Doch dann kehrt sich das Narrativ nach innen. Die Gedanken werden zu auf uns selbst gerichtetem Geplapper, das uns Schaden zufügt, wenn wir vom Kurs abweichen und uns beschimpfen, ohne es auch nur zu bemerken. Ganz gedankenlos machen wir die unfreundliche Stimme in unserem Kopf zur normalen, und die fürsorgliche Stimme wird hinfällig.

Diese Geplapper tut uns weh, wenn wir die Objektivität einbüßen und/oder wenn wir in unserer Sprachwahl unnötig schroff werden. Denken Sie nur daran, wie viele wunderschöne Frauen Sie kennen, die in den Spiegel schauen und sich fehlerhaft oder irgendwie unzulänglich finden. Solches internes Geplapper ist nicht objektiv. Es ist übertrieben durch das unrealistische Bild von retuschierten Models auf Zeitschriftencovern.

Nicht vergessen! Das Geplapper in unserem Kopf wird schädlich, wenn es ihm an Objektivität mangelt.

Bitte nehmen Sie sich jetzt eine Minute Zeit, um über das Geplapper in Ihrem Kopf nachzudenken. Versuchen Sie, auf eine einfache Aussage zu bringen, was Ihr Gehirn Ihnen sagt, und dann nehmen Sie sich etwas Zeit, um Ihrem Urteil Objektivität zu verleihen, indem Sie die Äußerung Ihres Gehirns vergleichen mit Fakten, wissenschaftlichen Erkenntnissen oder allgemeinen Sichtweisen anderer, zum Beispiel Ihrer engsten Freunde, die Ihren Überzeugungen widersprechen. Wenn Ihre besten Freunde und Ihr Partner Ihnen ständig sagen, dass Sie hübsch oder gut aussehend sind, ist es vernünftig, Ihrem Gehirn mitzuteilen, dass es wohl im Irrtum ist und mit dem unrealistischen, nicht objektiven Geplapper aufhören soll, das Ihnen Schaden zufügt.

Hier ist Mo. Ich gebe zu, dass ich mich damit sehr lange Zeit schwergetan habe. Als Heranwachsender verglich ich mich mit den bösen, gut aussehenden Jungs, an denen die Mädchen interessiert waren, während sie mich als guten Kumpel betrachteten, weil ich immer ein guter Junge war – typisch. Ich kam zu der Schlussfolgerung, dass ich nicht gut aussehend war, und daher erinnerte ich mich in meinem jüngeren plapperhaften Gehirn des Öfteren daran. Ich muss zugeben, dass das bei mir gut funktionierte, denn es veranlasste mich, eher in puncto Leistung als in puncto Aussehen besser werden zu wollen, um meinen Platz in der Welt zu finden, aber trotzdem stresste es mich tagtäglich. So lange, bis meine wunderbare Tochter Aya im fortgeschrittenen Teenageralter durch ein Fotoalbum blätterte, das Bilder von mir mit Mitte 20 enthielt, und sagte: »Uuuuh! Heißer Typie!« – ich muss bei der Erinnerung daran immer noch lachen –, was in Teenagersprache seinerzeit bedeutete, dass sie mich als jungen Mann gut aussehend fand. Ich antwortete: »Danke, meine Süße, aber das war ich ganz sicher nicht«, und sie sagte: »Wovon redest du? Du sahst doch echt richtig gut aus!«

Jahre später, nachdem ich mich von meiner wunderbaren Ex-Frau Nibal getrennt hatte und anfing, anderen Frauen einen Platz in meinem Leben zu geben, wurde deutlich, dass meine Wahrnehmung meines Äußeren, die mir im Laufe der Jahre eine Menge Geplapper verursacht hatte, nicht objektiv war. Ich wies die Komplimente zurück, die ich erhielt, bis ich entschied, dass es vielleicht mein Gehirn war, das einen Fehler machte, und auch wenn ich sicher kein Schönling war, so sah ich doch nicht heruntergekommen aus, und wie sich herausstellte, war auch meine Stimme einigermaßen anziehend. Es war mir nur irgendwie gelungen, mich jahrelang von etwas anderem zu überzeugen. Ein paar Dates nach dem Ende meiner Ehe genügten, und es wurde offensichtlich, dass die Frauen, die ich in mein Leben ließ, nicht mit meinen falschen Überzeugungen einig waren. Sie stellten durch ihr Handeln und ihre Worte klar, dass sie mich wesentlich attraktiver fanden, als ich zu glauben wagte. Ich änderte meine Meinung, und auch wenn nichts anderes an mir sich veränderte, hörte doch mit dieser neuen Überzeugung das Geplapper auf.

Selbst wenn es wahr und objektiv ist, was unser Verstand uns sagt, kann das Geplapper uns wehtun, wenn wir in einer unnötig groben Sprache mit uns sprechen. Es ist von Nutzen, sich zu sagen, dass Sie Ihr Vorhaben einhalten sollen, drei- bis viermal wöchentlich ins Fitnessstudio zu gehen. Es ist ganz etwas anderes, als sich zu sagen, dass man furchtbar aussieht oder unzuverlässig und verantwortungslos ist. Sich selbst herunterzumachen, hat keinerlei Vorteil.

Vielleicht merken Sie, dass die Sprache, die wir in unseren Gedanken normalerweise verwenden, oft die Sprechweise und den Tonfall unserer schärfsten Kritiker in unseren jungen Jahren nachahmt. Sei es ein anspruchsvoller Elternteil oder ein ruppiger Lehrer, wir neigen irgendwie dazu, das zu wiederholen, was sie uns gesagt haben. Wir behandeln uns so, wie sie uns behandelt haben, egal, wie sehr uns das verletzt und wie wenig die Kritik uns genützt hat.

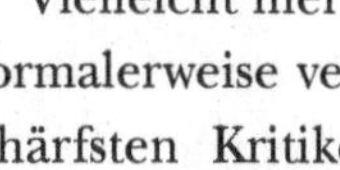

Wenn Sie etwas nicht zu jemandem sagen würden, den Sie lieben und respektieren, dann sagen Sie es sich auch nicht selbst.

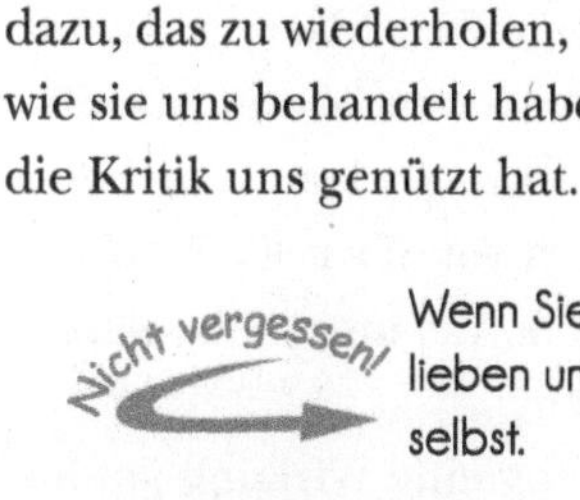

Bitte denken Sie einen Moment über das Geplapper in Ihrem Kopf nach, und beobachten Sie es. Schreiben Sie die Worte auf und versuchen Sie, den Tonfall zu erkennen. Fragen Sie sich, nach wem sich das anhört, und stellen Sie sich dann zwei wegweisende Fragen: Hat die Grobheit irgendeinen Nutzen für Sie? Und würden Sie in diesem Ton und mit diesen Worten mit jemandem reden, den Sie wirklich lieben und schätzen? Überlegen Sie, wie Sie sich dieselbe Botschaft auf nettere, positivere und konstruktivere Weise vermitteln könnten.

Es gibt einen großen Unterschied zwischen Geplapper und Ärgernissen, den wir hier beachten müssen. Ein Ärgernis ist etwas, das tatsächlich passiert, während das Geplapper nur Gedanken in unserem Kopf sind. Wenn Sie mit schmerzendem Rücken im Stau stehen und zu spät zu einem Meeting kommen werden, erleiden Sie den Stress eines Ärgernisses, aber wenn Sie zu Hause auf dem Sofa sitzen und sich vor dem morgigen Weg zur Arbeit fürchten, ist das Einzige, woran Sie leiden, das Geplapper, das von Ihrem eigenen Gehirn in Ihrem Kopf erzeugt wird.

Ein noch größerer Unterschied ist, dass die innere Stimme eine viel tiefergehende Wirkung auf uns hat als die externen Ärgernisse, weil sie ständig aktiv ist. Auch wenn Ihr Leben voller externer kleiner Ärgernisse hier und dort ist, so belaufen sich diese doch auf maximal ein paar Dutzend pro Tag. Doch Ihre Fähigkeit, kleine ärgerliche Gedanken zu schaffen, kann bis in die Hunderte gehen.

In einer Studie von Rodney J. Korba an der Universität Wooster wurde die Subvokalisierung während der stummen Lösung verbaler Aufgaben elektromyografisch aufgezeichnet. Die Probanden berichteten über den inneren Dialog zur Lösung eines Problems (als *elliptische Wortzählung* bekannt), und die Forscher erweiterten diese Wortmenge zu einer kompletten Aussage über ihre innere Problemlösungsstrategie (als *erweiterte Wortzählung* bekannt), wobei sie herausfanden, dass sie einer Sprechgeschwindigkeit von über 4000 Wörtern pro Minute entsprach.[11] Verblüffend, nicht wahr? So viel inneres Geplapper können wir also in unserem eigenen Kopf erzeugen.

Wie jedes Gespräch hat auch der innere Dialog eine Wirkung auf Sie. Wie könnte er auch nicht? Dieser fortgesetzte innere Dialog kann aufmuntern oder zermürben. Meiner tut das ganz gewiss – Alice hier. Dieser Dialog senkt Ihren Stresslevel, wenn er positiv ist, oder hebt ihn an, wenn er negativ ist. Er stärkt Ihr Selbstvertrauen, wenn er unterstützend ist, oder schwächt es, wenn er überkritisch ist.

Was davon ist wahrscheinlicher? Das Negative natürlich. Sie sind nicht der Einzige mit negativen Gedanken. Unser Verstand ist darauf ausgelegt, nach dem Schlechten zu suchen. Psychologen bezeichnen das als den *Negativitätseffekt*. Unseren höhlenbewohnenden Vorfahren hat er seinerzeit gute Dienste geleistet. Es trug zu ihrer Sicherheit bei, wenn sie stets nach Gefahren in ihrer Umgebung Ausschau hielten. So hatten sie die Chance, sie zu entdecken, ehe es zu spät war, umgehend zu handeln und hoffentlich zu überleben.

In der Frühzeit befanden sich ihre Gehirne mitten in einer sehr feindseligen Natur. Alles war darauf aus, sie zu fressen, und daher hatten sie wirklich keinerlei Interesse daran, die Schönheit der Natur zu bewundern, bevor sie sich sicher fühlen konnten. Die kleinste Bewegung eines Zweigs an einem Baum, und schon brüllten diese frühzeitlichen Gehirne augenblicklich: *Gefahr!* Ihr Gehirn – und es tut mir leid, dass ich die Überbringerin schlechter Nachrichten sein muss – hat sich nicht sonderlich weit über diese primitive Angewohnheit hinausentwickelt. Wenn Ihr Chef mies drauf ist: Gefahr. Wenn Ihr Partner zu spät kommt: Gefahr. Und wenn Ihnen in den Nachrichten mal wieder eine angsteinflößende Geschichte gezeigt wird: Gefahr. Wie gefährlich sind solche Erlebnisse wirklich für Sie? Überhaupt gar nicht. Gehirne scheinen keinerlei Verpflichtung zu empfinden, eine Erklärung zu liefern. Aber ihre Negativität verbreiten sie trotzdem.

Der Negativitätseffekt stärkt lediglich unsere Fähigkeit, das Schlechte aufzublasen und daran festzuhalten, selbst wenn es im großen Ganzen unseres Tagesablaufs nur einen winzigen Anteil ausgemacht hat. Der Neurowissenschaftler Rick Hanson sagt in diesem Zusammenhang, unsere Gehirne seien Klettbänder für negative Erfahrungen und Teflon für positive.[12] Nur zu leicht rutschen wir in eine Spirale negativer Gedanken oder unfreundlicher innerer Dialoge, und zwar aufgrund der Tatsache, dass unsere Gehirne auf das Negative ausgerichtet sind – es sei denn, wir übernehmen selbst die Verantwortung dafür, etwas zu ändern und dagegen zu unternehmen, sagt er.

Die Neurowissenschaft zeigt aber auch, dass unsere Gehirne die Fähigkeit haben, sich zu ändern, zu wachsen und neue Verknüpfungen zu entwickeln – ein als *Neuroplastizität* bekanntes Phänomen. Neue Überzeugungen, neue Gewohnheiten lassen sich mit Übung erreichen.

Es gibt gute Neuigkeiten.

Nicht vergessen! Was wir in der äußeren, von Stress geprägten Welt nicht beeinflussen können, das können wir doch in unserer inneren Welt steuern.

Wo es wehtut

Die meisten Menschen könnten nicht überleben, wenn sie alle vier Quadranten gleichzeitig erlebten. Das wäre mehr, als sich ertragen lässt. Selbst mit einem Trauma oder einer Obsession zurechtzukommen, ist für gewöhnlich zu viel. Doch die meisten erleben an einem beliebigen Tag den einen oder einen anderen Quadranten. Niemand ist immun gegen die Wirkung jener Stressauslöser. An einem Tag, der keine Ärgernisse für Sie bereithält, sehen Sie in den Spiegel und nerven sich selbst mit Geplapper. An anderen Tagen, wenn kein Trauma Sie zerbricht, vernachlässigen Sie Ihre Wachsamkeit und lassen weitere Ärgernisse unkontrolliert auf sich eindringen.

In jedem der Quadranten erleben wir seine Auswirkungen unterschiedlich. Das Trauma lässt uns fast augenblicklich zerbrechen. Es lässt uns in einen Schockzustand fallen, zerstört unser Vertrauen zum Leben und zu anderen, saugt uns die Energie aus und nimmt uns die Freude am Leben. Wenn es nicht behandelt wird, hält es in Form von posttraumatischer Belastung an oder verformt und verbirgt sich, sodass es Wochen, Monate oder Jahre fortdauert und dabei häufig unsere Obsessionen auslöst.

Obsessionen dagegen lassen uns nicht so schnell zerbrechen wie ein Trauma. Sie zermürben uns von innen heraus, führen zu Verzweiflung und Hoffnungslosigkeit und lassen uns dort zurück. Wenn das Trauma ein riesiger Betonklotz ist, der unerwartet auf Sie fällt, so fühlen sich Obsessionen eher so an, als müssten Sie den Klotz überallhin mitschleppen, in jeder einzelnen Minute des Tages. Solange wir die Obsessionen fortdauern lassen, verspüren wir Angst, und lassen wir sie lange genug fortdauern, enden wir in einer Depression.

Wir lernen, mit den Ärgernissen zurechtzukommen, und akzeptieren sie als Teil des täglichen Lebens; sie nerven uns, nehmen dem Leben etwas von seiner Freude und erschöpfen uns am Ende jeden Tages.

Das in uns selbst erzeugte Geplapper dagegen häuft sich auf subtilere Art. Wir glauben, es wäre gut für uns, wenn wir uns etwas Negatives sagen, und wir schenken diesen Gedanken sogar Beachtung. Mit jeder Bemerkung fühlen wir uns wertloser und ungewisser, wir sorgen uns um unsere Zukunft und bereuen die Vergangenheit. Ohne dass ein echter äußerer Stress uns betrifft, werden wir schließlich besser darin als das Leben selbst, uns Stress zu machen, und das mit unseren eigenen Gedanken und Emotionen.

Diese beiden – Ärgernisse und Geplapper – summieren sich im Laufe der Zeit, und irgendwann stellen wir fest, dass wir ausgebrannt sind. Ohne zu wissen, was mit uns passiert ist, können wir schließlich nicht mal mehr aus dem Bett aufstehen oder in irgendeiner Weise das Leben bewältigen.

Symptome der Stressquadranten

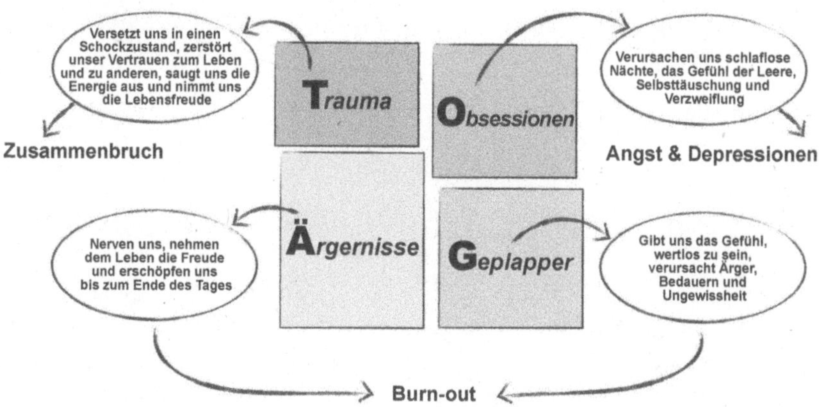

Dies muss nicht unsere Realität sein. Vielleicht mit Ausnahme des Traumas, das von Ereignissen ausgelöst wird, die unerwartet auftreten, liegen alle anderen Quadranten vollkommen in unserem Einflussbereich. Mit dem richtigen Schwerpunkt, mit Aufmerksamkeit und Kompetenz können wir die Negativität und den Stress, den sie in unser Leben bringen, verringern oder sogar eliminieren. Sogar die Wirkung des Traumas kann verringert und geheilt werden, auch wenn die auslösenden Ereignisse jenseits unserer Kontrolle liegen.

Setzen wir diesen Gedankengang einmal fort und finden wir heraus, wie das Modell des Limitierens, Lernens und Lauschens dabei helfen kann, die Stressbelastung bewältigbar und leichter zu machen.

Kapitel 3

Die Last tragen

Teil 1: Die Grundlagen

- Stress spielt eine Rolle
- Die Stressmaschine
- All die verschiedenen Stressfaktoren
- Das 3L-Modell im Einsatz

Teil 2: Ein Sprachkurs

- Kognitiver Stress
- Emotionaler Stress
- Körperlicher Stress
- Spiritueller Stress

Teil 3: So fügt sich alles zusammen

- Gewohnheiten der Unstressbaren

Wie schon gesagt, würde der Stress uns völlig vernichten, wenn er aus allen vier Quadranten auf uns einwirkte. Zu unserem Glück haben wir nur selten mit Stress aus allen vier Quadranten gleichzeitig zu kämpfen, obwohl viele von uns dazu neigen, nachlässig zu werden und sich von Ärgernissen und Geplapper zermürben zu lassen, wenn die Makrostressfaktoren uns erspart bleiben.

Da jeder Quadrant auf andere Weise ausgelöst wird und jeder uns anders beeinflusst, müssen wir auch mit jedem anders umgehen. Es gibt keinen universell passenden Umgang mit Stress. Schauen wir uns gemeinsam noch mal jeden der Quadranten an, nur dass wir diesmal das Augenmerk auf Lösungen legen und darauf, was Sie auf übergeordneter Ebene tun müssen, um die Belastung zu mindern und die Gewohnheiten zu schaffen, die Sie brauchen, um künftig ein stressfreies Leben führen zu können.

Das Trauma überleben

Nur um jedes Missverständnis zu vermeiden, wollen wir eins im Vorfeld klarstellen: Traumabewältigung bedarf in den meisten Fällen der professionellen Unterstützung. Auf den kommenden Seiten werden wir nur darüber sprechen, wie Erfolg nach einem Trauma aussieht; doch wer traumatisiert ist, der ist oft zu fragil und zu desorientiert, um einen solchen Erfolg allein zu erzielen. Wenn Sie von einem Trauma betroffen sind, suchen Sie sich professionelle Hilfe.

Traumata sind ein erdrückendes Problem, größer als die Belastungsfähigkeit eines Individuums. Aufgrund der Übermächtigkeit des Traumas kann der Ansatzpunkt zur Heilung nicht gefunden werden, indem man die Situation bekämpft oder korrigiert. Man findet ihn durch …

Ausdrückliche Akzeptanz

Werde ich nach nur einer Strategie für ein glücklicheres Leben gefragt, so lautet meine Antwort immer: *ausdrückliche Akzeptanz.*

Wenn das Leben Ihnen ein Leid auferlegt, das Sie nicht lindern können – und das tut es ab und zu –, akzeptieren Sie die neue Realität Ihres Lebens und nehmen Sie sich vor, zu tun, was Sie können, um Ihr eigenes Leben und das Ihrer Mitmenschen ungeachtet dieses Leids besser zu machen.

Vom Verkehrsstau, aus dem es keinen Ausweg gibt, bis hin zum Verlust eines geliebten Menschen wird das Leben Sie immer wieder mit Erfahrungen auf die Probe stellen, an denen niemand etwas ändern kann. Falls Sie nicht gerade über die Macht verfügen, ein paar Tausend Autos auf magische Weise verschwinden zu lassen, müssen Sie wohl zentimeterweise vorankriechen, bis der Stau sich auflöst. Ihr nerviger Chef bleibt nervig, in Beziehungen gibt es unweigerlich auch Streit, Krankheiten zwingen Sie zu mehr Langsamkeit und Ruhe, und der Tod lässt sich nicht rückgängig machen. Das sind, neben vielen anderen, einfach die Tatsachen des Lebens. Sie können sie ablehnen, darüber klagen oder gestresst davon sein, bis Sie schwarz werden – sie bleiben doch bestehen. Ihr Widerstand ändert überhaupt nichts, er lässt sie einfach nur leiden.

In der Art und Weise, wie das Leben Sie dazu bringt, sich weiterzuentwickeln und zu wachsen, ist tatsächlich ein wenig Leiden enthalten. Wissen Sie, wir hätten nichts tun können, um meinen wunderbaren Sohn Ali zurückzuholen. Die Endgültigkeit des Todes ist das unausgesprochene Geheimnis hinter seiner Grausamkeit. Uns Menschen, besonders Ingenieuren wie mir, wird beigebracht, Dinge zu reparieren, das Leben so zu verändern, dass es unseren Wünschen entspricht. Oder dies wenigstens zu versuchen. Aber wie zur Erinnerung an unsere Arroganz gibt uns das Leben immer wieder unkontrollierbare Ereignisse mit auf den Weg, und wie bei allen anderen traumatischen Stressfaktoren, mit denen wir konfrontiert werden, lassen sich der Tod oder irgendwelche anderen Endgültigkeiten des Lebens nicht beheben.

Nicht vergessen!

Wenn das Leben Ihnen Steine in den Weg legt, ist Akzeptanz, die wirklich nicht als Handeln bezeichnet werden kann, das Einzige, was Sie auf dem Weg zur Wiederherstellung tun können.

Das erspart Ihnen den Schmerz des Fragens nach dem Warum, erspart Ihnen die für den Widerstand vergeudete Energie und gibt Ihnen jeden Keim des Seelenfriedens, der Sie darauf vorbereitet, objektiv mit der Situation umzugehen.

Es spielt nun mal keine Rolle, wie viel Widerstand Sie leisten. Jeder lernt letztlich, Dinge zu akzeptieren. Nibal und ich hätten die neue Realität unseres Lebens jahrelang ablehnen können, und am Ende, an meinem eigenen Sterbebett, wäre Ali immer noch nicht wieder da gewesen. Also wozu?

Wenn das Leben jenseits Ihrer Kontrolle schwer ist, akzeptieren Sie es. Je früher, umso besser. Dann können Sie Ihr Leben nach dem Ereignis, das es auf den Kopf gestellt hat, wieder neu aufzubauen beginnen.

Akzeptieren Sie es, aber bleiben Sie nicht dort stehen. Es hat auch keinen Sinn, zu resignieren und aufzugeben, sich am Tiefpunkt Ihres Lebens niederzulegen und einfach klein beizugeben. Akzeptanz bereitet Sie vor auf die eigentliche Arbeit, die Sie leisten müssen – sich einzulassen.

Sie müssen verstehen: Sie können zwar nichts tun, um auszulöschen oder zu beheben, was Ihnen gerade zustößt, aber Sie können eine Menge tun, um von diesem Tiefpunkt wegzukommen, an den es Sie gebracht hat. Auch wenn Sie einen geliebten Menschen nicht zurückholen können, so können Sie doch sein Andenken ehren und Freude statt Trauer daraus schöpfen. Sie können einen trauernden Angehörigen nicht heilen, aber Sie können ihn umarmen und für ihn da sein. Sie können ein Unternehmen nicht retten, das Fehler begangen hat und schließen musste, aber Sie können daraus lernen und neu anfangen. Und auch wenn Sie ein gebrochenes Herz nach einer schlimmen Trennung nicht reparieren können, so können Sie doch nach vorn schauen, das Leben feiern und eine neue Beziehung finden.

Nur wenn Sie sich fest entschließen, Ihr Leben besser zu machen trotz – oder sogar wegen – Ihres Verlusts, finden Sie einen Weg zu einem glücklicheren Leben in einer Welt, die unweigerlich immer mal wieder Kummer mit sich bringt.

Es ist ganz einfach. Haben Sie den Tiefpunkt erreicht und dies akzeptiert, so lassen Sie sich auf ein kleines Vorhaben ein, das Ihr Leben heute besser macht, als es gestern war, und ein weiteres Vorhaben, das Ihr Leben morgen besser macht, als es heute war.

Als Ali von uns ging, nahm ich mir vor, der Welt mitzuteilen, was er mich gelehrt hatte. Ich schrieb *Die Formel für Glück*, gründete OneBillionHappy.org und kündigte meine Stelle bei Google, um mein Leben stärker meiner neuen Mission zu widmen – dem Verbreiten von Glück. Dann schrieb ich weitere Bücher und schloss mich mit brillanten Köpfen – wie zum Beispiel Alice – zusammen, um tiefer einzusteigen und die Reichweite zu erhöhen. Ich schuf meine Onlinepräsenz, rief einen weltweiten Podcast ins Leben, der die Charts anführte, und gründete die Unstressable.com-Community. Ich zeichnete Tausende Stunden Inhalt auf und wurde ausführlich von führenden Fernseh- und Podcast-Moderatoren interviewt. Heute sind infolgedessen Millionen Menschen glücklicher oder haben sich zumindest fest vorgenommen, die Arbeit zu tun, die zum Glück führt. Tausende schreiben mich regelmäßig auf Social-Media-Plattformen an und sagen: »Danke, Ali. Wir lieben Ali«, und wenn sie das tun, dann weiß ich, dass mein Leben trotz all des Leids, das ich erlebt habe, immer auf diesen Punkt ausgerichtet war – einen Punkt, an dem ich, ob Sie es glauben oder nicht, so glücklich bin wie noch nie, obwohl Ali nicht mehr bei mir ist.

Wohlgemerkt, ich kann nichts tun, um Ali zurückzuholen, und in meinem Herzen vermisse ich ihn nach wie vor schmerzlich. Doch meine ausdrückliche Akzeptanz seit seinem Tod macht mein Leben und das derjenigen, die meine Wege kreuzen, gewiss viel besser als an dem Tag, als er sich von dieser Welt verabschiedete.

Nicht vergessen! Ausdrückliche Akzeptanz verwandelt die Steine, die das Leben Ihnen in den Weg legt, in pures Gold.

Und dann wird alles sogar noch besser.

Posttraumatisches Wachstum

Die andere positive Seite des Traumas spiegelt sich in der Redewendung »Was einen nicht umbringt, macht einen stärker«. Wenn es um externe Makrostressfaktoren geht, ist das absolut richtig.

Posttraumatisches Wachstum (PTW) ist eine von den Psychologen Richard Tedeschi und Lawrence Calhoun Mitte der 1990er-Jahre entwickelte Theorie, die eine solche Wandlung nach dem Trauma erklärt. Die Arbeit von Tedeschi und Calhoun beschreibt, wie Menschen im Verlaufe des psychologischen Kampfes gegen Widrigkeiten oft positives Wachstum erleben, das zu ihrer Heilung beiträgt.

»Die Menschen entwickeln ein neues Verständnis ihrer selbst, der Welt, in der sie leben, der Beziehung zu anderen Menschen, ihrer möglichen Zukunft, und sie verstehen das Leben besser«, sagt Tedeschi.[13]

Nachdem das Schlimmste überstanden ist und der Staub des Kummers sich gelegt hat, stellen Menschen, die ein oder mehrere traumatische Ereignisse durchgemacht haben, fest, dass sie daran gewachsen sind. Mehrere Aspekte dessen, wie sie das Leben wahrnehmen und damit umgehen, werden verbessert – ihre Wertschätzung und ihr Optimismus für neue Möglichkeiten, ihre persönliche Stärke und Resilienz bei der Konfrontation mit künftigen großen oder kleinen Belastungen, und oft werden sie spiritueller, weil sie das Gesamtbild dessen erkennen, wie das Leben eigentlich vonstattengeht. Kleinere Stressfaktoren stellen sich ihnen als das dar, was sie tatsächlich sind – unbedeutend –, und sie entwickeln eine tiefe

Empathie gegenüber anderen, die weit über das hinausgeht, was vor dem Trauma war.

In einem Artikel in der *Harvard Business Review* hebt Tedeschi[14] hervor, dass jeder bestimmte Dinge tun kann, um ein solches Wachstum zu maximieren. Obwohl posttraumatisches Wachstum oft ganz von selbst eintritt, kann es auf fünf Arten verstärkt werden: durch Bildung, emotionale Steuerung, Aufdeckung, narrative Entwicklung und den Dienst am Nächsten. Solche Interventionen lassen sich häufig besser mithilfe eines professionellen Traumatherapeuten vornehmen, aber Sie können ihnen ganz allgemein durch die posttraumatischen Zeiten helfen, und Ihre Achtsamkeit ihnen gegenüber bringt Sie bereits auf den Weg des PTW.

Bildung, wie etwa sich die Zeit nehmen, um sich über Trauma und posttraumatisches Wachstum zu informieren, lässt uns den Wert erkennen, den Traumata und die Erschütterung fest verankerter Glaubenssysteme mit sich bringen. Die Erkenntnis, dass die Welt nicht immer das ist, was wir uns erhoffen, macht uns agiler. Das macht es leichter zu akzeptieren, wenn das Leben die eigenen Glaubenssätze mal wieder durchkreuzt. Bildung führt schneller zur ausdrücklichen Akzeptanz, und das ist vielleicht der wichtigste Teil unseres Wachstums.

Ein ernsthaftes Trauma zu durchleben, gibt uns auch die nötige Übung im Hinblick auf **emotionale Steuerung**. Wir lernen, den richtigen Bezugsrahmen zu wahren, beginnend mit dem Umgang mit negativen Emotionen wie Angst, Schuld und Wut. Den Ursprung dieser Gefühle im unterbewussten Glaubenssystem des Verstands zu erkennen, ist der erste Schritt zur Überwindung des Traumas. Diese Fähigkeit zu üben, während man ein Trauma durchleidet, ist von großer Wichtigkeit für unser zukünftiges Wachstum.

Die **Aufdeckung** hilft dann, den Prozess zu beschleunigen. Mit anderen offen und objektiv über das Trauma zu sprechen, lässt Sie Ihre Perspektive erweitern, um die Wahrheit daran zu erkennen und verschiedene Wege der Überwindung zu finden. Solche Erkenntnisse bleiben Ihnen auch nach dem Trauma erhalten und erleichtern weiterhin Ihre Weiterentwicklung.

Der nächste Schritt besteht darin, ein **authentisches Narrativ** über das Trauma und unser Leben danach zu schaffen. Dadurch können wir die bereits geschriebenen Kapitel akzeptieren und uns einen sinnvollen Weg nach vorn vorstellen. Dieser Prozess verbessert unsere Fähigkeit, das Leben wertzuschätzen im Vergleich damit, wie schlimm es in den schlechten Zeiten war. Das macht uns offen für die in jeder Herausforderung verborgenen Chancen. Es handelt sich um übertragbare Fähigkeiten, die genutzt werden können, um auch künftige Probleme mit Gelassenheit und Optimismus anzugehen. Das führt zu solidem Wachstum.

Und schließlich gibt es noch den **Dienst am Nächsten**. Man übersteht die Zeit nach einem traumatischen Ereignis besser, wenn man eine Tätigkeit findet, die anderen von Nutzen ist. Wenn man anderen helfen kann, mit ähnlichen Erlebnissen umzugehen wie den selbst durchlittenen, festigt das die Erkenntnisse und führt zu einem tieferen Verständnis des Problems, was das Wachstum zusätzlich fördert.

Nicht vergessen! Ein Trauma fühlt sich an wie das Ende der Welt, wenn man mittendrin steckt, doch rückblickend betrachtet fühlt es sich an wie der Beginn einer neuen Welt des Wachstums.

Wenn Sie gerade jetzt zu kämpfen haben, wenn es sich anfühlt, als würden Sie gegen einen übermächtigen Gegner verlieren, denken Sie daran, dass Sie tatsächlich viel näher an Ihrer eigenen Wiederherstellung und Weiterentwicklung sind, als Sie ahnen. Bleiben Sie zuversichtlich. Ihre persönliche Entwicklung wartet gleich um die Ecke auf Sie auf eine Weise, von der Sie gar nicht wussten, dass Sie dazu fähig sind.

Der gesamte Ablauf des Traumas

Der gesamte Ablauf eines Traumas endet nicht mit dem schlimmen äußeren Ereignis, das uns trifft. Damit fängt er erst an. Der Unterschied zwischen jenen, die unter dem Druck zerbrechen, und jenen, die gestärkt daraus hervorgehen, ist ganz einfach. Die Letzteren durchleben den gesamten Kreislauf der Wiederherstellung nach dem Trauma bis zum Wachstum, während andere die Schläge einstecken, eine Reihe obsessiver Gedanken in Gang setzen und der Welt die Schuld an ihrer Schlechtigkeit geben.

Fügen wir also den gesamten Ablauf zusammen, damit Sie einen Bezugsrahmen haben und nicht aufhören, ehe Sie zu einem Mitglied der Gruppe der Wachsenden geworden sind.

Sie müssen verstehen, dass das Trauma nur ein Teil des Lebens ist; wir alle werden im Großen oder im Kleinen damit konfrontiert, und die meisten von uns erholen sich wieder davon. Es ist nicht das Ende Ihres Lebens, eher ein neuer Anfang, also akzeptieren Sie es. Aber verharren Sie nicht einfach dort an diesem Tiefpunkt, sondern geben Sie sich selbst ein Versprechen. Tun Sie, was immer möglich ist, um Ihr Leben trotz des Problems zu verbessern, selbst wenn es nichts gibt, um es zu beheben.

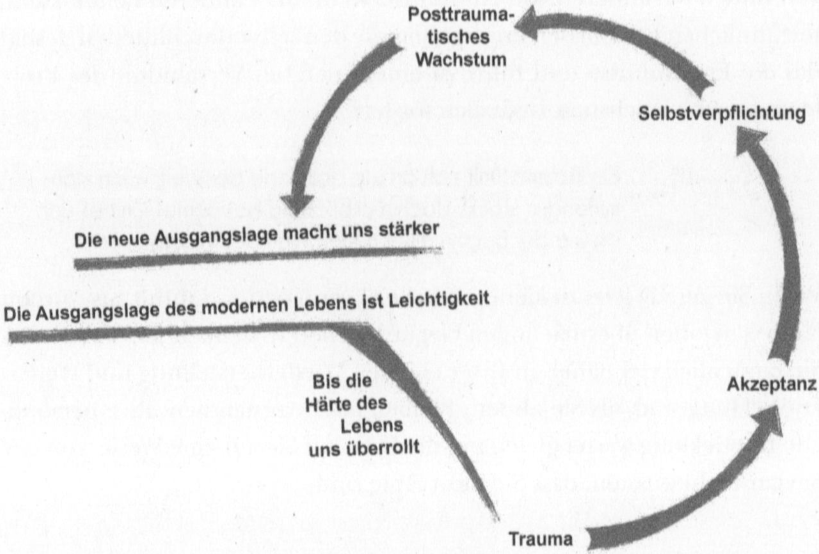

Tun Sie einfach, was nötig ist, um das Leben heute ein bisschen besser zu machen als gestern und morgen ein bisschen besser als heute. Und lassen Sie das Trauma Ihnen zu Wachstum verhelfen. Investieren Sie in Ihre Bildung zu diesem Thema, suchen Sie sich einen Fachmann, der Ihnen helfen kann, unterbewusste einschränkende Überzeugungen aufzudecken, die Ihr Verstand als Reaktion auf Ihr Trauma geschaffen hat, und programmieren Sie sie um. Unser Verstand will immer nur, dass wir »sicher« sind, also erschafft er unterbewusste einschränkende Überzeugungen als Reaktion auf unsere Traumata, was er für hilfreich hält; doch tatsächlich können sie uns in unseren ungesunden Mustern festhalten und uns von der

Weiterentwicklung abhalten. Entdecken Sie die Ihren und ersetzen Sie sie durch Überzeugungen, die Ihnen von Nutzen sind. Lernen Sie, Ihre negativen Emotionen zu beobachten und zu akzeptieren, aber auch zu steuern, indem Sie sie durch einen positiven Optimismus im Hinblick auf das Mögliche ersetzen. Erzählen Sie von den Problemen, mit denen Sie zu tun haben, entwickeln Sie ein authentisches, umfassendes Narrativ, das über die negative Vergangenheit hinausreicht in die mögliche positive Zukunft, und erweisen Sie anderen hilfreiche Dienste, die dasselbe durchmachen, was auch Sie erlebt haben.

Das ist ein vorhersagbarer Ablauf, den Millionen Menschen gelebt haben. Auch Sie können ihn zur Gänze ausschöpfen.

Eine der effektivsten Arten, durch schwierige Zeiten zu kommen, ist oft die Bereitschaft, um Hilfe zu bitten, zu wissen, dass wir alle nur Menschen sind und dass jene, die über die Erfahrungen und das Wissen verfügen, uns vor zahlreichen unnötigen Fehlern und Kummer bewahren können. Die Werkzeuge in diesem Buch unterstützen Sie dabei und helfen Ihnen, damit Tag für Tag voranzukommen. Doch wann immer Sie den Eindruck haben, den Boden unter den Füßen zu verlieren, scheuen Sie nicht davor zurück, sich von einer Therapeutin, einem Coach oder anderen Profis helfen zu lassen, wenn es das ist, was Sie benötigen.

Das Trauma ist zwar die ultimative Form von Stress im Hinblick auf die Intensität, aber auch die seltenste Form von Stress im Hinblick auf die Häufigkeit. Der eigentliche Grund für diese weltweite Stressepidemie sind nicht die großen, äußeren und unkontrollierbaren Ereignisse, sondern die schleichenden täglichen Stressfaktoren der äußeren Welt in Kombination mit dem inneren Stress, den wir in unserem eigenen Kopf erzeugen.

Oft sind die kleinen Stressauslöser so geringfügig, dass sie jeder für sich gar nicht unsere Aufmerksamkeit benötigen. Sie sind so geschickt in unser Leben eingeflochten, dass wir sie oft nicht einmal bemerken.

Wir müssen sie zur Kenntnis nehmen, und wir müssen unbedingt lernen, etwas zu ihrer Beseitigung zu tun. Unstressbar zu sein, hat zu einem Großteil damit zu tun, dass wir …

Mit den Kleinigkeiten zurechtkommen

Erinnern Sie sich an dieses wacklige Kartenhaus? Wir möchten Sie dazu anhalten, diese Karten (die Ärgernisse und das Geplapper) in die Hand zu nehmen, um sie gründlich zu untersuchen, damit Sie sie erkennen, ihren Anteil und ihr Verhalten verstehen und lernen, wie Sie sie aus Ihrem Leben tilgen können.

Ein Morgen voller Mikros

Hier ist wieder Alice. Ich weiß nicht, wie es Ihnen geht, aber wenn ich nicht interveniere, ist mein Tag schon voller Ärgernisse, ehe ich auch nur geduscht habe. Ist das bei Ihnen auch so? Nehmen wir mal den typischen Morgen eines modernen Menschen und sehen wir, ob uns das bekannt vorkommt.

Harry, ein fiktiver, engagierter moderner Mensch, wacht auf und fummelt schlaftrunken an seinem Smartphone herum, um den Wecker abzustellen. Der Weckton, dessen aggressive Werkseinstellung er zu ändern sich nie die Mühe gemacht hat, schreckt ihn auf wie ein Feueralarm und reißt ihn aus dem Schlaf. Hier schlägt der Stress zum ersten Mal an diesem Tag zu.

Verschlafen betätigt er zwei-, dreimal die Snooze-Funktion im verzweifelten Bemühen, genügend Ruhe zu finden, dass er es aus dem Bett herausschafft. Endlich schaltet er den Wecker ab und steht auf, um den bereits ermüdenden Tag zu beginnen. Das zählt als zweite Stressattacke.

Sobald er die Augen geöffnet hat, setzt er sich im Bett auf, um im Smartphone nach Dringlichem Ausschau zu halten, statt in sich hineinzuhören, um herauszufinden, wie es ihm geht. Das ist der dritte Stoß.

Er liest die verstörenden Schlagzeilen der Frühnachrichten und ist voller Sorge über das, was da in der Welt passiert – der vierte Schlag. Dann überprüft er seine E-Mails und stellt fest, dass er eine aufgebrachte mitternächtliche Nachricht von seinem Chef bekommen hat, der seinen eigenen Stress abbaut, indem er sich beschwert, dass Harry am Tag zuvor etwas falsch gemacht hat. Daraufhin lässt er den Gedanken zu, dass sein Chef ihn heute bestimmt anschreien oder vor den Augen seiner Kolleginnen und

Kollegen rausschmeißen wird. Er liest noch eine Mail von einem Kollegen, der vergessen hat, etwas zu erledigen, um das Harry ihn vor Wochen gebeten hatte, und seine eigene Arbeit damit jetzt ins Hintertreffen geraten lässt (Schlag Nummer sechs). Das verstärkt bloß Harrys Sorge um seine Arbeit und die Schuldzuweisung seines Chefs gegenüber ihm als Teamleiter. Wir haben bisher sieben Schläge zusammen.

Frustriert wirft Harry nun einen Blick in die zahlreichen WhatsApp- und Social-Media-Benachrichtigungen, die seine Aufmerksamkeit fordern, und liest die Vorschauen von Nachrichten, in denen Freunde mit ihm etwas für die kommende Woche planen wollen, und die vielen Fragen, auf die er noch nicht reagiert hat.

Obwohl er sich noch gar nicht wach genug fühlt, um in seinen Kalender zu schauen und sie zu beantworten, nimmt er sich natürlich die Zeit, fünf Minuten lang gedankenlos durch die sozialen Netzwerke zu scrollen.

Während er sich die perfekt kuratierten täglichen Highlight-Reels von Freunden und Berühmtheiten ansieht, stolpert er über etwas, das ihn veranlasst, sich selbst zu vergleichen, was ihm das Gefühl gibt, ein Loser zu sein, und ihm sinkt das Herz, als er einen Post von irgendeinem sonnigen Urlaubsort sieht, wo er jetzt lieber wäre, während ein Blick zum Fenster ihm zeigt, dass es draußen grau und regnerisch ist.

Er erinnert sich daran, dass ein arbeitsamer Tag vor ihm liegt, schneidet sich beim Rasieren, wirft einen Blick in den Spiegel und sagt sich, dass er müde und alt aussieht. Anschließend stellt er fest, dass ihm der Kaffee ausgegangen ist, den er heute Morgen wirklich dringend brauchen würde. Falls Sie nicht mitgezählt haben, wir sind jetzt bei 15 Stressattacken. Inzwischen hat Harry bereits eine volle Packung kleiner Stressauslöser zusammengebracht, ehe er überhaupt das Haus verlassen hat.

Können Sie sich vorstellen, wo er bis zum Mittag angelangt sein wird?

Können Sie sich vorstellen, wo *Sie* im Allgemeinen bis zum Abend angelangt sind?

Diese kleinen Schläge in Harrys Morgenverlauf sind alle Beispiele dafür, wie Ärgernisse und Geplapper sich mühelos in unser tägliches Leben schleichen, direkt vor unserer Nase. Jedes Einzelne davon hat nur sehr wenig Macht, uns zu stressen. Sich beim Rasieren zu schneiden, wird Harry für sich genommen ziemlich sicher nicht zum Nervenzusammenbruch treiben. Doch wenn die Stressauslöser sich täglich kontinuierlich anhäufen, entwickeln sie sich schließlich zu einer beträchtlichen Last, während er seiner Stresstoleranzgrenze immer näher rückt. Und dann stürzt sein Kartenhaus ein.

Doch Harrys Morgen bringt ihn nicht dazu, innezuhalten und über die Belastung nachzudenken, die er tragen muss. Er eilt hinaus, um noch mehr davon zu begegnen. Er schüttelt sie ab und gibt vor, dass es ihm »gut geht«.

Er lässt seinen Spaziergang in der Mittagspause aus, um mehr Arbeit geschafft zu bekommen, und gerät mit einer Kollegin in Streit, was ihn nervt, während etwa zur selben Zeit seine Partnerin anruft und ihm sagt, er müsse heute die Kinder von der Schule abholen. Dann steht er unterwegs im Stau, wodurch er zu spät zu einem Meeting kommt, und bleibt abends länger im Büro, um eine wichtige Frist einhalten zu können, die heute abläuft. Als er dann endlich nach Hause kommt, gönnt er sich nicht etwa eine Pause, sondern beschäftigt sich mit seinem Handy, wo er weiterhin mit Nachrichten bombardiert wird, und scrollt noch ein letztes Mal durch die sozialen Netzwerke, das Gesicht vom Widerschein des Bildschirms beleuchtet.

Der Akku ist leer, doch es dauert noch lange, bis Harry seine Gedanken genügend zur Ruhe bringen kann, um in den Schlaf zu finden. Ich sage *Harry*, aber könnte ich auch von Ihnen gesprochen haben?

Bitte legen Sie das Buch beiseite und denken Sie darüber nach. Machen Sie nicht immer weiter wie Harry. Ein paar Minuten Ihrer Zeit könnten zu dem augenöffnenden Moment führen, den Sie brauchen, um die Richtung zu ändern. Machen Sie eine Liste aller Ärgernisse, die es derzeit in Ihrem Leben gibt. Halten Sie sie schriftlich fest, egal, wie klein sie sind.

Nehmen Sie sich so viel Zeit, wie Sie brauchen, um diese einfache Gedankenübung fertigzustellen. Wir warten hier auf Sie, bis Sie so weit sind.

Ohne die Wichtigkeit der sich anhäufenden Stressfaktoren zu kennen, neigen wir dazu, nichts zu tun, um unser System wieder in einen Zustand der Gelassenheit zurückzubringen. Nichts sagt Ihrem Verstand und Ihrem Körper, dass es eigentlich gar keine Gefahr gibt und alles gut ist. Und doch wird jeder kleine Stress von Ihrem biologischen System als Grund für eine Reaktion betrachtet. Einer tut weh, aber viele Tausend Schnitte können tödlich sein.

Nicht vergessen!

Mikrostressfaktoren sind wie eine Armee – allein stellen sie keine echte Bedrohung dar, aber in ihrer Gesamtheit können sie jeden in die Knie zwingen.

Ehe Sie nun in Panik geraten und sich denken: *Ich habe so viele Ärgernisse und Mikrostressfaktoren in meinem Leben, ich bin erledigt!* (ach, hallo, noch ein kleiner Stressauslöser, der sich eingeschlichen hat – Geplapper), ändern Sie Ihre Sichtweise. Genau jetzt ist der Moment, um glücklich zu sein.

Seien Sie froh, dass Sie endlich erkannt haben, was vorgeht, und weil Aufmerksamkeit schon eine halb gewonnene Schlacht ist, können Sie sich auch einfach entspannen. Mikrostressfaktoren sind die Art von Stress, mit der man am leichtesten zurechtkommen kann, wenn man erst mal das Augenmerk auf sie gerichtet hat, daher ihre Namen: Ärgernisse und Geplapper. Das sind sie nämlich, weiter nichts, wenn man rasch und entschieden gegen sie angeht.

Ihre erste Verantwortlichkeit: Limitieren

Hier schreibt Mo. Ich muss Sie jetzt noch mal an die Zusammenbruch-Formel und die erste Ihrer drei Verantwortlichkeiten erinnern – das Limitieren, also das Entfernen aller ungerechtfertigten Stressauslöser, extern oder intern, aus Ihrem Leben. Wenn sie nicht vollständig entfernt werden können, dann verringern Sie wenigstens ihre Intensität, die Häufigkeit ihres Auftretens und die Dauer ihrer Wirkung auf Sie, wenn sie Teil Ihres Lebens sind. Entwickeln Sie die Fähigkeiten, die nötig sind, um sie augenblicklich zu verringern, und die gesunden Gewohnheiten, die Sie brauchen, um sie anschließend aus Ihrem Leben auszuschließen.

Wie geht das? Es ist ein einfacher dreistufiger Prozess. Entfernen Sie jedes Ärgernis, das sich aus Ihrem Alltag entfernen lässt. Betrachten Sie die verbleibenden als das, was sie sind – ärgerliche Kleinigkeiten, die Ihnen gar nicht erst Stress verursachen sollten. Auf diese Weise lösen sie kein inneres Geplapper aus. Und schaffen Sie schließlich gesunde Gewohnheiten, die Ihnen eine stressfreiere Lebensweise ermöglichen.

Sie können nicht eindämmen, was Sie nicht erkennen. Wenn eine offen verlaufende Wasserleitung in Ihrer Küche undicht wird, werden Sie das wahrscheinlich schnell erkennen und sie reparieren. Ist sie dagegen in der Wand verlegt, bilden sich Pfützen. Sie merken erst dann, dass etwas Ihrer Aufmerksamkeit bedarf, wenn bereits ernsthafter Schaden verursacht wurde. Legen wir also diese Leitungen offen, damit Sie sich des Flusses derjenigen Stressfaktoren bewusst sind, die Sie limitieren müssen.

Nehmen Sie sich nun etwas Zeit, vielleicht 30 Minuten, um die Frage zu beantworten: *Welche Stressauslöser lasse ich einfach in mein Leben herein oder schaffe ich unnötigerweise in mir selbst, die zu limitieren ich potenziell die Macht hätte?*

Nehmen Sie Ihre letzte Woche als Beispiel und suchen Sie zunächst nach den externen Stressfaktoren. Haben Sie sich zu viele Meetings aufbürden lassen? Haben Sie zu viel Zeit am Handy und am Computer verbracht? Ist es Ihnen allzu oft passiert, dass Sie morgens, ohne es zu wollen, in den stressigen Frühnachrichten gelandet sind? Fahren Sie immer noch zur morgendlichen Stoßzeit zur Arbeit, wodurch Ihr Arbeitsweg praktisch unerträglich ist? Was lassen Sie sonst noch in Ihr Leben hinein, das Ihnen Stress macht? Es ist Zeit für eine Bestandsaufnahme.

Lenken Sie Ihre Aufmerksamkeit nun auf das Geplapper. Fragen Sie sich, welche negativen oder kritischen Gedanken letzte Woche ungeprüft durch Ihren Kopf gegeistert sind. Haben Sie sich selbst gegenüber eine abfällige Bemerkung zu Ihrer Figur gemacht? Haben Sie sich gesagt, dass Sie nicht gut genug sind? Haben Sie sich mit einem Social-Media-Influencer verglichen und schlecht über sich gedacht? Haben Sie ruppig mit sich selbst geredet?

Limitieren beginnt mit Achtsamkeit. Erstellen Sie eine Liste mit Ihren Erkenntnissen. Hören Sie erst auf, wenn Ihnen wirklich nichts mehr einfällt. Wenn Sie fertig sind, nehmen Sie Ihre Liste, und los geht's mit der Arbeit.

Schritt 1: Entfernen Sie den unnützen Stress

Man kann es einfach nicht nett formulieren, also nennen wir das Kind ruhig beim Namen. Um den unnützen Stress in Ihrem Leben zu verringern, müssen Sie radikal sein:

Nicht vergessen! Weg mit dem Scheiß!

Harrys Tag besteht aus den Entscheidungen, die er trifft. Ob er auf sein Handy guckt, ehe er aufsteht, oder vor dem Einschlafen in den sozialen Netzwerken herumstöbert, Harry kann sich – und Sie können sich – immer anders entscheiden.

Ich nehme natürlich die Nachrichten als Beispiel, denn ich bin ein Aktivist gegen die Verschwendung des Lebens, indem Sie an diesen ständigen Strom von Scheiß glauben – die ganze Negativität, die wir in unser Leben hereinlassen, ohne die Handlungsmacht oder die Fähigkeit zu besitzen, irgendeine Änderung zu bewirken. Denken Sie an das, was ich Ihnen gerade gesagt habe, bevor Ihr Gehirn Ihnen sagt, dass Sie die Nachrichten lesen oder sehen müssen, um auf dem Laufenden zu bleiben und mitreden zu können. Denken Sie darüber nach, was wirklich passiert, und fragen Sie sich, wann das Schauen von Nachrichten Sie zuletzt in die Lage versetzt hat, irgendetwas Positives für sich oder andere zu tun. Die Regierung hat eine Gesetzesänderung angekündigt, die Sie ablehnen, ein Kind wird vermisst, in irgendeinem fremden Land hat ein Krieg begonnen und der Bitcoin ist auf einen neuen Jahrestiefstwert gesunken. Was können Sie gegen irgendetwas davon unternehmen? Haben Sie jemals Ihrem Senator eine Nachricht geschickt, in der Sie Ihren Standpunkt erklären und eine Änderung fordern? Hat er geantwortet? Haben Sie je einen Superheldenanzug angezogen und sich aufgemacht, ein Kind zu retten? Haben Sie eine Methode gefunden, um Leben zu retten und den Krieg zu beenden? Was außer Frustration haben die Nachrichten Ihnen gebracht? Wenn Sie mit Bitcoin handeln, suchen Sie konkret nach relevanten Neuigkeiten, ergreifen Sie Maßnahmen und meiden Sie alle weitere Negativität. Wenn nicht, warum lassen Sie diese Information überhaupt in Ihr bereits emsiges Gehirn herein? Die Stressmaschine des typischen Menschen ist dafür ausgelegt, mit seiner unmittelbaren Umgebung zurechtzukommen, nicht mit der Meinung eines Auslandskorrespondenten über Währungsschwankungen in Lateinamerika und Überschwemmungen auf den Philippinen. Wenn wir unsere Umgebung auf all die negativen Ereignisse ausdehnen, die ausnahmslos überall passieren, bleibt unsere Stressreaktion ausgelöst – unendlich.

Selbst in Fällen, in denen wir glauben, es sei von überragender Wichtigkeit, gut informiert zu sein, täuschen wir uns meistens. Beim zweiten Corona-Lockdown wohnte ich vier Monate lang in Montreal. Alle klebten an ihren Bildschirmen und versuchten, sämtliche Aktualisierungen, Analysen und Vorhersagen mitzubekommen, da sie den Weltuntergang erwarteten. Der Nachrichtensender, der in dem kleinen Lebensmittelladen in der Nähe meines Airbnb lief, brachte alle möglichen Diskussionen. *Warum ist das passiert? Wer ist dafür verantwortlich? Wer hat Mist gebaut? Warum macht die Regierung das? Was wird aus unserer Freiheit? Müssen wir alle sterben? Und wie wirkt sich das auf das Französische in Quebec aus?* So viel Geplapper, so viel Stress. Ich entschied mich, mir nichts davon anzuhören. Genau genommen hörte ich die Nachrichten nur während der ersten vier Tage der Pandemie, und ich bin immer noch hier, ganz ohne Stress.

Eines Abends schickte mir eine Freundin eine Nachricht. »Kannst du dir das vorstellen? Morgen wird Code Red ausgerufen.«

Ich fragte, was Code Red sei.

»Restaurants und Läden werden geschlossen, und wir müssen überall Masken tragen«, antwortete sie.

»Okay«, sagte ich. »Mehr muss ich nicht wissen.« Maßnahmen ergriffen. Monate meines Lebens gerettet, um gelebt und genossen zu werden. Kein unnötiger Stress.

Sie können es genauso machen. Die Nachrichtensender sind nicht daran interessiert, Sie zu informieren. Sie wollen, dass Sie am Bildschirm kleben. Weg mit dem Scheiß, den sie Ihnen vorsetzen! Suchen Sie nach den Informationen, die Sie brauchen, den Dingen, gegen die Sie etwas tun können. Lesen Sie die Schlagzeilen, meiden Sie das Drama und das Geplapper. Sparen Sie Zeit und lassen Sie sich nicht von Reportern stressen.

Was können Sie noch mit einer einzigen Entscheidung aus Ihrem Leben entfernen? Einen Freund, der Sie aussaugt? Eine Partnerin in einer ausweglosen Beziehung? Einen Arbeitsweg, der leichter sein könnte, wenn Sie früher losfahren? Einen Streit mit jemand Unwichtigem über ein Thema, das Sie gar nicht interessiert?

Schritt 2: Hängen Sie sich nicht an Kleinkram auf

Wir werden das noch viel eingehender besprechen, wenn es um mentalen oder emotionalen Stress geht, aber es ist wichtig, es für Ihren Gedankenfluss hier korrekt zu positionieren. Ihren Tag von nutzlosem Stress zu bereinigen, wird allerdings nie tatsächlich alle Ärgernisse verschwinden lassen. Manche Stressfaktoren bleiben dauerhaft bestehen – sie gehen Ihnen immer mal wieder auf die Nerven und lösen das Geplapper in Ihrem Kopf aus. Eine unverschämte Person, ein negativer Kommentar zu Ihrem Social-Media-Beitrag oder das Schneiden beim Rasieren sind externe Stressfaktoren, die ein paar Sekunden andauern und dann aus dem Gedächtnis verschwinden. Nur Sie können sie am Leben halten, und zwar in Form von Geplapper oder Obsessionen. *Ich bin so ein Idiot. Ich hätte dies sagen oder so reagieren sollen. Das Leben legt mir ständig Steine in den Weg. Das ist einfach nicht mein Jahr.*

Bei allen verbleibenden Stressfaktoren gibt es eine simple Strategie: Lassen Sie keinen davon an sich herankommen. Lassen Sie sie aus Ihrem Kopf und aus Ihrem Herzen hinaus, ehe sie sich in Geplapper verwandeln.

Damals bei Google hatte ich mal ein Meeting mit einer brillanten Frau, einer unserer leitenden Technikerinnen. Sie kam ein paar Minuten zu spät, und zunächst schien sie aufgebracht zu sein. »Der Uber-Fahrer hat mich echt aufgeregt«, sagte sie. »Er ist gefahren wie ein Irrer, hatte die Musik voll aufgedreht und hat dann auch noch den falschen Weg genommen. Ich hab versucht, ihm zu erklären, dass es eine viel einfachere Route gibt, aber er hat einfach nicht auf mich gehört, und jetzt bin ich zu spät.«

Ich machte mich bereit, einige Zeit damit zuzubringen, Mitgefühl für ihre Situation zu zeigen, um sie nach einem so stressigen Arbeitsweg zu trösten, da lächelte sie und sagte: »Gehen wir einen Kaffee trinken.«

»Was? Kaffee?«, fragte ich überrascht. »Wollen Sie nicht noch ein bisschen darüber reden?«

»Warum sollte ich?«, erwiderte sie. »Das war insgesamt eine Fahrt von zehn Minuten. Warum sollte ich weitere zehn Minuten meines Lebens deswegen gestresst sein?«

Also, das nenne ich Weisheit. Es ist die Antwort auf die meisten unserer Mikrostressfaktoren.

Nicht vergessen! Die meisten Mikrostressfaktoren verdienen nicht mal eine Minute Ihres Tages.

Wenn Sie im Stau stecken bleiben, hören Sie Musik oder einen Podcast. Wenn Ihr Partner gereizt oder kaputt ist, umarmen Sie ihn, statt sich über ihn zu beklagen. Wenn Ihr Vermieter Ihnen kündigt und Sie sich nach einer neuen Bleibe umsehen müssen, freuen Sie sich auf das Neue und die Erfahrungen, die das mit sich bringen wird.

Ja, Sie werden Stressfaktoren nicht immer aus Ihrem Leben verbannen können, aber mit der richtigen Einstellung können Sie sie aus Ihren Gedanken und Emotionen verbannen, und das *sollten* Sie auch.

Schritt 3: Schaffen Sie gesunde Gewohnheiten

Die Probleme, die die Mikrostressfaktoren uns bereiten, sind endlos. Sie prasseln nur so auf uns ein. Selbst wenn Sie Ihr Leben von einigen befreit und die restlichen dann aus Ihrem Kopf und Ihrem Herzen entfernt haben, kehren viele im Handumdrehen zurück, und neue tauchen auf, um Ihnen wiederholt Stress zu verursachen. Die einzige Methode, um frei von Ärgernissen zu bleiben, besteht im Schaffen von Gewohnheiten, die dafür sorgen, dass solche Stressauslöser gar nicht erst in Ihrem Leben auftauchen.

Stress-Trick Schauen wir uns mal ein paar unserer Lieblingstipps an. Befolgen Sie alle oder suchen Sie sich nur einen aus und bleiben Sie dabei, um dann auf zwei, drei oder vier zu erweitern, bis Sie sie alle beherrschen.

Einfache Morgenroutine (15 bis 20 Minuten)

Machen Sie Ihre Morgenroutine zu Ihrem kostbarsten Ritual. Schreiben Sie sie auf einen Haftnotizzettel, den Sie sich auf den Nachttisch kleben. Versuchen Sie, 20 Minuten früher aufzuwachen als nötig, um Ihre Routine ohne Stress ganz genießen zu können. Das werden wahrscheinlich die besten 20 Minuten Ihres Tages.

- Stellen Sie Ihr Handy vor dem Schlafengehen auf Flugmodus und lassen Sie ihn aktiviert, bis Sie das gesamte Morgenritual vollzogen haben.
- Stellen Sie einen beruhigenden Weckton ein. (Ich nutze Meditationsmusik, die lauter wird.)
- Denken Sie bewusst etwas Positives, ehe Sie aus dem Bett steigen: *Heute wird ein guter Tag.*
- Bereiten Sie sich Ihr bevorzugtes Morgengetränk zu und holen Sie dann Ihr Tagebuch heraus.
    - Fünf Minuten lang den Kopf freikriegen: Schreiben Sie. Lassen Sie alle Gedanken aus Ihrem Kopf und auf das Papier fließen. (Sie können Impulse wie »Wie geht es mir heute?« verwenden oder einfach frei improvisieren.)
    - 5 + 5 Dankbarkeit: Schreiben Sie fünf Dinge in der äußeren Welt auf, für die Sie dankbar sind, und fünf weitere in Ihnen.
    - Nehmen Sie sich für den Tag etwas vor. Schreiben Sie es auf und sprechen Sie es dann laut aus, zum Beispiel *Ich beschließe, heute gelassen zu sein* oder *Heute werde ich x erschaffen.*
- Meditieren Sie: Nutzen Sie eine geführte Meditation oder stellen Sie sich einfach einen Timer auf fünf Minuten, schließen Sie die Augen, atmen Sie tief ein und aus und konzentrieren Sie sich nur auf Ihren Atem.
- Sammeln Sie sich für den vor Ihnen liegenden Tag.

Einfache Abendroutine (5 bis 10 Minuten)

Stress-Trick

Stellen Sie Ihr Handy mindestens eine Stunde vor dem Schlafengehen auf Flugmodus. Lassen Sie das Handy in einem anderen Zimmer übernachten, falls das eine Option ist. Machen Sie sich bettfertig und lassen Sie Ihr Ritual das Letzte sein, bevor Sie sich hinlegen.

- Führen Sie ein Tagebuch:
  - Schreiben Sie drei Dinge auf, die Ihnen heute Freude bereitet haben, egal, wie geringfügig sie waren.
  - Schreiben Sie etwas auf, das Sie heute gut geschafft oder gemacht haben.
  - Schreiben Sie drei Dinge auf, für die Sie heute dankbar sind.
- Verbinden Sie sich fünf Minuten lang mit geschlossenen Augen mit Ihrem Atem, um Geist und Körper zu entspannen, ehe Sie schlafen. Atmen Sie zur Entspannung den Duft eines Naturöls wie Lavendel ein.
- Wiederholen Sie in Gedanken ein positives Mantra: *Ich hab heute alles gut gemacht. Ich bin in Sicherheit. Ich bin entspannt. Ich bin bereit für einen erholsamen Nachtschlaf und einen wunderbaren Tag morgen.*

Solche Routinen gelten nicht als Pflichten. Sie können Freude und Gelassenheit in Ihr Leben bringen.

Grenzen in der digitalen Welt

Die meisten Menschen müssen zwar wohl akzeptieren, dass wir ein Smartphone brauchen, um in diesem modernen Dschungel ein effizientes Leben führen zu können, aber wir können uns entscheiden, dieses Gerät anders zu nutzen, um unser Leben ein bisschen leichter und angenehmer zu machen. Wir tun es bloß nicht. Warum nicht? Wie Studien zeigen, sind wir abhängig geworden von der Technik. Eine jüngst erschienene Untersuchung belegt, dass der durchschnittliche Handynutzer 2617-mal täglich durch Klicken, Tippen und Wischen mit seinem Gerät interagiert![15] Lesen Sie das noch mal und halten Sie kurz inne, um sich klarzumachen, wie verrückt das eigentlich ist: 2617-mal am Tag – und das ist nur der Durchschnitt. Benutzen Sie Ihres also häufiger oder seltener?

Der erste Schritt, den Sie tun müssen, besteht darin, es herauszufinden. Digital-Wellbeing-Apps sagen Ihnen alles, was Sie wissen müssen, und ich verspreche Ihnen, Sie nutzen Ihr Handy sehr viel häufiger, als Sie glauben, und die Nutzung macht Sie kein bisschen glücklicher oder effizienter. Als ich anfing, meine eigene Nutzung zu messen, wurde mir bewusst, dass ich mehr als sieben Stunden täglich damit zubrachte, auf diesen kleinen Bildschirm zu starren. Zu dieser Zeit meditierte ich weniger als 20 Minuten täglich und verbrachte bestenfalls ein paar Stunden pro Woche mit meinen Angehörigen. Das Ergebnis? Nackenschmerzen, Schmerzen im Handgelenk und ein Kopf, der von allen möglichen negativen Dingen und nutzlosen 60-Sekunden-Videos dröhnt. Bitte aktivieren Sie Ihre Digital-Wellbeing-App, ehe Sie weiterlesen, und bringen Sie in Erfahrung, was Ihnen mit Ihrem Handy tatsächlich passiert.

Als mir diese katastrophale tägliche Nutzung klar wurde, machte ich kurzen Prozess mit dem Scheiß in meinem Leben. Alle zwei Stunden schaue ich weniger als zehn Minuten auf mein Handy, dann schalte ich die Internetverbindung aus, stelle den Timer auf weitere zwei Stunden und lasse das Gerät in Ruhe, bis ich daran erinnert werde, es erneut zur Hand zu nehmen. Das können Sie auch so machen.

Vor gar nicht allzu langer Zeit habe ich in einer Ära gelebt, in der es weder Internet noch Smartphones gab. Ich weiß, das ist schwer zu glauben. Wenn ich mich mit einem Kunden verabreden wollte, rief ich ihn an, vereinbarte einen Termin und bat um einen Treffpunkt. Auf dem Weg dorthin hatte ich keinerlei Möglichkeiten, einen möglichen Stau auf der Strecke vorauszusagen, also musste ich etwas Pufferzeit einbauen, und wenn ich doch feststeckte, konnte ich ihn nicht darüber informieren, dass ich später kommen würde. Man konnte sich den Partner nicht über eine Dating-App aussuchen und keinen Kontakt mit alten Freunden über Posts und Likes wiederaufleben lassen. Wenn man sich mit Menschen verbinden wollte, traf man sie … als Menschen. Wenn man Geld brauchte, ging man zur Bank, und wenn die Bank etwas von einem wollte, rief sie an oder schickte einen Brief. Witzig, dass dieses langsamere Leben ohne all die unglaublichen Innovationen, die uns heutzutage im Alltag unterstützen sollen, in vielerlei Hinsicht leichter war.

Die Technologie trat in unser Leben mit dem Versprechen, uns produktiv und mobil zu machen, damit wir mehr Freizeit hätten. Die meisten frühen Werbespots für Mobiltelefone wurden bei Partys oder am Strand gedreht. Die Technik wurde beworben als ein Versprechen freier Zeit, um zu gehen, wohin man wollte, und trotzdem mit den wichtigen Dingen in Kontakt zu bleiben. Dieses Versprechen wurde natürlich nie eingelöst. Die menschliche Gier nach mehr nutzte die Technologie, um Sie mehr tun zu lassen, statt Ihnen mehr Zeit zu schenken, wenn Sie das Verlangte effizienter erledigt haben. Statt uns Freiheit zu geben, wurden diese Geräte zu unseren Gefängnissen.

Schauen Sie sich mal um, wenn Sie an öffentlichen Plätzen sind, und beobachten Sie, wie alle an ihren kleinen Bildschirmen kleben. Manche rennen total gestresst herum und versuchen trotzdem noch, eine weitere Aufgabe einzuschieben, indem sie ein Telefonat führen oder eine Nachricht verschicken, während andere, die endlich mal eine freie Minute haben, wie die Süchtigen herumscrollen, um ihre Langeweile zu bekämpfen. Beide Extreme und auch alle dazwischen haben eindeutig sehr wenig Freude daran, die Technik zu nutzen, die nun den größten Teil ihres Tages in Anspruch nimmt.

Nach den jüngsten verfügbaren Studien verbringt jeder Mensch weltweit durchschnittlich sechs Stunden und 58 Minuten täglich an mit dem Internet verbundenen Bildschirmen. Das sind Durchschnittswerte, die Spitzenwerte sind also noch viel schlimmer. Der durchschnittliche Amerikaner verbringt sieben Stunden und fünf Minuten am Handy und schaut 352-mal täglich darauf. Angehörige der Generation Z zum Beispiel liegen im Durchschnitt bei neun Stunden Bildschirmzeit täglich, während Südafrikaner es auf zehn Stunden und 46 Minuten bringen.[16]

Bei derart hohen Werten ist unsere Beschäftigung mit der Technik sicherlich das, womit wir den größten Teil des Tages zubringen, abgesehen vielleicht vom Schlafen, wenn man acht Stunden täglich schläft. Doch selbst der Schlaf scheint für Menschen, die viel Zeit am Bildschirm verbringen, der zu zahlende Preis für die digitale Abhängigkeit zu sein, zusammen mit einer ganzen Reihe weiterer Symptome und Kosten. Der Schaden unserer digitalen Abhängigkeit ist nicht auf das Verschwenden unserer Zeit und den verursachten Stress beschränkt. Er erstreckt sich auch auf unsere sozialen Bindungen, auf das körperliche Wohlbefinden und das Unsicherheitsgefühl, das daraus erwächst, wenn wir uns mit anderen vergleichen, die wir auf dem Bildschirm sehen.

Studien belegen, dass die Handy-Dauernutzer (die mehrmals stündlich auf ihre Geräte schauen) eine 20 Prozent höhere Stresswahrscheinlichkeit haben als andere. Wer am Wochenende berufliche E-Mails liest, ist um

36 Prozent gestresster. Wer eine Bildschirmzeit von täglich sechs Stunden, also dem weltweiten Durchschnitt, oder mehr hat, ist doppelt so anfällig für Angst und Depressionen wie jemand mit weniger Bildschirmzeit. Solche Technologiekonsumenten fühlen sich auch dreimal so oft einsam, und natürlich besteht eine direkte Korrelation zwischen der täglich an Geräten verbrachten Zeit und Schlafstörungen, müden Augen, Erschöpfung, Schmerzen, Verdauungsproblemen, sogar Diabetes und entsprechend einer Vielzahl weiterer Krankheiten, die unmittelbar daraus resultieren.

Trotz des erkennbaren Schadens, den unsere übermäßige Gerätenutzung verursacht, sagen zwar 65 Prozent der Befragten in einer Studie, dass eine digitale Entgiftung ihnen guttun würde, aber nur 28 Prozent haben dies im vergangenen Jahr in die Realität umgesetzt. Warum? Weil unsere moderne Beziehung zu digitalen Geräten dieselben Suchtkriterien erfüllt wie das Verlangen nach etwas, das sich für den Augenblick gut anfühlt, uns aber langfristig Schaden zufügt. Diese Abhängigkeit geht nicht nur auf die Bindungstricks zurück, die Technologieunternehmen in ihre Produkte einbauen, so gern wir ihnen auch die Schuld geben würden, wenn wir immer weiter online bleiben. Sie liegt auch nicht an irgendeiner realen Notwendigkeit, produktiv zu sein. Nir Eyal, der Autor des Bestsellers *Die Kunst, sich nicht ablenken zu lassen*, sagt, dass nur zehn Prozent der Zeit, die wir am Handy zubringen, wirklich einer produktiven Tätigkeit dient – zum Beispiel der Beantwortung einer wichtigen E-Mail. Was ist mit den restlichen 90 Prozent? Die sind das Ergebnis von emotionalem Unbehagen.[17]

An der Spitze der Liste unbehaglicher Gefühle, die wir durch den ständigen Blick aufs Handy zu lindern versuchen, stehen die Angst, etwas zu verpassen (das permanente Bedürfnis zu überprüfen, ob uns etwas entgeht), Einsamkeit (der Wunsch, sich mit anderen Menschen zu verbinden, und sei es nur durch Lesen ihrer Postings), das Ego (das Bedürfnis, wahrgenommen zu werden, und der endlose Vergleich mit anderen) und schließlich, ganz oben auf der Liste, die Langeweile, ein sonderbares Gefühl, dem ich gern etwas intensivere Beachtung schenken würde.

Es gibt einen Grund dafür, dass unsere Vorfahren Langeweile empfanden. Wenn Sie sich langweilen, ist das ein Zeichen dafür, dass Sie mit der Welt in ihrem gegenwärtigen Zustand unterfordert sind. Was sollte das in

Ihnen auslösen? Bei fehlender Unterhaltung sollte es das Verlangen schaffen, die Welt zu verändern und interessant zu machen. Diese Emotion mag uns ohne Weiteres dabei geholfen haben, die uns bekannte Zivilisation zu schaffen – zumindest bis die riesige Unterhaltungsindustrie sie zu nutzen begann, um ihre Gewinne zu maximieren. Wenn wir uns in der heutigen Zeit langweilen, greifen wir auf die Unterhaltungsindustrie zurück, um unser Leben zu vergeuden. Wir unterbrechen das Bedürfnis, eine interessante Welt zu erschaffen, und ersetzen es durch die Beschäftigung mit den beweglichen Bildern, die uns die Zeit vertreiben – womit wir die kostbarste Ressource vergeuden, die uns je gegeben wurde: die Minuten, die unser Leben ausmachen. Wenn Sie den Grund umschiffen, aus dem die Langeweile existiert, langweilen Sie sich sogar noch *schlimmer*, denn das Bedürfnis nach Unterhaltung wächst kontinuierlich. Dasselbe gilt auch, wenn wir irgendein Unbehagen durch digitale Abhängigkeit bekämpfen. Wir verringern das Unbehagen nicht; stattdessen steigern wir es letztlich oft. Wenn Sie im Internet herumsurfen, weil Sie sich langweilen, wie fühlen Sie sich dann nach einer Stunde Surfen? Noch gelangweilter. Wenn Sie online nach Bestätigung suchen, indem Sie Content posten und auf die Likes warten, wie fühlen Sie sich dann? Noch unsicherer. Je mehr Sie auf diesen kleinen Bildschirmen nach Gleichgesinnten suchen, statt Zeit mit echten Menschen zu verbringen, zu denen Sie eine wirkliche Bindung aufbauen können, umso einsamer werden Sie. Und jedes Mal, wenn Sie Ihr Gerät hervorholen aus Angst, etwas zu verpassen, entgehen Ihnen natürlich ironischerweise noch mehr von den Dingen, die wirklich wichtig sind. Sie verpassen das Leben selbst.

Die Antwort auf all das Unbehagen, das zu digitaler Abhängigkeit führt, besteht darin, den ursprünglichen Zweck von Emotionen zu würdigen oder einfach zu den alten Tagen zurückzukehren und so mit dem Unbehagen zu leben wie ein Yogi mit einem Jucken an der Nase.

Das ist möglich durch folgendes Modell:

AAUA – Absicht, Achtsamkeit, Unterstützung und Alternativen

Absicht ist immer der Ausgangspunkt für jede Form der Veränderung. Ein Wandel der Absichten in Bezug darauf, wie stark Sie Ihre digitalen Geräte nutzen und wofür, ändert auch schrittweise Ihr Verhalten, um sich den Absichten anzupassen. Ich spreche mich nicht dafür aus, dass Sie sich ein altes Wählscheibentelefon kaufen und sich gänzlich von der Technologie verabschieden, die Ihr Leben potenziell angenehmer machen kann. Vielmehr möchte ich Sie anregen, mehr Nutzen aus der Technik zu ziehen, indem Sie den von ihr verursachten Schaden umgehen. Formulieren Sie eine Absicht, die ungefähr so klingen könnte:

Sehr wichtig! Jede Minute, die ich online verbringe, wird mein Leben bereichern und mir Freude schenken.

Nutzen Sie alle Vorteile, die Ihnen die Technologie bieten kann, und alles, was unser Leben besser machen kann, aber lassen Sie die Teile aus, die gegen Sie arbeiten. Das ist der Plan.

Verankern Sie diese Absicht fest in Ihren Gedanken. Schreiben Sie sie irgendwo auf, wo Sie sie täglich sehen, um sich selbst an die gezielte digitale Nutzung zu erinnern. Oder richten Sie sich besser noch den Startbildschirm Ihres Handys entsprechend ein, damit Sie jedes Mal daran erinnert werden, wenn Sie am Rande des Abgrunds stehen.

Der nächste Punkt ist **Achtsamkeit**. Ich bin sicher, dass einige der oben angeführten Statistiken Sie schockiert haben, und wenn Sie sich Ihrer eigenen Statistik bewusst würden, wären Sie sogar noch schockierter. Als ich anfing, mein digitales Wohlbefinden höher zu bewerten, begann ich, meinen Konsum zu messen, der sich – wie oben erwähnt – auf sieben Stunden täglich belief, davon allein vier Stunden WhatsApp. Diese Stunden verstrichen unbemerkt. Ich vergeudete täglich ein Drittel meines Lebens. Und Sie? Wissen Sie, wie viel Zeit Sie mit was zubringen? Nur wenn wir uns unserer digitalen Nutzungsgewohnheiten bewusst werden, können wir die Handlungspläne umsetzen, um einen Wandel herbeizuführen.

Nicht vergessen! Stunden sind das einzige wahre Gut, das uns gegeben wird. Erfassen Sie, wie viele davon Sie vergeuden, indem Sie auf einen kleinen Bildschirm starren.

Verwenden Sie eine Digital-Wellbeing-App, um Ihre tägliche Bildschirmzeit zu messen. Achten Sie insbesondere auf die Zeit, die Sie mit den suchtgefährlichen Apps verbringen – das sind alle, die mehr als 30 Minuten Ihres Tages beanspruchen und die ich für gewöhnlich die »bösen Apps« nenne – zum Beispiel Spiele, WhatsApp, Instagram, TikTok und andere Social-Media-Plattformen. Kontrollieren Sie auch die Apps, die Sie auslaugen oder frustrieren, selbst wenn die darauf verwendete Zeit nur ein paar Minuten pro Tag beträgt, und beobachten Sie schließlich Ihre gesamte tägliche Medienzeit.

Oft versuchen wir, Rechtfertigungen für unsere Sucht zu finden. Ich versuchte mich beispielsweise selbst davon zu überzeugen, dass vier Stunden WhatsApp nötig waren, um E-Mails zu vermeiden. Diese Aussage übersah allerdings, dass ich Stunden mit Chats verbrachte, die eher der Konversation dienten und daher kein Ersatz für eine E-Mail waren, sondern eher für ein Telefongespräch oder einen Videocall. Sobald ich beschlossen hatte, WhatsApp nicht mehr für Chats zu benutzen, sondern stattdessen zum Hörer zu greifen und die Person anzurufen, ging die Stundenzahl der App drastisch zurück.

Achtsamkeit erstreckt sich nicht nur darauf, wie viel Zeit Sie verschwenden, sondern auch darauf, wie groß Ihre *Bereitschaft* ist, sie zu verschwenden.

Nicht vergessen! Setzen Sie sich ein Limit für die maximale Bildschirmzeit, die Sie für gerechtfertigt halten.

Ich habe mir selbst höchstens 90 Minuten täglich zum Ziel gesetzt. Mit dem Bewusstsein dessen, wo Sie stehen und wohin Sie wollen, ist es nun an der Zeit, die nächsten Schritte zu gehen und allmählich in die richtige Richtung zu steuern.

Dabei können Sie **Unterstützung** richtig gut gebrauchen. So wie manch eine Technologie Sie in die Falle locken will, versuchen andere, Sie zu befreien. Das geschieht, indem sie Sie aufmerksam machen, wenn Sie mehr Zeit als angestrebt mit einer bestimmten App verbringen. Andere Möglichkeiten sind, die Unterstützung von Freunden zu erbitten oder dass Sie eine physische Distanz zwischen sich und Ihr Handy bringen.

Stress-Trick

Sehen Sie es mal so. Wenn Sie abnehmen wollen, bewahren Sie keine Schokolade in Ihrer Wohnung auf, bitten Ihren Partner, Sie daran zu erinnern, und wenn möglich, sagen Sie in Ihrem Supermarkt Bescheid, dass man Sie aufhalten soll, falls Sie sich Süßigkeiten in den Einkaufswagen legen. Das können Sie auch in der digitalen Welt tun, und zwar so:

- Nutzen Sie die in der App **integrierten Zeitbeschränkungen**. YouTube, Instagram und andere ermöglichen Ihren Nutzern, eine Zeitgrenze einzurichten, um sich vor potenziellen Rechtsstreitigkeiten zu schützen, und benachrichtigen Sie, wenn Sie sie erreicht haben.
- **Schalten Sie alle Benachrichtigungen ab.** Es wird nicht leicht sein herauszufinden, wie das geht. App-Entwickler wissen, dass Sie das Handy ohne Benachrichtigungen weitaus seltener einschalten, seltener ihre Apps starten und allgemein viel weniger Zeit mit ihren Apps zubringen. Das würde Ihnen die Kontrolle geben, um selbst zu entscheiden, was Sie wann anschauen wollen. Es begrenzt Ihren Handykonsum und den Stress, den die endlosen Benachrichtigungstöne auslösen. Stellen Sie Benachrichtigungen auf stumm, damit Sie nicht ständig von den hörbaren und brummenden Signalen unterbrochen werden, von denen Sie sich noch nicht ganz trennen können. Gehen Sie diesen nur dann nach, wenn Sie bewusst entscheiden, Ihr Gerät zu nutzen. Denken Sie darüber nach: Allein schon der englische Begriff *alert* für Benachrichtigungen, der auch »Alarmsignal« bedeutet, sagt alles. Ihr Körper nimmt jede davon als mögliches Warnzeichen wahr, dass etwas nicht in Ordnung ist oder wenigstens unmittelbarer Aufmerksamkeit bedarf, obwohl in Wirklichkeit alles okay ist. Vertrauen Sie darauf, dass die Welt nicht untergeht, weil Sie eine E-Mail zu Ende lesen, wenn Sie sich bewusst entschieden haben, Zeit für das Lesen Ihrer E-Mails aufzuwenden. So wichtig sind Sie nun auch wieder nicht (sorry), und wenn es wirklich so dringend ist, wird man Sie schon anrufen.
- Nutzen Sie den **Graustufen-Modus,** der Ihrem Bildschirm die Farben entzieht und ihn stattdessen in Schwarz-Weiß darstellt. Sie werden staunen, wie viel weniger verlockend ein Handy wird ohne die knalligen Farben, die UX-Designer verwenden, um Ihre Aufmerksamkeit zu erregen.

- Verwenden Sie den **Flugmodus,** um sich von den endlosen Ablenkungen abzukoppeln. Stellen Sie Ihr Handy eine Stunde vor dem Schlafengehen auf Flugmodus.
- **Schalten Sie Ihr Handy so oft wie möglich ganz aus.** Die Zeit, die das Gerät benötigt, um wieder hochzufahren, ist eine echte Abschreckung für unsere zwanghafte Gewohnheit, nach dem Telefon zu greifen, um unserem Unbehagen abzuhelfen.
- Lassen Sie das Handy **in einem anderen Zimmer übernachten.** Dann ist es morgens nicht das Erste, wonach Sie beim Aufwachen greifen.
- Verstauen Sie Ihr Gerät allabendlich für einige Stunden in einem **Handyfriedhof** – einer Schublade oder einem Schrank, wo es außer Sichtweite ist –, wenn Sie Zeit mit Ihrer Familie verbringen sollten. Aus den Augen, aus dem Sinn.
- Richten Sie **handyfreie Zonen** ein. Am Esstisch ist Ihr Mobilgerät beispielsweise unerwünscht.
- Richten Sie **handyfreie Zeiten** ein. Legen Sie das Gerät zum Beispiel mindestens eine Stunde vor dem Schlafengehen weg.
- **Räumen Sie Ihre Social-Media-Accounts auf.** Hören Sie auf, Accounts zu folgen, die Ihnen ein schlechtes Gefühl verursachen. Ganz oben auf der Liste stehen diese Nachrichten-Accounts, die Sie mit einem beständigen Strom verstörender Meldungen bombardieren. Entfolgen Sie allen, die Nachrichten oder Meinungen verbreiten, die Ihnen Stress verursachen, da Sie nichts daran ändern können. Wenn Sie unbedingt informiert bleiben wollen, nehmen Sie sich die Zeit, Ihren Newsfeed so anzupassen, dass Sie nur das Benötigte erhalten. Hören Sie auf, nach Influencern zu suchen, die Ihre Laune negativ beeinflussen. Beschränken Sie die Zahl der Abonnements von Personen, die keine realen Freunde sind, auf maximal 30. Folgen Sie nur jenen, die Ihnen gute Laune, Wissen oder Inspiration vermitteln. Wenn Sie mutig genug sind, löschen Sie Ihre Social-Media-Apps. Willkommen in einer leichteren Welt.
- Holen Sie sich **menschliche Unterstützung** von Personen, denen Sie vertrauen. Bitten Sie sie, Sie daran zu erinnern, falls alte Gewohnheiten zurückkehren, und Ihnen Mut zuzusprechen, wenn Sie Zeit mit ihnen verbringen, ohne Ihr Smartphone zu benutzen.

Und schließlich: Statt einfach nur zu versuchen, Ihrem Handy zu widerstehen, entdecken Sie Ihre Freude an den **Alternativen**. Widmen Sie solchen Interaktionen, die Ihr Leben bereichern, mehr Zeit und Aufmerksamkeit. Das nimmt jene Zeit in Anspruch, die Sie anderenfalls stressauslösenden Dingen widmen. An welchen gesunden Alternativen können Sie sich erfreuen, die nichts mit Ihrem Smartphone zu tun haben?

Stress-Trick

- Können Sie mehr auf sich selbst achten? Meditieren, Tagebuch schreiben, nachdenken, spazieren gehen, Dehnübungen machen, trainieren?
- Können Sie Kontakt zu anderen pflegen? Mit einem Freund essen gehen? Zeit mit Ihren Kindern oder lieben Menschen verbringen?
- In welches Hobby können Sie sich total vertiefen, statt auf Ihr Handy zu starren? Wollen Sie einen Tangokurs machen? Wieder mehr kochen? Oder zum Stift greifen und zeichnen?
- Erinnern Sie sich noch an das gute alte Buch? Können Sie Zeit mit einem gedruckten Buch verbringen (das keine Benachrichtigungsfunktion hat, um Sie zu stören), einer Tasse Kaffee und Musik?
- Wie steht's mit der Natur? Können Sie irgendwo in Ihrer Nähe mehr Zeit an einem Fluss oder bei einem Baum verbringen?
- Haben Sie es schon mal mit einem Schweige-Retreat versucht? Es muss ja nicht eins von der ganz strengen Sorte sein, nur mal ein, zwei Tage abseits vom Alltag. Für mich sind das echte Lebensveränderer.

Eine digitale Entgiftung tut uns allen gut, jeder und jedem Einzelnen. Die Technologie stresst uns mehr, als uns bewusst ist. Machen Sie es sich zur Priorität, den Stress einzuschränken, den die Technik Ihnen bereitet.

Nicht vergessen! Legen Sie das Handy weg.

Kehren wir nun zurück zu den restlichen Stressauslösern. Das Trauma ist selten und bedarf der Hilfe durch einen Experten. Gegen die Mikrostressfaktoren dagegen müssen Sie Ihrer ersten Verantwortlichkeit nachkommen und sie vor allem **limitieren**. Obsessionen und Mikrostressfaktoren, die Ihrer Begrenzung entkommen, können Sie nur mit Ihren beiden weiteren Verantwortlichkeiten in den Griff bekommen – **lernen** und **lauschen**.

Fähigkeiten, Ressourcen und Qualifikationen

Kommen wir noch mal auf das Grundlegende zurück. Die Stressgleichung zeigt, dass unser Stress nicht nur das Ergebnis der Probleme ist, mit denen wir zu kämpfen haben, sondern auch der Fähigkeiten, Ressourcen und Qualifikationen, die uns im Umgang mit diesen Problemen zu Gebote stehen.

Intuitiv geht man davon aus, dass Fähigkeiten und Qualifikationen sich durch Lernen entwickeln – und das ist auch sicherlich teilweise richtig, doch noch nicht alles. Zunächst mal ist Lernen der Prozess des Wissenserwerbs. Der größte verbleibende Teil dieses Buches besteht in der Weitergabe von Informationen und Logik, damit Sie in die Lage versetzt werden, intellektuell dazuzulernen; doch wir geben Ihnen auch zahlreiche praktische Tipps – gekennzeichnet durch das Symbol »Stress-Trick« –, die sich in der Realität anwenden lassen, und stellen Ihnen eine Reihe von Übungen vor – gekennzeichnet durch das Symbol »Zeit zum Nachdenken« –, die Sie zu Hause in sicherer Umgebung durchführen können.

Lernen wird erst durch Übung vervollständigt, also überspringen Sie diese Seiten bitte nicht. Halten Sie stattdessen inne, denken Sie nach und schließen Sie die Tricks in Ihre täglichen Gewohnheiten ein. Der Erfolg, wie wir ihn zu Beginn des Buches erläutert haben, besteht nicht nur im Abbau von Stress, sondern darin, dass Sie unstressbar werden – gelassen und stabil angesichts künftiger schwieriger Situationen. Das lässt sich nur erreichen, wenn Sie Ihre Lebensweise verändern, um zukünftigen Stressauslösern mit den Fähigkeiten, Ressourcen und Qualifikationen zu begegnen, die Sie für eine Problemlösung brauchen, bei der Sie die Ruhe bewahren. Wissen allein genügt nicht.

Nicht vergessen! Übung macht den Meister.

Die andere Seite der Entwicklung dieser Fertigkeiten besteht aus einem Sprachkurs, den wir mit Ihnen durchführen wollen. Stellen Sie sich vor, Sie sind ein toller Mechaniker, der alle Fähigkeiten und Qualifikationen besitzt, um bei jedem Auto die komplexesten mechanischen Probleme zu lösen. In Ihrer Stadt sind Sie eine Berühmtheit. Wenn ein Kunde hereinkommt, lassen Sie sich sein Problem erzählen, sprechen mit Ihrem Team in der Werkstatt, um Ihren Standpunkt zu erläutern, und rufen dann beim Zulieferer an, um die passenden Ersatzteile zu bestellen. Am Ende des Tages ist das Problem gelöst, und Sie lassen sich einmal mehr als Star feiern. Doch eines Tages finden Sie, dass es im Ausland bessere Geschäftsmöglichkeiten gibt. Sie bringen all Ihr Wissen, Ihre Qualifikationen und Fertigkeiten mit, aber irgendwie schaffen Sie es nicht, dort Ihren Berühmtheitsstatus zu bewahren. Die Kunden können nicht mit Ihnen sprechen, Sie können die Probleme nicht mit dem Team diskutieren, und selbst wenn Sie wissen, was gemacht werden muss, können Sie den Zulieferern nicht erklären, was Sie brauchen, damit Sie die notwendigen Ersatzteile bekommen. Katastrophe!

Nicht vergessen!

Alle Qualifikationen der Welt sind nutzlos, wenn Sie nicht die Sprache der Umgebung sprechen, in der Sie sie benötigen.

Überraschenderweise gilt das auch, wenn Sie mit stressigen Situationen zu tun haben. Stress redet mit Ihnen, und Sie antworten darauf in vier Sprachen. Falls Sie diese Sprachen nicht intuitiv beherrschen, können Sie nicht auf eine Weise reagieren, die Sie zur Gelassenheit führt.

In Zungen reden

Die Stressfaktoren wirken sich auf vier verschiedene Arten auf uns aus – nennen wir sie MEPS. Wir glauben, dass Menschen aus vier Existenzebenen bestehen: mental (unsere Gedanken und der Verstand), emotional (unsere Gefühle), physisch (unsere Biologie und körperliche Beschaffenheit) und spirituell (der Begriff, den viele spirituelle Lehren nutzen, um unser nicht-körperliches Sein zu bezeichnen).

Wenn Stress ausgelöst wird, leiden wir auf jeder dieser Ebenen unterschiedlich.

Die vier Stress-Modalitäten (MEPS)

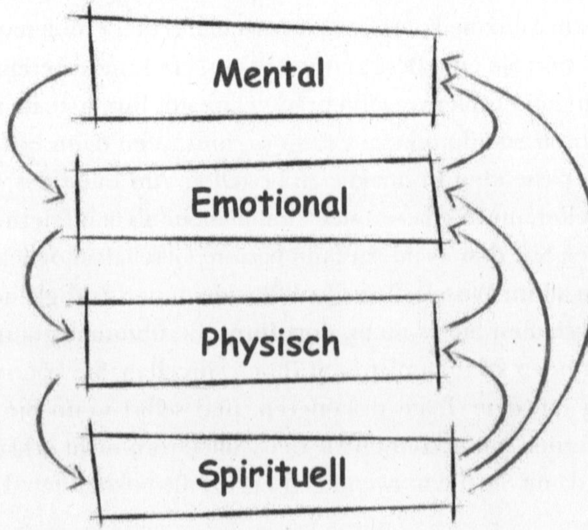

Viele alte Lehren, selbst medizinische Praktiken, die überraschend gut wirken, obwohl sie von der modernen Medizin nicht bestätigt werden, gehen auf die Interaktion zwischen diesen Ebenen zurück. Reiki oder Akupunktur zum Beispiel gehen davon aus, dass sich unsichtbare Energiefelder auf unser körperliches Befinden und sogar auf unsere Gefühle auswirken.

Wir leben in diesen vier Ebenen. Wenn also in uns Stress ausgelöst wird, manifestiert er sich in einer davon. Diese Ebene wirkt sich dann auf die anderen aus, wenn der Stress sich ausbreitet. Um den Stress ein für alle Mal auszulöschen, müssen wir auf allen vier Ebenen parallel arbeiten. Lassen wir eine davon aus, so bleibt ein Teil der Stressbelastung bestehen, der sich ausweitet und wächst, um in den anderen Ebenen wieder neue Stresswellen hervorzurufen.

Jede dieser Ebenen, die uns als Menschen ausmachen, spricht konstant mit uns, um uns mitzuteilen, was für den Stressabbau nötig ist. Wir können auch mit ihr kommunizieren, dafür müssen wir nur ihre Sprache sprechen.

Diese Ebenen sprechen nämlich nicht mit Worten, anders vielleicht als der **Verstand,** der uns zu erzählen scheint, was passiert ist, obwohl er in Wirklichkeit nur sagt, was seiner Meinung nach passiert ist. Er übertreibt, filtert, ist negativ voreingenommen und ziemlich schwatzhaft. Wenn wir seine Worte für bare Münze nehmen, missverstehen wir die Wahrheit häufig.

Nicht vergessen! Ihr Verstand spricht pausenlos, aber er sagt Ihnen nur selten die Wahrheit.

Unser **Herz** spricht nicht mit Worten, sondern mit Gefühlen und Emotionen, die sich vermischen wie Farbe, die in Wasser getropft wird. Sie müssen etwas von einem Künstler haben, sich auf die Feinheiten von Emotionen einlassen, um zu erspüren, was Ihr Herz tatsächlich sagt. Sie müssen Wertschätzung entwickeln für das emotional ausgedrückte Wispern und Brüllen. Sie müssen ein Gefühl herunterbrechen auf die grundlegende Emotion, aus der es besteht. Wenn Sie diese Emotionen nicht vollständig erspüren und anerkennen, geht bei der Übersetzung eine Menge verloren.

Nicht vergessen! Unser Herz spricht ständig mit uns, aber die Stimme ist subtil, überlagert und wird häufig unterdrückt oder ignoriert.

Was ist mit unserem **Körper**? Diese fantastische physische Form spricht mit dem Vokabular der Freude, des Kummers, der Schwingung, der Erschöpfung und der Schmerzen. Sie spricht in unmissverständlichen Sätzen, wenn wir ihr nur Aufmerksamkeit schenken, aber das tun wir nicht. Wir nehmen die Botschaften zur Kenntnis, ignorieren jedoch die Signale und machen einfach weiter, bis unser Körper zu schreien beginnt, um sich Gehör zu verschaffen.

Nicht vergessen! Unser Körper spricht deutlich, doch wir ignorieren, was er sagt.

Unsere **Seele** schließlich, die die gesamte Wahrheit zu kennen scheint, spricht durch Verbundenheit und Intuition zu uns, eine Sprache, die unsere hyperanalytische moderne Welt für ungenau und dementsprechend für unwichtig hält. Wir ignorieren die Worte, die unser Geist flüstert, und nehmen nicht wahr, wenn wir ihn belasten.

Nicht vergessen! Unsere Seele spricht die Sprache der Intuition, eine Sprache, der wir häufig nicht vertrauen und die wir anzweifeln.

Der Rest dieses Buches ist ein Sprachkurs. Sie werden damit lernen, in den Zungen der vier Elemente zu sprechen, aus denen Sie bestehen, aufmerksam zuzuhören und zu verstehen, zu reagieren, Ihr Verständnis wertzuschätzen und mit Verbindlichkeit danach zu handeln, damit Sie sich besser fühlen.

Mit Ausnahme von chronischen körperlichen Schmerzen, auf die wir nur sehr wenig Einfluss haben, und echten Gefahren für unser Leben, bei denen Stress nützlich ist, beginnt alles mit einem Gedanken. Wir entwickeln im Kopf eine Geschichte und entscheiden uns dafür, von ihr gestresst zu sein.

Deshalb können wir dort anfangen, wo ein Großteil der Stressgefühle unserer heutigen Zeit entsteht – bei den Gedanken, die uns mentalen Stress verursachen.

Ich schlage vor, dass Sie nun eine kurze Pause einlegen. Kehren Sie danach zu uns zurück, erfrischt und ausgeruht, damit wir zu Teil 2 übergehen können.

ZUSAMMENFASSUNG VON TEIL 1

Ein Blick in unsere Stressmaschine

- Stress ist Teil der menschlichen Überlebensmaschinerie. Er wird ausgelöst von Gefahren und Schwierigkeiten, damit wir übermenschliche Kräfte entwickeln, unsere Kampf-oder-Flucht-Reaktion aktivieren und die problematischen Situationen des Lebens überwinden. In diesem Sinne kann Stress gut für Sie sein.
- In der heutigen Zeit ist jedoch anhaltender, intensiver und chronischer Stress zur Regel geworden. Dabei haben die physischen Bedrohungen, für die unsere Stressmaschinerie ausgelegt ist, abgenommen und sind fast vollständig aus dem Leben der meisten Menschen verschwunden. Es stromern zwar keine Tiger mehr durch unsere Städte, aber wir haben gelernt, jede Form von Problemen als Stress zu etikettieren, und reagieren darauf, als könnten sie uns das Leben kosten. Da unsere menschliche Maschinerie ständig übermäßig auf Stress ausgerichtet ist, zahlen

viele von uns den Preis in Form von psychischen und körperlichen Erkrankungen. Angesichts von Depressionen, Suiziden, Diabetes, PTBS, Bluthochdruck, Herz-Kreislauf-Erkrankungen und einer Vielzahl weiterer belastender und oft tödlicher gesundheitlicher Probleme, die alle unmittelbar mit Stress in Zusammenhang stehen, darf man getrost behaupten, dass Stress die wahre Pandemie unseres Zeitalters ist.

- Wir stehen schon unter Stress, noch bevor die von uns für die Zukunft vorausgesehene Schwierigkeit uns getroffen hat. Angst und ihre Nebenformen übernehmen die Kontrolle über unsere Gedanken und halten uns gefangen in einem Kreislauf von unnötigem Stress wegen einer noch nicht eingetretenen Zukunft. Um mit der Angst fertigzuwerden, müssen wir die mögliche bevorstehende Gefahr betrachten und versuchen, sie zu bewältigen oder ihre Intensität zu verringern. Doch wenn wir uns Sorgen machen, sind wir nicht einmal sicher, ob die Gefahr real ist; wir sorgen uns nur deswegen. Wenn Sie sich Sorgen machen, konzentrieren Sie sich darauf, sich Klarheit zu verschaffen, ob der Grund für Ihre Sorge überhaupt real ist. Auch Beklemmung befasst sich nicht in erster Linie mit der Gefahr, sondern mit Ihrer Fähigkeit, sie zu bewältigen. Fokussieren Sie sich bei Beklommenheit auf Ihre Fertigkeiten. Stellen Sie sicher, ob Sie wirklich nicht über die Fertigkeiten verfügen, die Sie brauchen, oder ob Ihr Verstand übertreibt, und legen Sie Ihr Augenmerk darauf, die benötigten Fertigkeiten zu entwickeln. Panik hängt mit dem Aspekt der Zeit zusammen. Wir geraten in Panik, wenn uns eine Gefahr unmittelbar bedroht. Wenn Sie Panik verspüren, suchen Sie nach Möglichkeiten, sich mehr Zeit zu verschaffen.
- Stress bei Menschen unterscheidet sich nicht davon, wie Belastung in der Physik gemessen wird. Er ist nicht nur das Ergebnis des auf uns ausgeübten Drucks, sondern hängt auch mit unserer Fähigkeit zusammen, mit diesem Druck umzugehen. In dieser Hinsicht ist Stress so vorhersehbar, dass er einer mathematischen Formel folgt:

$$\textbf{Stress} = \frac{\text{Summe der uns begegnenden } \textbf{Probleme}}{\text{unsere } \textbf{Fähigkeit}\text{, sie präzise wahrzunehmen und damit umzugehen}}$$

- In der Physik bezieht sich *Belastung* auf die Formveränderung eines Objekts unter Druck. Starre Objekte zerbrechen, während Objekte mit höherer Elastizität etwas nachgeben und dann zu ihrer ursprünglichen Form zurückkehren. Dasselbe lässt sich auch beim Menschen beobachten. Je flexibler wir im Umgang mit Belastungen sind, umso besser kommen wir mit den Dingen zurecht, die uns Stress verursachen. Genau wie bei Objekten bleibt ein Teil der Verformung auch nach dem Stress erhalten. Was uns nicht zerbricht, macht uns stärker. Der Stress, den wir überleben, macht uns letztlich zu dem, der wir sind.
- Es geht hier aber nicht darum, den Stress zu bekämpfen. Ein bisschen Stress kann gut für Sie sein. Burn-out und Zusammenbruch dagegen versuchen wir zu vermeiden.
- Wir brechen zusammen, wenn die Intensität oder Anzahl der verschiedenen Belastungen, denen wir ausgesetzt sind, und die Anzahl der Wiederholungen ihrer Ausübung unsere Fähigkeit übersteigt, die Last zu tragen. Auch das folgt einer berechenbaren Formel.

Burn-out lässt uns zerbrechen, wenn …

Die Anzahl unserer **Probleme** X die **Intensität** jedes einzelnen davon X ihre zeitliche **Dauer** X die **Häufigkeit** ihrer Wiederholungen > Unsere **Fähigkeit,** stark zu bleiben

- In Anbetracht einer mathematischen Formel gibt es tatsächlich drei Verantwortlichkeiten, denen wir folgen müssen, um den Punkt des Zusammenbruchs zu vermeiden:
    - Entscheiden Sie sich, Stress aus Ihrem Leben zu tilgen oder zumindest seine Intensität zu verringern, wo immer es möglich ist.
    - Lassen Sie nicht mal den kleinsten Stress andauern. Lassen Sie nicht zu, dass derselbe Stress immer wiederkehrt.
    - Investieren Sie in die Entwicklung von Fertigkeiten, die Sie für den Umgang mit Stress benötigen.
- Stress kommt von überallher. Ein Teil davon kommt von außerhalb und ein Teil aus uns selbst heraus. Ein Teil ist erheblich in puncto Intensität und Wirkung, ein Teil ist geringfügiger, aber zahlreicher. Wir haben den Stress nach Quelle und Intensität in vier Quadranten eingeteilt: Trauma, Obsessionen, Ärgernisse und Geplapper.

- Es ist zwar unmöglich, die Traumata auslösenden Lebensereignisse zu kontrollieren, doch Statistiken zeigen, dass über 90 Prozent aller Menschen sich innerhalb der ersten Monate ihres Auftretens von ihren Auswirkungen erholen. Dieses posttraumatische Wachstum kann unser Leben durch Dinge wie erhöhte Empathie besser machen, solange wir uns aller einschränkenden unterbewussten Überzeugungen bewusst sind, die unser Verstand als Reaktion auf unser Trauma geschaffen haben mag, um uns »in Sicherheit« zu bringen. Diese einschränkenden Überzeugungen können mit fachmännischer Hilfe umprogrammiert werden, damit wir die Welt auch ohne die vom Trauma beeinflusste Sichtweise betrachten können.
- Kleinere externe Ereignisse sind unsere Aufmerksamkeit wirklich nicht wert. Wir sollten so viele wie möglich davon entfernen und den Rest einfach lassen, weil er keine Rolle spielt.
- Wirklich wichtig ist der interne Stress, den wir selbst verursachen, sei es in Form von Obsessionen bezüglich bestimmter Überzeugungen, die manchmal ein Leben lang anhalten, oder in Form des Geplappers, das sich Tag für Tag in unserem Kopf aufbaut. Unser selbst geschaffener Stress ist der Grund für die Stresspandemie, an der die Welt heutzutage leidet. Darauf müssen wir uns fokussieren, um die pausenlosen Angriffe von Stress zu überleben, denen wir in der heutigen Zeit ausgesetzt sind.
- Stress manifestiert sich in uns in jeder der vier Ebenen, die uns Menschen ausmachen: unserer mentalen, emotionalen, physischen und spirituellen Form. Zu erkennen, wo und warum, und zu lernen, was für die Behebung nötig ist und wie das geht, ist die Qualifikation, die wir erlangen müssen, um Stress überwinden zu können, wann immer er auftritt.

Ihr Stresswert

Woher kommt der Großteil Ihrer Stressbelastung? Welche Sprache sollten Sie als Erstes lernen?

Erst wenn wir uns darüber klar werden, woher unser Stress kommt, können wir etwas dagegen unternehmen. Dieses Quiz ist optional, aber sehr empfehlenswert.

Sie können damit die Auslöser und die Manifestationen feststellen, außerdem die Intensität Ihres Stressprofils, und erhalten Ihren aktuellen

Gesamtstresswert. Zugleich finden Sie heraus, in welchem der vier Elemente Sie derzeit den höchsten und den geringsten Stresswert haben: mental, emotional, physisch oder spirituell.

Scannen Sie einfach den QR-Code unten ein, um Ihren Wert zu bestimmen. [Das Quiz ist auf Englisch.] Es dauert nur wenige Minuten.

Da Sie nun Ihren Wert kennen und wissen, in welchem Element Sie zurzeit am meisten Stress empfinden, ist es an der Zeit, dass Sie sich dagegen schützen, um sich abzuschirmen von dem Stress, den Ihnen die Welt bereitet, und dem Stress, den Sie selbst in Ihrem Kopf erzeugen.

Lassen Sie uns also dort anfangen, wo alles beginnt, wo sowohl die Magie als häufig auch die Verwirrung erfolgen: in Ihrem Verstand.

TEIL 2

Ein Sprachkurs in Sachen Unstressbarkeit

Schwierige Puzzle lassen sich nur zusammensetzen, wenn jedes Teil mit allen anderen Teilen zusammenpasst. Unser permanenter Stress wird trotz unserer Bemühungen, ihm zu begegnen, hauptsächlich durch ein Ungleichgewicht von kognitivem, emotionalem, körperlichem und geistigem Stress verursacht. Ist der eine besänftigt, so übernimmt der andere, und schon stecken wir in einer Endlosschleife.

Kapitel 4
Alles nur im Kopf

Es tut mir leid, dass Sie das durchmachen müssen. Falls Ihnen das ein Trost ist: Es geht uns *allen* so. Ich zum Beispiel habe auf dem Höhepunkt meiner beruflichen Laufbahn jahrelang nur vier bis fünf Stunden am Tag geschlafen. Ich dachte, das wäre gut so. Es ließ mich produktiver sein. Meist zwischen drei und vier Uhr früh erwachte ich schlagartig. Ich öffnete die Augen, sah auf die Uhr und betete, dass es sieben sei und ich genügend Schlaf gehabt hatte. Die Erkenntnis, dass ich mich eine weitere Nacht herumwälzen würde, löste in mir das augenblickliche verzweifelte Bemühen aus, wieder in den Schlaf zurückzufinden. Aber mein Gehirn machte mir einen Strich durch die Rechnung. Es ist schnell, dieses kleine Miststück. Es produzierte einen wichtigen Gedanken. Oder ließ ihn jedenfalls so aussehen. Etwas Dringendes. *Denk daran, Alex zu bitten, Rob anzurufen. Warum, Gehirn? Warum?* Jetzt stecke ich im Gefangenen-Dilemma: Ich kann aufstehen, die Nachttischlampe einschalten und mir eine Notiz schreiben, damit ich es nicht vergesse (aber das Licht macht mich dann bestimmt hellwach), oder ich lasse die Lampe aus und versuche weiterhin, wieder einzuschlafen, aber der Gedanke und die Sorge, dass ich ihn vergessen könnte, halten mich wach. Ich bin zum Scheitern verurteilt.

Daraufhin rast mein Gehirn mit Vollgas in sämtliche Richtungen. *Was passiert, wenn du das vergisst? Warum hast du ihr nicht gestern Abend Bescheid gesagt, bevor du ins Bett gegangen bist? Was muss noch erledigt werden? Warum hat Alex letzte Woche dieses und jenes gesagt? Was stimmt nicht mit dir? Gibt es da irgendwas, von dem du nichts weißt? Solltest du eine Mail schreiben und nachfragen? Wer denkt das noch? Das ist bestimmt, weil du immer Schwarz trägst. Du solltest aufhören, Schwarz zu tragen. Aber du hast einen kleinen Bauchansatz, und*

Schwarz macht schlank. Glaubst du, die sehen den Bauch nicht? Warum machst du nicht mehr Sport? Früher hast du mal richtig gut ausgesehen. Du wirst alt. Und der Teufelskreis setzt sich fort.

Ich hasse es, mich im Bett herumzuwälzen, deshalb versuchte ich es noch eine Weile, obwohl ich wusste, dass das kleine Miststück bereits gewonnen hatte. Im Bewusstsein, dass ich nicht mehr würde einschlafen können, stand ich nach einer Viertelstunde auf, füllte Koffein nach und startete in den Tag.

Wir alle haben schon mal in solch einer Endlosschleife gesteckt. Die oben genannten Beispiele sind eher von der harmloseren Sorte, da stimmen Sie mir sicher zu. Manche Menschen wachen auf und fragen sich, ob ihr Partner sie betrügt, ob ein Atomschlag die Menschheit auslöschen wird, was sie getan haben, als sie das letzte Mal betrunken waren, und warum sie sich immer auf die falschen Leute einlassen. Solche Gedanken können schlimmer sein. Sie können intensiver sein, länger dauern und weitaus schneller aufeinander folgen.

Je häufiger und je intensiver unsere Gedanken werden, umso mehr stressen sie uns. Die auslösenden Ereignisse können dieselben sein, aber je mehr Leben wir diesen Ereignissen verleihen, nachdem sie vergangen sind – in Form von Gedanken –, umso stärker *fühlt es sich an,* dass sie größer sind. Je größer unsere Wahrnehmung, desto mehr denken wir darüber nach, und damit wird die Wahrnehmung noch größer. Umdrehung um Umdrehung verstärkt sich der Stress und vermittelt uns das Gefühl, die Welt sei dem Untergang geweiht, obwohl der Stressauslöser in Wirklichkeit nur in unserem Kopf existiert.

Nicht vergessen! Was wir als Stress empfinden, ist größtenteils kognitiv.

Gedanken erfolgen im Gehirn, nicht in der wirklichen Welt. Nicht das Leben stresst uns, denn selbst wenn wir im Bett liegen, ist das Leben eigentlich okay. Alex ruft Rob morgen an, und wenn nicht, geht die Welt davon nicht unter. Alle Gedanken auf der Welt ändern überhaupt nichts, und das ganze Drama ist die Aufregung nicht wert. Es ist verrückt, dass wir das mit uns passieren lassen. Genau genommen ist es vollkommen irre.

Wenn Ihre Gedanken unkontrolliert bleiben, kontrollieren sie Ihr Leben, doch das Offensichtliche, wenn auch selten Erwähnte ist, dass Sie die volle Kontrolle über Ihre Gedanken haben. Es ist nicht mal schwierig, wenn Sie den Dreh erst mal raushaben. Also lassen Sie uns gemeinsam herausfinden, wie genau dieser Prozess namens *Denken* eigentlich abläuft und wie Sie ihn unter Kontrolle bringen können. Wir fangen da an, wo es wehtut.

Stressige Gedanken

Sei es um vier Uhr früh oder nach einem Streit mit Ihrem Partner: Wenn Sie erst mal in diesen Gedankenschleifen feststecken, die Ihnen Stress und schlaflose Nächte bereiten, erleben Sie eine wahre Eruption von Gedanken. Sie scheinen willkürlich und rätselhaft zu sein. Sie rasen auf Sie zu wie ein Großbrand, aufgeladen mit Energie. Ein solches Denken ist das größte Anzeichen von kognitivem Stress. Im Allgemeinen wird es als *ständiges Grübeln* bezeichnet – der Prozess, bei dem im Hintergrund immer dieselben Gedanken ablaufen, ohne dass sie in Lösungen, Schlussfolgerungen oder Handlungen umgewandelt werden. Solche repetitiven Gedanken sind meistens düster, kritisch, voller Angst, voller Reue oder getränkt von dem Eindruck, benachteiligt zu sein. Sie wimmeln vor Annahmen, die nur von einer winzigen Facette der Wahrheit gestützt werden. Sie dauern an und wiederholen sich, machen uns traurig und lösen Stress aus.

Wenn Sie jedoch genau hinschauen, erkennen Sie vielleicht ein Muster in diesen schnellen, stark aufgeladenen Gedanken. Die Gedanken selbst mögen willkürlich erscheinen; nicht jedoch die Kategorien, in die sie sich einfügen. Die meisten unserer Stressgedanken passen in die sechs Stufen einer Endlosschleife: eine Erinnerung an Vergangenes, der Versuch, das Geschehen einzuordnen, gefolgt von wiederholtem *Hätte ich doch*, dann Vorausblicke in die Zukunft, Wellen von *Ich sollte*, gefolgt von einer Dauerschleife aus *Was, wenn …?*. Dann wiederholt sich der gesamte Kreislauf.

Unsere Stressgedanken werden oft durch eine Erinnerung oder eine Vorausschau ausgelöst. Etwas, von dem wir uns wünschen, es wäre nicht passiert oder würde nicht passieren. Wenn eine Erinnerung Sie heimsucht, spielen Sie vielleicht immer wieder ein Ereignis durch, das Sie verletzt oder negativ berührt hat. Das Geschehen liegt inzwischen weit zurück, aber Sie können es immer wieder zum Leben erwecken, indem Sie es in einen Gedanken verpacken und diesen wiederholt durch ihren Kopf geistern lassen. Womöglich hat Ihre Partnerin am Freitagabend etwas Verletzendes gesagt, und samstags denken Sie dann: *Weißt du noch, diese Sache von gestern? Lass mich das noch mal durchgehen und mich selbst damit quälen.* Am Sonntag fügen Sie ein bisschen eigenes fiktionales Drama hinzu: *Das hat sie gesagt, weil er/sie mich nicht mehr liebt.*

Montags kommen dann fiktionale Rechtfertigungen hinzu. Sie denken: *Das ist so gekommen, weil sie fremdgeht. Und zwar, weil ich alt werde.*

Ich nenne das *Netflix des Unglücklichseins* – Unglück on demand. Sie wählen die dramatischsten Horrorgeschichten Ihres Lebens und klicken immer wieder auf »Play« – der niemals endende Kreislauf von zahllosen Staffeln mit zahllosen Folgen in Ihrem Kopf.

Wenn die Erinnerung einsetzt, versucht Ihr Gehirn, das Ereignis zurückzurufen, aber das ist niemals einfach. Es kann nur das im Gedächtnis Gespeicherte aufrufen, gemischt mit ein paar Annahmen, vergangenen Traumata und einer Menge Ängsten und Fehlurteilen. Es konstruiert irgendeine Story aus den Fragmenten, die es zusammenstückeln kann, und kaut darauf herum. Das veranlasst Ihr Gehirn dann zu dem Versuch, das Was, Warum und Wie zu verstehen. In seiner Analyse überschwemmt es Sie mit Schleifen von *Hätte ich doch* und *Hätte ich doch nicht.* Es versucht, das bereits Geschehene zu verändern, indem es die Vergangenheit fiktional verändert. *Wenn ich sie geküsst hätte, wäre sie nicht gegangen. Ich hätte ihr sagen sollen, dass ich sie liebe.* Auch ganz ohne Zeitmaschine wandert das Gehirn anschließend in die Zukunft. Am Mittwoch werden Sie zum Orakel. Sie sagen die Entwicklung des Universums als Ergebnis jenes kosmischen Ereignisses voraus – ihrer verletzenden Bemerkung. *Sie wird mich verlassen. Ich finde nie wieder eine neue Liebesbeziehung. Ich bleibe mein gesamtes restliches Leben allein.* Ihr erfindungsreiches Gehirn kennt keine Grenzen. Sie sagen sich, dass der Hund sterben wird, weil er nicht ohne Sie beide leben kann. Sie sehen sich obdachlos auf der Straße und Ihren Körper für Nahrungsmittel verkaufen, während sie mit ihrem großen, blonden neuen Freund vorbeigeht. Sie stellen sich vor, wie die Polizei ihren Leichnam vom Asphalt kratzt, nachdem Sie sie mit den Fingernägeln zerfetzt haben, und dann glauben Sie an diese Prophezeiungen und betrachten sie am Freitagabend als Ihr unausweichliches Schicksal.

Nichts davon ist bisher geschehen, argumentiert Ihr Gehirn, und demzufolge glaubt es, dass es die künftigen Ereignisse verändern könne. Beim Übergang zu einem neuen Ablauf von Vorhersagen stellt es sich mögliche Zukunftsszenarien vor, die es fürchtet, und andere, die es sich ersehnt. Es zergliedert sie und erstellt ausgeklügelte Handlungspläne mit *Ich sollte* und *Ich sollte nicht,* während es einen Weg aus der derzeitigen schmerzlichen Situation sucht, um die gewünschte Zukunft zu konstruieren.

Ich sollte jetzt hingehen, aber ich sollte nicht weinen. Ich sollte sie genauso betrügen wie sie mich. Ich sollte aufhören, Wein zu trinken. Ein Maschinengewehr von Gedanken, die alle darauf fokussiert sind, was zu tun und was zu lassen ist. Die meisten davon klingen entschlossen, obwohl in Wirklichkeit keiner davon auf irgendwelchen Informationen basiert, die über eine Szene aus einer romantischen Komödie hinausgehen, die Sie letzte Woche geguckt haben, oder den kostbaren Rat Ihrer Tante Marga, den sie Ihnen gegeben hat, als Sie mit 14 von einem Mitschüler gemobbt wurden.

Das *Ich sollte* und *Ich sollte nicht* wird dann von einer Welle von Sorgen unterbrochen, also macht Ihr Gehirn ein Kriegsspiel aus der Situation. Es verwandelt sich in einen mit allen Wassern gewaschenen General und entwickelt hochkomplexe Was-wäre-wenn-Szenarien. Jedes mögliche Szenario wird mit dem einzigen Zweck analysiert, Schwachstellen in dem *Ich sollte* aufzuspüren und Sie von falschen Handlungen abzuhalten in der Besorgnis, dass diese zu Ihrem Untergang führen. *Was, wenn ich sie jetzt anrufe und merke, dass sie bereits mit ihm zusammen ist? Was, wenn sie gerade leidenschaftlichen Sex haben, wenn ich mit meinem weniger attraktiven Körper auftauche? Was, wenn sie unter Amnesie leidet wie in diesem einen Film und sich nicht an ihre frühere Liebe erinnert? Was, wenn ich damit drohe, den Hund zu nehmen, und dann fängt der Hund an zu sprechen und entscheidet sich für sie? Was, wenn der Hund auch in diesen Betrug involviert ist?* Jedes *Was, wenn* wird von einem passenden *Ich sollte* gefolgt. *Was, wenn sie mich schlägt? Ich sollte ihre Hand in der Bewegung festhalten. Was, wenn sie mich küsst? Ich sollte sie bremsen und ihr sagen, dass ich gekränkt bin, und sie dann verpflichten, mir in den nächsten 13 Wochen morgens meinen Kaffee zu machen.*

Finden Sie, das klingt verrückt? Ist es auch, aber es ist das, was in unserem Gehirn passiert, wenn wir unter Stress pausenlos grübeln.

Nehmen Sie sich jetzt einige Minuten Zeit und denken Sie über Ihre eigenen Gedankenmuster nach, wenn Sie gestresst sind. Rufen Sie sich einen Moment ins Gedächtnis, als Ihre Gedanken sich überschlugen, und versuchen Sie, die oben genannten Muster in Ihrem Gedankenstrom auszumachen. Erkennen Sie sie?

Denken Sie nun darüber nach, über wie viele Kreisläufe sich das normalerweise erstreckt. Erinnerungen an die Vergangenheit, Schleifen von *Hätte ich doch*, Vorausblicke in die Zukunft und Schleifen von *Was, wenn* wiederholen sich kreislaufartig – nutzlose Gedanken, die in hoch aufgeladenen Strömen erfolgen. Jeder Gedanke scheint scharf auf das vorliegende Thema fokussiert, aber keiner scheint brauchbar zu sein. Keiner holt Sie aus dem Dilemma, in dem Sie feststecken.

Solche Gedanken zirkulieren manchmal tagelang, wochenlang oder so lange, wie es eben dauert. Sie werden höchstwahrscheinlich so lange weiterkreisen, bis entweder die Welt sich verändert und Ihnen gibt, was Sie wollten – er oder sie erscheint auf einem weißen Pferd, um sich zu entschuldigen –, oder bis Sie die Verantwortung übernehmen und den Wahnsinn Ihres schurkischen Gehirns aufhalten, indem Sie eine Nachricht schreiben: »Was du da am Freitag gesagt hast, hat mir wehgetan. Können wir bitte beim Abendessen mal darüber reden?«

Normalerweise sind Sie ein logisch denkender Mensch. Sie haben alles Nötige, um Herausforderungen konstruktiv und wirksam zu meistern. Warum verfangen Sie sich dann, wenn Sie unter Stress stehen, in diesen Endlosschleifen? Um zu verstehen, warum wir auf so völlig andere Denkschienen geraten, sollten wir mit den Grundlagen dessen beginnen, was Gedanken eigentlich sind.

Warum denken wir?

Denken ist jene eine menschliche Eigenschaft, die unsere Spezies an die oberste Position der Nahrungskette versetzt hat. Es half uns, unser Dorf vor Raubtieren zu schützen und den Ackerbau zu erlernen, und es hilft uns heute immer noch, ein paar nützliche und jede Menge nutzlose Dinge zu erfinden. Wir Menschen können einige echt eindrucksvolle Sachen. Wir können ein komplexes Problem auf seine Grundbestandteile herunterbrechen, die benötigten Daten zusammentragen, Annahmen treffen, tiefgehend analysieren, um eine Antwort zu finden, und diese dann unseren Mitmenschen klar kommunizieren.

Wir können unsere Gedanken sogar in Realität verwandeln. Durch ein tiefgehendes Verständnis der Quantenphysik – wo wir schon von komplexen Gedanken sprechen – können wir präzise Laserkanonen erfinden, um Innovationen zu schaffen, von denen unsere Großmutter nicht mal zu träumen gewagt hätte. Wir können Gedanken zu Papier bringen, so wie ich es hier tue. Wir können lesen, um voneinander zu lernen, ohne uns je zu begegnen, und wir können dann zustimmen oder anderer Meinung sein, ohne je zu kommunizieren. Das ist wirklich beeindruckend, und doch geraten ebendiese Gehirne immer noch oft in sinnlose Gedankenkreisläufe wie jene, von denen wir unter Stress regelrecht besessen sind. Welche Gemeinsamkeiten bestehen zwischen dem Erfinden einer Waffe, dem Erlernen des Ackerbaus oder dem nächtlichen Wachbleiben und Nachgrübeln über etwas, das die Freundin gesagt hat?

Die Muster unterscheiden sich zwar, aber die Gründe für unser Denken sind immer dieselben.

Nicht vergessen! Denken ist ein Überlebensmechanismus.

In ihrer ganz ursprünglichen Form existieren unsere Gedanken nur aus einem einzigen Grund: um die Umgebung zu analysieren, die wir anhand unserer Sinnesorgane wahrnehmen – Augen, Ohren und so weiter –, damit wir unseren Sicherheitsstatus einschätzen und Pläne entwickeln oder Maßnahmen ergreifen können, die unsere Situation verbessern.

Unsere Evolution zu modernen Menschen hat uns dieses Denken offenbar so weit vorantreiben lassen, dass wir iPhones erfinden konnten – eine Form des Überlebens in einer kapitalistischen Welt, in der das Erfinden von Produkten uns Geld verdienen und Status gewinnen lässt. Es lässt uns Beziehungen und Liebesverhältnisse analysieren – um das Überleben in unserem Liebesleben zu gewährleisten. Denken lässt uns ausgeklügelte Argumente ersinnen, um unsere Ideologien zu verteidigen, mit unserem Fußballclub anzugeben und hochwertige oder einfach alberne Social-Media-Beiträge zu schaffen, die andere beeindrucken und uns Beliebtheit verschaffen, was uns einen angesehenen Platz im Stammesverbund sichert und für das Überleben unseres Egos sorgt.

Jeder Gedanke, den Sie denken, hat den Zweck, Ihre Pläne voranzutreiben und Ihre Chancen auf ein besseres Leben zu erhöhen. Das mag ein wenig abweichen von der Art Überleben, auf die Ihre Vorfahren sich konzentriert haben – den Fängen eines Säbelzahntigers zu entkommen –, aber auf der ganz grundlegenden Ebene dient es trotzdem keinem anderen Zweck.

Ich weiß, das, was ich oben geschrieben habe, mag nicht dem entsprechen, wie Sie traditionell die Gründe hinter dem Denkprozess auffassen. Deshalb lade ich Sie ein, sich ein paar Minuten lang jeden einzelnen Ihrer Gedanken vorzunehmen und sich zu fragen, welchen impliziten Nutzen

Sie davon haben, ihn zu denken. Fragen Sie sich, inwiefern dies Ihre Pläne voranbringt, integriert zu werden, Ressourcen zu gewinnen, sich sicherer zu fühlen und so weiter. Denken Sie dann darüber nach, wie all diese Bedürfnisse im Grunde darum kreisen, Ihnen die Möglichkeit eines besseren, sichereren Lebens zu geben oder die Dinge zu schützen, die Sie für Ihre Lebensweise als wichtig erachten. Ja, nichts davon hat streng genommen mit dem Überleben zu tun, da stimme ich Ihnen zu. Nennen wir es also eine privilegierte Form des Überlebens in einer viel sichereren, moderneren Welt.

Die Art unserer Gedanken unterscheidet sich aber auch je nach dem Kontext, dem sie dienen. Wenn Sie sich für ein Date mit jemand Neuem fertig machen, sind Sie ein bisschen zielstrebiger und organisierter. Sie rufen sich Ihre vorhergehenden Gespräche in Erinnerung und sammeln vielleicht ein paar interessante Gesprächsthemen. Wenn Sie jedoch spüren, dass das Treffen nicht gut läuft, beginnt sich die Beschaffenheit Ihrer Gedanken zu ändern. Vielleicht werden Sie etwas reaktiver und weniger planvoll. Falls Sie in einer Beziehung waren und es eine Zeit lang stressig war, werden Sie sogar noch erratischer und defensiver in Ihrem Denken, wobei Sie vergessen, dass Ihr neues Date ein ganz anderer Mensch ist. Je mehr Stress Sie empfinden, umso panischer werden Ihre Gedanken. Das liegt natürlich daran, dass Stress unser Urteilsvermögen trübt und uns Gefahren übertreiben lässt. Indem es die Dinge größer wirken lässt, als sie sind, gibt Ihr Gehirn sein Bestes, um noch ein bisschen mehr sicherzustellen, dass die wahrgenommene Gefahr von seinen Plänen für Ihre Sicherheit berücksichtigt wird. So ist es einfach sicherer. Das ist ein bisschen so wie die Leute, die Lebensmittel horten, wenn in den Nachrichten ein Schneesturm angesagt wird. Auf diese Weise sorgen unsere panischen Gehirne dafür, dass wir nicht in die Bredouille geraten und verhungern, obwohl der Schneesturm in Wirklichkeit vielleicht nur einen Tag lang für Probleme sorgt. Es ist wirklich eine merkwürdige Reaktion, aber eine gute Illustration dessen, wie dumm unser Stresszustand uns macht, wenn wir mal darüber nachdenken.

Nicht vergessen!

Wahrgenommene Gefahren wirken im Stressspiegel größer, als sie sind.

Aus der Stressgleichung wissen Sie, dass der von uns empfundene Stress nicht das Ergebnis einer Schwierigkeit ist, der wir ausgesetzt sind. Er ist das Ergebnis der Differenz zwischen der Intensität dieser Schwierigkeit und unserer Fähigkeit, sie zu bewältigen. Einfach ausgedrückt: Der Besitz von ein bis zwei Tüten Nudeln versetzt Sie in die Lage, die schneebedingte Sperrung von zu den Geschäften führenden Straßen als kein Problem zu betrachten. Fühlen Sie sich jedoch gestresst und Ihr Gehirn erkennt, dass Sie möglicherweise nicht mit der vorliegenden Schwierigkeit zurechtkommen, erfüllen Sie die Kriterien der klassischen Definition von Angst. Auch das ist vorhersagbar, sogar algorithmisch, wenn Sie wirklich verstehen, was passiert.

Halten Sie den Gedanken fürs Erste fest. Ich möchte auf die Vorhersagbarkeit der anderen Emotionen zu sprechen kommen, die unseren Stress verstärken. All jene Emotionen, die wir empfinden, wenn wir vor Problemen stehen – also Sorge, Angst, Beklemmung und Panik –, beginnen mit Gedanken und können in Formeln ausgedrückt werden, aber das mache ich im nächsten Kapitel, wenn wir Emotionen und die Mathematik – ja, Mathematik – besprechen, die unser Empfinden steuern.

Bleiben wir vorerst bei den Gedanken.

Wer denkt?

Bei allem bisher Besprochenen haben wir uns auf Ihre Gedanken als Ihnen gehörend bezogen. Als wären Sie derjenige, der denkt. Aber jetzt kommt der große Schocker: Das stimmt nicht.

Nicht vergessen! Sie sind nicht derjenige, der denkt!

Sehen Sie? In der westlichen Kultur wird jene kleine Stimme in Ihrem Kopf, die Ihnen jeden Gedanken mitteilt, betrachtet als »Sie, die sich selbst sagen, was zu tun ist«. Dieses Konzept ist so tief in uns verwurzelt, dass wir es nie ernsthaft infrage stellen. Doch ein Moment der Kontemplation könnte Sie dieses Konzept von Grund auf anzweifeln lassen.

Wenn diese kleine Stimme Sie selbst wären und mit sich sprächen, warum dann überhaupt sprechen? Haben Sie schon mal darüber nachgedacht? Wären Sie es selbst, wüssten Sie instinktiv, was sie Ihnen sagen will. Wären Sie Ihre Schwester, also Sie beide wären eine und dieselbe, müssten Sie niemals sprechen. Der Grund, warum Sie ihr *sagen*, dass sie nicht an Ihre Sachen gehen soll, ist, dass sie anderenfalls nicht wüsste, was Sie wollen.

Wären Sie die Stimme in Ihrem Kopf, warum spräche sie dann? Das liegt daran, dass Sie es eben nicht sind. Die Stimme in Ihrem Kopf wird von einem Dritten gesprochen, einer anderen Wesenheit, die sich erklären muss, damit Sie verstehen, was sie sagen will.

Diese Subjekt-Objekt-Beziehung wird seit den 1920er-Jahren von der Wissenschaft erklärt. Damals nannte der sowjetische Psychologe Lew Wygotsky die innere Stimme den *inneren Dialog*. Wygotsky beobachtete, dass sich beim Denken der Kehlkopf in ganz geringem Maße bewegt und dabei die Bewegungen imitiert, die beim lauten Sprechen erfolgen. Diese Beobachtung wurde von zahllosen Studien unter Verwendung von Kernspintomografie bestätigt, um zu beweisen, dass unser inneres Sprechen von denselben verbal assoziierten Gehirnbereichen produziert wird, die wir beim Sprechen mit anderen nutzen. Wenn Sie einen Gedanken verfolgen, kann diese kleine Stimme in Ihrem Kopf nur durch einen Satz erklärt werden.

Nicht vergessen! Ihr Gehirn spricht im wahrsten Sinne des Wortes mit Ihnen.

Es muss also nicht heißen »Ich denke, also bin ich«, wie unsere westliche Kultur uns in Descartes' berühmtem Ausspruch so voller Überzeugung erklärt. Sondern »Ich bin, also denke ich«, und wenn Sie ganz genau sein wollen, dann:

Sehr wichtig! Ich bin, also denkt mein Gehirn.

Jedes unserer Organe hat eine primäre biologische Funktion. Das Herz pumpt Blut durch den Körper, um Sie am Leben zu halten. Die Niere holt Giftstoffe in Form von Urin aus dem System, um Ihre biologische Form zu reinigen und am Leben zu halten. So hat auch Ihr Gehirn eine biologische Funktion, nämlich die Welt ringsherum zu beobachten, damit Sie die richtigen Entscheidungen treffen und Gefahren vermeiden können.

Keiner wacht morgens auf und glaubt, dass er das Blut ist, das durch seinen Körper gepumpt wird. Keiner glaubt, dass er das biologische Produkt seiner Nieren ist. Sosehr in unserer heutigen Gesellschaft das Denken auch glorifiziert worden sein mag, Sie sind auch nicht das biologische Produkt Ihres Gehirns.

Gönnen Sie sich den Luxus zweier stiller Minuten, um die Implikationen dieser einfachen Variation des Konzepts des Denkens zu ergründen. Wenn Sie nicht Ihre Gedanken sind, was haben diese ausführlichen Gespräche um vier Uhr früh dann zu bedeuten? Was heißt das für die abwertende Selbstkritik und für all das *Ich sollte, hätte ich doch, ich sollte nicht* und *Hätte ich doch nicht*? Was bedeutet das alles für die Beziehung zum Denkenden?

Nicht vergessen! Sie müssen nicht mehr gehorchen! Sie müssen nicht mal zuhören.

Der Gamechanger

Der Hauptgrund dafür, dass Sie von Ihren Gedanken kontrolliert werden, ist diese falsche Überzeugung, Sie wären Ihre Gedanken. Wenn Sie das sind, müssen jene Gedanken richtig sein. Sie verdienen Ihre Aufmerksamkeit und Sie sollten wohl besser tun, was sie Ihnen sagen. Das ist der größte Mythos, der die Menschheit seit dem Auftreten der Depression heimgesucht hat. Wir lassen es zu, dass unsere Gedanken die Führungsrolle einnehmen. Nichts wird unser Leben mehr verändern als eine Umkehr dieses Spiels.

Da Ihr Gehirn in allererster Linie ein Überlebensmechanismus ist, neigt es stark zum Negativen. Wäre in der Wildnis ein Tiger hinter Ihnen her, hätte Ihr Gehirn kein Interesse daran, Sie auf das majestätische Aussehen dieses Tiers hinzuweisen. Das Spiel der Muskeln, seine Eleganz und seine Farbgebung wären kein Thema für den inneren Dialog. Ihr Gehirn wäre nicht daran interessiert, wie wunderhübsch die Blumen im Hintergrund sind oder wie beruhigend das ferne Vogelgezwitscher. In stressigen Zeiten ignoriert das Gehirn jeden anderen Gedanken außer: *Lauf!*

Wohlgemerkt, alle anderen Gedanken sind *ebenfalls* richtig, aber die Negativitätstendenz Ihres Gehirns sorgt dafür, dass Ihr Fokus auf dem bleibt, was nicht in Ordnung ist, und das beschränkt sich nicht nur auf Tiger. Es umfasst jeden einzelnen Aspekt Ihres Lebens. Ihr Gehirn – nicht vergessen, das ist eine dritte Partei – zielt immer exakt auf das, was falsch laufen könnte.

Danke, Gehirn, dass du versuchst, meine Sicherheit zu bewahren, aber könntest du bitte auch versuchen, mein Glück zu bewahren, zumindest wenn die Gefahr wirklich nicht der Aufregung wert ist?

Achten Sie auf Ihre Sprache

Da unser Verstand in unserem Kopf tagein, tagaus mit uns redet, liegt die Annahme nahe, wir verstünden, was er uns sagt. Wir glauben sogar, dass wir nichts besser verstehen als unseren eigenen Verstand. Doch das könnte gar nicht weiter von der Wahrheit entfernt sein.

Beim Sprechen haben unsere Gedanken drei entscheidende sprachliche Hindernisse, die sie extrem unpräzise machen. Wenn andere mit uns reden, streiten wir oft darüber, ob es wahr ist, was sie sagen, oder wenigstens nehmen wir nicht immer alles für bare Münze. Sprechen dagegen unsere Gedanken, kaufen wir ihnen alles ab. Zu lernen, die Fehler in der Kommunikation unseres Verstands aufzuspüren und sie so zu justieren, dass sie der Wahrheit möglichst nahekommen, ist der wichtigste Sprachkurs, den Sie jemals brauchen werden. Achten Sie auf dreierlei:

1. Ihr Verstand kommuniziert seine Überzeugungen, ehe er sie auf ihre Richtigkeit überprüft.
2. Ihr Verstand kommuniziert, was andere ihm gesagt haben, ohne deren Glaubwürdigkeit infrage zu stellen.
3. Ihr Verstand übertreibt, um Ihre Aufmerksamkeit zu erregen.

Nicht vergessen!

Ihr Gehirn weist Sie lieber auf Dinge hin, die vielleicht gar nicht wahr sind, aber eine Gefahr darstellen könnten, als eine Warnung auszulassen und dabei eine echte Gefahr zu übersehen.

Das ist kein Defekt in der Funktionsweise unseres Gehirns. Es ist ein Gestaltungsmerkmal, und so gesehen auch ein gutes. Wenn es um Ihre Sicherheit geht, gibt es keinen besseren Verbündeten, aber wenn es darum geht, Sie oft unnötigerweise unter Stress zu setzen, müssen Sie die Verantwortung übernehmen, aufmerksam sein, gut zuhören und die Sprache fließend beherrschen, in der Ihr Gehirn spricht, um auseinanderhalten zu können, was eine echte Gefahr darstellt, gegen die Sie etwas unternehmen müssen, und was nichts weiter ist als ein unbegründeter lautstarker Alarm, der keinem anderen Zweck dient als dem, Ihnen unnötig Stress zu machen. Das Geheimnis für das Aufspüren dieses Unterschieds besteht darin, die primäre Funktion Ihres genialen Gehirns zu verstehen.

Der Feueralarm

Die beste Analogie für die Funktionsweise unseres Gehirns, besonders in Stresssituationen, ist der Vergleich mit einem Feueralarm. So laut er auch sein mag, wir mögen den Feuermelder. Er sorgt für unsere Sicherheit. Er mag aufdringlich sein, immer im falschen Augenblick losgehen und sich häufig irren, was die Einschätzung von Gefahr angeht, und dennoch schätzen und respektieren wir ihn. Wir gestehen ihm seine Irrtümer zu und handeln im Einklang mit seinem beabsichtigten Zweck. Wenn der Feueralarm losgeht, verlassen wir das Gebäude, überprüfen, ob es wirklich brennt, und ergreifen dann die entsprechenden Maßnahmen.

Die stressauslösenden Gedankenkreisläufe Ihres Gehirns sind dasselbe wie das wiederholte laute Schrillen des Feueralarms.

Wenn Sie sich entscheiden, an Ort und Stelle zu bleiben und dem Lärm zuzuhören, so wie wenn Sie stundenlang den stressigen Gedankengängen zuhören, die in Ihrem Kopf brüllen, wird der Krach Sie foltern, treibt Sie in den Wahnsinn und möglicherweise verbrennen Sie sogar.

Sie werden mir wohl zustimmen, dass dies nicht die klügste mögliche Reaktion ist. Fragen Sie sich also: Warum reagieren wir so auf die stressauslösenden Gedankenkreisläufe?

Noch verrückter ist es, wie wir uns verhalten, wenn der Alarm aufhört. Im Netflix des Unglücklichseins holen wir den Gedanken zurück, als würden wir ein Feuerzeug unter den Alarmsensor halten, um uns noch mal mit dem Krach zu foltern.

Die drei Anker der Vernunft

Wenn Ihre Gedanken nicht Ihre eigenen sind, sondern lediglich das biologische Produkt Ihres Gehirns, und wenn sie einen primären Zweck haben – für Ihre Sicherheit zu sorgen –, dann ist der kürzeste Weg zur Beendigung von mentalem Stress ein Umgang mit der Situation, als würden Sie auf einen Feueralarm reagieren.

Dieser Ablauf, den ich als die **drei Anker der Vernunft** bezeichne, gibt Antwort auf drei einfache Fragen:

Stimmt es?

Was kann ich dagegen unternehmen?

Kann ich es akzeptieren und etwas tun, damit mein Leben trotzdem besser wird?

Stimmt es?

In ihrem legendären Buch *Lieben, was ist* spricht Byron Katie über das, was sie »die Arbeit« nennt – den Denkprozess, den man für ein entspannteres, glücklicheres Leben durchlaufen sollte. Welche Herausforderungen auch immer Ihnen in Ihrem Leben begegnen, sie empfiehlt, ihnen zunächst mit einer Frage entgegenzutreten: Stimmt es?

Betrachten wir ein paar Beispiele:

Das Ereignis: Ihr Chef besteht darauf, dass der Bericht, den er verlangt hat, am Montag fertig ist.
Der Gedanke: *Er ist unsensibel. Ich bin ein freier Mensch. Ich komme damit nicht mehr klar.*

Das Ereignis: Der Verkehr kriecht langsamer als sonst.
Der Gedanke: *Ich komme zu spät zu meinem Meeting.*

Das Ereignis: Sie haben mit einem Partner Schluss gemacht, der nicht gut zu Ihnen passte.

Der Gedanke: *Ich finde nie jemanden, der zu mir passt. Ich bleibe mein Leben lang allein.*

Bei den meisten Menschen gibt es ein recht ähnliches Muster: Ein Gedanke wird durch ein Ereignis ausgelöst, das durch die Linse ganz eigener zurückliegender Erfahrungen und konditionierter Überzeugungen betrachtet wird. Wenn das geschieht, analysieren wir das Ereignis nicht mehr, sondern fokussieren uns auf die einzige Referenz, über die wir verfügen – unseren Gedanken –, und genau darin liegt der erste unserer stresserzeugenden Gedankenfehler. Der Gedanke ist fast nie eine exakte Spiegelung des tatsächlichen Ereignisses.

Nicht vergessen! Unsere Gedanken sind ein Cocktail der Ereignisse, die sie auslösen, gemixt mit unseren Annahmen, Emotionen, vorherigen Erfahrungen, Traumata, jeder Menge Fiktion aus Filmen, die wir gesehen haben, einem großen Schuss Negativem, das wir in den Nachrichten gehört haben, und einem Spritzer unserer größten Sorgen, Ängste und Befürchtungen.

Ihr Chef braucht diesen Bericht möglicherweise dringend, um Ihre Beförderung zu besprechen, hat möglicherweise etwas anderes gemeint, als Sie verstanden haben, ist möglicherweise wirklich sauer, dass Sie so spät dran sind, obwohl er schon eine Woche zuvor in einer Mail danach gefragt hat, die Sie nicht bekommen haben, steht möglicherweise selbst unter Druck von seinem Vorgesetzten, wollte Sie möglicherweise auf etwas für Ihren Erfolg Wichtiges hinweisen, das in diesem Bericht zu finden sein könnte, und doch wählt Ihr Gehirn das Worst-Case-Szenario als den Gedanken aus, den es Ihnen präsentiert, ohne einen Beweis für seine Richtigkeit vorzulegen.

Ich liebe meine Tochter Aya über alles und ich glaube, sie liebt mich auch. Ein Blick in unseren WhatsApp-Chat, wenn wir nicht zusammen sind, ist der unstrittige Beweis dafür. Herzchen, Witze und das explizite *Ich hab dich lieb* und *Vermiss dich* finden sich fast auf jeder Seite. Sie ist wunderbar, und ich habe mich im Laufe der Jahre zu einem guten Vater entwickelt, also warum sollten wir einander nicht sehr lieben? Und doch erinnere ich mich lebhaft daran, wie sie mich mal in ihre Wohnung zum Frühstück eingeladen hat und wir uns über irgendetwas Dummes gestritten haben, wie alle Menschen das gelegentlich tun. Das Gespräch wurde hitzig, deshalb sagte ich: »Schatz, lass mich mal einen Kaffee holen gehen, um über die Sache nachzudenken, und dann können wir weiter darüber diskutieren, wenn wir uns beide ein bisschen beruhigt haben.« Als ich das Haus verließ, präsentierte mir mein Gehirn, geprägt von dem Streit, wie Gehirne es häufig sind, diese Aussage: *Aya liebt dich nicht mehr.*

Ich blieb mitten auf der Straße stehen und sagte laut mit ärgerlicher Stimme wie ein Geistesgestörter zu meinem Gehirn: »Was zum Geier hast du gerade gesagt? Welchen Beweis hast du für diese Behauptung? Was gibt dir das Recht, so eine Äußerung zu machen, die mir den Tag versauen könnte und die Beziehung zu meiner wunderbaren Tochter, ohne dass du entsprechende Belege vorlegen kannst?«

Ich weiß, diese Reaktion mitten auf der Straße lässt mich etwas verrückt wirken, aber ich versichere Ihnen, das war viel weniger verrückt, als zuzulassen, dass mein Gehirn mich mit solchen Lügen vergiftet. Denken Sie darüber nach. Manchmal ist es das Klügste, Ihrem Gehirn Einhalt zu gebieten.

Nach ein paar kompromisslosen Auseinandersetzungen mit meinem Gehirn während der letzten Jahre hat es tatsächlich gelernt, Verantwortung zu tragen. Zu reflektieren, was es da gerade raushauen will, ehe es spricht. Das macht die Stimme in meinem Kopf wesentlich vernünftiger, einfach weil sie weiß, dass ihre Worte gründlich geprüft und nicht einfach hingenommen werden. Die Grundlage für diese Überprüfung ist eine einfache Frage, die Sie jedes Mal wiederholen können, wenn Ihr Gehirn aus dem Ruder läuft und Ihnen einen Gedanken vorlegt, der Sie ärgern oder stressen könnte. Ehe Sie zerbrechen und Stunden damit zubringen, einen Gedanken wiederzukäuen, fragen Sie: *Stimmt es?*

Stimmt es, dass Ihr Chef unsensibel ist? Stimmt es, dass die zankenden Regierungen der Welt sich endlich auf eine einzige Sache geeinigt haben, nämlich ihre Leute umzubringen? Stimmt es, dass Sie ein Prophet sind und Ihr Traum eine Botschaft des Göttlichen ist, der Ihnen gesandt wurde, um Sie auf den bevorstehenden Weltuntergang hinzuweisen?

Unsere festen Überzeugungen und die Geschichten, die wir uns selbst erzählen, sind oft viel mächtiger als die Realität. Das können Sie gut bei einem Streit zwischen zwei beliebigen Menschen beobachten, die über ihre Überzeugungen, Politik oder Ideologie diskutieren. Keiner von beiden gibt nach oder hört dem Standpunkt des anderen auch nur zu. Sie halten an ihren Ansichten und fest verankerten Überzeugungen fest. Sie warten, dass der andere etwas sagt, und ohne auch nur ein Wort verstanden zu haben, bombardieren sie ihn dann mit einer Klischeeantwort, die vollständig auf ihrer eigenen Sichtweise beruht.

Wenn ich *sie* sage, dann meine ich natürlich ihre Gehirne.

Wie unsere Gehirne mit den Ansichten anderer umgehen, wenn diese nicht mit unseren eigenen übereinstimmen, entspricht genau dem, wie sie mit uns umgehen, wenn *wir* ihnen widersprechen. Man kann ihnen dafür keine Schuld geben; sie müssen das glauben, was sie glauben, um mit Überzeugung etwas dagegen zu tun. Wenn sie im Zweifel sind, könnten sie zögern, Sie machtvoll voranzutreiben. Ihr nerviges Herumstreiten ist ihnen keine Hilfe, besonders wenn sie in Panik geraten, weil *sie glauben*, dass irgendeine Gefahr unmittelbar droht.

Wenn von all den Hunderten schlimmen Träumen, die Sie in Ihrem Leben hatten, keiner auch nur eine Chance hatte, wahr zu werden, woher nimmt Ihr Gehirn dann seine übersinnlichen Kräfte?

Warum ist dieser Traum anders?, fragen Sie Ihr Gehirn. Wenn kein Beweis vorgelegt wird, ist es meiner Ansicht nach nur fair, Ihrem Gehirn zu sagen, es soll die Klappe halten und aufhören, Sie zu stressen und Ihnen den Tag zu verderben, so wie ich es gemacht habe, als mein Gehirn mir sagte: *Aya liebt dich nicht.*

Es ist in Ordnung, ein bisschen gestresst zu sein wegen etwas, das Ihre Aufmerksamkeit tatsächlich verdient, aber Ihr Leben mit wiederkehrenden Sorgen und Stress zu verbringen wegen Dingen, die nicht mal stimmen, ist eine absolute Vergeudung Ihrer wertvollen Zeit.

Nicht vergessen! Wenn ein Gedanke nicht stimmt, lassen Sie ihn fallen.

Aber was ist, wenn er stimmt?

Was kann ich dagegen unternehmen?

Es ist Feueralarm, wissen Sie noch? All diese negativen Emotionen sollen Sie lediglich warnen, dass etwas Ihre Aufmerksamkeit verlangt, Ihr Handeln erfordert.

Wenn es brennt und Sie das mit der Frage *Stimmt das?* bestätigen können, bleiben Sie nicht einfach da sitzen. Unternehmen Sie etwas dagegen.

Beim Handeln geschieht zweierlei: Erstens beginnen Sie, sich mit der Problemlösung zu beschäftigen, was eine sehr nützliche Art des Denkens ist, die Ihren Verstand aus dem stressigen Gedankenkreislauf herausholt, und zweitens verbessert das Handeln selbst natürlich sehr wahrscheinlich Ihr Leben.

Ihr Gehirn will nichts weiter, als dass Sie in Sicherheit sind, und wenn Sie den Alarm ignorieren, was tut es dann? Ihr Gehirn lässt ihn weiter schrillen, lauter und lauter, und wenn Sie ihn weiterhin ignorieren, probiert es alle möglichen weiteren Dinge, um Ihre Aufmerksamkeit zu erlangen. Zuerst sagt es Ihnen, dass etwas nicht in Ordnung ist, dann beginnt es, die Geschwindigkeit zu erhöhen, die Gedanken prasseln immer schneller auf Sie ein, und wenn Sie dann immer noch nicht reagieren, bringt es jeden anderen negativen Gedanken hervor, den es nur finden kann. Es weckt Sie um vier Uhr früh, weil es wirklich glaubt, dass das von Ihnen ignorierte Problem nicht länger warten kann. Schneller, lauter und überall. Das ist Ihr kognitiver Stress. Nehmen Sie den Anruf an. Lassen Sie Ihr Gehirn wissen, dass Sie die Botschaft erhalten haben, dann entspannt es sich und hört auf.

Nehmen wir ein einfaches Beispiel: Ihr Gehirn bringt den Gedanken auf *Ich bin nicht bereit für die Präsentation am Freitag,* und diese Behauptung stimmt tatsächlich. Statt Stunden damit zu verbringen, sich auszumalen, wie beängstigend die Situation für Sie ist, nutzen Sie die Zeit, einen Plan zu entwickeln, wie Sie sich vorbereiten können. Sagen Sie andere Termine ab, um Zeit für die Vorbereitung zu gewinnen. Rufen Sie jemand Vertrauenswürdigen an und bitten Sie ihn um Hilfe, oder nehmen Sie einfach Kontakt zu der Person auf, die die Präsentation erwartet, und bitten Sie um eine Verschiebung auf einen späteren Zeitpunkt. Sobald Sie sich in Richtung der Lösung des Problems bewegen, das Ihr Gehirn vorlegt, reagieren Sie auf den Feueralarm. Das lässt Ihr Gehirn zur Ruhe kommen und hilft Ihnen gleichzeitig, die Situation zu verbessern. Im selben Moment, da Sie zu einer problemlösungsorientierten Denkweise übergehen, beginnen Sie die Dinge zu verbessern, und – puff! – ist das Feuer weg.

Nicht vergessen! Der kürzeste Weg zur Vermeidung von Stress ist, gegen das vorzugehen, was Sie stresst.

Unterschiedliche Ereignisse erfordern unterschiedliche Vorgehensweisen. Manche Ereignisse verlangen nach einer vollständigen Lösung. Wenn Ihr Chef wütend ist, weil ein Bericht sich verspätet, müssen Sie sich hinsetzen und an diesem Bericht arbeiten. Stellen Sie ihn fertig, denn wenn Sie Gedankenkreisläufe damit verschwenden, sich Sorgen über die Verärgerung Ihres Chefs zu machen, lässt das den Bericht nicht fertig werden und wird den Chef nicht besänftigen. Wenn Sie sich komplett hineinstürzen können, tun Sie es einfach.

Für andere Ereignisse brauchen Sie lediglich eine Vereinbarung mit Ihrem Gehirn zu treffen. Vielleicht nörgelt Ihr Gehirn an Ihrem Gewicht herum und insistiert, dass Sie Diät halten sollten, weil es dies irgendwie für ein überlebenswichtiges Thema hält. Sie können den Gedanken einfach zur Kenntnis nehmen und eine Zeit festlegen, um daran zu arbeiten. Sie können Ihrem Gehirn sagen: *Okay, ich sehe ein, dass wir ein paar Kilo zugelegt haben, und ich verspreche, dass wir uns hinsetzen und einen Plan ausarbeiten, wenn wir heute Abend um sechs Uhr nach Hause kommen. Können wir jetzt bitte mit dem Arbeitstag fortfahren?* Nennen Sie mich ruhig einen schrägen Vogel, aber vertrauen Sie mir. Mit Ihrem Gehirn zu sprechen wie mit einem Sechsjährigen, funktioniert. Es will bloß wissen, dass Sie die Verantwortung übernehmen und sich bemühen, die betreffende Angelegenheit zu klären. Stellen Sie sich die Frage: *Kann ich irgendwas dagegen unternehmen?*

Nicht vergessen! Wenn Sie irgendetwas tun können, warten Sie nicht ab. Machen Sie es.

Machen Sie es selbst dann, wenn dieses Tun sich darauf beschränkt, einen Handlungsplan aufzustellen, sodass Ihr Gehirn diesbezüglich zuversichtlich sein kann.

Doch was, wenn Sie nichts tun können, um die Situation zu beheben? Dann stellen Sie sich die dritte Frage.

Kann ich es akzeptieren und etwas tun, damit mein Leben trotzdem besser wird?
Manchmal stellt das Leben Sie vor ein Problem, das Sie nicht lösen können, ein Hindernis, das Sie nicht überwinden können. Wenn der schwarze Gürtel im Kampf gegen kognitiven Stress darin besteht, mit dem Stress umgehen zu lernen, indem Sie etwas dagegen unternehmen, dann ist das Zurechtkommen mit solchen Herausforderungen der Jedi-Meistergrad. Ich nenne diesen Ansatz **ausdrückliche Akzeptanz**.

Manche Ereignisse besitzen eine Endgültigkeit, die uns hilflos macht. Einen nahestehenden Menschen zu verlieren, ist nur ein Beispiel dafür. Es gibt keine Möglichkeit, ihn zurückzuholen. Dasselbe gilt, wenn Sie Ihren Arbeitsplatz verlieren, Ihr Auto zu Schrott fahren oder den Ohrring verlieren, den Ihre Großmutter Ihnen geschenkt hat. Sie können sich selbst, anderen oder dem Leben selbst die Schuld geben, Sie können mit dem Kopf gegen die Wand schlagen, wenn Sie wollen, und wenn es nichts gibt, das Sie tun können, um Ihren Arbeitsplatz zurückzubekommen, das Auto zu reparieren oder den Ohrring wiederzufinden, dann hat das Leben bereits für Sie entschieden.

Nicht vergessen! Lernen Sie zu akzeptieren.

Lernen Sie zu akzeptieren, was Sie nicht verändern können, einfach weil es dumm ist, Ihr Leben und Ihre Mühe zu verschwenden, wenn Sie wissen, dass es ist, wie es ist. Aber hören Sie an dieser Stelle nicht auf.

Nicht vergessen! Lernen Sie, verbindlich zu sein.

Lernen Sie, verbindlich das zu tun, was Sie können, um die Lage trotz oder sogar wegen der Herausforderungen zu verbessern. Sie können möglicherweise nicht reparieren, was kaputtgegangen ist, aber mit Sicherheit können Sie etwas Neues rund um den Verlust schaffen.

In der japanischen Kunst des Kintsugi aus dem 15. Jahrhundert, was wörtlich »sich mit Gold verbinden« bedeutet, geht es um das Reparieren von Kaputtem. Doch der Kintsugi-Künstler versucht nicht, die Risse zu verbergen. Vielmehr werden die Risse sichtbarer gemacht, indem sie mit Lack repariert werden, der mit Gold-, Silber- oder Platinpuder bestäubt oder vermischt wird. Das soll daran erinnern, optimistisch zu bleiben, wenn Dinge zerbrechen, und diese Makel und Fehler des Lebens zu feiern. Statt am Bisherigen festzuhalten, kann diese wunderbare Kunst Sie vielleicht dazu einladen, das Schönheitspotenzial von etwas zu erkennen, das kaputtgegangen ist. Sehr inspirierend.

Unvollkommenheit besitzt Schönheit. Genau genommen liegt die Schönheit nur in der Unvollkommenheit, wenn man mal darüber nachdenkt, denn nichts ist jemals wirklich perfekt. Das lehrt die japanische Philosophie des Wabi-sabi, auf der Kintsugi beruht.

Das Leben ist nie perfekt oder erfüllt zumindest nie Ihre Erwartungen an Perfektion. Leisten Sie Widerstand dagegen, so sind Ihre Mühen vergeblich. Akzeptieren Sie es, so können Sie sich auf das konzentrieren, worauf Sie Einfluss haben, und Energie und Mühen sparen. Sind Sie verbindlich, so lenken Sie diese Energie in die Schaffung eines maximal erfüllten Lebens.

Als mein wunderbarer Sohn Ali diese Welt verließ, wurden wir gefragt, ob eine Autopsie an Alis Leichnam durchgeführt werden dürfe, und seine unglaublich weise Mutter fragte daraufhin: *Bringt uns das Ali zurück?*

Diese eine Frage definierte unseren gesamten Trauerprozess. Sie verankerte uns fest in der Wahrheit. Sie ließ uns binnen weniger Stunden nach Alis Verlust erkennen, dass keine unserer Handlungen ihn je zurückbringen würde. Es beschleunigte unseren Weg durch die fünf Phasen der Trauer hin zur Akzeptanz. Akzeptanz ist kein Zeichen von Schwäche; sie ist keine Form des Aufgebens. Sie ist ein Zeichen von Stärke, ein Anerkennen der neuen Realität des Lebens, das uns darauf vorbereitet zu erkennen, was wir nicht mehr beeinflussen können, und dass wir uns infolgedessen auf das konzentrieren sollten, was wir tatsächlich ändern können.

Das meine ich mit *Verbindlichkeit.* Zwei Tage nach Alis Tod kam seine Schwester Aya zu mir und sagte: »Papa, es gibt da etwas, das du wissen solltest. Vor zwei Wochen hat Ali mich angerufen und mir erzählt, dass er etwas geträumt hat. Er hat geträumt, dass er überall und Teil von jedem war. Er sagte, das hat sich so großartig angefühlt, dass er sich beim Aufwachen wünschte, nicht mehr auf seinen physischen Körper beschränkt zu sein.« Mit meinem seinerzeit verschwommenen Denken und meiner Führungsausbildung hörte ich aus Ayas Worten lediglich heraus, dass mein Sohn, der auch mein Coach und Mentor war, mir ein Ziel setzte. Ich hörte Aya sagen: »Ali sagt dir, du sollst seine Essenz überallhin bringen und jedem seine Lernbotschaft vermitteln.« Damals war ich seit sieben Jahren bei Google. Ich wusste sehr gut, wie man Milliarden Menschen erreicht, und so reagierte mein Gehirn zum Beben meines Herzens, indem ich sagte: »Natürlich, *habibi* [arabisch für »Liebling«]. Wird erledigt.« Also, ich weiß nicht, ob Sie glauben, dass dies wirklich ein mir von meinem Meister gesetztes Ziel war, und um ganz ehrlich zu sein, es spielt auch keine Rolle. Wichtig ist nur, dass ich aufstand, um in meinem ersten Buch *Die Formel für Glück* alles aufzuschreiben, was er mich gelehrt hatte. Ich rief OneBillionHappy.org ins Leben, um seine Botschaft zu verbreiten, und kündigte bei Google, um in meinem Buch *Scary Smart* offen über künstliche Intelligenz sprechen zu können und darüber, wie sich die Menschheit verändern muss. Ich habe nie zurückgeschaut. Ich bin auf einer Mission, die mich immer noch vorantreibt und mein Leben heute vollkommen definiert. Nie in meinem Leben habe ich mich derart verbindlich auf jemanden oder auf etwas eingelassen wie auf diese Mission. Vielleicht wird ein winziger Tropfen von Alis Weisheit durch meine Arbeit und das Kleine-Welt-Phänomen in vielen, vielen Jahren überall und Teil von jedem sein. Keiner weiß das mit Gewissheit, aber wissen Sie, was ich weiß? Ich weiß, dass es diese Verbindlichkeit ist, die mich davor bewahrt hat, zusammenzubrechen und kaputtzugehen. Sie hat mein Leben zu dem gemacht, was es heute ist. Sie bringt mir so viel Liebe von Hunderten und Tausenden Lesern und Followern, um die Lücke in meinem Herzen zu füllen, die Ali hinterließ, als er uns verließ und mich nicht mehr mit seiner Liebe durchtränkte.

Nichts davon bringt Ali zurück. Aber ich habe akzeptiert, dass er fort ist. Jedenfalls macht das meine Welt und das Leben zahlloser anderer an jedem einzelnen Tag besser. Es gibt mir das Gefühl, dass er nicht vergebens gestorben ist. Wenn das Leben Sie vor Herausforderungen stellt, die Ihre

Fähigkeiten zur Bewältigung übersteigen, und das wird immer mal wieder der Fall sein …

Akzeptieren Sie, was Sie nicht verändern können, und verbessern Sie die Lage dann verbindlich mit allem, was Ihnen zur Verfügung steht.

Denken Sie ein paar Minuten lang über den Jedi-Meister nach, der zu werden Sie das Potenzial besitzen. Denken Sie über Ihr eigenes Verhalten nach, wenn Sie mit einem Problem konfrontiert werden, vielleicht mit dem, das sich Ihnen gerade jetzt stellt. Beobachten Sie Ihre Denkweise und versuchen Sie festzumachen, ob irgendwelche der Sie attackierenden Gedanken noch nicht durch den Test verifiziert wurden, bei dem Sie sich fragen: *Stimmt das?* Versuchen Sie festzustellen, ob Sie in sich wiederholenden Gedankenschleifen feststecken, statt den Fokus auf das Handeln zu verlagern. Stellen Sie sich die Frage: *Was kann ich dagegen tun?* Prüfen Sie, ob irgendwelche Ihrer Probleme jenseits Ihrer Kontrolle oder Ihrer Lösungsmöglichkeiten liegen. Fragen Sie sich, ob Sie sie als Ihre neue Realität akzeptieren und trotz ihrer Gegenwart Ihr Leben verbindlich verbessern können.

Möge die Macht mit Ihnen sein.

Der Vertrag

Die drei Anker der Vernunft sind der Schachmatt-Zug im Stressspiel. Mit großer Gewissheit bringen sie Ihnen Gelassenheit und Vernunft zurück, wann immer Ihr Gehirn sich auf Abwege begibt und sich im Kreislauf stressiger Gedanken verliert.

Doch warum überhaupt abwarten, bis der Kreislauf beginnt? Wäre es nicht viel besser, wenn Sie gar nicht erst in diese schmerzlichen Schleifen stressauslösender Gedanken hineingerieten? Das ist möglich. Die Technik, die ich dafür anwende und ausführlich in meinem vorherigen

Buch erwähnt habe – *Die kleine Stimme im Kopf* –, nennt sich »der Vertrag«.

Der Vertrag ist eine sehr schlichte Vereinbarung, die Sie mit Ihrem Gehirn schließen.

Er beginnt mit der Einsicht, dass jeglicher wiederkehrende Gedanke nutzlos ist. Er quält Sie und hat doch keinerlei positive Auswirkung auf Ihre Realität. Es gibt nur zwei Arten von positiven Gedanken. Denken Sie so viele davon, wie es Ihrem Gehirn Freude macht. Dabei handelt es sich um

1. nützliche Gedanken,
2. angenehme Gedanken.

Der Vertrag verlangt, sich mit Ihrem Gehirn darauf zu einigen, dass diese beiden die einzigen Bausteine sind, die in Ihren Unterhaltungen erlaubt sind. Stellen Sie sich Ihr Gehirn wie einen alten Freund vor – einen, mit dem Sie viele Jahre verbracht haben, der Sie liebt und sich um Sie sorgt, aber einfach … manchmal nervig ist.

Stellen Sie sich einen Freund vor, der sich ständig beklagt. In einem typischen Gespräch bringt er viele Beispiele dafür vor, was mit der Welt alles nicht stimmt – und noch ein paar, auf die das nicht zutrifft, über die er aber trotzdem klagt. Dann nimmt er sich noch etwas Zeit, um Ihnen Unzufriedenheit mit sich selbst einzuflößen, versetzt Ihnen ein paar Rippenstöße und geht wieder, ohne irgendwelche Lösungen oder konstruktiven Ideen angeboten zu haben.

Was würden Sie tun, wenn Sie einen solchen Freund hätten? Würden Sie ihn einfach labern lassen oder würden Sie ihm etwas entgegensetzen? Würden Sie ihn eines Tages mitten in seinem negativen Redeschwall unterbrechen und sagen: »Warte mal. Warum musst du mir immer so ein schlechtes Gefühl geben, wenn wir zusammen sind?« Würden Sie ihm ein Ultimatum stellen? Würden Sie Ihre Bedingungen für eine Freundschaft klar benennen? Ich schon. Ich würde etwas sagen wie: »Wenn du echte Gründe für deine Besorgnis hast, bin ich für dich da und höre dir zu, aber wenn nicht, möchte ich gern dafür sorgen, dass wir unser Gespräch auf das

Positive lenken. Ich werde dir nicht mehr zuhören, wenn du all diese negativen Dinge sagst. Wenn du meine Aufmerksamkeit möchtest, sind zwischen uns beiden nur zwei Themenfelder erlaubt. Nützliche Gespräche, die etwas bewirken und einen positiven Einfluss haben, oder angenehme Gespräche, die uns beiden ein gutes Gefühl geben. Keine sinnlosen Qualen mehr.« Ich würde ihm sagen …

Sehr wichtig! Sag etwas Nützliches, etwas Angenehmes, oder halt einfach die Klappe.

Das ist genau die Art von Vertrag, die Sie mit Ihrem Gehirn schließen müssen. Ich habe das gelernt, als ich lernte, die Gehirne anderer zu »managen«. Nein, das ist keine Science-Fiction oder Zauberei. Wir alle tun das mit unseren Freunden und Kolleginnen, und zwar täglich.

Zu Beginn meiner Laufbahn tat ich mich als Führungskraft schwer, mit den Emotionen meiner Mitarbeiter umzugehen. Ein Geschäft zu führen, fand ich leicht, aber Menschen zu führen … das war kompliziert. Oft kam jemand unaufgefordert in mein Büro marschiert und beschwerte sich: »Sarah aus der Rechtsabteilung legt mir ständig Steine in den Weg. Der Kunde wartet auf die Vertragsunterlagen, und sie insistiert auf irgendwelchen Quatsch, dem der Kunde nicht zustimmen wird.«

Anfangs überforderte mich diese Negativität, und ich stieg selbst in die Beschwerden ein. Ich kannte das alles und wusste nur zu gut, wie es sich anfühlt. Manchmal ging das eine Stunde lang so, und am Ende fühlten wir uns beide hilflos und ausgelaugt. Rasch erkannte ich jedoch, dass dies weder meiner Position als Führungskraft entsprach noch die beste Nutzung meiner Zeit darstellte. Daher lernte ich, einem festgelegten Ablauf zu folgen. Sobald das Klagen begann, guckte ich auf die Uhr und stellte den Timer auf 30 Minuten. In den ersten zehn hörte ich zu und zeigte Mitgefühl. Ich fragte nach und holte weitere negative Gedanken an die Oberfläche, denn Dampf ablassen ist besser, als das Negative in sich hineinzufressen. »Wo drückt der Schuh noch?«, fragte ich, bis alles auf dem Tisch lag, und dann fragte ich zehn Minuten lang nach dem Positiven, um die ganze Wahrheit herauszufinden, nicht nur das, was schieflief. Das löste rasch einige angenehme Gedanken aus. »Was ist denn gut an der Beziehung zu Sarah und der Rechtsabteilung? Haben sie Ihnen schon mal geholfen? Engagieren sie sich? Sind sie nett? Glauben Sie, dass sie auch gestresst sind? Glauben Sie, dass sie sich für die Interessen des Unternehmens einsetzen?«

Wenn das Bild mit seinen negativen wie auch positiven Aspekten vollständig war, nutzte ich die letzten zehn Minuten, um den Fokus auf nützliche Gedanken zu legen. »Was können wir in dieser Angelegenheit tun? Wäre ein Meeting mit ihnen und dem Kunden hilfreich? Soll ich an dem Meeting teilnehmen? Könnten Sie Sarah nach den Gründen fragen, warum sie sich querstellt, und ob es Alternativen gibt, die sowohl ihre Bedürfnisse als auch die des Kunden erfüllen? Sollen wir das Einverständnis des CEO als Schlichter einholen?«

Meine Mitarbeiter erkannten das Muster und erlernten es im Handumdrehen. Wenn sie hereinkamen, befolgten sie es unaufgefordert: Zehn Minuten ging es um die Berücksichtigung ihrer Gefühle, ausgeglichen durch zehn Minuten angenehmer Gedanken, gefolgt von nützlichen Ideen. Sie haben gelernt, und Ihr Gehirn kann das auch.

Setzen Sie sich bequem hin und nehmen Sie sich ein paar Minuten, in denen Sie nicht gestört werden. Schließen Sie einige Sekunden lang die Augen, so lange, wie Sie benötigen, um sich von dem abzulösen, was Sie gerade getan haben. Dann öffnen Sie die Augen und sehen Sie sich im Raum um. Ihre Aufgabe ist, drei Dinge zu finden. Alles Weiße, jeden Buchstaben oder jede Zahl und jedes Lebewesen. Nehmen Sie sich so viel Zeit, wie die Übung braucht, und wenn Sie fertig sind, kommen Sie hierher zurück. Ich warte auf Sie.

Haben Sie es gemacht? Oder haben Sie mich einfach ignoriert und weitergelesen?

Bitte machen Sie es. Es dauert nur ein paar Minuten.

Gut. Willkommen zurück. Ich finde diese Übung faszinierend, denn obwohl viele meine Aufforderung ignorieren und weiterlesen, ignoriert niemand je, wozu er *sich selbst* auffordert. Das heißt, sobald Sie sich entscheiden, die Übung umzusetzen, weisen Sie Ihr Gehirn an, alles Weiße im Raum zu finden, und es beginnt gehorsam nach Weißem zu suchen. Ich habe noch niemanden kennengelernt, der seinem Gehirn gesagt hat, es soll nach Weißem Ausschau halten, und dessen Gehirn daraufhin erwidert hat: »Nö, ich mag Weiß nicht. Ich suche nach Grünem.«

Sie sagen Ihrem Gehirn, es soll Weiß suchen, und es sucht Weiß. Sie sagen ihm, es soll etwas recherchieren, und es öffnet Google. Sie sagen ihm, es soll ein Spiel machen, und es macht das Spiel. Selbst diejenigen, die sich zum Weiterlesen entschließen, weisen Ihr Gehirn entsprechend an, und was tut es? Lesen. Ihr Gehirn gerät nur auf Abwege, wenn Sie es unbeobachtet lassen, aber wenn Sie es zur Konzentration auffordern, gehorcht es – grundsätzlich.

Das gilt sogar in schwierigen Zeiten. Wie oft sind Sie schon zur Arbeit oder zu einer Party gegangen, wenn Sie während der ganzen Hinfahrt über etwas Ärgerliches nachgegrübelt haben? Sobald Sie eintreffen und andere Ihre Aufmerksamkeit einfordern, sagen Sie Ihrem Gehirn: »Genug jetzt, wir können auf dem Heimweg weiterjammern. Jetzt müssen wir uns erst mal konzentrieren und mit den Leuten sprechen.« Das tun Sie, und Ihr Gehirn gehorcht. Augenblicklich.

Sehr wichtig! Sie sind der Chef.

Sie können Ihrem Gehirn jederzeit sagen, woran es denken soll, und es wird Folge leisten. Bitten Sie Ihr Gehirn einfach, sanft seinen Schwerpunkt zu verlagern. Um das zu erreichen, müssen Sie Ihr Gehirn explizit darauf hinweisen, dass diese negativen Gedanken die Sache kein bisschen besser machen, und dann fordern Sie Ihr Gehirn in nur fünf Wörtern auf …

Nicht vergessen! Gib mir einen besseren Gedanken.

Nützliche Gedanken

Gibt es etwas, das ich dagegen tun kann? Oder: *Kann ich es akzeptieren und mich einbringen?* Das sind positive Gedanken, die dem Handeln Priorität einräumen und die optimistische Tendenz zeigen, dass eine Handlung, egal wie geringfügig, die Situation verbessern wird.

Nützliche Gedanken haben die unterschiedlichsten Formen – problemlösend, fragend und forschend, analysierend, wiederholend und lernend, planend sowie Aufgaben lösend und Pläne umsetzend. Die Falle, in die wir alle gelegentlich tappen, besteht darin, dass wir das unablässige Grübeln über ein zurückliegendes Ereignis für nützlich halten, weil es uns dabei hilft, aus unseren Fehlern zu lernen. Das gilt aber nur, wenn Sie diszipliniert sind, also die Fakten suchen, damit Sie sie festhalten und vollständig verinnerlichen können. Ein solches Denken ist vorwärtsgewandt und zielgerichtet. Es verbessert die Situation. Wenn Ihre Gedanken jedoch nur ein unablässiger Strom sind, der nichts weiter tut, als Ihre zügellosen Emotionen zu befeuern, bringt das keinerlei Lerneffekt mit sich. Solche Gedanken sollten gestoppt werden.

Wenn Sie vor einem Problem stehen, brauchen Sie jeden Augenblick und jeden Gehirnkreislauf, um sich auf die Verbesserung der Lage zu konzentrieren. Gerät Ihr Gehirn auf Abwege, müssen Sie es zurückholen wie einen überemotionalen Freund oder einen Mitarbeiter, der jede Menge nutzlosen Unsinn redet. Sie müssen den Kreislauf unterbrechen, wenn die Antwort auf die einfache Frage »Inwiefern trägt das Denken zur Verbesserung bei?« keinen positiven Beitrag zu Ihrem Leben leistet.

Als ich *Die Formel für Glück* in einem Kurs vor ein paar Hundert Personen vorstellte, kam in der ersten Pause mal eine Frau auf mich zu. Sie wirkte vom Leben gezeichnet und war ein bisschen sauer auf mich. »Wie können Sie nur behaupten, Glück wäre eine freie Entscheidung? Sie haben ja keine Ahnung, was mir passiert ist!« Sie hielt ein paar Sekunden inne und begann dann: »Als ich 17 war …« Sie war 67 und sah zu diesem Zeitpunkt aus wie 95. Ich sah ihr in die Augen, umarmte sie und sagte: »Sie haben die letzten 50 Jahre an einem einzigen Gedanken über dieses schreckliche Erlebnis festgehalten. Hat es funktioniert? Hat es irgendwas verändert? Hätten Sie vielleicht entscheiden können, etwas anderes zu denken?«

Wir sind verantwortlich dafür, wohin wir uns von unserem Gehirn bringen lassen. Vergeuden Sie Ihr Leben nicht mit nutzlosem Gehirngeschnatter. Weisen Sie Ihr Gehirn an …

Sehr wichtig! **Gib mir einen nützlichen Gedanken.**

Die ersten vier Tage nach Alis Tod attackierte mein Gehirn mich immer wieder mit dem Gedanken: *Du hättest ihn in ein anderes Krankenhaus bringen sollen. Du hättest ihn in ein anderes Krankenhaus bringen sollen. Du hättest ihn in ein anderes Krankenhaus bringen sollen.* Als ich erkannte, wie sinnlos dieser Gedanke war, schrie ich mein Gehirn an: *Ja! Ich hab dich gehört, Gehirn! Ich wünschte, ich hätte ihn in ein anderes Krankenhaus bringen können, aber das ging nicht. Kannst du mir einen Gedanken geben, mit dem ich etwas anfangen kann? Einen Gedanken, der die Sache tatsächlich verbessert?*

Nur diese einfache Anweisung ließ mein Gehirn ein bisschen ins Stottern geraten, ehe es immer wieder diesen Gedanken vorbrachte, und dann, nachdem Aya mir von Alis Traum erzählt hatte, überall und Teil von allen zu sein, präsentierte mein Gehirn widerstrebend diesen Gedanken: *Lass uns aufschreiben, was er uns gelehrt hat, und es der Welt mitteilen.* Ich sagte: »Ja! Das kann ich machen. Wenn sein Wesenskern, repräsentiert durch seine Lektionen, ein paar Millionen Menschen erreichen kann, dann kann ein Teil seiner Essenz in einigen Jahren durch das Kleine-Welt-Phänomen überall und Teil von allen sein.« All das war das Ergebnis eines einzigen nützlichen Gedankens.

Angenehme Gedanken

Meine Mutter sagte immer: »Arbeit allein macht auch nicht glücklich.« Ich verstand zwar nicht, welche Mutter ihren Sohn dazu anhält, weniger zu arbeiten, aber ich war ein Einser-Schüler und fand es einfach schön, zu lernen und zu studieren und Dinge zu schaffen. Ja, ich war so ein Nerd, dass ich in meinen Teenager- und Uni-Zeiten wirklich nicht viel Spaß hatte. Erst später begriff ich, dass das Leben vollständig gelebt und genossen werden sollte. Ich fand heraus, dass das Leben für einen Ausgleich sorgt, wenn wir es einfach laufen lassen. Loslassen und die Gegenwart genießen zu können, ist eine Fähigkeit, die in der heutigen Zeit rar geworden ist. Wir wollen es immer besser machen, wollen höher hinaus, und unsere Gehirne sind von Natur aus immer mit dem befasst, was fehlt, was verkehrt ist und was besser gemacht werden könnte.

Nützliche Gedanken zu haben, ist sicherlich die wertvollste und einflussreichste Fertigkeit, für die Sie Ihr Gehirn verwenden können, aber manchmal sind nützliche Gedanken gar nicht so nützlich. Entweder ist ein Problem tatsächlich nicht lösbar, oder die durch seine Lösung erzielten Verbesserungen sind die Mühe eigentlich nicht wert, die Sie hineinstecken müssten. In solchen Situationen ist es eine viel bessere Idee, sich die Mühe zu sparen und stattdessen den Augenblick zu genießen. Wenn Ihr Gehirn erkennt, dass es für Ihr Dilemma keine Lösung gibt, fängt es im Allgemeinen an zu klagen. Es gibt Ihnen das Gefühl, in der Falle zu sitzen, und oft macht es Sie zum Opfer. Infolgedessen richten Sie Ihre Gedanken auf *Warum gerade ich, warum gerade jetzt, wie kann das Leben so ungerecht sein?* und eine ganze Reihe anderer Gedanken, die nichts als Qual zu bieten haben. Erinnern Sie sich daran, dass Sie der Chef sind, nicht Ihr Gehirn. Sie können aufhören, sich zum Opfer zu machen, indem Sie Ihrem Gehirn eine klare Anweisung erteilen …

Sehr wichtig!

Gib mir einen angenehmen Gedanken.

Ein Kind zu verlieren, ist wohl das Schlimmste, das ein Elternteil je durchleiden kann. Auf jeden Fall ist es das Schlimmste, das ich je bewältigen musste. Selbst heute noch, Jahre nachdem Ali unsere Welt verlassen hat, spüre ich einen intensiven Schmerz, wann immer ich daran erinnert werde, dass er nicht mehr bei uns ist. Mein Schmerz ist so stark, dass ich ihn körperlich in meinem Herzen spüren kann. Ich kann genau darauf zeigen. Es fühlt sich an, als würde der untere rechte Teil meines Herzens fehlen. Trotz des Schmerzes scheint mein Gehirn mir keine Pause lassen zu wollen. Mehrmals in der Woche höre ich mein Gehirn genau denselben Gedanken wiederholen: *Ali ist tot.*

Ich habe gelernt zu akzeptieren, dass dies noch lange so bleiben wird. Ich mache meinem Gehirn deshalb nicht mal mehr einen Vorwurf. Es tut sich immer noch schwer damit zu verstehen, dass das Leben mir den besten Menschen nehmen konnte, der mir je begegnet ist. Es kann noch nicht akzeptieren, dass man nichts tun kann, um das Geschehene ungeschehen zu machen. Statt wütend zu sein auf den Schmerz, den dieser Gedanke mir bereitet, habe ich gelernt, sanft mit meinem Gehirn umzugehen. Wenn es mir sagt, dass Ali tot ist, erwidere ich: *Ja, Gehirn, das ist er.* **Aber die ganze Wahrheit lautet: Ehe Ali gestorben ist ...**

Nicht vergessen! Ali hat gelebt.

Dieser winzige Perspektivenwechsel ist ein bedeutender Paradigmenwechsel. *Ali ist tot* ist eine wahre Aussage. Über diese Seite seines Lebens nachzudenken, führt mich in die Zeit zurück, als er auf der Intensivstation lag. Es erinnert mich an den Tag, da ich seinen wunderschönen Leichnam begrub, und daran, wie sehr ich ihn vermisse. Diese Gedanken verursachen mir Schmerzen.

Ali hat gelebt ist dagegen die helle Seite derselben Medaille. Es ist ein Gedanke, der mich an all die großartige Zeit erinnert, die wir gemeinsam verbracht haben. All die Scherze und das Lachen. All die Videospiele, die wir gemacht und bei denen er mich haushoch besiegt hat. All die tiefen Gespräche und die Weisheit. All das, was er mir beigebracht hat, und jeden kostbaren Moment, den wir gemeinsam verbracht haben. Es gibt ein endloses Archiv solcher Augenblicke, das einen unerschöpflichen Quell der Freude bietet, in die ich eintauchen kann. Der Gedanke *Ali ist tot* schmerzt mich, während *Ali hat gelebt* mich zum Lächeln bringt. Es erinnert mich daran, dass ich jahrelang mit seinem kostbaren Geschenk gesegnet war. Ali war nicht geplant. Ich hatte Sex mit der Frau, die ich so von Herzen liebte, was für sich selbst genommen ein Geschenk war, und um dieser Freude noch eine weitere hinzuzufügen, erhielt ich das größte Geschenk, das ich je erhalten habe – einen weisen kleinen Zen-Mönch von einem Kind, das mein Leben und den Menschen, der ich geworden bin, vollkommen bestimmte. Ich habe niemals einen Dienstleistungsvertrag mit dem Leben geschlossen, um so großzügig beschenkt zu werden. Das Leben, Gott, hat mir nie irgendetwas von dem geschuldet, was ich bekommen habe – 21,5 Jahre im Himmel, die mir geschenkt wurden, ohne dass ich sie erwartet hätte.

Nehmen Sie sich nun ein paar Minuten Zeit, um über Ihre gegenwärtigen Denkmuster zu reflektieren und darüber, ob sie mit dieser neuen Vereinbarung übereinstimmen. Bestimmen Sie diejenigen Gedanken, die abgewichen sind und Ihnen unnützen Schmerz bereitet haben, und verpflichten Sie sich, sie künftig zu verändern. Diese Übung kann ein bisschen länger dauern als ein paar Minuten. Gewähren Sie ihr die nötige Zeit, bis Sie sie gemeistert haben. Das kann durchaus der wichtigste Vertrag sein, den Sie je unterschreiben werden.

Nicht vergessen! Meistern Sie diese Vereinbarung, und Sie werden wahrhaftig … unstressbar!

Bitte machen Sie nun eine kurze Pause, um noch einmal darüber nachzudenken, was wir bisher besprochen haben. Ich weiß, das war viel Stoff. Stehen Sie auf, machen Sie Dehnübungen, hören Sie ein bisschen Musik und holen Sie sich neue Energie.

Wenn Sie zurückkommen, schauen wir uns an, wie unsere Gehirne manchmal zusammenkommen, um uns alle gleichzeitig zu stressen, selbst wenn es eigentlich nur sehr wenig Grund dazu gibt. Wir nennen dieses Phänomen …

Zyklischer Stress

Es gibt Zeiten im Jahresverlauf, die unbestreitbar emotional sind und mit Stress aufgeladen zu sein scheinen. Diese emotionalen Markierungen stellen unsere psychische Resilienz auf die Probe und kommen uns gnadenlos vor. Solche stressintensiv wirkenden Zyklen können sich wie alle Stressauslöser in ihrer Wirkung von Mensch zu Mensch unterscheiden, doch die meisten von uns können sich darauf einigen, dass wir bestimmte Termine, Jahrestage, Feiertage und Zeiten des Jahres schwieriger finden als andere. Auf mich trifft das definitiv zu. (Hier ist Alice.)

Bei der Betrachtung dieser Zyklen haben wir herausgefunden, dass es *drei* häufige Formen von stressintensiven Zeiten gibt; diese bezeichne ich als kollektive, eingebildete und persönliche Marker.

Kollektiv

Kollektiver Stress ist eine Zeit, in der jeder um uns herum stärker gestresst ist. Das ist nicht auf unsere Familie beschränkt, sondern erstreckt sich auf die erweiterte Umgebung und sogar auf die gesamte Nation. Das beste und für seine Kollektivität herausragende Beispiel ist natürlich die Weihnachtszeit. Studien belegen, dass über die Hälfte der Briten die Weihnachtszeit als stressigste Zeit des Jahres bezeichnen,[18] eine andere Studie hat ergeben, dass die Quote in den USA sogar noch höher liegt, nämlich bei verblüffenden 88 Prozent der Amerikaner, die dies ebenfalls als anstrengendsten Abschnitt des Jahres nennen.[19]

Diese anscheinend stressige Zeit hat ihre Ursachen in einer Kombination aus erhöhtem finanziellem Druck durch den Kauf von Geschenken, intensiver Arbeitsbelastung, um vor den Feiertagen alles fertig zu bekommen, Müdigkeit aufgrund von Schlafmangel und erhöhtem Alkoholkonsum bei Weihnachtsfeiern. Die Einsamkeit steigt, denn manche finden diese Jahreszeit schwierig ohne Angehörige, während alle von Familie und Beziehungspartnern umgeben sind; andere dagegen empfinden die Gegenwart von Familienmitgliedern belastend, die sie nur zu dieser Zeit sehen. Eine weitere Studie ergab, dass aufgrund all dieser Umstände ein Paar im Durchschnitt nur allein während der Feiertage sieben Auseinandersetzungen führt.[20] Da in dieser Zeit für die Mehrheit eine kollektive gemeinsame Stressbelastung herrscht, wird es noch stressiger, denn wir erleben andere als ausgebrannt und am Ende ihrer Kräfte, während wir bereits unsere eigenen Grenzen erfahren.

So ähnlich verhält es sich auch mit dem Ende des Schuljahrs, wenn Eltern und Kinder an die Grenze ihrer Belastbarkeit geraten – die Eltern müssen die hektische schulische Zeitplanung bewältigen und dabei auch ihre eigene in den Griff bekommen, und die Kinder stehen unter dem Druck der abschließenden Prüfungen. Dabei kann es zu Hause nervenaufreibender zugehen als gewöhnlich, während alle versuchen, die Ziellinie der Sommerferien zu erreichen.

Das sind kollektive Stressphasen, die auf tatsächliche Gründe zurückgehen und daher unausweichlich scheinen.

Eine weitere Zeit des Jahres zeigt die Realität dessen, was ich als *eingebildeten* Stress bezeichne.

Eingebildet

Eingebildeter Stress ist einer der interessantesten Abläufe von allen. Es ist eine Zeit, die nur aufgrund der äußeren Umgebung stressiger oder deprimierender gemacht wird, die uns sagt, dass es so sein sollte. Das ist eine Scheinphase, in der wir Stress und schlechte Stimmung aufgrund bestimmter Narrative, die wir zu hören bekommen, vorwegnehmen.

In Wirklichkeit handelt es sich also um ein Phantom, bei dem die Gründe für den empfundenen Stress gar nicht existieren.

Der Blue Monday ist ein wohlbekanntes (oder vielleicht unbekanntes) Beispiel dafür. Während der dritte Montag im Januar in Großbritannien und der nördlichen Hemisphäre als deprimierendster Tag des Jahres bekannt ist, wurde der Begriff tatsächlich 2004 von dem Psychologen Cliff Arnall geprägt, als das Unternehmen Sky Travel ihn um eine »wissenschaftliche Formel« für den Januar-Frust bat.[21] Die Formel selbst ist umstritten, aber sie kalkulierte zahlreiche Faktoren für diese Jahreszeit in der nördlichen Hemisphäre ein – einschließlich der dunklen Nächte, der Kälte und dem Nach-Wochenend-Jammer. Diese Kombination führte dazu, dass Arnall den Tag als *Blue Monday* bezeichnete. Fälschlicherweise wird er für den deprimierendsten Tag des Jahres mit der höchsten Suizidrate gehalten, doch der eigentliche Ursprung war keine Reaktion auf Suizid- und Depressionszahlen, sondern lediglich ein Vermarktungsinstrument für Urlaubsreisen der Firma Sky Travel. Trotz seines tatsächlichen Ursprungs wird der Begriff in Großbritannien nun überall verwendet, und die meisten von uns halten ihn für den Tag mit der höchsten Zahl an Selbsttötungen und fürchten sich davor, wenn das Datum herannaht. Dabei ist es tatsächlich nur eine moderne Legende, die aus einer Werbekampagne hervorgegangen ist. Trotz der Prävalenz saisonal bedingter Stimmungstiefs zu dieser Jahreszeit steigt die Suizidrate im Januar nicht an; dieser besondere Tag ist nicht deprimierender als irgendein anderer. Das Centre for Suicide Prevention bezeichnet die Zahl der Selbsttötungen genau genommen als weitgehend stabil während des gesamten Jahres, mit einem leichten Anstieg im Frühling und Frühsommer, nicht im Winter, wie die meisten Menschen glauben.[22] Was noch widersprüchlicher ist, denn gerade zu dieser Jahreszeit fühlen sich die meisten wieder heiterer und lebendiger, nachdem sie den Winter überstanden haben.

Wenn wir einem Tag aufgrund eines von außen kommenden oder sogar eines internen Narrativs Bedeutung einräumen, können wir uns selbst davon überzeugen, dass wir etwas Bestimmtes tun oder empfinden sollten, und das nur aufgrund der Gedanken, die wir dazu entwickelt haben.

Persönliche Marker

Dies sind die Tage, denen wir eine besondere Bedeutung geben, weil wir an diesem Datum einmal etwas besonders Schmerzliches erlebt haben oder Grund dazu hatten, jemanden oder etwas zu feiern, den oder das wir verloren haben, beispielsweise der Todestag eines Angehörigen oder sein Geburtstag, der jetzt lediglich betont, dass derjenige nicht mehr unter uns weilt. Diese Daten sind zwar sicherlich nicht eingebildet, denn sie kennzeichnen ein signifikantes und reales Ereignis, doch ihre emotionale Aufladung erfahren sie durch die Gedanken, die wir dazu entwickeln, wobei die Zeit zuvor oft noch emotionaler ist als der Tag selbst.

Dann werden diese Tage zu persönlichen Markern – sie heben uns hervor, was wir nicht mehr haben. Obwohl unser Verlust eine Tatsache ist, ist die Geschichte, die wir diesem Tag in der Gegenwart zuschreiben, nun eine ausgedachte. Denn selbst wenn dieser Tag uns an etwas erinnert, das wir verloren haben, ist das, was wir heute erleben, nichts anderes als an den Tagen davor oder danach. Das Ereignis ist nicht in diesem gegenwärtigen Augenblick passiert, und der geliebte Mensch war auch am Tag vorher schon fort und wird es auch am Tag danach sein. Dennoch wird dieser Tag für uns emotional irgendwie schwieriger, denn unser Verstand zieht uns in die Tiefen unseres vergangenen Leids und schafft ein Narrativ, wonach wir glauben, dass wir auch in der Gegenwart noch leiden sollten. Und das tut sein Möglichstes, sich an jeden unserer Gedanken anzuheften, um uns daran zu erinnern, dass der andere nicht mehr da ist.

Ich behaupte nicht, dass keiner von uns am Todestag eines geliebten Menschen *irgendetwas* empfinden sollte; es ist eine emotionale Zeit, die uns langsam in eine Spirale der Trauer befördern kann, wenn wir zulassen, dass sich unser Verstand auf die Leerstelle fixiert. Doch Tatsache ist, dass dieser Tag selbst sich in seinen *Umständen* nicht von anderen unterscheidet. Auch am Vortag waren Sie ohne die geliebte Person, und am nächsten

Tag werden Sie das ebenfalls sein, dennoch quälen wir uns emotional im Vorfeld, während unser Verstand unserem Körper signalisiert, dass er sich an den erlittenen Verlust erinnern und ihn uns so eindrücklich wie möglich vor Augen führen soll. Was wir wirklich brauchen, ist eine systematische Methode für den Umgang mit diesen Kreisläufen.

Die P3-Methode

Perspektive

Als Erstes müssen wir herausfinden, in welchem Stresskreislauf wir stecken. Ist der Kreislauf identifiziert, können wir die Perspektive dann nutzen, um zu unserer eigenen Anschauung zu wechseln. Falls es sich um eine *kollektiv* stressige Zeit handelt, müssen wir akzeptieren, dass wir nicht die Einzigen sind, die sich gestresst fühlen; wir sollten uns dessen bewusst sein, dass auch unsere Mitmenschen das schwierig finden und womöglich ebenfalls eine kürzere Zündschnur haben als gewöhnlich; also müssen wir sowohl zu uns selbst als auch zu ihnen nett sein, Dinge nicht persönlich nehmen und dies akzeptieren, statt uns zum Opfer zu stilisieren, wenn jemand unerwartet seine Stressbelastung an uns auslässt.

Handelt es sich um eine eingebildete Stresszeit, muss unsere Perspektive stark auf die Tatsache verändert werden, dass diese Phase nicht existiert, dass wir nicht aufgrund von etwas Vorgeblichem gestresst oder deprimiert sein sollten. Es ist also an der Zeit, die Kontrolle zurückzugewinnen und einfach das Gerede zu ignorieren, das diesem bestimmten Tag eine besondere Bedeutung verleiht.

Und wenn wir uns schließlich in einer Phase eines persönlichen Markers befinden, ist unsere Perspektive das Erste, was uns zur Verfügung steht, um unsere gedankliche Einstellung zu verändern: um unseren Blickwinkel auf die schönen Erinnerungen zu lenken und uns daran zu erfreuen, statt uns in unserem Leid zu suhlen. Nutzen Sie diesen Tag beispielsweise als wunderbare Erinnerung daran, über den geliebten Menschen zu sprechen und über all die gemeinsamen Geschichten, die Sie zum Lächeln bringen. Machen Sie sich darauf aufmerksam, was für ein Glück Sie hatten, diese Zeit mit ihm verbringen zu dürfen; selbst wenn sie vorbei ist, so haben Sie sie doch gehabt. Also versuchen Sie, sich vorzustellen, wie Ihr

Leben wäre, wenn es diese Zeit nie gegeben hätte. Denken Sie daran, dass dieser Tag nicht anders ist als der gestrige oder der morgige, also lassen Sie nicht zu, dass er sie gedanklich verschlingt; nutzen Sie ihn als Tag für eine Erinnerung voller Liebe.

Vorbereitung

Wenn Sie wissen, dass eine Zeit voller Stress bevorsteht, sei er kollektiv oder persönlich, berücksichtigen Sie das und bereiten Sie sich vor. Bereiten Sie sich so vor wie für eine Prüfung, die Sie bestehen wollen; holen Sie sich die Informationen, die Sie brauchen, um geschmeidig durchzukommen, statt hängen zu bleiben.

Wenn wir uns auf die Weihnachtszeit vorbereiten, können wir uns anschauen, was genau uns in dieser Phase am meisten Stress bereitet. Ist es für Sie der Schlafmangel? Oder sind es die erhöhten Kosten? Ist es die Zeit, die Sie mit schwierigen Familienmitgliedern verbringen müssen? Oder die Tatsache, dass Sie Ihre eigenen vermissen?

Finden Sie genau heraus, was Sie in dieser Jahreszeit stresst, damit Sie sich darauf vorbereiten können. Ihre Vorbereitung auf die Weihnachtszeit könnte zum Beispiel so aussehen:

- Setzen Sie sich selbst eine Grenze, wie viel Alkohol Sie vor den Feiertagen trinken wollen und bei wie vielen Weihnachtsfeiern Sie zusagen, damit Sie nicht völlig ausgelaugt werden.
- Versuchen Sie, einige Geschenke frühzeitig einzukaufen, um dem Feiertagsgetümmel zu entkommen.
- Führen Sie keine Gespräche mit schwierigen Familienmitgliedern über Themen, von denen Sie wissen, dass Sie keine übereinstimmende Meinung haben.
- Schaffen Sie gemeinsam mit einer Freundin eine neue Tradition für diese Jahreszeit, die Ihnen Freude macht, oder bitten Sie sie, eine alte fortzusetzen, die Sie früher mit geliebten Menschen gepflegt haben, die nicht mehr bei Ihnen sind.

Bereiten Sie sich so vor, dass es Ihr Leben leichter macht und Ihnen mehr Freude bereitet.

Erkennen Sie bei persönlichen Markern an, dass Sie diesen Tag schwierig finden. Bereiten Sie sich vor, indem Sie dafür sorgen, dass Sie von Ihren Lieben umgeben sind. Auch von solchen, die die Person, die Sie verloren haben, ebenfalls geschätzt haben, damit Sie einander Ihre gemeinsamen Geschichten erzählen und sich mit Freude daran erinnern können. Sorgen Sie dafür, dass Sie im Vorfeld dieses Tages nicht übermäßig müde oder verkatert sind, was Ihr Elend noch verstärken würde, und versuchen Sie, an diesem Tag etwas besonders Schönes zu unternehmen. Essen Sie mit Freunden etwas Leckeres, machen Sie einen herrlichen Spaziergang durch die Natur – bereiten Sie sich mit Menschen und Aktivitäten vor, die Sie glücklich machen. Was immer Sie auch tun, sitzen Sie nicht grübelnd allein herum. Gestehen Sie sich zu, Ihre Emotionen zu verarbeiten und zu fühlen, was nötig ist, und wechseln Sie dann zu den Dingen, die Ihnen mehr Freude bereiten. Und das bringt uns zum letzten P.

Prioritäten

Wenn es eine eingebildete Stressphase ist, geben Sie der tatsächlichen Realität den Vorrang und ignorieren Sie die eingebildete Stressphase; lassen Sie keine Energie hineinfließen. Ist Ihre Phase jedoch real und nicht eingebildet, müssen Sie in dieser Zeit Ihr eigenes Glück und Wohlbefinden an oberste Stelle setzen. Schaffen Sie Rituale, die Ihnen das bestmögliche Gefühl vermitteln, statt Ihre Belastung zu erhöhen. Trainieren Sie, meditieren Sie, schreiben Sie Tagebuch, treffen Sie sich mit Freunden, schlafen Sie. Geben Sie Ihrem Wohlbefinden Priorität, damit Sie mit dem bevorstehenden Stress besser zurechtkommen.

Werden Sie nicht wütend – gehen Sie sich in Gedanken selbst aus dem Weg, um sich Selbstwertgefühl, Fürsorge und Freundlichkeit zu schenken. Seien Sie nicht hart zu sich selbst. Bedenken Sie, dass es eine stressige Zeit ist, und akzeptieren Sie das mit Freundlichkeit und Vorbereitung. Tun Sie das, ehe die Phase beginnt, damit Sie eine gute Arbeitsgrundlage haben und nicht aus einem Zustand der Erschöpfung heraus agieren, sondern stattdessen aus einem bereits gesättigten Zustand.

Wenn Sie die Kontrolle über Ihre Gedanken übernehmen, arbeiten diese für Sie, nicht gegen Sie. Das ist die Antwort auf den größten Mythos zu den Themen Ruhe und Gelassenheit, von denen man oft sagt, sie ließen sich in der Stille Ihres Gehirns finden. Da sind wir anderer Meinung.

Wegdenken

Ein Mythos rund um das Finden von Gelassenheit und Glück besagt, dass die Lehren, die häufig Meditation als wichtigstes Werkzeug zur Erreichung dieses Zustands betrachten, einen aktiven Geist als Feind darstellen und demzufolge behaupten, der Weg zur Gelassenheit sei ein stiller Geist. Das ist ein gewaltiges Missverständnis. Zu behaupten, der Weg zur Gelassenheit führe über einen stillen Verstand, ist lächerlich und unerreichbar. Statt vergeblich zu versuchen, Ihren Geist zum Schweigen zu bringen, denken Sie lieber weg!

Nicht vergessen! Ihr Gehirn hört nie auf zu denken.

So wie Ihr Herz niemals aufhört, Blut durch Ihren Körper zu pumpen, und Ihre Atemorgane niemals aufhören zu atmen bis zu dem Tag, da Sie diese Welt verlassen. Denken ist die biologische Funktion Ihres Gehirns, sein Lebenszweck, das, wozu es geschaffen ist. Selbst wenn wir meditieren und diese wunderbaren Momente der Klarheit und Ruhe genießen, hören wir nicht auf zu denken. Wir lernen nur, unser Denken umzuschalten von unablässigem Geplapper zu einer Beobachtung der Welt, wie sie wirklich ist. Ob Sie sich auf Ihre Atmung fokussieren, auf das Innere einer Rose oder das Jucken Ihrer Nase: Sie denken trotzdem, Ihr Gehirn tickt weiter. Es hört niemals wirklich damit auf. Es wechselt nur den Schwerpunkt. Gelassenheit entsteht nicht durch die Abwesenheit von Gedanken.

Nicht vergessen! Gelassenheit entsteht durch die Abwesenheit von negativen Gedanken.

Der ganze Stress, den Sie empfinden, hängt nicht mit dem Umfang Ihrer Gedanken zusammen. Er hängt mit der Polarität dieser Gedanken zusammen. Gedanken der Achtsamkeit – wie jene, die Sie erzeugen, wenn Sie ganz im gegenwärtigen Moment versunken Ihre Atmung beobachten, das Flackern eines Feuers, die Wellen des Meeres oder die Erhabenheit der Natur – laugen uns nicht aus. Sie geben uns Energie, denn sie führen uns zurück zur Realität und holen uns aus dem Gefängnis unseres eigenen Kopfes heraus. Das ist der Grund, warum wir alle gern in der Natur sind und durch Meditation zur Gelassenheit finden. Ganz im Augenblick präsent zu sein, ist nicht der einzige Ort, den wir anstreben sollten. Präsent zu sein, ist der spirituelle Weg. Das praktische Äquivalent für Effektivität in der heutigen Zeit sind positive Gedanken.

Positives Denken befasst sich mit der Überwindung eines Hindernisses oder dem Lösen eines Problems. Dem Überdenken eines Konzepts oder der Suche nach der Wahrheit. Es hält uns in unseren Köpfen gefangen, abseits der vollständigen Präsenz, analysiert manchmal die Vergangenheit und die Zukunft, und es erfordert Mühe – aber es macht unser Leben schöner. Es füllt unser Gehirn mit etwas anderem als den negativen Gedanken, die an uns zehren, und im Zuge dessen räumt es Hindernisse aus dem Weg, sodass wir den benötigten Raum finden, um vollkommen präsent zu sein. Selbst die weltbesten Meditierer bestätigen dieses Konzept. Zwar meditieren sie manchmal auch, um das Beruhigen des Geistes zu üben, aber häufiger meditieren sie, um über ein Konzept nachzudenken oder es zu kultivieren, beispielsweise Mitgefühl oder liebevolle Zuwendung.

Wenn Sie nicht die Wahl haben, Mönch oder Yogi zu werden und den Großteil Ihrer Tage mit Meditation zu verbringen, dann lernen Sie die Kunst, negative Gedanken zu vermeiden, und denken Sie weg.

Nicht vergessen! Denken ist nichts Schlechtes. Lernen Sie, an positiven Gedanken festzuhalten.

Sobald Sie gelernt haben, das Negative abzulegen, empfehle ich ein Leben der Ausgewogenheit – Momente, die Sie mit ruhigem Geist verbringen, und andere Momente, in denen Sie Ihre Maschine auf ausschließlich positive Gedanken einstellen.

Eine solche Beherrschung dieser Kunst der Kontrolle über den eigenen Geist ist nicht den erfahrenen Mönchen, Gurus und Weisen vorbehalten. So was können mit etwas Übung auch Menschen wie Sie und ich erreichen. Wie ein Sportler trainiert, um fit zu bleiben, können auch die Unstressbaren regelmäßig ihren Geist trainieren.

Ein Fitnessstudio fürs Gehirn

Unsere Gehirne sind nicht statisch. Das Gehirn, mit dem Sie heute aufgewacht sind, ist anders als das, mit dem Sie schlafen gehen werden. Jeder einzelne Gedanke, den Sie haben, wird nicht nur von Ihrem großartigen Gehirn geformt, sondern formt auch seinerseits Ihr Gehirn. Die Art und Weise, in der wir unsere Gehirne nutzen, formt sie im wahrsten Sinne des Wortes so, wie wir unsere Muskeln im Fitnessstudio einsetzen, um unseren Körper zu formen.

Im Neokortex, Ihrem denkenden Gehirn, ist Ihre bewusste Wahrnehmung angesiedelt. Wann immer Sie etwas Neues denken, schaffen Sie eine neue Synapsenverbindung und entwickeln die Neuronen, die zum Erzeugen dieses Gedankens notwendig sind. Jedes Mal, wenn Sie diesen Gedanken erneut denken, nutzt Ihr Gehirn dieselbe Verbindung, wodurch sie gestärkt und dauerhafter gemacht wird. Um beispielsweise auf einem Fahrrad das Gleichgewicht zu halten, brauchen Sie eine unglaubliche räumliche Wahrnehmung und Muskelkoordination. Bei Ihrem ersten Versuch müht Ihr Gehirn sich, all die Dinge zu verarbeiten, die nötig sind, um aufrecht zu bleiben. Wann immer Sie es jedoch richtig machen, speichert Ihr Gehirn die erfolgreichen Muster, die es verwendet hat, um später darauf zugreifen zu können. Wenn es funktioniert, werden sie beibehalten. Die erfolglosen Muster verblassen. Das ist genau der Grund, warum man sagt, das Fahrradfahren könne man nie verlernen: Ist das erfolgreiche Muster erst einmal gebildet, kann es nur mit Mühe und anhand neuer Muster entfernt werden, die darübergelegt werden.

Mit jedem Gedanken verändert sich Ihr Gehirn physisch ... nur ein klein wenig. Im Laufe der Zeit verändert das, was das Gehirn beibehält, seine ganze Struktur. Mit den gespeicherten Programmen steigt seine Performance (oder verringert sich, je nach dem Programm), genau wie die Apps auf Ihrem Smartphone dessen Leistungsumfang erweitern. Doch im Gegensatz zu Ihrem Computer oder Ihrem Smartphone, wo neue Informationen in einem bestimmten Bereich abgelegt werden, auf einem Speicherchip oder einer Festplatte, verändert Ihr Gehirn die Hardware selbst, wenn Sie eine neue Zeile dieses Buches lesen. Es aktualisiert sich selbst, als würde es mit allem, das es lernt, einen etwas anderen Computer schaffen.

In den Neurowissenschaften wird dieses Prinzip häufig als *Neuroplastizität* bezeichnet – »neurons that fire together, wire together«, so beschreibt es der Neurowissenschaftler Donald Hebb.[23] Dieses Konzept wird nicht nur auf neue Informationen oder Gedanken angewendet, sondern auch auf die Aufrechterhaltung und Bestärkung bestehender Verbindungen.

Jedes Mal, wenn Sie eine bestimmte Erinnerung heraufbeschwören oder auf bestimmte Art über ein Thema sprechen, wird Ihr Verstand besser darin. Der weltweit anerkannte Neurowissenschaftler Dr. Joe Dispenza sagt, es ist wie bei jeder Beziehung: Je mehr man kommuniziert, umso stärker bindet man sich. Neuronen verhalten sich ganz genauso.

Wenn Neuronen anfangen, gemeinsam zu feuern und sich zu verknüpfen, bilden sie neurale Netzwerke, die um eine Idee, ein Konzept, eine Erinnerung, eine Erfahrung, eine Fähigkeit oder eine Verhaltensweise aufgebaut sind. Die wiederholte Nutzung dieser Netzwerke lässt Sie besser darin werden, die damit zusammenhängenden Gedanken in Ihr Gedächtnis zurückzuholen oder auszuführen. Im Hinblick auf die daraus hervorgehenden Resultate ist das dem, was mit Ihren Muskeln passiert, wenn Sie ins Fitnessstudio gehen, sehr ähnlich. Hypertrophie ist der Prozess, der sich auf durch Übung erzieltes Muskelwachstum bezieht. Je mehr Sie einen bestimmten Muskel trainieren, umso mehr signalisieren Sie Ihrem Körper, dass Sie diesen Muskel brauchen, also macht Ihr Köper ihn stärker. Die Muskeln dagegen, die Sie ignorieren, gehen zurück und werden schwächer. Wenn Sie also nur Ihren Oberkörper trainieren, sehen Sie nach einer Weile aus wie eine Triangel, und wenn Sie nur ins Studio gehen, um Kniebeugen zu machen, haben Sie irgendwann die Form einer Birne. Dasselbe geschieht durch die Neuroplastizität mit Ihrem Gehirn, auch wenn die Veränderungen in Ihrem Schädel verborgen und daher nicht so sichtbar sind. Je mehr Sie es nutzen, um zu klagen, umso besser wird es im Klagen und umso schlechter in der Problemlösung. Je mehr Sie hassen, umso besser werden Sie im Hassen und umso schwieriger wird es, zu lieben. Tja, das wollen wir lieber nicht, oder?

Lassen Sie mich auf den restlichen Seiten dieses Kapitels Ihr Personal Trainer sein. Wir machen sieben Übungen, die Ihr Gehirn so konfigurieren können, dass es positiv bleibt: Seien Sie dankbar, geben Sie nach, meditieren Sie, seien Sie achtsam, lernen Sie Ihr Gehirn kennen, tun Sie, als ob, kümmern Sie sich um Ihre eigenen Sachen und verbinden Sie sich mit der Natur.

Nicht vergessen! Regelmäßig trainieren!

Dankbar sein

Stress-Trick

Die meisten Stresskreisläufe und negativen Gedanken, die uns überkommen, sind nicht einfach Ergebnisse unseres Denkvorgangs, sondern eher das Ergebnis unseres selektiven Fokus, der die Gedanken, die wir hervorbringen, nur um die negativen Aspekte kreisen lässt. Das wird oft als *Negativitäts-Bias* bezeichnet – unsere Neigung, negative Reize stärker wahrzunehmen als positive – oder als Positiv-Negativ-Asymmetrie – unsere Neigung, beim Negativen zu verharren.

Nehmen wir an, Sie haben einen netten, liebevollen und verständnisvollen Freund. Er macht Ihnen Geschenke und unternimmt mit Ihnen Reisen voller langer, wundervoller Umarmungen. Doch eines schrecklichen Tages, als nur noch eine Fritte auf Ihrem Teller liegt, schnappt er sie Ihnen weg. Während seine Hand rasch nach dieser kostbaren Ressource greift, springt Ihr Gehirn in alle Richtungen. *Wie kann er so was machen? Warum hat er nicht wenigstens gefragt? Heißt das, ich bedeute ihm nichts? Wie kann ich mit einem solchen Egoisten zusammen sein?*

Die letzte Fritte wegzunehmen, ist wirklich ein unverzeihliches Handeln, das manchmal sogar als Verbrechen betrachtet werden kann, aber nur wenn man es für sich allein ansieht. Im Kontext mit all den Geschenken, Umarmungen und Reisen dagegen ist das tatsächliche Bild nicht ganz so trübe. Stimmen Sie da zu?

Nicht vergessen! Sich ins Gedächtnis zu rufen, was alles gut ist, gleicht die Tendenz unseres Gehirns aus, sich nur auf das Negative zu fokussieren.

Studien der Cleveland Clinic, der National Science Foundation, der Stanford-Universität und vieler anderer besagen, dass 60 bis 80 Prozent der Gedanken im Gehirn eines Erwachsenen negativ sind. Natürlich sind sie das. Es ist die Aufgabe Ihres Gehirns, das Negative hervorzuheben. Im Positiven ist keine Bedrohung Ihrer Sicherheit zu finden, und Ihr Gehirn ist in erster Linie eine Überlebensmaschine.

Denken Sie mal darüber nach. Ist es überhaupt vorstellbar, dass 60 bis 80 Prozent der Ereignisse Ihres Lebens negativ sind? Kann es sein, dass sechs bis acht von zehn Dingen, die passieren, eine Gefahr für Sie darstellen? Natürlich nicht. Wäre das der Fall, dann wären Sie jetzt nicht hier bei uns und läsen dieses Buch. Sie wären schon vor langer Zeit verstorben. Die Wahrheit ist, dass der Großteil unseres Lebens positiv ist. Der Grund, warum alle so viel Panik hatten, als Corona ausbrach, ist der, dass es die allererste Pandemie in Ihrem und meinem Leben war. Gesundheit ist für die meisten von uns die Grundvoraussetzung. Die Mehrzahl der Menschen verbringt ihr Leben überwiegend gesund, unterbrochen nur von einigen zeitlich begrenzten Phasen der Krankheit. Erdbeben und Naturkatastrophen ereignen sich nicht täglich. Genau genommen haben die meisten von uns nicht mal eine erlebt.

Nicht vergessen! Der Großteil des Lebens ist okay.

Doch so scheint unser Gehirn, wenn man es sich selbst überlässt, nicht zu denken. Was bedeutet, dass Sie es trainieren müssen, anders zu denken. Wie? Eine sichere Methode ist, eine dankbare Einstellung zu haben.

Wenn Sie Ihr Gehirn zwingen, nach dem Guten im Leben zu suchen, wird es mühelos etwas finden, denn es ist immer da. Nur dass Ihr Gehirn nicht danach gesucht hat. Zuerst überrascht diese unglaubliche Entdeckung, an die Dankbarkeit Sie erinnert, das negative Gehirn: Es gibt Gutes im Leben! Mit etwas Zeit und Übung geschieht dann das Wunder. Neuroplastizität formt das dankbare Gehirn um, sodass es mehr Positives sieht, bis ihm schließlich ein Positivitäts-Bias zur zweiten Natur geworden ist. Das Ergebnis einer solchen Umpolung ist, dass ein dankbares Gehirn kaum jemals in negativen Kreisläufen hängen bleibt, einfach weil es dazu neigt, rasch die Stimmung zu wechseln und das Positive zu suchen und zu feiern.

Um Ihrem dankbaren Gehirn Nahrung zu bieten, rate ich Ihnen:

- Führen Sie ein Dankbarkeitstagebuch, wenn Sie Anfänger sind. Schreiben Sie an jedem einzelnen Tag mindestens eine Sache hinein, für die Sie dankbar sind. Lesen Sie das gesamte Dankbarkeits-Tagebuch mindestens einmal wöchentlich komplett durch, um Ihr Gehirn daran zu erinnern, wie glücklich Sie sich schätzen können. Entscheidend ist hier die Beständigkeit. Achten Sie darauf, keinen Tag auszusetzen.
- Für Träger des schwarzen Gürtels in Sachen Dankbarkeit: Wann immer Ihr Gehirn einen negativen Gedanken hervorbringt, bitten Sie zum Ausgleich um einen positiven. Wenn Ihr Gehirn Ihnen etwas nennt, was ihm an Ihrem Partner nicht gefällt, fragen Sie es nach einer Sache, die ihm gefällt, ehe Sie das Gespräch fortsetzen. Wenn Sie wirklich den schwarzen Gürtel haben, fragen Sie nach drei oder vier, vielleicht sogar neun guten Sachen an allem, was das Gehirn als schlecht bezeichnet. Denken Sie daran, der Großteil des Lebens ist okay, und das sollte auch auf die meisten Ihrer Gedanken zutreffen.

Jedi-Meister der Dankbarkeit erkennen, dass etwas nicht gut sein muss, um dankbar dafür zu sein. Es muss nur weniger schlecht sein, als es hätte sein können. Wenn ihnen ihre Arbeit keinen Spaß macht, so wissen sie doch, dass sie wenigstens eine Arbeit haben. Wenn sie im Stau stehen, rufen sie sich ins Gedächtnis, dass sie bei dem Wetter immerhin nicht den ganzen Weg zum Büro laufen müssen. Sie machen sich klar, dass sie vor Regen geschützt in einem Fahrzeug sitzen und dass es in ihrem Land Wasser regnet, keine Bomben, wie das oft in kriegsbetroffenen Ländern der Fall ist. Jedi-Meister finden in allem einen Grund für Dankbarkeit. Das liegt an ihrer jahrelangen eifrigen Übung, die ihre Gehirne neu ausrichtet. Allein die Tatsache, dass Sie noch atmen, verdient schon Dankbarkeit. Fangen Sie an zu üben.

Sehr wichtig! Seien Sie dankbar für jeden Ihrer Atemzüge.

Nachgeben

Es ist leicht, dankbar für das zu sein, was in Ihrem Leben gut läuft, aber was ist mit den Bereichen, in denen das Leben nicht so toll ist? Auch die sind, wenn Sie sie mal bei Licht betrachten, den Stress nicht wert. Um die Dankbarkeitspraxis zu ergänzen, können Sie eine positive Einstellung entwickeln – sich nicht über Kleinigkeiten aufregen.

Ja, manchmal haben wir mit Widrigkeiten zu kämpfen, aber die meiste Zeit sind diese Widrigkeiten weder irreparabel noch überhaupt die Aufmerksamkeit oder die Traurigkeit wert, die wir ihnen widmen. Wenn Sie es mit etwas Irreparablem zu tun haben, besinnen Sie sich auf die ausdrückliche Akzeptanz. Wir haben darüber bereits gesprochen, und wenn es nicht Ihrer Aufmerksamkeit wert ist, versuchen Sie einfach nachzugeben.

Welchen Sinn hat es, sich zu wünschen, es würde heute nicht regnen? Ändert Ihr Wunsch irgendetwas? Welchen Zweck hat es, die Verzögerungen auf Ihrem Weg zur Arbeit zu beklagen? Geht es dadurch etwa schneller voran?

Oft steigern wir uns in Dinge hinein, die nicht mal einen Gedanken wert sind. Sie passieren, sie nerven und sie vergehen wieder. Wir geben ihnen eine Lebendigkeit, die sie nicht verdienen, und wir geben ihnen die Macht, uns zu ärgern, indem wir sie in Gedanken umwandeln, die wir sinnloserweise immer wieder durch unseren Kopf ziehen lassen. Denken Sie darüber nach. Ein nerviger Uber-Fahrer oder ein paar im Stau vergeudete Momente. Na und? Sie sind jetzt hier und haben ein Leben zu führen. Also leben Sie. Regen Sie sich nicht über Kleinigkeiten auf, und wenn das Leben Ihnen einige davon vor die Füße wirft, lächeln Sie über die Albernheit dieses Spiels, akzeptieren Sie es und geben Sie nach. Schwingen Sie mit dem Leben.

Nicht vergessen! Machen Sie Platz, damit das Leben weitergehen kann.

Um Ihr nachgiebiges Gehirn zu nähren, nehmen Sie sich einmal wöchentlich ein paar Minuten Zeit, um darüber nachzudenken, wie Ihre Woche so gelaufen ist. Achten Sie auf Dinge, die Sie geärgert oder gereizt haben, und fragen Sie sich dann, ob sie die Zeit und die negativen Gedanken wert waren, die Sie darauf verwendet haben. Es gibt keine Schuldzuweisung und Sie müssen nichts dagegen unternehmen. Beobachten Sie sie einfach und fassen Sie den Entschluss, sich beim nächsten Mal von ähnlichen Ereignissen nicht aus der Ruhe bringen zu lassen. Lachen Sie darüber, wenn Sie können, und über die niedliche Grummeligkeit, die sie in Ihnen ausgelöst haben, weil Sie sie nicht als das erkannt haben, was sie wirklich sind – nichts anderes als der Humor des Lebens. Woche für Woche entwickeln Sie so die neuralen Netzwerke, die Sie für ihre Beobachtung brauchen, und zwar nicht am Ende der Woche, sondern bereits wenn sie passieren.

Träger des schwarzen Gürtels, die die Kunst des Nachgebens beherrschen, entwickeln die Fähigkeit, Dinge loszulassen, die bei ihrem Eintreten das Zeug haben, sie zu verärgern. Sie nehmen ihnen die notwendige Energie, um fortzudauern, und machen einfach mit dem Leben weiter. Sie verrennen sich nicht und lassen die Missgestimmtheit nicht anhalten.

Jedi-Meister gehen noch einen Schritt weiter: Sie regen sich gar nicht erst auf. Sie schwingen mit dem Leben und spielen damit. Sie genießen die Höhen und die Tiefen. Sie lachen über den schlecht gelaunten Uber-Fahrer und scherzen sogar mit ihm. Sie lassen Musik laufen und machen sich eine schöne Tasse Kaffee, wenn sie sich an ihre Steuererklärung setzen, und sie umarmen ihren Partner, wenn er ihnen im emotionalen Überschwang Vorwürfe macht. Sie erkennen, dass Ärgernisse einfach ein Teil des Lebens sind, und bestehen darauf, das Leben zu genießen, egal, was es ihnen bringt.

Meditieren

Ja. Alle sagen, dass Sie es tun sollen. Also tun Sie es. Meditation ist für Ihr Gehirn das, was Übung für einen Musiker ist. Sie schafft tiefe Verbundenheit mit Ihrem Instrument. Einer der größeren Mythen über Meditation ist, dass es ihr Ziel sei, den Verstand zur Ruhe zu bringen. Das Gegenteil ist richtig.

Menschen haben oft den Eindruck, um erfolgreich zu meditieren, dürften sie keinen einzigen Gedanken haben und müssten wie Yoda in völliger Stille auf einem Berggipfel sitzen. Dieses Ziel ist unmöglich, und viele haben die Meditation ganz aufgegeben und entschieden, dass sie nichts für sie sei, weil sie es nicht schaffen, diesen Zustand zu erreichen. Der Mönch, Autor und Meditationslehrer Gelong Thubten hat mir mal in einem Podcast-Gespräch erklärt, dass Meditation mit einem vollkommen ruhigen Verstand dem Zweck widerspricht. Meditation ist die Übung, um diesen Zustand zu erzielen. Ohne ablenkende Gedanken gäbe es nichts zu üben.

Eine mühelose Meditation ist, als würden Sie im Fitnessstudio mit Gewichten trainieren, die so leicht sind, dass sie Ihre Muskeln nicht ermüden. Was Ihre Muskeln wachsen lässt, ist dieser Moment, in dem Ihnen das Training ein bisschen schwerfällt. Diese Mühe dient dem Körper als Signal, um die nötige Muskelmasse aufzubauen, um die Übung beim nächsten Mal besser ausführen zu können. Je mehr Sie diesen Zustand der Ermüdung erreichen, umso mehr wachsen Ihre Muskeln. Auch bei der Meditation geht es darum, Ihren Geist von lärmigen Gedanken immer wieder zurück zur Ruhe zu bringen, wie bei einem Gymnastikband, das man entspannen und sich zusammenziehen lässt. Es ist nicht die Ruhe, die den Geist trainiert. Es ist die Bemühung in Verbindung mit der Erholung, und je öfter Sie das tun, umso besser werden Sie in dieser wichtigen Aufgabe, Ihren Geist auf Verlangen zur Ruhe zu bringen – genau die Fähigkeit, die Sie brauchen, um Ruhe zu finden, wenn Sie sich gestresst fühlen.

Meditation führt zu Achtsamkeit. Wenn wir uns Zeit zum Meditieren nehmen, beginnen wir zu erkennen, welche Gedanken uns ständig zu plagen versuchen. Anhand dessen können wir die Muster unseres tatsächlichen Empfindens erkennen, unseres Denkens über den Grund unserer Besorgnis. Es wird schwerer, einen Gedanken zu ignorieren, der immer wieder hochkommt, bis Sie ihn bemerken und Ihre Aufmerksamkeit auf das Hier und Jetzt zurückholen, damit Sie Ihr Gehirn zur Ruhe bringen, ehe es erneut zu brodeln beginnt. Werden wir uns dieser Gedanken erst einmal bewusst, können wir über sie hinausgehen.

Also meditieren Sie und lieben Sie den Lärm. Begrüßen Sie es, wenn Ihr Verstand aktiv ist. Lernen Sie, ihn im Meditationsraum zur Ruhe zurückzubringen, dann können Sie auf Abruf Ruhe finden, wenn Sie sie am meisten brauchen, nämlich während einer schwierigen, stressigen Phase.

In diesem Buch geht es nicht um Meditation, auch wenn wir den Wert gar nicht genug betonen können, den sie für Ihr Leben darstellt. Er ist so groß, dass im Rahmen der Unstressable-Mitgliedschaft auch tägliche Meditationen angeboten werden, damit Sie Ihren Stresslevel verringern können.

Wir laden Sie ein, uns auf Unstressable.com Gesellschaft zu leisten. Denken Sie daran, den Gutscheincode IAMUNSTRESSABLE einzugeben, um 15 Dollar Rabatt im ersten Monat zu erhalten. Investieren Sie die Zeit und das Engagement, um zu lernen.

Es spielt keine Rolle, wie lange Sie meditieren. Selbst fünf Minuten täglich sind besser als nichts. Entscheidend sind die Wiederholungen, wie im Fitnessstudio, also exakt denselben Schritt auszuführen, der Ihren Geist vom Lärm zur Ruhe zurückbringt, immer wieder, jeden Tag. Wann immer Sie das korrekt machen, feuern die Neuronen, die dies ausführen, gemeinsam, sie verknüpfen sich miteinander und schaffen ein stärkeres Netzwerk, auf das Sie sich verlassen können, wenn die Gedanken in Ihrem Kopf zu rasen beginnen. Ich empfehle Ihnen sehr, mindestens 20 Minuten pro Tag anzustreben. Gehen Sie schrittweise vor. Beginnen Sie mit fünf Minuten und fügen Sie jeden Tag eine Minute hinzu. Es ist auch eine gute Übung, dies immer zur selben Tageszeit zu tun. Ich meditiere frühmorgens, ehe der alltägliche Wahnsinn von mir Besitz ergreift, und dann oft noch mal kurz vor dem Schlafengehen.

Die Jedi-Meister der Meditationswelt sind jene Mönche, die ihr Leben der Praxis verschrieben haben und oft Zehntausende Stunden ihrer Lebenszeit meditieren. Ihr Gehirn wird komplett rekonfiguriert auf Gelassenheit und Glück.

Achtsam sein

Achtsamkeit ist die Kunst, sich auf den Augenblick zu konzentrieren und dabei die Möglichkeit zu vermeiden, sich gedanklich zu verzetteln. Kommen wir noch mal auf die Fitness-Analogie zurück. Selbst nach einem guten Training im Studio, was für Ihren Verstand der Meditation entspricht, müssen Sie immer noch in Bewegung bleiben, laufen und nicht allzu lange herumsitzen. Sie müssen auf Ihre Ernährung achten und gesunde Lebensmittel zu sich nehmen, wenn Sie wirklich fit werden wollen. Für Ihr Gehirn ist Achtsamkeit das Pendant zu dieser Fokussierung auf eine gesunde Lebensweise.

Die Rechnung ist einfach: Wenn Sie zehn Minuten pro Tag intensiv versuchen, Ihren Geist durch Meditation zur Ruhe zu bringen, dann aber zehn Stunden lang in Hektik und Ablenkung verbringen, befeuern Sie einfach die falschen Neuronen 600-mal häufiger als die richtigen. Ihr Gehirn ist immer noch wesentlich besser im Abgelenkt-Sein als im Konzentriert-Bleiben.

Wir müssen sooft wir können üben, unseren Verstand zurück zur Konzentration zu bringen. Ich nutze dafür mehrere Übungen über den Tag verteilt, sooft ich kann. Dazu ein paar Ideen.

Wenn ich zu Fuß unterwegs bin, achte ich darauf, auf dem Weg ein Bild von etwas Schönem zu machen. Dadurch bin ich aufmerksam und suche während des ganzen Weges nach Schönheit. Sie werden staunen, wie viel Schönes Sie verpasst haben, sogar in den hektischsten Städten der Welt. Wenn ich fahre, stelle ich im Radio sechs Sender ein und sorge dafür, niemals etwas zu hören, was mir nicht gefällt. Wird die Musik von einem nervigen Moderator unterbrochen, wechsle ich zum nächsten Sender. Wird kein Song gespielt, der mir gefällt, wechsle ich erneut, und wenn dort Werbung gebracht wird, wechsle ich weiter. Wenn keiner etwas bringt, das mir gefällt, schalte ich das Radio aus, warte ein paar Minuten und probiere es dann erneut. Ich nenne das *achtsame Musik.* Es hilft mir dabei, die Freude an der Musik aus dem Hintergrund meines Lebens zu holen, wo die meisten von uns sie aufbewahren, und sie nach vorn und in den Mittelpunkt zu rücken. Probieren Sie es aus; Sie werden die Musik viel mehr genießen und es lehrt Ihren Geist, sich zu fokussieren.

Ich mache auch viele Spiele mit meinem Verstand. Wenn ich laufe, suche ich nach einer bestimmten Zahl in allen Schildern, Autokennzeichen oder Hausnummern. Wenn ich in einem Wartezimmer sitze, suche ich den Raum nach einer bestimmten Farbe ab. Wenn ich meinen Kaffee trinke, folge ich der Holzmaserung auf meinem Tisch und versuche, ähnliche Muster zu finden, und wenn ich esse, versuche ich, mein Besteck zwischen zwei Bissen abzulegen, damit ich langsam kaue, schmecke und schlucke. Ich bemühe mich, mit wenig Erfolg, herauszufinden, welche Gewürze mein Essen enthält. Selbst wenn ich Bücher für Sie schreibe, stelle ich einen Küchenwecker auf 44 Minuten und elf Sekunden für jede Schreibsession und verliere mich ganz und ohne Ablenkungen im Schreiben, ehe ich aufstehe und mich strecke, und dann dasselbe noch mal. Ich kann stundenlang so weitermachen, aber ich glaube, Sie haben das Prinzip verstanden und können selbst ähnliche Spiele für Ihr Gehirn ersinnen.

Sehr wichtig!

Fordern Sie Ihr Gehirn im Hier und Jetzt.

So muss es sich auf etwas außerhalb der Gedanken in Ihrem Kopf konzentrieren. Wenn Sie den Dreh mit der Achtsamkeit heraushaben, beginnt die Zahl der Stunden, in denen Sie Ihr Gehirn trainieren, sich sprunghaft zu erhöhen. Diese Stunden in der realen Welt vermitteln Ihnen die Fähigkeit, die Sie für den Umgang mit echten Ablenkungen brauchen, die nicht in der Stille Ihres Meditationsraums bei geschlossenen Augen existieren.

Mein Favorit unter all diesen Achtsamkeitsübungen jedoch und diejenige, die ich besonders hervorheben möchte, ist das Zusammensein mit Menschen. Sehen Sie Menschen in die Augen, hören Sie sorgfältig zu, was sie sagen, beobachten Sie ihre Körpersprache, haken Sie nach, spüren Sie ihre Energie, verbinden Sie sich mit ihren Emotionen. Seien Sie aufmerksam und greifen Sie nie und unter keinen Umständen zum Handy oder lassen sich ablenken, wenn Sie das Vergnügen der Verbindung zu einem anderen Menschen haben. Genau um solche Verbindungen geht es im Leben und wir haben das Glück, täglich so viele davon erleben zu dürfen. Wenn Sie sie versäumen, kehren sie nie zurück, und ohne sie fühlen wir uns leer und einsam, selbst wenn wir den ganzen Tag von Tausenden Menschen umgeben sind.

Hier ist Alice. Ich sage meinen Klienten: Das Wichtigste, worauf sie beim Üben der Achtsamkeit achten sollen, ist Freundlichkeit, denn bei der Achtsamkeit geht es darum, Aufmerksamkeit zu schenken, aber freundliche Aufmerksamkeit. Es hat keinen Sinn, achtsam die Umgebung zu betrachten, wenn Sie dabei sich und andere kritisieren und beurteilen.

Das verstärkt Ihren Stress bloß. Achtsamkeit ist die Bereitschaft, freundlich die schlichten Tatsachen des Hier und Jetzt zu beobachten, ohne zu urteilen. Knüpfen Sie keine Meinung an das, was um Sie herum geschieht; lernen Sie einfach, es zu beobachten.

Lassen Sie auch nicht einen einzigen Moment der Verbindung unbemerkt und ungelebt. Lächeln Sie den Barista an, der Ihnen den Kaffee macht, geben Sie ihm das Gefühl, beachtet zu werden, beginnen Sie ein kleines Gespräch und schenken Sie der Kassiererin Wertschätzung. Ich verspreche Ihnen, dass Ihnen der Kaffee dann besser schmeckt und Sie ihren Tag gerettet haben. Helfen Sie der älteren Dame, die in der Kassenschlange hinter Ihnen steht. Lassen Sie sie vor und helfen Sie ihr beim Auspacken, während Sie munter mit ihr plaudern. Selbst unsere grimmigsten Zeitgenossen sind gegen ein paar Scherze nicht immun. Fragen Sie im Geschäft nach dem Gewünschten, selbst wenn Sie wissen, wo es steht. Fragen Sie die Verkäuferin, was sie davon hält, selbst wenn Sie wissen, dass Sie es kaufen wollen. Trauen Sie sich, sich neben einen Obdachlosen zu setzen, wie mein wunderbarer Sohn Ali es oft getan hat, und fragen Sie ihn nach seiner Geschichte. Bewerten Sie ihn nicht, sondern hören Sie einfach zu. Wenn man Menschen Wertschätzung zeigt, strahlen sie Positivität aus, die Sie nicht nur achtsam bleiben lässt, sondern auch mit Freude erfüllt. Die Achtsamkeit, mit anderen zusammen im Hier und Jetzt zu sein, wird das Ihnen bekannte Leben vollständig neu definieren.

Meeting mit Ihrem Gehirn

Niemand ist Ihrer expliziten Aufmerksamkeit mehr wert als Sie selbst. Wie oft verbringen Sie eigentlich Zeit mit sich selbst? Abgesehen von den schweren Zeiten, wenn Sie nachdenken oder sich einfach von der Welt fernhalten müssen, um Ihre Wunden zu lecken – wie oft verbringen Sie Zeit mit sich?

Ich kenne Ihre Antwort nicht, aber ich stelle mir vor, dass es nicht oft genug ist. Sie können und sollten es häufiger tun.

Wenn wir unserem eigenen Gehirn nicht oft genug zuhören, wird es eine Menge Müll ansammeln. Es bringt Gedanken hervor – Gedanken, die womöglich nicht gesund sind –, und wir ignorieren sie, daher bringt es sie immer wieder aufs Tapet und setzt noch weitere Gedanken obendrauf, die sogar noch ungesünder sind.

Solche Gedanken zu untersuchen, ist ein bisschen so, wie die Wohnung aufzuräumen. Wenn Sie es eine Zeit lang nicht mehr gemacht haben und dann der Frühjahrsputz ansteht, begegnen Sie allen möglichen Dämonen und Gerümpel, das sich in Ihrem Schrank versteckt hat. Wir alle müssen unserem Gehirn viel öfter zuhören und es aufräumen.

Das ist zunächst schwer, aber im Laufe der Zeit wird es leichter. In dieser Übung halte ich Zeit für ein regelmäßiges Meeting mit meinem Gehirn frei, zwei- oder dreimal in der Woche. Ich nenne die Übung *Meeting mit Becky* (ich nenne mein Gehirn Becky). Wenn das Treffen ansteht, nehme ich mir 25 Minuten Zeit für eine Unterhaltung zwischen Becky und mir, die nur zwei Regeln kennt. Regel Nummer eins ist, dass ich aufmerksam zuhöre und jeden einzelnen Gedanken zur Kenntnis nehme, den mein Gehirn vorbringt, und Regel Nummer zwei ist, dass kein Gedanke wiederholt werden darf.

Obwohl diese Übung als fortgeschrittene Form der Meditation betrachtet wird, bei der man sich bewusst darüber wird, wessen man bewusst ist, versuche ich nicht, mein Gehirn zu verlangsamen oder es zur Ruhe zu bringen. Genau genommen treibe ich es in die andere Richtung und ermutige es, so fieberhaft an alles Mögliche zu denken, wie es will.

Das Gespräch zwischen meinem Gehirn und mir läuft normalerweise ungefähr so ab:

Denk daran, Aya heute anzurufen.

Klar, Gehirn. Wir rufen Aya an, sobald wir hier fertig sind. Was noch?

Diese Tacos gestern waren einfach göttlich.

O mein Gott, ja, wirklich. Super Tacos. Was noch?

Du bist nicht gut genug.

Warum, Becky? Warum sagst du mir das? Egal, du findest, ich bin nicht gut genug. Was noch?

Es geht hier darum, an keinem Gedanken festzuhalten, ganz gleich, wie verlockend es auch sein mag.

Alles ist erlaubt. Sie nehmen den Gedanken zur Kenntnis, lassen ihn los und bitten Ihr Gehirn um den nächsten. Ich gestatte mir sogar Papier und Stift, um einige der interessanteren Gedanken aufzuschreiben.

Das erleichtert es mir, den Gedanken loszulassen, weil ich weiß, dass ich später noch mal darauf zurückkommen kann.

Was Sie feststellen werden: Haben Sie erst mal angefangen, Ihrem Gehirn zuzuhören, verringert es das Tempo. Zuerst ist es überrascht, dass Sie tatsächlich zuhören, und infolgedessen versucht es, etwas Kluges zu sagen. Das braucht Zeit und zwingt es, den Blödsinn auszusortieren, von dem es selbst erkennt, dass er des Erzählens nicht wert ist. Aber ob Sie es glauben oder nicht, in unseren Gehirnen befindet sich ohnehin nicht viel, in das sich hineinzusteigern die Mühe lohnt. Ihnen gehen rasch die Gedanken aus, die der Sendezeit würdig sind, und an dieser Stelle greift Regel Nummer zwei.

Regel Nummer zwei soll sicherstellen, dass ein einzelner Gedanke nicht unablässig wiederholt wird. Was normalerweise nach einiger Zeit geschieht – wenn Ihr Gehirn Ihnen zehn oder 15 Minuten lang alle möglichen verrückten Gedanken vor die Füße gekotzt hat, besonders wenn Sie zuhören und sie nicht ignorieren, gehen ihm die Gesprächsthemen aus. Plötzlich sagt Ihr Gehirn Dinge wie: *Dieser Bericht ist morgen fällig. Wir müssen heute daran arbeiten.*

Klar, Gehirn, sagen Sie. *Wir müssen heute an dem Bericht arbeiten. Was noch?*

Dann tritt Stille ein, denn Ihr Gehirn sucht nach Themen, und dann sagt es: *Du bist nicht gut genug.*

Sie erwidern: *Ha, ha, ha. Das hast du schon gesagt, Becky. Es ist immer noch nicht besonders nett. Was noch?*

Nun zieht die Stille sich wirklich in die Länge, und dann sagt Ihr Gehirn mit schockiertem Unterton: *Das war's. Mehr hab ich nicht zu sagen.*

An dieser Stelle geschieht das Wunder. Echte Ruhe tritt ein, und sie hält an. Der schönste, wunderbarste Moment ist der, wenn Ihr Gehirn endlich die Klappe hält, nicht aufgrund der anstrengenden Übung, es durch Meditation zur Ruhe zu bringen, sondern weil es tatsächlich nichts zu sagen hat.

Genießen Sie diese Augenblicke, solange sie dauern – wenigstens bis zum Ende Ihrer 25 Minuten –, und sehen Sie sich dann Ihre Notizen an.

Wenn Sie diese Aufzeichnungen durchlesen, die unzensiert aus den Gedanken in Ihrem Kopf entstanden sind, werden Sie zum ersten Mal erkennen, wie lächerlich einige Ihrer Gedanken eigentlich sind.

Streichen Sie beim Durchlesen einige davon durch und sagen Sie Ihrem Gehirn: *Das war lächerlich. Denk so was bitte nicht noch mal.* Wenn Sie wichtige Gedanken entdecken, die eine Zeit lang nicht beachtet wurden, ist das ein guter Zeitpunkt, um die für ihre Berücksichtigung notwendigen Handlungen zu planen und Ihrem Gehirn mitzuteilen, dass Sie in Kürze daran zu arbeiten beabsichtigen. Im Allgemeinen wird Ihr Gehirn keine dieser beiden Arten von Gedanken, in Arbeit oder lächerlich, so bald wieder vorbringen. Sobald Sie klargestellt haben, dass Sie Ihren Gedanken aufmerksam zugehört haben, drosselt Ihr Gehirn das Tempo im Bewusstsein, dass es bereits mit Ihnen kommuniziert hat und dass Sie verantwortungsvoll genug zu sein scheinen, um zuzuhören.

So tun als ob

So tun als ob ist auch als *geistige Visualisierung* bekannt und eine der effektivsten Techniken, um den Stresslevel zu verringern und sich gleichzeitig den Weg zum Erfolg zu bahnen. Erinnern Sie sich aus unserem Gespräch über Neuroplastizität, dass ein gemeinsames Feuern Ihrer Neuronen genauso funktioniert, wenn Sie etwas tatsächlich tun, wie wenn Sie eine Erinnerung wachrufen oder sich ein zukünftiges Szenario ausmalen. Für Ihre Gehirnzellen spielt es keine Rolle, ob das, was Sie denken, ein tatsächliches Ereignis in Ihrem Leben ist, solange die Neuronen feuern.

Die häufigste Form der Visualisierung besteht darin, etwas zu üben, ehe es passiert. Wenn Sie sich vor dem Spiegel auf eine Rede vorbereiten, werden Sie besser. Wenn Sie sich die Fragen vorstellen, die Ihnen gestellt werden könnten, und sich überlegen, wie Sie damit umgehen werden, reagieren Sie besser auf diese und andere Fragen.

Vor vielen Jahren nahm ich an einem Talk mit Debra Searle teil, die in einem Sieben-Meter-Boot aus Sperrholz allein über den Atlantik gerudert war. Sie begann die Reise mit ihrem Ehemann, doch er musste nach nur zwei Wochen gerettet werden. Jemand aus dem Publikum fragte sie, wie sie ihre Angst in den Griff bekommen hätte. Ihre Antwort habe ich ungefähr so in Erinnerung: »Ich hatte den ganzen Tag Zeit, mir alle nur möglichen Szenarios vorzustellen. In Gedanken visualisierte ich sie bis zum Ende. Was würde passieren, wenn das Boot von einer großen Welle umgekippt würde?

Ich stelle mir vor, wie ich mich an dem Seil festklammere, mit dem ich am Boot festgebunden bin, ins Wasser falle, mich dann wieder hochziehe und die Sache zum bestmöglichen Szenario ausarbeite. Ich spiele die Szene immer wieder durch, bis es sich anfühlt, als hätte ich sie bereits erlebt und überlebt.

Dann stand ich auf und prüfte, ob das Seil ordentlich festgeknotet war, und visualisierte anschließend das nächste Szenario. Wenn ich zum ersten Mal an eine mögliche Gefahr dachte, hatte ich Angst, aber je mehr ich darüber nachdachte, desto deutlicher wurde mir, dass sie zu bewältigen ist und, was noch wichtiger ist, dass ich fähig bin, damit umzugehen.« Debras Worte haben mein Leben verändert. Sie verglich diese Übung mit Horrorfilmen. Wenn Sie eine gruselige Szene zum ersten Mal sehen, hält es Sie nicht auf Ihrem Sessel. Wenn Sie den Film aber erneut anschauen, jagt er Ihnen nicht mehr so viel Angst ein, weil Sie schon wissen, was passiert, und bereit dafür sind.

Unser Gehirn ist eine Visualisierungsmaschine. In seinem Bemühen, unsere Sicherheit zu bewahren, sieht es künftige Gefahren voraus, um einen sicheren Handlungsplan zu erstellen, falls sie tatsächlich eintreten. Wenn wir zulassen, dass es von allem nur den schlimmstmöglichen Fall visualisiert, macht es uns ängstlich und verursacht Stress. Nutzen Sie die Maschine bestimmungsgemäß bis hin zur Lösung.

Nicht vergessen! Lernen Sie, die Antworten zu visualisieren, nicht das Problem.

Denken Sie an die Lösungen, nicht nur an die Schwierigkeiten; an Ihre Momente des Sieges und des Erfolgs, nicht an die Niederlagen und das Scheitern.

Das Üben im Geiste kostet Sie nichts. Hören Sie nicht auf, die Überwindung von Schwierigkeiten zu üben. Gehen Sie noch weiter und visualisieren Sie das Beste, was passieren kann. Üben Sie das Date mit der Person Ihrer Träume, noch bevor Sie sie kennenlernen oder bestätigen, dass sie existiert. Üben Sie ein Leben in Leichtigkeit voller Liebe und Verbundenheit. Üben Sie, wie Ihnen Geld zufließt; üben Sie, es zu nutzen, um andere glücklich zu machen. Visualisieren Sie, wie niedlich Ihre Enkelkinder sein werden. Visualisieren Sie, wie Sie ihnen Plätzchen backen und diese mit vollständigem Gebiss knabbern, das aufblitzt, wenn Sie über 70 sind. Im Nahen Osten glauben wir an das Sprichwort »Sei optimistisch, dass du ein gutes Schicksal hast, dann wird es auch so sein«.

Viele spirituelle Richtungen lehren, dass die Visualisierung eines bestimmten Ereignisses es wahr werden lässt. Ich glaube, dass die Visualisierung über eine spirituelle Überzeugung hinaus Sie auf etwas vorbereitet, Sie von seiner Möglichkeit überzeugt, Ihnen den Weg zeigt, wenn es in Ihrem Leben auftaucht, und Ihre neuralen Pfade auf eine Weise entwickelt, die Ihnen seine Erreichung erleichtert.

Sehr wichtig!

Sie bekommen das, was Sie vom Leben erwarten.

Fangen Sie an, das Beste zu erwarten. Fangen Sie an zu visualisieren. Lassen Sie Ihren Geist nicht auf Abwege geraten. Nehmen Sie die Dinge in die Hand und visualisieren Sie den Weg, den Sie zum Glück, zur Liebe und zum Erfolg nehmen werden. Visualisieren Sie Ihren Weg und üben Sie im Kopf wie ein Profi.

Dass unser Gehirn, wenn wir ihm freien Lauf lassen, oft die schlechte Seite von allem visualisiert, liegt daran, dass es selbst über seine negative Grundeinstellung hinaus von äußeren Kräften darauf trainiert wird, einschließlich der Medien. Sie können etwas tun, um das zu beenden:

Sich um die eigenen Angelegenheiten kümmern

Die modernen Medien und sozialen Netzwerke funktionieren auf der Grundlage einer Zielsetzung – sie wollen Sie so lange wie möglich am Bildschirm festhalten. Dazu nutzen sie den Negativitäts-Bias Ihres Gehirns aus und seine Tendenz, das Bekannte herauszusieben. Im Wesentlichen gehen sie dabei mit zwei Aufmerksamkeitsmagneten zu Werke: der Negativität und dem Staunen (und häufig dem *Ooooh!* bei niedlichen Tiervideos).

Wenn ein Nachrichtensender berichtete, dass ein verliebtes Paar sich gestern umarmt und ein weiteres sich geküsst hat, würden Sie einschalten? Wenn in einem Instagram-Beitrag erwähnt würde, dass jemand ein vernünftiges Maß an Sport pro Woche macht und infolgedessen einen normalen gesunden Körper hat, würde das Ihr Interesse wecken? Natürlich nicht.

Sie horchen auf bei der Geschichte, wie eine Frau ihren Mann umgebracht hat, wie ein Virus uns auslöschen könnte und wie ein Politiker etwas Haarsträubendes getan hat. Der Negativitäts-Bias Ihres Gehirns lässt es auf schlechte Nachrichten anspringen, also, was tun die Nachrichtensender? Sie füllen 24 Stunden Sendezeit mit den negativsten Geschichten, die sie nur auftreiben können, und fügen noch ein paar Kommentare hinzu, die sie noch negativer wirken lassen. Sie klicken auf Social Media die ungewöhnlichsten Beiträge an, Dinge, die Sie im realen Leben kaum zu sehen bekommen würden. Die lassen Sie staunen, und damit passieren sie die Filter Ihres Gehirns, das dazu neigt, das Alltägliche auszublenden. Je unerwarteter eine Geschichte ist, umso mehr mögen Sie sie. Denn wer will schon das Normale sehen? Normal ist überall. Was tun also die Influencer? Sie nutzen die kreativsten Methoden, um Sie zu unterhalten, indem sie sich auf eine Art verhalten, die Ihnen im echten Leben niemals begegnen würde, deshalb folgen Sie ihnen.

Je mehr von Ihrer Zeit Sie in diese Medien vertieft verbringen, umso stärker erhalten Sie eine stark verzerrte Version der Realität – eine, die viel mehr Negativität, Abscheu und Verwirrung erzeugt als Ihre Lebenswirklichkeit, wenn Sie das Handy weglegen und den Fernseher ausschalten. Das ist eine einfache Rechnung: Es gibt unendlich viel mehr Paare, die einander nicht bei Nacht abmurksen, als es Mörder gibt, viel mehr sichere Orte auf der Erde als gefährliche Orte. Viel mehr Aspekte Ihres Lebens verlaufen gut, als es Katastrophen gibt. Genau genommen würden Sie vermutlich nur sehr wenig Negativität und Falschheit erleben, wenn Sie die Medien abschalteten, vielleicht sogar gar keine. Sie brauchen mir nicht zu glauben. Probieren Sie es einfach selbst aus.

Ich schreibe Ihnen dies aus der Dominikanischen Republik. Wenn ich voranmachen und ein Buch fristgerecht fertigbekommen muss, entscheide ich mich für gewöhnlich, mich aus der Welt auszuklinken. Vor ein paar Tagen bekam ich die ersten Nachrichten von Freunden und Followern, die nachfragten, ob bei mir alles in Ordnung sei. In Haiti hat es ein Erdbeben gegeben – Haiti und die Dom Rep liegen auf derselben Insel –, und die Leute dachten, ich könnte in Gefahr sein. Ich gucke keine Nachrichten, grundsätzlich nicht und schon gar nicht, wenn eine Deadline für ein Buch bevorsteht, deshalb gab es für mich kein Erdbeben, und mein Leben während der vergangenen zwei Tage unterschied sich nicht im Mindesten von den Tagen davor oder denen danach.

Falls Sie nicht im unmittelbar betroffenen Gebiet leben, ist das Erdbeben in gewisser Weise hauptsächlich auf dem Bildschirm passiert. Ohne die Medien scheint die Welt wesentlich sicherer zu sein, als die Nachrichtensender es uns wahrnehmen lassen. Ohne die Medien hätten Sie auch gar nicht gewusst, dass ein Erdbeben stattgefunden hat. Tatsache ist: Ohne die Medien wüsste die Mehrheit der Weltbevölkerung nicht mal, dass Erdbeben überhaupt existieren, weil sie nie eins erleben. Der Stress, den wir empfinden, geht zu einem großen Teil auf Nachrichten zurück, über die wir uns überhaupt keine Sorgen machen müssen, und das macht sie eindeutig zu den Dingen, über die wir sowieso keine Kontrolle haben.

Nun denken Sie vielleicht: *Was sagst du da, Mo? Willst du sagen, ich sollte die Nachrichten nicht mehr sehen? Aber ich muss doch wissen, was in der Welt vor sich geht, um kluge Entscheidungen treffen zu können.* Müssen Sie das wirklich?

Wenn Sie etwas über ein bestimmtes Ereignis wissen müssen, dann suchen Sie nach genau den Informationen, die Sie brauchen. Holen Sie sich die Antworten auf genau die Fragen, die Sie geklärt haben wollen. Kein künstliches Aufblähen, keine hochgekochten Emotionen, keine Meinungen, keine aggressiven Streitgespräche. Sparen Sie sich die endlosen Stunden und den daraus resultierenden Stress. Wenn ich nichts gegen ein Erdbeben unternehmen kann, warum sollte ich dann auch nur eine Minute meines Lebens damit verschwenden, überhaupt etwas darüber zu erfahren?

Weil das wichtige Dinge sind, Mo. Weil das Dinge sind wie die soziale Gerechtigkeit oder Freiheit oder Demokratie und die bevorstehenden Wahlen oder der Ausgang des Fußballspiels, auf die es ankommt. Ja. Konzentrieren Sie sich auf das, was wirklich wichtig für Sie ist. Wählen Sie die Themen aus, für die Sie eintreten wollen, und informieren Sie sich darüber. Meistern Sie sie sogar. Denken Sie aber daran: Wenn Sie sich wirklich für eine Sache engagieren oder ein vertieftes Wissen darüber erlangen wollen, können Sie auch ebenso gut die anderen Themen weglassen, die Ihre Zeit und Energie aufbrauchen, damit Sie sich stärker dem widmen können, was Ihnen wirklich am

Herzen liegt. Denn wenn Sie wirklich glauben, dass Sie die Kriege beenden, die Politiker zur Verantwortung ziehen, die Wirtschaft retten, diesen in einen Schacht gestürzten Jungen retten, die nationale Schuldenlast abtragen, den Terrorismus stoppen, Naturkatastrophen verhindern und den nächsten Ehemann in Sicherheit bringen können, ehe er von seiner Frau geschlagen wird, dann würde ich Sie auffordern, dieses Buch ein paar Minuten beiseitezulegen, um noch mal darüber nachzudenken, warum Sie sich nach wie vor mit uns anderen Sterblichen abgeben. Wenn Sie jedoch bescheiden genug sind zu wissen, dass niemand all das beheben kann, was in dieser Welt nicht in Ordnung ist, möchten Sie vielleicht klären, warum wir versuchen, über all das informiert zu sein. Warum investieren Sie so viel Zeit, Aufmerksamkeit und den daraus resultierenden Stress in Dinge, die Sie zwar beobachten, aber in keiner Weise beeinflussen können?

Dr. Stephen Covey erklärt in seinem Mega-Bestseller *Die 7 Wege zur Effektivität*, dass es zwei Arten von Menschen gibt. Es gibt proaktive Menschen, die ihre Mühen und ihre Aufmerksamkeit auf ihren Einflusskreis fokussieren – den Teil ihres Lebens, den sie kontrollieren können. Sie arbeiten an Dingen, an denen sie etwas ändern können. Wenn Sie proaktiv sind, können Sie Stress reduzieren und zugleich mehr Erfolg haben, denn Sie können Veränderungen in Gang setzen und beeinflussen.

Reaktive Menschen dagegen konzentrieren ihre Mühen auf den Besorgniskreis – Dinge, die auf ihrem Radar auftauchen und auf die sie wenig oder gar keinen Einfluss haben. Reaktive Menschen vernachlässigen oft jene Themen, die ihrer Aufmerksamkeit bedürfen und ihrer Kontrolle und ihrem Einfluss unterliegen, weil ihr Fokus woanders liegt. Ihr Einflusskreis schrumpft aufgrund ihrer Abgelenktheit. Das bereitet ihnen Stress, nicht nur weil der Großteil dessen, dem sie ihre Aufmerksamkeit schenken, belastend, Furcht einflößend und außerhalb ihrer Kontrolle ist, sondern auch, weil dieser Strudel des Wahnsinns immer größer zu werden scheint, je mehr Aufmerksamkeit sie ihm widmen. Je mehr man nach dem sucht, was mit der Welt nicht in Ordnung ist, umso schlechter fühlt die Welt sich an. Aber ist sie das wirklich?

Ist sie nicht. Die Arbeit des Kognitionspsychologen, Linguisten und Wissenschaftsautors Dr. Steven Pinker beweist genau das Gegenteil. Unsere Welt war noch nie sicherer. In seiner Analyse von Daten zu Mord, Krieg,

Armut und weiteren Themen lehrt er, dass die Welt heute in jeder dieser Hinsichten besser geworden ist, als sie noch vor nur 30 Jahren war. Dass wir den Eindruck haben, alles würde schlimmer, liegt lediglich daran, dass unser Horizont im Hinblick auf das, worüber wir informiert werden, exponentiell gewachsen ist. Natürlich steht die Menschheit vor Herausforderungen. Sie sollten als zu lösende Probleme betrachtet werden und nicht als die Apokalypse in Wartestellung.

Medien und soziale Netzwerke nehmen Ihnen viel mehr, als sie Ihnen geben. Ihr Produkt ist nicht der Content, der Ihnen angezeigt wird. Dieser Content ist nur der Köder. *Sie* sind das Produkt, das sie den Werbekunden verkaufen. Sie machen Ihnen Stress, damit Sie dranbleiben, und im Zuge dessen geben sie Ihnen ein Gefühl der Unsicherheit, obwohl Ihr Leben tatsächlich ganz in Ordnung ist. Sie bewirken, dass Sie sich schlecht fühlen im Vergleich zu den mit Filtern aufgehübschten Bildern von Social-Media-Influencern. Sie betrachten das, was Sie von ihnen erfahren, als die Realität der Welt. Das Ergebnis sind Stress und Negativität, Hilflosigkeit und Hoffnungslosigkeit im Hinblick auf den Zustand der Welt. Und dann wundern Sie sich, dass Sie nachts nicht gut schlafen. Die Mühen, die Sie Ihrem Besorgnisbereich widmen, lassen Ihren Einflussbereich schrumpfen, und die Neuroplastizität lässt Sie immer besser darin werden, in allem, das Ihnen im Leben begegnet, eine dunkle Perspektive zu erkennen. In Wahrheit ist der größte Teil des Lebens okay, und der größte Teil dessen, was nicht okay ist, ist nicht Ihr Bier. Sie werden nie Einfluss darauf nehmen, geschweige denn etwas daran ändern können.

Wenn Sie wirklich unfähig sind, dem Drang nach Informationen zu widerstehen, planen Sie Ihre Befürchtungen ein. Legen Sie täglich einen Zeitraum fest, in dem Sie sich ganz den Spannungen und der Negativität der modernen Welt widmen können. 30 Minuten reichen locker aus, damit Ihr Herz rast und Ihre Gedanken durcheinanderpurzeln. Und wenn die Zeit vorüber ist, schalten Sie den toxischen Zufluss aus und machen Feierabend.

Nicht vergessen! Schalten Sie diese ganzen Bildschirme ab.

Verbindung mit der Natur

Dieses letzte Gehirntraining ist eins, das ich erst vor Kurzem meinem regelmäßigen Übungsplan hinzugefügt habe. Wie sehr ich den Aufenthalt in freier Natur vermisst hatte und wie negativ sich das auf mich auswirkte, habe ich gemerkt, als ich das Vergnügen hatte, Craig Foster zu empfangen, den Gewinner des Oscars für den besten Dokumentarfilm mit *My Octopus Teacher*.

Zu Beginn der Doku erzählt Craig die Geschichte, dass er den wachsenden Belastungen in seinem Leben entkommen musste, und die einzige ihm bekannte Methode war, in die Natur zu gehen. Ich erzählte von meiner eigenen Sehnsucht und fragte ihn, warum er glaubte, dass wir alle die Natur so sehr brauchen. Seine Antwort lautete: »Unsere Spezies existiert seit ungefähr 300 000 Jahren. Den Großteil davon empfand jeder sich als Teil der Wildnis. Die Trennung, die wir heute empfinden, hätten sie nicht verstanden. Es ist ein Trauma, ein Schock, von der Großen Mutter getrennt zu sein. Seit Anbeginn der Zeit empfinden wir zum ersten Mal so.«

Und er fuhr fort: »Was den Menschen nicht klar ist: Die Biodiversität, also die ungeheure Anzahl von Tier- und Pflanzenarten auf dieser Erde, lässt Sie und mich von Sekunde zu Sekunde weiteratmen. Egal, wo wir sind, wir atmen im wortwörtlichen Sinne in das lebende System dieses Planeten hinein. Die Große Mutter Natur ermöglicht es uns, am Leben zu bleiben. Alles, was Sie brauchen, wird von ihr zur Verfügung gestellt. Sie ist unser Lebenserhaltungssystem auf jeder einzelnen Ebene, und doch denken wir, wir könnten unabhängig von der Natur leben.«

So hatte ich das noch nie gesehen. Ich hielt mich für ein kosmopolitisches, urbanes Lebewesen, das die Natur als Urlaubsort betrachtete – eine Pause zum Aufladen, ehe man in die *reale Welt* zurückkehrt. Ich irrte mich. Das Gegenteil ist der Fall. Mein Leben im Mainstream ist die Unterbrechung. Stellen Sie es sich wie einen langen Tauchgang vor. Ich atme tief ein, um für einige Minuten in eine Mission einzutauchen. Mir kommt es vor, als wäre diese Mission mein Leben, aber die Wahrheit ist, dass ich früher oder später an die Oberfläche zurückkehren muss, um zu atmen. Die Oberfläche ist mein Habitat – die Mission ist die Unterbrechung.

Nicht vergessen! Wir sind wie Fische ohne Wasser, wenn wir von Mutter Natur abgetrennt werden.

Und doch bleiben wir Tag für Tag voneinander getrennt.

Die einzige Möglichkeit, die Verbindung wiederherzustellen, besteht darin, sie wieder und wieder aufzusuchen, sagte Craig. Kleine Dinge wie ein Spaziergang, stehen bleiben, um eine Blume zu betrachten, das Blatt an einem Baum, die Insekten in Ihrem Garten, das morgendliche Zwitschern der Vögel, ehe die Stadt es übertönt. Es geht um Neugier, Fürsorge, um das Erkunden, wer sie sind, wie sie überleben und welches Verhalten sie aufweisen. Es geht darum, ein bisschen in diese andere Welt zurückzukehren – die Welt, aus der Sie gekommen sind.

Wenn Sie können, machen Sie hin und wieder einen Ausflug. Besuchen Sie einen Bauernhof, ein Feld, einen Garten oder verschwinden Sie für ein paar Wochen in einem Retreat. Eine Menge Stress entsteht deshalb, weil wir nicht von hier kommen, so vertraut uns die großen Städte und das hohe Tempo auch geworden sein mögen. Tief im Inneren fühlt es sich fremd an, und das macht unsicher. Diese Abtrennung erzeugt Stress auf einer sehr tiefen Ebene. Er ist im Hintergrund, und vielleicht bemerken wir ihn nicht mal, aber abgeschnitten von der Natur wird in unserem Leben immer etwas fehlen.

Wer mehr Zeit in der Natur verbringt, ist oft gelassener. Vielleicht glauben Sie, es sei gefährlicher da draußen, aber das stimmt nicht. Wir sind für die Wildnis geschaffen, und auch wenn die Ameisen uns anfangs piesacken mögen und die extreme Kälte oder Hitze uns einiges abverlangt, so erinnern sich doch unsere Körper. Sie passen sich an, und schnell fügen wir uns wieder ein. Sobald wir uns einfügen, wird unser Geist ruhiger. Der Stress fällt von uns ab.

Meinen lieben Freund Jimmy Nelson, einen Künstler und Fotografen von indigenen Gemeinschaften, befragte ich mal über all die Stämme, die er fotografiert. Ich fragte, ob sie Stress und Depressionen haben. Er lachte und sagte: »Sie kennen nicht mal die Bedeutung des Wortes. Sie sind so im Einklang mit dem Fluss der Natur, dass sie jede Minute vollkommen in der Gegenwart leben, und mit der Gegenwart gibt es nie irgendein Problem.«

»Aber was ist denn mit den wilden Tieren und den Hungersnöten? Es ist doch ein hartes Leben«, sagte ich.

»Woanders ist das Leben hart«, antwortete er. »Sie sind im Flow und gehen mit der Natur, statt ihr Widerstand zu leisten. Sie wissen, dass es Gefahren im Dschungel gibt, deshalb bleiben sie zusammen. Sie wissen, dass der Tod ein Teil des Lebens ist, deshalb leben sie jeden einzelnen Tag.«

Verbinden Sie sich mit Ihren Ursprüngen, selbst wenn Sie damit anfangen, dass Sie ein paar Minuten in der Pflanzenabteilung Ihres Supermarkts stehen bleiben oder eine Naturdoku anschauen. Nähren Sie dieses kleine Feuer, das Sie zu dem macht, was Sie sind. Je mehr Sie sich mit diesem Aspekt von sich verbinden, umso mehr machen Sie sich bewusst, dass ein Großteil der Illusionen, denen wir in diesem entfremdeten Habitat hinterherjagen, das wir Zivilisation nennen, eigentlich gar keine Rolle spielt. Der Frieden liegt darin, den Rhythmus des natürlichen Lebens zu finden.

Nicht vergessen! Wir stammen von Mutter Natur ab. Wir sind nicht nur zu Besuch.

Es ist nun an der Zeit, eine Form von Stress zu untersuchen, die wesentlich unvorhersehbarer und irrationaler zu sein scheint. Zeit, vom Kopf zum Herzen zu wechseln und über Ihre Emotionen und deren Auswirkungen auf Ihren Stress zu sprechen.

Kapitel 5

Fühlen, um heil zu werden

Teil 1: Die Grundlagen

- Stress spielt eine Rolle
- Die Stressmaschine
- All die verschiedenen Stressfaktoren
- Das 3L-Modell im Einsatz

Teil 2: Ein Sprachkurs

- Kognitiver Stress
- Emotionaler Stress
- Körperlicher Stress
- Spiritueller Stress

Teil 3: So fügt sich alles zusammen

- Gewohnheiten der Unstressbaren

Oh, die Gefühle. Sie sind eins der größten Mysterien, die wir als Menschen bewältigen müssen. Manche beflügeln uns, andere lähmen uns. Wir heißen die guten willkommen und schieben die schlechten beiseite. Oft verstehen wir unsere eigenen nicht einmal, geschweige denn die anderer.

Wir versuchen, aus ihnen schlau zu werden, doch gleichzeitig verstecken und ignorieren wir sie. Diese rohen, ungefilterten Teile unserer selbst können uns mit den tiefsten Tiefen unserer Seele verbinden, mit den dunkelsten Seiten unserer Ängste oder mit den Gipfeln unserer Liebesfähigkeit.

Sie wirken komplex und manchmal verwirrend, aber sind sie das wirklich? Oder findet ihre Komplexität nur in unserem Kopf statt? Sind wir es, die sie verwirrender machen, als wir eigentlich müssten? Sind wir es, die die Schlichtheit unserer ureigenen Empfindungsfähigkeit so kompliziert machen?

Sorgen wir selbst für unseren emotionalen Stress?

Emotionen, selbst die positivsten, können uns überfordern, wenn wir sie exzessiv ausleben. Nehmen wir zum Beispiel die Empathie. Dieses Gefühl lässt zu, dass wir uns in andere einfühlen, sodass wir sie besser verstehen und ihnen vielleicht sogar ihre inneren Kämpfe erleichtern können. So schön das ist, doch ein Übermaß an Empathie kann eine ernsthafte Belastung sein.

Hier ist Alice. Ich bin das, was man als Empathin bezeichnet, eine dieser hochsensiblen Persönlichkeiten, die nicht aufhören können, die Gefühle anderer zu absorbieren. Sobald ich mit anderen Menschen und ihren tobenden Emotionen zusammen bin, empfinde ich komplett alles, was sie fühlen. Ich meine *komplett.* Ich lasse nichts aus, auch wenn ich oft so tue, wenn ich weiß, dass jemand nicht dazu bereit ist, sein Innerstes nach außen zu kehren. Wenn ich den traurigen Blick eines obdachlosen Menschen auf der Straße auffange, muss ich als Empathin oft umkehren und mit ihm sprechen, während andere vielleicht ihren Weg fortsetzen, ohne ihn überhaupt bemerkt zu haben. Wenn jemand bei einer Party nicht gut beieinander ist, fällt mir das sofort auf, während alle übrigen im Raum oft fröhlich feiern.

Früher hat mich das überfordert. Ich weiß noch, dass ich als Kind einfach Zeit allein in meinem Zimmer verbringen musste, um etwas Abstand zwischen mich und die äußere Welt zu bringen, weil ich erschöpft war von all meinen Empfindungen, die sowohl aus mir selbst als auch von außen kamen. Amüsanterweise machten meine Eltern sich deshalb etwas Sorgen und fragten sich, ob ihr Kind ein bisschen »seltsam« war. Sie fragten mich, warum ich vor dem Abendessen allein hoch in mein Zimmer gehen wollte, statt die Zeit mit allen anderen zu verbringen. Damals hatte ich darauf keine Antwort. Heute verstehe ich Emotionen auf einem intimeren Level. Ich weiß, dass ich emotional sensibel bin, eine Empathin und überwiegend introvertiert, wenn auch kontaktfreudig. Ein bisschen Raum, um mich emotional wieder aufzuladen, ist also etwas, das ich brauche.

Da ich keine Gebrauchsanweisung für den Umgang mit meinen Emotionen hatte, war es schmerzlich für mich, mit den Höhen und Tiefen umzugehen, den Belastungen und emotionalen Qualen.

Die Tiefs waren etwas, das ich wegzusperren und zu betäuben versuchte, nachdem ich meine Halbschwester Suzanne verloren und meinem

Vater anschließend dabei zugesehen hatte, wie er in Depressionen versank. Es war leichter, mit meinen Freundinnen Party zu machen, als mich mit meinen Gefühlen auseinanderzusetzen. Es war leichter, mich mit lauter Musik abzulenken, als mich der Musik meiner eigenen Trauer zu stellen oder der Realität, dass unser Vater sich in ein wandelndes Gespenst verwandelt hatte.

Doch ich vermisste seinen starken, wunderbaren Charakter, den ich kannte, ich vermisste sein Lachen und sein Interesse. Ich vermisste seine herrlichen Geschichten und ich vermisste es, ihn ohne ein Glas in der Hand zu sehen. Mehr als alles andere vermisste ich meinen besten Freund.

Ich fühlte mich nicht mehr sicher und beschützt. Ich kam mir gegenüber der Welt verwundbar vor. So wie mein Vater, der immer die Antworten und die richtige Richtung kannte, verschwunden war. Deshalb versuchte ich verzweifelt, ihm zu helfen, und hoffte, er würde zu uns zurückkommen, aber er war bereits weg.

Ich spürte, ich konnte ihm nicht böse dafür sein, dass er aufgegeben hatte, denn er war von Trauer und Verrat gebrochen. Aber tief im Inneren nahm ich es ihm übel und war wütend auf die Menschen, die ihn verletzt hatten.

Ich unterdrückte das sehr lange, denn als Empathin schämte ich mich, ärgerlich auf jemanden zu sein, wenn ich doch zugleich seinen Schmerz spürte. Mein Vater und ich waren immer auf diese Weise verbunden gewesen; ich konnte alles fühlen, was er fühlte. Während Suzannes letzten Momenten und nach ihrem Tod war es fast unerträglich, seinen Schmerz mitzuerleben und auszuhalten. Doch unterbewusst wollte ich es so, denn dann hatte ich wenigstens das Gefühl, ihm irgendwie zu helfen, indem ich ihn auf gewisse Weise verstand.

Ich erinnere mich noch an den Tag, an dem ich erkannte, dass ich ihn verloren hatte. Wir alle standen streitend in der Küche unseres alten Hauses und schrien den ausgehöhlten Menschen an, der vor uns stand: »Wo bist du?« Er schrie zurück, dass er genau hier sei, und tat unsere Worte ab. Ich erwiderte: »Nein, bist du nicht. Du bist nicht hier. Du bist weg.«

Als er sich den Autoschlüssel schnappte und hinausstürmte, drehte er sich noch mal zu uns um und rief: »Versteht ihr das denn nicht? Ich wünschte, ich wäre bei ihr. Ich wünschte, ich wäre tot und bei Suzanne.«

In diesem Moment verlor ich alle Hoffnung darauf, dass er eines Tages zurückkehren würde. In diesem Moment zerbrach meine ganze Welt aufs Neue und ich begann meinen Vater zu betrauern, noch ehe er physisch fort war. Stress und Depressionen hatten ihn bereits weggeholt.

Aber ich verarbeitete diese Trauer überhaupt nicht richtig. Ich hatte das Gefühl, dafür sei kein Raum. Also betäubte ich sie, unterdrückte sie, genau wie bei Suzanne.

Ich wusste an diesem Tag: Egal, wie sehr ich es weiter versuchen würde, und das tat ich – ich würde ihn niemals erreichen.

Er war bereits weg, und mit dem Trinken und dem Verzicht auf Arztbesuche hoffte er, schneller dorthin zu gelangen.

Also trank er, um seinen Schmerz zu betäuben, und ließ seine Krebserkrankung nicht behandeln, und ich sah zu, wie er vor meinen Augen verschwand. Er wurde zu einem lautlosen Gespenst, den ganzen Morgen hindurch, bis er das Haus verlassen konnte. Er konnte nicht mehr mit mir spazieren gehen oder einfach reden und gemeinsam Zeit zu Hause verbringen, nicht mehr mit mir Backgammon spielen oder lebendig sein. Er konnte nicht mit der Familie zusammen sein ohne irgendeine Zerstreuung, den Fernseher oder eine lebhafte Umgebung außerhalb des Hauses, die ihn davon ablenkte, einfach *da* zu sein.

Mein Vater sah nun teilweise in mir das, was verloren war. Ich war der einzige Mensch, den er jemals versehentlich *Suzanne* nannte. Ein Teil von mir repräsentierte seine Trauer für ihn, und er wurde für mich zu einem Schatten seines früheren Selbst. Genauso wie es mich quälte, dass er zwar da war, aber unerreichbar für mich, dass ich nicht mehr mit dem Vater sprechen konnte, den ich früher gekannt hatte.

Das war für mich eins der schmerzlichsten Dinge, die ich je erlebt habe. Ich konnte es einfach nicht vollständig annehmen. Nach einiger Zeit spürte ich, dass ich es in mir verschließen musste, um zu funktionieren. Und deshalb tat ich das nach zweieinhalb Jahren. Ich betäubte es, lenkte mich davon ab, unterdrückte es.

Ich akzeptierte ihn so, wie er jetzt war, durch spirituelle Unterwerfung im Bewusstsein, dass ich nicht kontrollieren konnte, was geschah, aber ich konnte meinen eigenen Schmerz nicht akzeptieren. Ich wusste, wenn ich das tat, wenn ich ihn spürte, dann war all das wirklich wahr. Ich hatte auch

Schuld- und Schamgefühle, weil ich so empfand, während er doch körperlich noch anwesend war, und natürlich hatte ich immer noch ein bisschen Hoffnung, dass ein Wunder geschehen und er plötzlich einen Wandel durchlaufen und zu uns zurückkommen würde. Vielleicht gelang ein Abschluss, der ihn ein bisschen glücklich machte, und ein Teil von ihm, womöglich sogar alles, würde zurückkommen. Doch das passierte nie, höchstens ein- oder zweimal ein Hoffnungsschimmer für ein, zwei Tage, der es sogar noch schlimmer machte, denn dann wusste ich wieder: Er war irgendwo da drin, aber er konnte sich nicht daraus befreien.

Er war der Mann, den ich während meines Aufwachsens bewundert, ja geradezu verehrt hatte. Es war wie ein grausamer Scherz, ihn einen Moment lang wiederzusehen, nur um zu erkennen, dass er fort war.

Doch nicht lange danach geriet ich an meinen emotionalen Tiefpunkt. Und da blieb mir keine andere Wahl, als mich umfassend mit all den älteren und tieferen negativen Emotionen auseinanderzusetzen, die ich so verzweifelt zu ignorieren versucht hatte.

Bis zu diesem Tag brauchte ich, um mich von diesem Aspekt seines Verlusts zu erholen. Ich hatte ihn körperlich betrauert, aber immer noch nicht genau auf die schwierigen Emotionen bezüglich dieses ersten Verlusts geschaut.

Ich erzähle Ihnen das alles, weil ich dadurch jetzt weiß, dass unser Herz keine Erleichterung finden kann, bis wir danach gefragt haben, was es *tatsächlich* schwer macht. Was es von uns braucht, um den Mut zur Aufarbeitung aufzubringen. Was wir uns wirklich anhören sollen.

Es spielt keine Rolle, wie lange wir es unterdrücken, betäuben oder uns davon ablenken. Der Schmerz kommt immer wieder und verlangt Aufmerksamkeit. Er hört erst auf, wenn wir ihm diesen Raum endlich gegeben haben.

Nicht vergessen! Das Herz kann nicht vollständig heilen, ehe wir uns dessen bewusst sind, was es bedrückt hat.

Der Weg zur Heilung war zwar mein eigener und individueller, aber die bittere Realität, dass ich mit meinen Emotionen umzugehen lernen musste, nachdem ich den Tiefpunkt erreicht hatte, ist etwas, das ich jedem Klienten oder belasteten Freund erzähle und jetzt auch Ihnen.

Damals erkannte ich, dass meine emotionalen »Feinde« der Schlüssel zu einer Stärke sind, die wir alle besitzen – unsere Fähigkeit, uns auf alles und jeden ringsumher einzustellen und, was noch wichtiger ist, auf uns selbst, sodass wir den Zugang zu einem Stadium emotionaler Weisheit bekommen, die uns in Kombination mit unserem Intellekt auf jenen Weg der Erkenntnis bringt, den wir alle gehen sollen.

Doch lassen wir die Erkenntnis fürs Erste mal beiseite. Beginnen wir auf einer viel grundlegenderen Ebene – einem echten Verständnis unserer Emotionen und warum sie eigentlich da sind. Lassen Sie uns lernen, was sie auslöst und wie wir sie sowohl im tiefsten Schmerz als auch im höchsten Glück wahrnehmen können.

Die Mathematik hinter unseren Gefühlen

Hier spricht Mo. Angst und all ihre Spielarten – Besorgnis, Beklemmung und Panik – kommen uns auf den ersten Blick wie sehr rätselhafte Emotionen vor. Sie erfassen uns, wenn wir am wenigsten damit rechnen, ergreifen Besitz von uns und lassen uns nicht wieder los. Doch wie jede andere Emotion (im Gegensatz zur bedingungslosen Liebe) ist Angst meiner Meinung nach extrem vorhersehbar. Genau genommen ist sie so vorhersehbar, dass sie in einem wiederholbaren technischen Prozess und sogar in einer mathematischen Formel zusammengefasst werden kann.

Ganz unten in der Angsthierarchie steht die Besorgnis. Besorgnis tritt auf, wenn Sie ohne Gewissheit vermuten, dass Ihre Zukunft weniger sicher ist als Ihre Gegenwart.

Ihre Besorgnis errechnet sich aus der Wahrscheinlichkeit Ihrer Sicherheit in einem Moment der Zukunft (T_1) abzüglich Ihrer Sicherheit jetzt (T_0). Je höher Sie die Wahrscheinlichkeit einer solchen Zurückstufung Ihres Gefühls der Sicherheit einschätzen, umso besorgter und gestresster werden Sie deswegen. Für die Mathe-Nerds unter Ihnen (wenn Mathe Ihnen nichts sagt, überspringen Sie die Formeln einfach) also so:

$$B = W\,(\textit{Sicherheit}\ T_0 - \textit{Sicherheit}\ T_1)$$

Sobald Sie Besorgnis empfinden, empfinden Sie auch Stress. Sie behalten das besorgniserregende Thema im Hinterkopf und sind stärker auf der

Hut, achten mehr auf Zeichen, die Ihre Besorgnis bestätigen oder widerlegen. Besorgnis befasst sich für sich genommen jedoch nicht so sehr mit dem tatsächlichen Ausmaß des Sicherheitsverlusts, nur mit der Wahrscheinlichkeit seines Eintretens. Stellen Sie es sich so vor: Wenn Sie spüren, dass bei der Arbeit etwas schieflaufen könnte, sorgen Sie sich stärker, umso mehr Gerüchte Sie hören, dass etwas nicht in Ordnung ist. Es kommt nicht darauf an, wie sehr genau. Angst, der nächste Schritt, dreht sich um die Frage, wie sehr.

Angst geht davon aus, dass die Wahrscheinlichkeit einer Gefahr für Sie bereits hoch ist. Sie sind nicht mehr nur besorgt; Sie haben bereits entschieden, dass etwas Schlimmes passieren wird. Jetzt beschäftigen Sie sich mit der Frage: *Wie schlimm genau?* Ihre Angst und der damit zusammenhängende Stress verstärken sich, je höher der wahrgenommene Verlust an Sicherheit ist.

$$A = \mathit{Sicherheit}^{T0} - \mathit{Sicherheit}^{T1}$$

Im Wesentlichen haben Sie mehr Angst, wenn Sie erwarten, infolge von schlimmen Ereignissen gekündigt zu werden, als wenn Sie erwarten, beispielsweise eine Abmahnung zu bekommen. Wenn Sie Angst haben, ist Ihr Stresslevel eindeutig höher, als wenn Sie besorgt sind. Ihre Gedanken kreisen stärker. Sie denken immer wieder über die vor Ihnen liegende Gefahr nach und versuchen, einen Ausweg zu finden.

Die nächsthöhere Stufe ist Panik, und das hat nichts mit der Intensität der Gefahr zu tun. Panik bezieht sich mehr auf die Zeit. Wir geraten in Panik, wenn die drohende Gefahr unmittelbar vor uns steht. Und das ist auch schon alles.

Je näher T_1 zu sein scheint, umso mehr Panik bekommen Sie. Der Moment, in dem Ihre Chefin Sie in ihr Büro holt und die Personalchefin bereits dort sitzt, ist der, in dem Ihre Panik den Höhepunkt erreicht. Ihre Gedanken überschlagen sich im verzweifelten Versuch, in der sehr begrenzten verfügbaren Zeit Ihre Sicherheit aufrechtzuerhalten.

$$P = 1 / (T_1 - T_0)$$

Natürlich erzeugt Panik mehr Stress als die Angst vor etwas, das noch ein paar Monate entfernt sein kann. Sie haben vielleicht die Vorstellung, dass

Sie die Sache bis dahin in Ordnung bringen und die Gefahr beseitigen können – außer natürlich wenn Sie nicht glauben, dass Sie sie in den Griff bekommen können. Dann tritt die nächste Emotion ein: die Beklemmung.

Beklemmung ist die Mutter aller stressauslösenden Emotionen. Dieses Gefühl verspüren wir, wenn wir uns davon überzeugt haben, dass etwas Unerwünschtes geschehen wird, über einen Ausweg nachgedacht haben und immer noch glauben, dass wir einen Weg zur Sicherheit finden können. Sie ist der erste Teil der Stressformel – die Differenz zwischen dem Problem, vor dem wir stehen, und unserer *angenommenen* Fähigkeit zu seiner Überwindung.

B = Problem – Fähigkeit

Sie erkennen jetzt, warum Stress und Beklemmung so häufig miteinander einhergehen. Das eine ist die Verteilung der Intensität eines Problems über die Ressourcen, unsere Fähigkeit des Umgangs damit, und das andere ist einfach die Differenz zwischen beidem. Für beide gilt: Je größer Ihre Fähigkeit, desto weniger Stress empfinden Sie.

Beklemmung kann sich Ihrer eine Minute lang bemächtigen oder manchmal auch tagelang, wenn Sie aus dem Schlaf emporschrecken und sofort von Furcht erfüllt sind. Wenn Sie diesen Zustand erreicht haben, setzt der endlose Kreislauf belastender Gedanken ein. Die repetitive Beschaffenheit dieses Kreislaufs ist das Ergebnis eines Zustands von Hoffnungslosigkeit, der auftritt, wenn Ihre Gedanken einen Ausweg aus diesem Dilemma zu finden versuchen und sich wieder und wieder darum bemühen. Das Erratische daran ist das Ergebnis Ihrer Gedanken, die im hektischen Bemühen um eine Antwort das Problem von allen Seiten betrachten. *Was hat die Situation verursacht, in der ich mich befinde? Was hätte ich tun oder nicht tun können, um sie zu ändern? Was kann ich als Ergebnis daraus erwarten? Und was sind all die unterschiedlichen möglichen Variationen meiner Zukunft, mit denen ich mich jetzt befassen muss?* Hoffnungslosigkeit löst kognitiven Stress aus. Wenn wir wüssten, wie wir aus der gegenwärtigen Situation herauskämen, würden wir gar keinen kognitiven Stress empfinden.

Ich habe diese logische Erklärung von Emotionen hier eingefügt, weil viele von uns gelernt haben, dass man allem mit Logik beikommen kann, sogar unseren Gefühlen. Das Problem ist, dass dieser übermäßig logische

Umgang mit dem Leben sich weiter ausbreitet und uns häufig dazu bringt, unsere Gefühle zu ignorieren, wenn sie auftreten.

Nicht vergessen! Wir leben in einer Zeit, in der unsere Gefühle für unseren Verstand Bürger zweiter Klasse geworden sind.

Komm schon, Mo. Das ist ein Kapitel über Emotionen. Und du redest immer noch von Gedanken und Logik. Lass mich mal wieder übernehmen.

Wir setzen die Logik über die Intuition, den Intellekt über die Empathie und das Denken über das Fühlen. Wir sind ständig in Bewegung, lenken uns ab und schieben unsere Gefühle beiseite in der Hoffnung, sie und das Empfinden von Schmerz damit umgehen zu können.

Wir lernen zu argumentieren, dass es leichter ist, diese Gefühle wegzuschieben, als sie einzugestehen und uns die Mühe ihrer Bewältigung zu machen. Wir erzählen aller Welt, dass es uns gut geht, während der Job, mit dem wir unser Geld verdienen, uns stresst, auslaugt und bedrückt. Wir posten glückliche Bilder mit unserem Partner auf Social Media, statt zu akzeptieren, dass wir eine schwere Zeit durchmachen. Nach und nach glauben wir an unsere eigene Lüge. Wir glauben, was wir anderen erzählen, und vergessen, dass wir so viel empfinden. So ist es einfacher, denn wer will schon noch mehr Ärger? Ist es nicht auch so schon stressig genug?

Wenn wir uns vor unseren Gefühlen verstecken, verstecken wir auch die Schlüssel, die uns den Weg zu unserem maximal erfüllten und glücklichen Selbst öffnen, wenn die offensichtlichen Zeichen uns mitteilen, dass es an der Zeit ist, eine Veränderung vorzunehmen.

Kommt Ihnen das bekannt vor?

Die Emotionen, die unseren Stress verstärken

Wenn wir gestresst sind, treten bestimmte Gefühle in den Vordergrund. Was früher nur ab und zu vorkam, wird dann zum emotionalen Modus Operandi unseres Alltags. Solche Emotionen treten viel zu häufig auf, als dass wir wirklich gelassen und glücklich sein könnten, und viel zu regelmäßig, um sie zu ignorieren. Doch was tun wir? Wir tun sie als normal ab.

Lassen Sie uns das mal klarstellen. Es ist nicht »normal«, ständig anfallsartig beklommen, gestresst, überfordert, benebelt, besorgt, reizbar, zurückgezogen, unkonzentriert, apathisch oder deprimiert zu sein. Das sind einige der üblichen emotionalen Anzeichen von Stress.

Wir sind als Menschen nicht so geschaffen, dass wir solche Gefühle unter irgendwelchen Umständen als normal bezeichnen könnten. Ganz im Gegenteil.

Wir werden glücklich, gelassen, froh und heiter geboren. Ohne einen Grund, ein kurzlebiges Hypertuning unserer körperlichen Leistungsfähigkeit vorzunehmen, um mit einem stressigen Ereignis umgehen zu können, sollte dieser gesegnete Zustand unsere Regel sein.

Ich will nicht behaupten, dass Glück und Gelassenheit in jedem Augenblick möglich sind. Das ist nicht der Fall. Wir sind nur Menschen und tun unser Bestes im Hinblick auf die Umstände, denen wir ausgesetzt sind. Negative Emotionen signalisieren uns, das zu tun, was wir ändern müssen, woraus wir lernen müssen und was wir tun müssen, um ein sichereres, erfüllteres Leben führen zu können.

Denn ohne das Schlechte kann es kein Anerkennen des Guten geben. Ohne Trauer zu kennen, wie können wir dann das Glücklichsein wirklich zu schätzen wissen?

Das Yin und Yang unserer Emotionen erzeugt die Tiefe unserer Erfahrungen und Entwicklungen. Doch das Gleichgewicht zwischen dem Negativen und dem Positiven ist das Geheimnis, das wir entschlüsseln müssen. In einem ausgewogenen Leben sollten Emotionen wie Freude, Frieden, Zufriedenheit und Glück deutlich andere Emotionen wie Stress und Negativität übertreffen.

Das Problem, dem wir uns heutzutage gegenübersehen, ist, dass die negativen Emotionen, denen wir bei Stress begegnen, so sehr zur Norm geworden sind. Wir haben vergessen, dass wir sie nicht die ganze Zeit empfinden sollten. Sie sind uns in beinahe tröstlicher Vertrautheit zur Gewohnheit geworden.

Da wir diese Art des Empfindens besser kennen als die guten Gefühle, stecken wir fest im emotionalen Kreislauf der Stresssignale.

Der erste Schritt, um dies zu Ihrer Realität zu machen, ist das vollständige Bewusstwerden Ihres derzeitigen emotionalen Zustands. Nehmen wir uns also nun einen Moment Zeit, um zu überprüfen, ob Ihnen irgendeine der folgenden Emotionen als Teil Ihres Alltags vertraut vorkommt.

- Erwachen Sie morgens beklommen oder besorgt, voller Angst oder Befürchtungen im Hinblick auf die bevorstehenden Tage oder Wochen?
- Sind Sie manchmal voller Unruhe, sogar mitten in der Nacht, und können nach der Arbeit nicht abschalten?
- Können Sie schlecht einschlafen, weil Ihnen so viele Gedanken durch den Kopf gehen?
- Sind Sie zerstreut?
- Merken Sie, dass Sie gedanklich abschweifen, während Sie sich mit Freunden und Familie unterhalten?
- Müssen Sie sich anstrengen, um ganz bei der Sache zu sein?
- Empfinden Sie Gleichgültigkeit, die es Ihnen schwer macht, sich an einfachen Dingen zu erfreuen?
- Was ist mit Ihrer Stimmung? Fühlen Sie sich niedergeschlagen, kraftlos, oder erleben Sie häufige Stimmungsschwankungen?
- Trinken Sie manchmal Alkohol, nur um eine gewisse Entspannung und Ruhe zu erzielen?
- Sehen Sie stundenlang am Stück fern, um sich zu betäuben und nicht über den Tag und die Ereignisse in der Welt nachzudenken?
- Haben Sie wenig Appetit oder vergessen Sie zu essen?
- Essen Sie mehr als nötig, trösten Sie sich mit Snacks und leeren Kalorien?
- Sind Sie vergesslicher als früher?
- Fällt es Ihnen schwer, sich auf jeweils eine Sache zu konzentrieren?
- Haben Sie das Interesse an Sex verloren? Geht Ihre Libido zurück?
- Reagieren Sie schnell gereizt auf kleine Vorkommnisse oder das Verhalten Ihrer Mitmenschen?

Wenn sich etwas davon wie ein normaler Bestandteil Ihres Alltags anhört, leiden Sie unter der Belastung von kognitivem Stress. Der Stress, der sich auf Sie auswirkt, schreit nach Beachtung in Form von Emotionen, die nicht ignoriert werden sollten.

Die gute Nachricht ist: Sobald Sie sich dessen bewusst werden und die emotionalen Anzeichen bemerken, die vom Stress herrühren oder zu ihm hinführen, können Sie anfangen, etwas dagegen zu tun. Sie können etwas unternehmen, um die Probleme zu lösen und zu verhindern, dass sie wieder an die Oberfläche drängen, nachdem sie behoben sind. Diese Emotionen existieren nur aus dem einen Grund, um Sie zu warnen, damit Sie Maßnahmen ergreifen können, die negativen Emotionen von Stress durchleben und sie in Gelassenheit und Leichtigkeit zurückverwandeln. Doch um etwas verändern zu können, müssen wir uns erst mal bewusst machen, dass es da ist. Deshalb dauert Stress an. Wie können wir uns bewusst werden, dass wir gestresst sind, wenn …

Nicht vergessen! Wir sind uns oft nicht dessen bewusst, was wir wirklich empfinden.

Emotionen werden in der heutigen Zeit als Verletzlichkeit betrachtet. Sie gelten als etwas, das eher verborgen als gezeigt werden sollte, eher ignoriert als erforscht. Das ist die Schuld einer kapitalistischen Gesellschaft, die uns glauben macht, wir wären keine fühlenden, sondern vielmehr denkende Geschöpfe, und keine Lebewesen mehr, sondern bloß Macher.

Aber ich will Ihnen eine Frage stellen: Wenn die in Ihnen aufkommenden Gefühle keinen Nutzen bringen, warum haben Sie sie dann?

So wie wir unbegrenzt sind in unseren Gedanken, sind wir auch unbegrenzt in unserer Empfindungsfähigkeit. Prof. Brené Brown hat 87 menschliche Emotionen und Erfahrungen gezählt. Genau wie beim Alphabet wird das Empfinden dieser Emotionen zu unserem sensorischen Wortschatz, den wir mit demselben Maß an bewusster Intelligenz nutzen können wie unsere Gedanken. Emotionen unterrichten uns über die Feinheiten unserer inneren Welt, genau wie Gedanken uns helfen, das Konzept der äußeren Welt zu begreifen.

Nicht vergessen! Unsere Emotionen sind eine Form menschlicher Intelligenz.

Die emotionale Intelligenz, auch EQ, ist die Fähigkeit, unsere Emotionen zu verstehen, zu nutzen und im Wesentlichen zu beherrschen sowie mit den Emotionen anderer umzugehen. Indem wir sie kennenlernen und auf sie eingehen, erkennen wir uns als die, die wir wirklich sind, geprägt von dem, was wir im Innersten empfinden. Der EQ lässt Sie Ihre eigenen Emotionen auf positive Weise beherrschen, um Stress zu mindern, erfolgreich zu kommunizieren, sich in andere einzufühlen, Herausforderungen zu meistern und Konflikte zu lösen.

Wenn die moderne, zielorientierte Welt uns sagt, dass wir uns nicht von unseren Gefühlen steuern lassen sollen, heißt das nicht, dass wir gar nicht fühlen sollten. Es bedeutet, dass wir nicht unseren rohen, ungefilterten Emotionen nachgeben sollten, indem wir Leute anschreien oder irrationale Entscheidungen treffen, die unsere Sicherheit gefährden. Die Regeln der modernen Welt, besonders am Arbeitsplatz, verlangen von uns ein intelligentes Verhalten, damit wir Ergebnisse erzielen. Was die Regeln der modernen Welt jedoch gern übersehen, ist, dass die Beherrschung von Emotionen eine unschätzbare Form der Intelligenz ist. Sicher, die kompetente Lenkung der rohen Kraft von Emotionen ist um ein Vielfaches klüger als ihre Unterdrückung. Erinnern Sie sich, als Sie das letzte Mal eine explosive, emotionale Unterhaltung mit angehört haben. Emotionen sind ein bisschen so, als hätten Sie in Ihrem Auto einen echt starken Turbomotor – wenn Sie kein guter Fahrer sind, sollten Sie die Kraft dieses Motors natürlich nicht auf den Straßen Ihrer Stadt entfesseln. Sie würden dabei eine Menge unschuldige Menschen gefährden, sich selbst eingeschlossen. Sie sollten diesen Motor gar nicht erst starten. Wahrscheinlich jagen Sie ihn zu hoch und verursachen eine Menge Lärm. Doch wenn Sie ein kompetenter Fahrer sind, der weiß, wie er diese rohe Kraft auf einer Rennstrecke in Spaß verwandelt oder in eine schöne Erinnerung bei der Fahrt über eine kurvige Landstraße, dann kitzeln Sie gern alles aus dem Motor heraus.

Wenn wir den EQ meistern, sollte die moderne Welt uns erlauben, uns sogar dazu ermutigen, von unserem kraftvollen Motor gesteuert zu werden – von dem, was unsere Emotionen uns zu sagen versuchen. Wir sollten von diesen Gefühlen gelenkt werden, damit wir uns besser anpassen und die Ergebnisse schaffen können, die wir im Leben wirklich anstreben. Bei gut gemeistertem EQ würden wir lernen, die Gefühle anderer zu beobachten, anzuerkennen und mit ihnen umzugehen, was uns tiefere Bindungen und mehr Erfolg ermöglichen würde.

Dann müssten wir die Wünsche unseres Herzens nicht mehr zugunsten der Ängste unseres Verstands vernachlässigen.

Wir würden lernen, das starke Signal zu erkennen, das wir spüren, wenn ein äußeres Ereignis uns Stress verursacht, und dann sollten wir handeln.

> **Nicht vergessen!** Ihre Empfindungen anzuerkennen und zu begrüßen, ist womöglich das Klügste, was Sie jemals tun können.

Erst fühlen, dann heilen

Ob es uns gefällt oder nicht, wir haben alle schwierige Emotionen. Das gehört zu unserem Menschsein dazu. Manche lernen, diese Emotionen zu verbergen, doch selbst dann lässt sich nicht leugnen, dass unsere Gefühle immer da sind.

> **Nicht vergessen!** Was wir empfinden, steuert jeden Aspekt unseres Lebens, selbst wenn wir es aktiv zu ignorieren versuchen.

Wenn Sie negativ empfinden, lenkt Ihre Negativität Sie ab, auch wenn Sie versuchen, sie für sich zu behalten. Sie bremst Sie aus, denn Sie vergeuden Gehirnkapazitäten damit, bei dem zu verharren, was Sie ärgert. Das macht Sie weniger präsent, während Ihre Gedanken mit dem beschäftigt sind, was Sie hierhergeführt hat. Es lässt Sie an Ihren Liebsten zweifeln, auch wenn diese Ihnen zu helfen versuchen, erhöht Ihre Alarmbereitschaft und nimmt Ihnen die Leidenschaft und die Energie; Sie verabschieden sich von Ihrer Lebensfreude. Wenn Sie niedergeschlagen sind, fühlen Sie sich zerstreut. Sie sind weniger effektiv bei allem, was Sie tun müssen.

Sehr oft verfallen wir in das Muster, uns von unseren negativen Emotionen ablenken zu wollen. Wir ignorieren Gefühle, unterdrücken sie ständig, eine Zeit lang erfolgreich, und dann wird alles noch schlimmer. Die Intensität unserer brodelnden Emotionen wächst hinaus über unsere Fähigkeit, sie im Zaum zu halten; deshalb versuchen wir uns auf die ungesündesten Arten davon abzulenken, mit Alkohol, Fernsehen, Essen, zu viel Arbeit, Ausgehen, sogar mit Medikamenten – im Bemühen, die negativen Gefühle wegzuschieben. Und wie erfolgreich macht uns das im Leben? Das ursprüngliche Ziel, erinnern Sie sich? Solche Gewohnheiten führen uns oft von der Ineffektivität zur Destruktivität. Sie können immer weiter versuchen zu fliehen. Aber das funktioniert nicht, weil diese unterdrückten Gefühle weiterhin hochkommen, solange sie müssen, bis wir endlich innehalten, um den Dingen ins Auge zu blicken. Es gibt nur eine Methode, um mit der ständig wachsenden Macht Ihrer unterdrückten Emotionen zurechtzukommen: sie zu fühlen.

Sehr wichtig!

Wenn wir uns mit unseren Emotionen konfrontieren, können wir sie willkommen heißen.

Ihr bester Freund

Vor Jahren nahm ich an einem Vortrag der Achtsamkeitsexpertin Palma Michel in London teil, bei dem sie etwas sagte, das mein Leben veränderte. Sie sagte, es spiele keine Rolle, ob ich etwas Schlimmes innerlich zu mir selbst sage oder ob jemand anderes mir etwas Schlimmes sagt. Obwohl wir physisch den Unterschied benennen können zwischen dem Urheber der Worte, ist die emotionale Wirkung auf uns dieselbe.

Da ging mir ein Licht auf: Das heißt, ich kann mein Gefühl dadurch erschaffen, wie ich mit mir selbst spreche. Wie bereits oben erwähnt, werden unsere Emotionen nicht von den Ereignissen unseres Lebens ausgelöst. Sie werden von den Gedanken ausgelöst, die wir uns über diese Ereignisse machen. Stress haben Sie nicht wegen dem, was jemand zu Ihnen gesagt hat. Er kommt von dem, was Sie selbst sich darüber sagen. Nicht was Sie in den Nachrichten hören, jagt Ihnen Angst ein, sondern das, was Sie sich selbst gegenüber wiederholen wie ein Papagei.

Nicht vergessen! Das wichtigste Gespräch, das Sie je führen werden, ist die kontinuierliche Unterhaltung mit sich selbst.

Kein anderes Gespräch, das Sie vom Beginn Ihres Lebens bis zu dessen Ende führen, spielt eine größere Rolle; niemand anderer beeinflusst sie, bis Sie sich selbst beeinflussen. Es liegt alles bei Ihnen. Immer bei Ihnen.

Wie viel Kraft darin liegt, wurde deutlich, als ich Nick Yarris in meinem Podcast *Unstressable* zu Gast hatte. Nick hatte 22 Jahre lang unschuldig in der Todeszelle gesessen wegen der Vergewaltigung und des Mordes an einer Frau, die er nicht einmal kannte. Das Trauma, das er kognitiv, emotional, körperlich und sogar spirituell im Todestrakt erlitten hatte, geht über die Vorstellungskraft eines jeden Menschen hinaus, ganz zu schweigen davon, damit leben zu können. Wirklich herzzerreißend.

Als er mir seine Geschichte erzählte, war ich in Tränen aufgelöst. Ich hörte ihm mit ganzem Herzen zu. Seine Freundlichkeit und sein Mitgefühl für andere, die ihm Unrecht getan hatten, erfüllten mich mit Ehrfurcht. Ich musste ihn fragen, wie das möglich war. Wie hatte er diese Qual über Jahre hinweg durchgehalten, in Einzelhaft für etwas, das er gar nicht getan hatte, und trotzdem eine solche Haltung bewahren können? Eine solche unverfälschte Liebenswürdigkeit?

Er erwiderte, dass er bei allem, was um ihn herum geschah, bei allem, was ihm angetan oder gesagt wurde, immer dafür gesorgt hatte, innerlich mit sich zu kommunizieren wie mit seinem größten Helden, seinem aufrichtigsten Freund, damit er täglich ein wenig Freundlichkeit erfuhr.

Das sei der Grund, warum er noch hier sei, sagte er, während so viele andere in seinem Block sich das Leben genommen haben. Gut zu sich und zu anderen zu sein, war der Grund, warum er vorwärtsgehen konnte, statt in der Verbitterung seiner peinigenden Erfahrung stecken zu bleiben.

Das ist die wahre Kraft unserer inneren Unterhaltung.

Stellen Sie sich das mal einen Moment lang vor. Wie würden Sie sich fühlen, wenn Sie einen Tag mit jemandem zubrächten, der Ihnen unablässig sagt, Sie wären nutzlos, nicht gut genug, dick, dumm, der Sie attackiert oder kritisiert und niedermacht? Sicher wären Sie am Ende des Tages niedergeschlagen, ausgelaugt und erschöpft. Oder?

Wie wäre es, wenn Sie den ganzen Tag einen Freund an Ihrer Seite hätten, der Ihnen sagt, wie toll Sie sind? Der an Sie glaubte und nett zu Ihnen wäre, wenn etwas schiefläuft? Der Sie in schwierigen Zeiten daran erinnerte, dass Sie alles schaffen können, was Sie sich vornehmen? Dass alles wieder gut wird, wenn die Dinge nicht so laufen wie erwartet? Wie würden Sie sich nach einem Tag mit diesem guten Freund fühlen?

Sicher würden Sie diesen Tag zufrieden beenden, voller Selbstvertrauen und überzeugt, dass Sie selbst mit widrigen Umständen zurechtkommen können.

Nun denken Sie einen Moment über die Tatsache nach, dass Sie einen von diesen beiden Menschen bei sich haben können, jeden Tag, einfach indem Sie entscheiden, welches Gespräch Sie in Ihren Gedanken führen wollen.

Welchen würden Sie lieber den ganzen Tag in Ihren Gedanken bei sich haben? Den Kritiker oder den Freund?

Ihre Entscheidung.

Die Leinwand Ihrer Emotionen

Da Emotionen so grundlegend für unseren Stress und für unser Verhalten sind, wollen wir noch ein wenig zu verstehen versuchen, welche Emotionen zu bemerken und zu beobachten am entscheidendsten ist.

Ängste spielen eine sehr große Rolle für unsere emotionale Belastung. Wir haben Angst vor dem, was passiert oder was passieren könnte. Das wird zur treibenden Kraft unseres emotionalen Leidens. Selbst unserer Entscheidungen. Häufig unter der Maske anderer Emotionen ... während es eigentlich unsere unbewältigten Ängste sind, die das Handeln in Gang setzen.

In den 1970er-Jahren identifizierte der Psychologe Paul Ekman sechs grundlegende Emotionen, die universell in allen menschlichen Kulturen empfunden werden: Glück, Überraschung, Traurigkeit, Ekel, Wut und Angst. Später entwickelte der Psychologe Robert Plutchik das »Rad der Emotionen«, das mit der Vorstellung des Farbenrads vergleichbar ist. Er zeigte, dass die Grundemotionen kombiniert werden können, um verschiedene Gefühle hervorzubringen, ganz ähnlich wie Primärfarben gemischt werden können, um andere Farben zu erzeugen.[24]

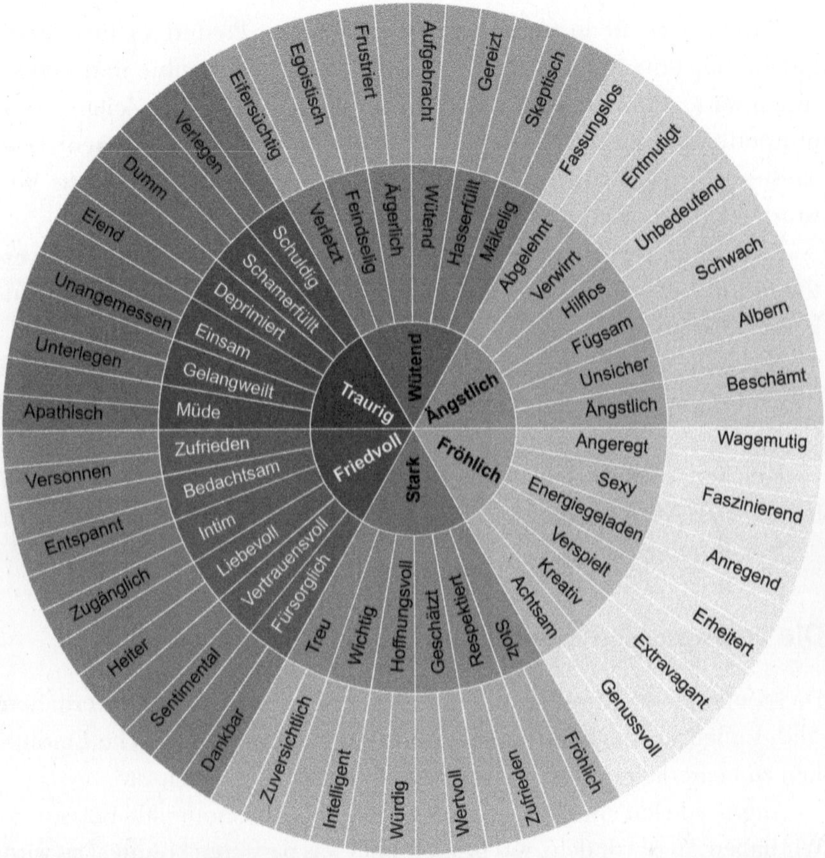

Gordon Corsetti, »Rad der Emotionen«, Mentally Agile, 29. März 2020, https://mentallyagile.com/blog/2020/3/24/wheel-of-emotions.

Jeweils zwischen zwei Speichen finden Sie das, was er als *gemischte Gefühle* bezeichnete – Abscheu zum Beispiel entsteht aus einer Kombination von Wut und Ekel.

Plutchiks Forschungen definierten 27 Emotionen, mit denen Studien der University of California in Berkeley 2017 übereinstimmten.[25]

Wenn Sie sich jedoch all der Höhen und Tiefen, der Aufs und Abs Ihrer Emotionen intensiv bewusst sind, werden Sie die Ergebnisse der Untersuchungen von Prof. Brené Brown aus dem Jahr 2021 nicht überraschen.

Browns Team arbeitete mit einer Stichprobe von 7000 Personen und bat sie, so viele Emotionen aufzuschreiben, wie sie an sich selbst erkannten. Im Durchschnitt benannten diese 7000 Probanden nur *drei* Emotionen: glücklich, wütend und traurig. Nur drei Emotionen, die erkannt wurden bei der enormen Vielzahl von Emotionen, die der Mensch empfinden kann. Das wirft ein bezeichnendes Licht darauf, dass es heutzutage den meisten Menschen erheblich an EQ mangelt, an der Fähigkeit, ihre eigenen Emotionen zu verstehen, was die Grundlage dafür ist, dass wir uns gut fühlen.

Browns Studien ergaben, dass zwar viele Menschen nur drei Emotionen unterscheiden und verstehen können, die Menschheit insgesamt aber 87 wahrnehmen kann.[26]

Ist es da ein Wunder, dass so viele im emotionalen Strudel der eigenen Gefühle untergehen? Wir fühlen uns von anderen missverstanden. Im Streit mit dem Partner sagen wir: »Du hast keine Ahnung, wie ich mich fühle« – nun, das mag sein, aber verstehen Sie denn eigentlich *selbst*, wie Sie sich fühlen?

Nicht vergessen! Wenn Sie selbst nicht genau wissen, was Sie fühlen, wie können Sie das dann von anderen erwarten?

Die subtilen Unterschiede zwischen verschiedenen Emotionen wahrzunehmen, ist eine Fähigkeit, die erlernt werden kann. Emotionen können damit verarbeitet werden, und das hilft uns, uns selbst und unser Handeln wirklich zu verstehen.

Ein gutes Beispiel für diese Subtilität ist der Unterschied zwischen Neid und Eifersucht. Viele halten diese beiden Emotionen für ein und dasselbe: Wenn ich eifersüchtig auf jemanden bin, dann bin ich neidisch und umgekehrt. Doch Brené Browns umfassende Studien ergaben, dass Neid für gewöhnlich eine Erfahrung zwischen zwei Personen ist und Eifersucht für gewöhnlich eine Erfahrung zwischen dreien. Neid ist, wenn wir etwas wollen, das wir nicht haben. Eifersucht ist, wenn wir fürchten, etwas zu verlieren, das wir bereits haben. Wir empfinden Eifersucht, wenn die Person, mit der wir in einer Beziehung sind, mit jemand anderem flirtet, wohingegen wir Neid empfinden, wenn jemand einen Urlaub macht, den wir selbst gern machen würden.

Sie können die Unterschiede hier deutlich erkennen, und es wird noch subtiler, denn auch Neid hat zwei Schattierungen: »Ich will das haben, und ich will nicht, dass du es hast« oder »Ich freue mich, dass du es hast, und ich will es auch haben«.

Diese Feinheiten zu verstehen, lässt uns die tatsächliche Quelle und die Wirkung unserer Gefühle besser verstehen.

In seiner helleren Schattierung ist der Neid nach innen gerichtet. Er erweitert die Vorstellung auf etwas für mich Erreichbares, indem ich feststelle, dass jemand anderes es hat. In seiner dunkleren Schattierung ist er negativ und nach außen gerichtet. »Ich will nicht, dass ein anderer hat, was ich nicht habe, weil ich das ungerecht finde«, und: »Ich will das für mich haben, weil ich derjenige bin, der es eigentlich verdient.« Die dunklere Schattierung führt uns dazu, das eigene Ich zu betrachten, denn sie zeigt uns etwas auf, mit dem wir uns auseinandersetzen und das wir überwinden müssen, etwas, das uns nicht ermöglicht, uns für jemanden zu freuen, der das hat, was wir haben wollen.

Nicht vergessen! Es ist die Unkenntnis der Feinheiten unserer Emotionen, die sie schwer zu handhaben machen.

Diese Seite von uns zu ergründen, lässt uns die eigene Persönlichkeit wirklich beherrschen. Dies sind die 87 Emotionen, die uns Menschen zur Verfügung stehen:

Stress, Überforderung, Angst, Besorgnis, Vermeidung, Aufregung, Furcht, Angst, Verletzlichkeit, Vergleich, Bewunderung, Ehrerbietung, Neid, Eifersucht, Ressentiment, Schadenfreude, Mitfreude, Langeweile, Enttäuschung, Erwartung, Bedauern, Entmutigung, Resignation, Frustration, Ehrfurcht, Staunen, Verwirrung, Neugier, Interesse, Überraschung, Amüsiertheit, Bittersüße, Nostalgie, kognitive Dissonanz, Paradoxie, Ironie, Sarkasmus, Kummer, Hoffnungslosigkeit, Verzweiflung, Traurigkeit, Trauer, Mitgefühl, Mitleid, Empathie, Sympathie, Grenzen, vergleichendes Leiden, Scham, Selbstmitleid, Perfektionismus, Schuld, Demütigung, Beschämung, Zugehörigkeit, Anpassung, Verbundenheit, Losgelöstheit, Unsicherheit, Unsichtbarkeit, Einsamkeit, Liebe, Lieblosigkeit, Herzschmerz, Vertrauen, Selbstvertrauen, Verrat, Abwehr, Überflutung, Verletztheit, Freude, Glück, Gelassenheit, Behagen, Dankbarkeit, Vorfreude, Erleichterung, Ruhe, Wut, Verachtung, Ekel, Entmenschlichung, Hass, Selbstgerechtigkeit, Stolz, Hybris und Bescheidenheit.

Nun fragen Sie sich, wie viele davon Sie bei sich selbst bemerken und verstehen. Drei? Sechs? Neun?

Wie viele davon erkennen Sie als Emotion, wenn Sie sie lesen, auch wenn Sie sie nicht unbedingt bei sich selbst erkennen würden?

Es gibt Untergruppen all unserer offensichtlichsten Emotionen. Wenn wir uns in diese Untergruppen vertiefen können, wie Eifersucht und Neid, dann können wir uns selbst bessere Fragen stellen, und das bedeutet, dass wir bessere Antworten bekommen.

Die Antworten, die wir erhalten, wenn wir unsere Emotionen und ihre Ursprünge wirklich verstehen, sind das, was wir brauchen, um unser Leben auf dem höchstmöglichen Level zu leben, um leichter zum Glücklichsein zurückkehren zu können, weil wir plötzlich verstehen, woher unser Stress und unsere Angst eigentlich kommen – und gleichzeitig auch verstehen, woher unsere Gelassenheit und unser Glück kommen.

Nehmen Sie sich jetzt etwas Zeit, um über die Feinheiten Ihrer eigenen Emotionen nachzudenken. Suchen Sie eine Emotion aus, die in letzter Zeit bei Ihnen vorgeherrscht hat, und versuchen Sie, ihr in einem langen Moment der Kontemplation tief auf den Grund zu gehen. Was löst sie aus? Wohin ist sie gerichtet? Tritt sie in unterschiedlichen Intensitätsstufen auf? In unterschiedlichen Schattierungen?

Nicht vergessen! Lernen Sie Ihre Emotionen auf intime Weise kennen. Nur dann lernen Sie Ihr wahres Ich kennen.

Emotionale Pinselstriche

Als ich den legendären Musiker Ludovico Einaudi bei *Slo Mo* zu Gast hatte, stellte ich ihm eine meiner Meinung nach einfache Frage: *Warum ruft Ihre Musik bei mir Emotionen hervor?* Seine Antwort war die eines wahren Künstlers. Als er noch jung war, erzählte er, hörte er zu, wie seine Mutter zu Hause Klavier spielte. Mit dem Spiel schuf sie Erinnerungen aus bestimmten Ereignissen, verbunden mit bestimmten Emotionen und Melodien. Die Verknüpfung zwischen einem Gefühl und einem Lied oder einer Melodie mischte sich in ihm, sagte er, bis er genau festmachen konnte, welche Tonabfolge welche Emotionen auslöste. Als sein künstlerischer Genius sich entwickelte, begann er, auf diese Melodien und exakt die dadurch hervorgerufenen Emotionen Bezug zu nehmen. Durch die Berührung der Tasten seines Klaviers verwendete er dasselbe Vokabular, um uns empfinden zu lassen, was er beim Komponieren der Musik empfand. Er nutzte seine Emotionen als die Pinselstriche, die die Leinwand seiner Musik bemalten. Brillant!

Wir alle haben ähnliche Erfahrungen, bei denen wir Emotionen mit Erinnerungen verknüpfen. Auch in uns sind diese Empfindungen miteinander vermischt. Das richtige Maß an emotionaler Reife sollte uns ebenfalls in die Lage versetzen, jede Emotion so zu isolieren, dass sie klar und wiedererkennbar ist wie eine bestimmte Farbe, die wir auf die Leinwand unseres eigenen Lebens auftragen können. Das erfordert hohe Achtsamkeit, und alles beginnt mit einem Namen.

Die richtige Sprache für unsere verschiedenen Emotionen zu verwenden, ist der Startpunkt. Wenn wir in der Lage sind, jede Emotion zu bemerken und zu benennen, können wir sie an der richtigen Stelle einordnen. Deshalb habe ich, Alice, oft Gespräche mit Klienten, die mir zu erklären versuchen, was sie empfinden, aber dem Gefühl keinen Namen geben können. Wir lernen, Emotionen durch uns hindurchströmen zu lassen, indem wir ihnen die richtige Aufmerksamkeit schenken. Das Geheimnis lässt sich lösen, wenn wir die miteinander verflochtenen Emotionen zu einzelnen Strängen entwirren.

Nicht vergessen!

Wenn wir es benennen können, dann können wir es verstehen. Und wenn wir es verstehen können, dann können wir es beherrschen.

Sprache zu nutzen, um unsere Gefühle effektiv zu beschreiben, ist ein Verbindungsportal. Diese Identifikation versetzt uns dann in die Lage, anderen besser vermitteln zu können, wie wir uns *tatsächlich* fühlen. Dadurch sind unsere Lieben besser informiert, um uns in den schwersten Momenten zu unterstützen, wie auch wir sie in ihren schweren Zeiten unterstützen. So gern wir auch auf telepathische Weise wüssten, was andere denken, wir tun es nicht. Wir können nicht erwarten, dass andere verstehen, wie wir empfinden, wenn wir die Wahrheit unserer Gefühle nicht effektiv mitteilen können, weil wir sie selbst nicht verstehen.

Mit den Nuancen unserer Emotionen vertraut zu werden, ist entscheidend für die Linderung unserer emotionalen Belastungen. Es entsteht nicht weiterer emotionaler Stress, indem wir missverstehen oder uns »missverstanden« fühlen.

Die Sprache der Emotionen zu verstehen, ist nicht nur ein Portal, durch das wir uns mit anderen verbinden können, sondern auch eins für die Verbindung nach innen. Wie sollen wir denn unsere Höhen und Tiefen bewältigen, wenn wir ihre Details gar nicht entziffern können? Wir müssen zu verstehen lernen, was die Auslöser sind und was die ausgelösten Gefühle sind.

Mit den Emotionen anderer tun wir uns ebenso schwer wie mit den eigenen. Wenn sie im Unklaren bleiben, stellen Emotionen unsere Weltsicht infrage und bereiten uns emotionalen Stress. Mit aller Macht versuchen wir herauszufinden, *warum* jemand sich so verhält, wie er es tut. Warum reagiert unser Partner auf etwas auf eine Art und Weise, die wir nicht vorhergesehen haben? Warum versteht er nicht, wie wir uns fühlen?

Warum ist diese Diskussion so aufgeheizt? Warum hört er nicht zu? Warum würden wir am liebsten wegrennen?

Wenn Sie jedoch nach innen schauen, sind Sie möglicherweise überrascht, wie ähnlich Ihre eigenen Reaktionen auf die Situation sind. Wenn wir unsere eigenen Gefühle nicht verstehen, können wir nicht erklären, warum wir uns in einer bestimmten Art und Weise verhalten.

Zwar sind unsere Emotionen das unmittelbare Produkt unserer Gedanken, doch sind sie erst mal erzeugt, lassen sich unsere unterdrückten Gefühle nicht immer vom bewussten Verstand erkennen. Solche Emotionen bleiben in uns verborgen, während wir uns von unserem emotionalen Selbst abtrennen, und das ist eine Abtrennung von der Wahrheit, die hinter unserem Empfinden verborgen liegt. Wenn wir uns nicht mit der Wahrheit unserer negativen Emotionen verbinden, können wir uns wahrscheinlich auch nicht vollständig mit unseren positiven verbinden. Zu den Symptomen der Depression gehört oft auch die Unfähigkeit, sich an den positiven Seiten des Lebens zu erfreuen. Ein depressiver Mensch mag eine liebevolle, fürsorgliche Partnerin haben, einen Freund oder Eltern, die nichts anderes wollen als sein Glück und die fürsorglich und mitfühlend mit ihm umgehen, doch oft ignoriert er diese Wohltat, weil er es vermeidet, die seinen negativen Empfindungen zugrunde liegenden Ursachen anzugehen.

Geben Sie ihm dafür niemals die Schuld. Er handelt völlig in Übereinstimmung mit allem, was den Menschen ausmacht.

Zusätzlich zu der hochkomplexen menschlichen Fähigkeit des Planens und Analysierens, die unsere Vorfahren Nahrung für kalte Winter bevorraten ließ und uns vorzusorgen hilft, sind wir auch mit einem Sicherheitsmechanismus weniger hoch entwickelter Vertreter der Tierwelt ausgestattet. Als Säugetiere sind wir dafür geschaffen, nach Wohlbefinden zu streben und Schmerz zu vermeiden, und wie Reptilien sind auch wir darauf geprägt, Gefahren auszuweichen und Angst zu verspüren.

Ihr Affengehirn tut fast alles, um Vergnügen zu suchen und Schmerz zu vermeiden. Wir schaden sogar anderen, in Kriegen von riesigen Ausmaßen, wenn das erstrebenswerter erscheint, als selbst dem Leiden ausgesetzt zu werden. In der Realität betrachtet Ihr komplexeres logisches Gehirn die Dinge anders.

Nicht vergessen! Wenn Sie sich dem Schmerz nicht aussetzen und ihn kontrollieren, kontrolliert er Sie.

Ihr Echsengehirn treibt Sie sogar noch weiter. Es lässt Sie in negativen Emotionen stecken bleiben aufgrund der grundlegendsten aller negativen Emotionen – der Angst. Wir konfrontieren uns nicht mit unserer Negativität, weil wir sie fürchten. Wir fürchten, dass wir nicht in der Lage sein könnten, sie umzukehren. Für Menschen, die unter sehr hohem Stress und Negativität leiden, verstärkt sich diese Angst mit jedem weiteren Tag, den sie darin verhaftet bleiben. Ihr komplexeres logisches Gehirn dagegen kennt die Wahrheit: Wenn wir den Mut haben, uns mit unserer Angst auseinanderzusetzen und sie unter Kontrolle zu bekommen, können wir das ändern.

Geteilt durch zwei

Mut und die Konfrontation mit Stress gehen Hand in Hand, denn dass wir unseren Stress gewähren lassen, kommt hauptsächlich von unserer Angst, ihm gegenüberzutreten. Das gilt auch für viele unserer verschiedenen negativen Emotionen, und dies führt zu einem tröstlichen Gedanken. Was, wenn unsere Entscheidungen und Handlungen nicht auf ganze 87 Emotionen zurückzuführen sind? Was, wenn sie ganz häufig nur zwei davon zur Ursache haben?

In ihrer spirituellen Schrift *Ein Kurs in Wundern* spricht Dr. Helen Schucman darüber, dass der Mensch auf der grundlegenden Stufe immer nur aufgrund von zwei Kernemotionen handelt, entweder aus Angst oder aus Liebe. Jede andere ist eine Sekundäremotion, die in einer darüberliegenden Schicht angesiedelt ist.

Diese Sichtweise mag Sie verwirren. Mir ging es ebenso, als ich Dr. Schucmans Arbeit zum ersten Mal las. *Kann das wirklich sein?*, fragte ich mich. *Wie können denn all meine Entscheidungen und Handlungen nur auf diese beiden Emotionen zurückgehen? Handle ich mehr aus Angst, als ich gern glauben möchte?*

Schauen Sie sich das jetzt mal etwas näher an. Sie werden feststellen, dass es ganz oft tatsächlich zutrifft.

Wenn Sie zum Beispiel auf jemanden neidisch sind, weil er etwas hat, das Sie gern hätten, woher kommt dieses Gefühl? *Warum* empfinden Sie so, auf der ganz grundlegenden Ebene?

Unter dem Eindruck von diesem Neid haben Sie entweder Angst, dass Sie das Gewünschte nie bekommen, oder vielleicht haben Sie Angst, dass Sie dem anderen gegenüber geringer geachtet werden. Deshalb werden Sie neidisch, als Reaktion auf Ihre verborgene, primitivere Emotion – Angst.

Sind Sie wirklich wütend auf Ihre Kinder, die Sie anschreien, weil sie einfach über die Straße rennen, oder liegt dieser Wut vielmehr die Angst zugrunde, dass ihnen etwas passieren könnte? Ja, es ist Wut, aber tief drinnen ist es Angst.

Was ist dann mit Stress? Wie wir weiter oben erläutert haben, ist Stress offensichtlich die Reaktion auf eine Gefahr. Er ist unsere instinktive biologische Reaktion auf etwas, das uns Angst macht. In dieser Hinsicht ist die

Angst ein ganz unverkennbarer Ursprung von Stress. Was noch interessanter ist: Dass wir gestresst bleiben, liegt am Andauern dieser Angst. Als wir die biologische Maschinerie beschrieben haben, die unsere Angst auslöst, haben wir erwähnt, dass wir nach dem Entdecken einer Gefahr immer weiter nach ihrer Anwesenheit Ausschau halten. Wir werden überwachsam und finden immer mehr Gründe, um Angst zu haben. Dann lassen wir den Stress fortdauern, wenn wir es ignorieren. Auf der einen Seite lassen wir die Gründe für unseren Stress ungelöst, und auf der anderen Seite fürchten wir, wenn wir sie in Angriff nehmen, indem wir unsere Stelle kündigen oder die Beziehung beenden oder uns dem Mobber entgegenstellen, der uns das Leben schwer macht, dass wir andere unerwünschte Folgen zu tragen haben – die in unserem Kopf mehr und mehr Angst bedeuten. Nennen wir das Kind beim Namen: Ihr emotionaler Stress entsteht im Grunde vollständig aus Angst.

Sehen Sie sich nun die andere Seite an – Liebe. Wenn Sie wirklich aufgeregt wegen etwas sind, auf das Sie sich gefreut haben, fragen Sie sich: Woher kommt diese Aufregung? Was liegt ihr zugrunde? Warum freuen Sie sich so sehr auf diese bestimmte Sache? Meist liegt es daran, dass Sie eine besondere Liebe für den Ort, die Menschen oder die Erfahrung haben, an der Sie sich bald erfreuen werden. Sie sind aufgeregt, weil Sie bald etwas erleben werden, das Sie lieben.

Liebe ist eine komplizierte Emotion. Sie hat verschiedene Ausprägungen. Es gibt nicht nur die Hollywood-Romanze, von der zu träumen wir so häufig konditioniert sind. Die alten Griechen unterschieden acht verschiedene Formen von Liebe.[27] Philia, die tiefe Freundschaft. Eros, die romantische Liebe. Ludus, die spielerische Liebe. Storge, die Liebe zur Familie. Mania, die obsessive Liebe. Philautia, die Selbstliebe. Agape, die selbstlose und spirituelle Liebe. Pragma, die dauerhafte Liebe.

Diese verschiedenen Spielarten von Liebe können kombiniert werden, um eine Vielzahl unterschiedlicher Beziehungen abzubilden, ein tiefes, grundlegendes Gefühl in verschiedenen Kombinationen bringt endlos viele Pinselstriche hervor. Das ist ein weiteres Beispiel für die Feinheiten innerhalb unserer Emotionen.

Wenn wir aus Liebe handeln, sind unsere anderen Emotionen gegenüber dieser vorherrschenden Grundlage sekundär. Könnte es also sein, dass Liebe die ursprünglichste all unserer positiven Emotionen ist? So wie Angst die ursprüngliche instinktive Emotion ist, die uns von allem fernhält, was wir meiden sollen, ist Liebe die Emotion, die uns anderen, uns selbst, dem Göttlichen und allen anderen Lebewesen näherbringt.

Nicht vergessen! Sie fürchten zu lieben, oder Sie lieben es, sich zu fürchten.

Indem wir den Ursprung unserer Gefühle auf Liebe oder Angst vereinfachen, können wir die komplizierteren Schichten aufdecken, die darauf aufgebaut sind. Wie das geht? Fragen Sie sich einfach: *Warum?*

Wenn Sie das nächste Mal feststellen, dass Sie auf eine Emotion reagieren oder eine Entscheidung treffen, bei der Sie sich nicht sicher sind, fragen Sie sich einfach aufrichtig:

Nicht vergessen! Kommt das aus Angst oder aus Liebe?

Hinterfragen Sie Ihre Emotionen, seien Sie neugierig und schauen Sie, was Sie herausfinden können. Wenn Sie feststellen, dass sie aus Angst entstanden sind, fragen Sie sich, *wovor* Sie eigentlich Angst haben und *warum*. Gehen Sie die Quelle an; dann lösen Sie die Angst und alle daraus hervorgehenden Emotionen auf.

Erst wenn wir lernen, unsere negativen Emotionen einer alchemistischen Verwandlung zu unterziehen, sind Emotionen nichts mehr, das wir fürchten müssen, sondern etwas, mit dem wir umgehen können und das wir sogar zu schätzen wissen. Erst dann beginnen wir, unsere Emotionen zu würdigen und sie als das zu erkennen, was sie wirklich sind – der einzige Grund, warum wir uns lebendig fühlen, unser Wegweiser zum eigenen Wachstum und Weiterkommen.

Sich furchtlos fühlen

Der erste Schritt auf dem Weg zum Zeigen unserer Emotionen ist, die Angst zu bekämpfen, die sie unterdrückt.

Unsere Gesellschaft schätzt Logik höher als Intuition, Denken höher als Fühlen. Indem wir die Menschen auffordern, »härter zu werden« und einfach klarzukommen, haben wir eine Kultur geschaffen, die toxisch für uns und unsere Emotionen ist, eine Kultur, die uns nicht lehrt, sie zu verstehen und nutzbringend einzusetzen, sondern die uns leider lehrt, uns vor unseren Gefühlen zu fürchten. Wie sind wir auf diese Angst konditioniert worden?

In dieser Kultur machen wir es zur Normalität, Gefühle abzuschütteln, statt ihnen auf den Grund zu gehen. Wir verbergen unsere negativen Emotionen, denn auch wir sind der Überzeugung, dass Emotionen auf dem Weg zum Erfolg keinen Platz haben. Dass sie die Verräter sind, die der Welt unsere Verwundbarkeit offenbaren. Deshalb müssen sie in Schach gehalten werden. Wir wollen so wirken, wie wir sein zu müssen glauben, um Erfolg zu erzielen oder die ersehnte Beziehung eingehen zu können. Wir stecken fest in einem Kreislauf der emotionalen Maskierung und zeigen verschiedene Gesichter, weil wir diesem Ort oder jener Person entsprechen zu müssen glauben. Warum? Damit wir uns *akzeptiert* fühlen.

Damit wir uns nicht entblößen müssen und von anderen verurteilt werden, passen wir uns ihren von der Gesellschaft geprägten Vorstellungen an, statt unseren eigenen treu zu bleiben.

Wir verdrängen diesen sehr großen Teil von uns selbst zum Selbstschutz und zur Selbsterhaltung.

Statt also ermutigt zu werden, uns mit den schwierigen Emotionen zu konfrontieren und die großartigen zum Ausdruck zu bringen, sind wir aufgerufen, gesehen, aber nicht gehört zu werden, mit dem Heulen aufzuhören und einfach klarzukommen.

Man weist uns an, mit unserem logischen Verstand durch das Leben zu steuern, obwohl Intellekt nicht das Ausmaß unserer Intelligenz bestimmt und der leitende Kompass, den wir so dringend brauchen, die emotionale Intelligenz ist, die aus unserem Herzen kommt.

Es ist der Mut, Verletzlichkeit zu zeigen und zu den eigenen Gefühlen zu stehen, der uns stark macht. In ihrem berühmtem TED-Talk »The Call to Courage« fasste Brené Brown dies wunderschön zusammen, als sie sagte: »Für echte Zugehörigkeit müssen Sie sich nicht verändern; Sie müssen einfach Sie selbst sein.«[28]

Ich mag diese Einstellung; sie ist der Inbegriff von Mut – dass wir in uns selbst die Person finden, die wir tatsächlich sein wollen. Ungeachtet dessen, wie man uns *sagt,* dass wir sein sollen.

Nicht vergessen! Wir werden niemals, wer wir sein sollten, wenn wir nicht zu zeigen bereit sind, wer wir wirklich sind.

Unsere Gefühle sind ein Teil dessen, wer wir sind – ein Teil unserer Wahrheit. Wenn so viele Menschen diese Gefühle verbergen, haben sie entweder zu viel Angst zu fühlen, oder sie haben zu viel Angst zu zeigen, was sie fühlen.

Mit Anfang 20 habe auch ich mich damit schwergetan. Ich hatte furchtbare Angst, anderen zu sagen, was ich empfand. Ich hatte Angst, es meiner Familie in den schweren Zeiten, die wir durchmachten, zu erzählen, weil ich fürchtete, sie noch mehr aufzuregen. Ich hatte Angst, dem Mann, mit dem ich eine neue Beziehung hatte, zu erzählen, wie schwierig alles für mich war, weil ich fürchtete, er könnte annehmen, ich hätte eine Schraube locker.

Ich fürchtete mich davor, so wie es Ihnen bestimmt auch schon ergangen ist, mich durch das Zeigen meiner wahren Gefühle zu entblößen.

Es kostet viel Mut, nicht nur anderen, sondern auch uns selbst unsere echten Gefühle zu zeigen.

Wir sind in der Vorstellung verhaftet, dass Emotionen gut sein sollen, dass wir *immer* die glücklichen Emotionen haben sollten. Deshalb posten viele Influencer auf Instagram nur ihre glücklichen, zuversichtlichen Augenblicke (oder gefälschte Abbilder dieser Gefühle), was uns glauben lässt, sie wären eine Art Gottheiten, die keinen Kummer kennen und niemals öde Momente erleben.

Man sagt uns, negative Emotionen sollten nicht lange andauern, sonst *müsse* etwas mit uns nicht stimmen. Also verurteilen wir uns selbst und verbergen sie aus Angst, von anderen verurteilt zu werden. Müssten wir lernen, ohne Angst zu leben, wäre dies der Teil, den wir ändern müssten.

Emotionen sind weder gut noch schlecht. Sie sind das Signalsystem, das uns durch die Feinheiten unseres Lebens führt, damit wir die richtigen Entscheidungen treffen und Gefahren meiden. Sie helfen uns, Gutes von

Schlechtem zu unterscheiden, helfen anderen, uns zu verstehen, und helfen uns, andere zu verstehen. Und obendrein lassen Emotionen uns die wahre Schönheit des Lebens erfahren, wenn wir die Polarität unserer Freude und unseres Kummers spüren.

Solche Gefühle sind niemals beliebig; sie sind Botschaften, die immer wahr sind, sachkundige Reaktionen auf den Moment, den wir durchleben. Mit Botschaften muss man umgehen, sie jedoch nicht fürchten. Wenn wir im Leben irgendetwas erreichen wollen, müssen wir unsere Gefühle direkt zu uns sprechen und uns sagen lassen, was sie *wirklich* brauchen, und den korrekten Handlungsweg aufgrund unseres Empfindens bestimmen, denn ...

Sehr wichtig! **Unsere Emotionen sind weder gut noch schlecht – nur das, was wir mit ihnen zu tun beschließen.**

Begreifen Sie, dass niemand je Ihre Emotionen verurteilt. Andere *kennen* Ihre Emotionen ja nicht einmal. Urteile über Ihre Emotionen sind genau genommen Urteile über Ihre emotionalen Reaktionen. Das ist der einzige Teil, den andere sehen können. Fühlen Sie ganz frei, was Sie fühlen, und lernen Sie, auf diese Gefühle, ob positiv oder negativ, auf positive Weise zu reagieren. Das ist der Schlüssel für ein furchtloses Leben. Wenn Sie erst einmal lernen, die Verantwortung für Ihre Reaktionen zu übernehmen, müssen Sie Ihre Emotionen nicht mehr kontrollieren.

Um diese Wandlung zu durchlaufen, brauchen Sie mehrere Zutaten: Sie müssen Mut haben, auf die Zeichen achten, die Emotionen geben, und sich öffnen.

Wenn Sie nie erlebt hätten, dass jemand für das Zeigen seiner aufrichtigen Gefühle verurteilt wird, hätten Sie dann den Mut, zu ihren eigenen zu stehen?

Angst vor der eigenen Courage

Mut ist mehr als Furchtlosigkeit. Es erfordert Mut zu fühlen. Unsere Emotionen zu verstehen und sogar zu zeigen, ist vielleicht das Mutigste, das wir überhaupt tun können: den Mut zu haben, wirklich gesehen und gehört zu werden und zur wahren Essenz unserer Persönlichkeit zu stehen, ohne vor der Wahrheit dessen, was wir fühlen, zurückzuschrecken.

Mit Mitte 20 habe ich mich gut angepasst. Ablenkung war leichter, als den Dingen ins Auge zu sehen. Erst als ich meinen Vater verlor, konnte ich diesem Muster des Versteckens und Ablenkens nicht mehr folgen. Ich hatte ein Bewusstsein für Emotionen erlangt und wusste aus meiner zurückliegenden Erfahrung, dass alles, was wir verdrängen, Monate oder gar Jahre später nur umso stärker oder größer zurückkehrt. Ich erkannte, dass es kein Entrinnen gab. Früher oder später musste ich mich mit dem, was ich fühlte, auseinandersetzen.

Ist es leicht, unseren Schmerz hochkommen zu lassen? Natürlich nicht, aber es *ist* nötig.

Sehr wichtig!

Nur wenn er angenommen wird, wird der Schmerz verschwinden.

Diese Akzeptanz ist das wertvollste Geschenk, das Sie sich jemals selbst machen können.

Und auch das Gegenteil trifft zu. Wenn wir unseren Schmerz fürchten oder das, was wir an uns selbst entdecken mögen, wenn wir ihn spüren, schaffen wir anhaltende Schmerzkreisläufe. Der Schmerz hält uns zurück. Er lässt unsere Sicht der Wahrheit verschwimmen. Er wird dann zu der Linse, durch die wir unser Leben betrachten, und lässt uns Entscheidungen durch die angstbasierte Linse unserer zurückliegenden Erfahrungen treffen, sei es bewusst oder unbewusst. Wir errichten um uns herum eine emotionale Mauer, um nie wieder so etwas fühlen zu müssen. Der Schmerz, den wir ignorieren, wird dadurch verschlimmert und wächst in seiner Intensität. Unsere nicht verarbeiteten Emotionen sitzen tief in uns wie eine tickende Zeitbombe, die jederzeit explodieren kann.

Früher oder später tritt Ihr Schmerz an die Oberfläche. Je länger Sie ihn unterdrücken, umso unerwarteter kann er auftauchen.

Nicht vergessen!

Früher oder später, in einem Augenblick des Nachdenkens oder bei der Explosion, müssen Sie sich Ihrem Schmerz stellen.

Wenn wir den Grad an Glück und Gelassenheit erreichen wollen, den wir uns alle ersehnen, müssen wir den Mut finden, unseren negativen Emotionen ganz nahe zu kommen, ebenso wie wir unsere positiven begrüßen. Wir müssen zulassen, dass wir diese unangenehmen Gefühle und Empfindungen haben, und nicht nur das, sondern wir müssen sie auch vollkommen akzeptieren und verstehen. Das Gute, selbst an negativen Emotionen, fängt da an, wo Sie sich Ihren Emotionen stellen. Sie können die Zeichen beobachten.

Unsere Emotionen sind ein innerer Kompass und unsere größte Ressource, *falls* wir uns auf sie einlassen.

Wenn etwas sich nicht richtig anfühlt, dann ist es das meistens auch nicht. Wenn Sie beklommen sind, gibt es einen Grund dafür. Wenn Sie sich unbehaglich fühlen, ist da etwas, das wartet, von Ihnen aufgedeckt zu werden, etwas, um das Sie sich dann kümmern können. Wenn wir diese kleinen Flaggen ignorieren, mit denen unsere Emotionen uns verzweifelt zuwinken, versäumen wir die einfachen Hinweise, die uns zu unserem Glück und unserem Frieden zurückführen.

Angst ist eine Flagge, die Ihnen sagen soll, dass Ihr Gehirn etwas Bedenkliches im Hinblick auf Ihre Sicherheit zu einem zukünftigen Zeitpunkt wahrnimmt. Sich dies einzugestehen und etwas dagegen zu tun, macht Sie sicherer; es zu ignorieren, ermöglicht es der potenziellen Gefahr, das, was Ihnen teuer ist, einem Risiko auszusetzen. Spüren Sie die Angst. Lassen Sie sich nicht verstecken. Handeln Sie.

Tiefe Enttäuschung über das Verhalten Ihres Partners ist eine Flagge, die Ihnen sagen soll, dass Ihr derzeitiges Verhältnis nicht Ihre Erwartungen und Ihre Bedürfnisse erfüllt. Das zu erkennen und etwas dagegen zu unternehmen, lässt Sie die Dinge zum Besseren wenden. Es zu ignorieren, ermöglicht dem Verhalten, zur Gewohnheit zu werden, und lässt Ihr Leben sich allmählich in das Leben verwandeln, das Sie nicht führen wollen. Spüren Sie die Enttäuschung. Lassen Sie sie sich nicht verstecken. Handeln Sie.

Das Misstrauen, das Sie empfinden, wenn Sie die Nachrichten sehen oder im Internet surfen, ist eine Flagge, die Sie daran erinnert, dass nicht alles stimmt, was man Ihnen sagt. Das zu erkennen und etwas dagegen zu tun, lässt Sie tiefer nachforschen, um die Wahrheit zu suchen. Ihre Gefühle zu ignorieren, kann Sie zu übereilten Entscheidungen veranlassen, die Ihnen schaden, wenn Sie nicht kompetent genug sind. Seien Sie misstrauisch. Das ist vollkommen in Ordnung. Verstecken Sie das Gefühl nicht. Aber lassen Sie es auch nicht fortdauern.

Handeln Sie, um Ihr Leben und Ihre Welt zu einem besseren Ort zu machen. Es ist wirklich so einfach.

Sehr wichtig!

Unsere negativen Emotionen versuchen einfach nur, uns auf eins von zwei Dingen hinzuweisen: etwas in Ihnen selbst, das Sie heilen müssen, oder etwas außerhalb von Ihnen, das Sie verändern müssen.

Wann haben Sie zum letzten Mal in Ihnen aufkommende unangenehme Gefühle aus vollem Herzen begrüßt? Haben Sie sich zu ihnen gesetzt und sich gefragt, warum sie überhaupt da waren? Oder haben Sie sie mit äußeren Ablenkungen abgetan, sie betäubt und gehofft, dass Sie sie nie wieder empfinden müssen?

Wenn wir neugierig auf unsere Emotionen werden, lassen wir sie sein. Sie sitzen nicht mehr in unserem Körper und der Struktur unserer Energie fest. Sie kommen, um uns zu sagen, wofür sie da sind, und gehen anstandslos wieder weg. Dann erkennen wir, dass wir von unseren negativen Gefühlen nichts zu befürchten haben, wenn wir lernen, mit ihnen umzugehen.

Solche Emotionen zeigen uns an, dass etwas uns um Aufmerksamkeit bittet. Es liegt also an uns, danach zu fragen, was es ist.

Brechen Sie auf

Die wahre Schönheit des Lebens lässt sich nur durch die Polarität unserer guten und schlechten Erfahrungen erspüren. Ohne Schmerz können wir die Freude nicht schätzen. Ich glaube wirklich daran: Solange das Leben Sie nicht in gewisser Weise aufgebrochen hat, haben Sie nicht angefangen zu leben. An dem Tag, da Ihr Herz vor Schmerz in zwei Teile zerbricht, öffnet es sich vollständig. Das ist der Tag, an dem Sie die Schönheit des Lebens wirklich zu genießen lernen. Jedenfalls wenn Sie sich entscheiden, Ihr geöffnetes Herz sanft festzuhalten, statt es noch fester zu verschließen als zuvor. Alles wird im Vergleich nur ein bisschen süßer, und Ihre Liebesfähigkeit steigt im selben Maße, wie Sie zugelassen haben, dass Ihr Herz sich öffnet und Sie den Schmerz empfinden. Das ist wie eine das Herz weitende Initiation.

Sehr wichtig! Schmerz tief zu empfinden, steigert auch unsere Fähigkeit, tief zu lieben.

Schmerz hat eine Funktion, die über die Warnung vor einem Schaden hinausgeht. Wenn der Schmerz abgeklungen ist, verstärkt die Erfahrung unsere Fähigkeit, wieder zur Liebe zurückzufinden und Freude zu empfinden. Das Leben vollständig zu spüren. Lebendig zu sein. Mut und Dankbarkeit zu finden aus dem Wissen um die Segnungen heraus, die wir derzeit erleben. Den wahren Wert der Liebe, die wir schenken und empfangen.

Jeder Schmerz, sofern er vollständig ausgelebt wird, lässt Sie das Leben mehr schätzen, und jedes Mal, wenn Sie aus der Asche emporsteigen, sind Sie stärker wiedererstanden. Wenn wir brechen, kommen wir immer weiter. Nur der Widerstand ist es, der uns im Schmerz gefangen hält. Ein Zusammenbruch ist so, als würde man den Eiter aus einer infizierten Wunde ablassen – eklig, ich weiß, aber das hilft Ihnen, wieder heil zu werden.

Nicht vergessen! Gestatten Sie sich das Zerbrechen.

Früher dachte ich, meine Gefühle wären mein Fluch, meine Fähigkeit; alles um mich herum zu erspüren, wäre eine Qual. Ich konnte mich mit dem Schmerz meiner Familienangehörigen und meiner Liebsten verbinden, als wäre er mein eigener. Eine abfällige Bemerkung konnte mich so verletzen, dass es sich einige Stunden anfühlte wie ein Stich in die Brust.

Wenn ich damals nach Hause kam, um meinen Vater in den Tiefen seiner Depression zu besuchen, kam ich selbst deprimiert wieder zurück. Als hinge eine dunkle Wolke der Verzweiflung und der Apathie über mir wie bei ihm. Das hielt ein paar Tage an, und ich verwechselte es mit meinen eigenen Emotionen. Jedenfalls bis ich lernte, dass Emotionen einfach

Energie sind. Als ich den Widerstand dagegen aufgab, lernte ich, sie zu bewegen.

Bewegen

Der Psychologe Dan Siegel sagt: »Emotionen sind nur eine Form von Energie, die für immer nach Ausdruck suchen.«

Das Wort *Emotion* ist seiner lateinischen Herkunft nach mit »Bewegung« verknüpft.[29]

Die emotionale Energie ist für sich genommen neutral. Sie lädt uns lediglich mit einem Gefühl auf. Dieses Gefühl, die Empfindung und die physiologische Reaktion auf die Energie sind es, was eine bestimmte Emotion als positiv oder negativ kennzeichnet. Das Gefühl ist dann, was wir als *Traurigkeit, Freude* oder *Angst* bezeichnen.

Erst die Interpretation unserer Gedanken über emotionale Energie, jener Punkt, an dem wir das Gefühl benennen, gibt unseren Emotionen eine Bedeutung. Das ist wichtig, denn es heißt, wenn Sie es schaffen, diese Benennung zu verändern, können Sie die Energie vielleicht ganz anders und effektiv nutzen, unabhängig davon, ob die ursprüngliche Bezeichnung positiv oder negativ war. Behalten Sie diesen Gedanken kurz im Hinterkopf. Ich komme gleich darauf zurück. Erst wollen wir das Konzept der Energie noch ein bisschen besser verstehen lernen.

Die als Energie betrachtete Emotion ist ein fließender, beweglicher Vorrat, der gelenkt und zum Ausdruck gebracht werden muss, um freigesetzt werden zu können. Wird sie unterdrückt, so sitzt sie in der Falle und wartet darauf, eines Tages zu explodieren.

Wir alle kennen diesen Moment, da wir in einen Raum kommen und eine negative Schwingung einfach *spüren,* oder wenn wir mit jemandem zusammen waren, der ständig klagt, und uns hinterher *ausgelaugt* fühlen. Ebenso haben Sie sicher auch schon Zeit mit jemandem verbracht, der positive Energie oder Gelassenheit ausstrahlt, und es fühlt sich herrlich an, ihn in seiner Nähe zu haben. Wenn Sie gehen, fühlen Sie sich angeregt und *voll aufgeladen.*

Wie Sie sehen, hat das Gefühl, ausgelaugt oder aufgeladen zu sein, nichts mit Ihrer täglichen Kalorienzufuhr zu tun. Es ist nicht nur Ihr physisches Ich, das Nahrung in Energie verwandelt, damit Sie sich bewegen und denken können. Auch Ihr emotionales Ich kann dafür sorgen, dass Sie sich stark, schwach, aktiv oder müde fühlen. Deshalb nennen wir es emotionale *Energie*. Es ist vielleicht nicht die Art von Energie, wie sie in der Physik gemessen wird. Aber es ist das, was wir alle ständig in uns tragen, was sich auf unsere Leistungsfähigkeit auswirkt und was wir fortwährend an andere weitergeben, auf die es sich ebenfalls auswirkt.

Was können Sie also mit dieser Energie anfangen? Was können Sie dagegen tun, wenn sie Ihnen ein negatives Gefühl vermittelt? Nun, wir alle brauchen Energie, um durchs Leben zu kommen. Nutzen Sie sie! Lernen Sie einfach, sie zum Positiven zu lenken oder positiv aufzuladen.

Zum Positiven gelenkt

Hier ist Mo. Bei einem Gespräch mit Arun Gandhi – dem Enkel von Mahatma Gandhi und Autor von *Wut ist ein Geschenk* – fragte ich ihn: »Wie kann Wut denn ein Geschenk sein?« Er lächelte und antwortete ruhig: »Wut ist nur Energie, Mo. Sie können sie nutzen, um jemandem ins Gesicht zu schlagen, und Sie können sie nutzen, um aufzustehen und das Wort zu ergreifen und sogar die Welt zu verändern.« Das geht tief!

Wut verzehrt uns. Sie bringt unser Blut zum Kochen, und wenn es dann zu viel wird, explodieren wir und fügen unseren Mitmenschen Schaden zu. Dasselbe gilt für viele andere negative Emotionen. Sie arbeiten gegen uns – es sei denn, wir lassen sie für uns arbeiten.

Sich unzulänglich zu fühlen oder von sich selbst enttäuscht zu sein, ist zum Beispiel eine der schädlichsten Emotionen der heutigen Zeit. Doch das gilt nur, wenn wir ihr nachgeben, uns in die Ecke setzen und uns schlecht fühlen. Dieselbe Emotion kann uns retten, wenn sie von der Realität geprägt wird. Sie haben beispielsweise schon mehrfach Ärger bekommen, weil Sie zu viel getrunken haben, und sind von sich selbst enttäuscht. Genau diese Enttäuschung wird zu der Energie, die Ihnen dabei hilft, aufzuhören und sich zu bessern. Neid oder Eifersucht zum Beispiel im Vergleich mit einem Influencer auf TikTok kann Sie zerfressen oder dazu treiben, genauso albern zu werden wie viele von denen, wenn sie falsch gelenkt werden. Bei positiver Lenkung kann derselbe Neid zu der Energie werden, die Sie dazu antreibt, Ihr Lebenspotenzial zu entfalten (hoffentlich indem Sie sich entscheiden, etwas Produktiveres zu werden als Influencer).

Nicht vergessen! Die Stärke Ihrer emotionalen Energie ist immer positiv in ihrer Größe und neutral in ihrer Ausrichtung.

Sie selbst entscheiden, wohin Sie diese Energie lenken. Entscheiden Sie klug. Lassen Sie sich nicht von ihr zerstören. Lassen Sie sich von Ihren Emotionen zur bestmöglichen Version Ihrer selbst formen.

Und bitte lassen Sie sich dabei nicht von der Energie verzehren. Wissen Sie, manche Menschen bringen Jahre damit zu, ein Geschäft aufzubauen oder einen Partner zu suchen – weil sie beweisen wollen, dass sie besser sind, oder um zu jemandem zurückzukehren, der Ihnen wehgetan hat.

Sie verbringen von außen betrachtet ein ganzes Leben mit der positiven Lenkung ihrer emotionalen Energie, um etwas Gutes zu schaffen, während es tief im Inneren eigentlich etwas Hässliches ist. Die Negativität ihrer Energie verzehrt sie und lässt sie jahrelang leiden, sogar über die Dauer ihres Erfolgs hinaus.

Positiv aufgeladen

Emotionen kommen aus Ihrem Verstand, wo sich Ihre Meinung über eine Situation bildet. Einer der größten Fehler der heutigen Zeit ist, dass unser Erziehungs- und Bildungssystems jahrelang nur die Motivation durch das Negative kannte.

Eine Zwei ist nicht gut genug; du musst eine Eins bekommen. Wenn du im Unterricht sprichst, bist du ungezogen; du musst Manieren lernen. Du hast zu viel Energie; setz dich hin und sei still.

Das Erwachsenwerden war für die meisten von uns eine Reihe von Fehlern, die behoben werden mussten. Am häufigsten wurden wir durch das Negative motiviert. Wenn Energie eingesetzt werden musste, um irgendetwas zu erreichen, ging es darum, das Falsche zu korrigieren. Infolgedessen taten wir als Heranwachsende immer mehr vom selben. Wir arbeiten schwer, weil wir nicht glauben, dass wir genug haben, und wir gehen nur dann protestierend auf die Straße, wenn wir von Hass motiviert werden.

Es muss nicht so sein. Wir können ebenso gut vom Positiven motiviert werden. Wir können schwer arbeiten, weil uns das Potenzial reizt, besser zu werden, nicht bloß, weil wir enttäuscht glauben, nicht gut genug zu sein. Sie sind doch offensichtlich gut genug; immerhin haben Sie es bis hierher geschafft. Aber ja, Sie – wir alle – können noch besser werden. Wir können unsere Stimmen erheben aus Mitgefühl für jene, denen Unrecht getan wird, nicht nur aus Hass gegen jene, die anderen Unrecht tun. Wir können aktiv werden, weil wir von der positiven Wirkung auf unseren Planeten motiviert werden, wenn wir etwas verändern, nicht von der negativen Wirkung des Klimas, wenn wir es nicht tun.

Tatsache ist: Wenn wir vom Positiven motiviert werden, ist die Wahrscheinlichkeit viel höher, dass wir unser Vorhaben voranbringen und unsere Ziele erreichen. Positivität schenkt uns ganz klar Energie, während Negativität uns mit ihrem Karussell aus Grübeleien, Berechnung und Planung auslaugt. Das lenkt uns ab, wir werden übermäßig wachsam und wimmeln Leute ab, die unser Anliegen unterstützen könnten.

> Nicht vergessen!
> Positiv aufgeladene Energie, die positiv ausgerichtet wird, bringt Sie am weitesten.

Aber wie können wir positiv werden, wenn die Textur unserer Emotion negativ ist?

Jede negative Emotion, die Sie kaputtmachen könnte, hat auch eine positive Seite, die Ihnen Energie geben könnte. Alles hat zwei Seiten. Immer!

Wenn Sie sich mit jemand anderem vergleichen und daraus Neid erwächst, ist das im Kern eine Flagge, die einfach nur signalisiert: »Es gibt etwas, das ein anderer hat oder erreicht hat, das du noch nicht hast.« Im Kern ist dieses Konzept frei von Polarität. Es ist einfach Ihre Wahrnehmung der Realität.

Nehmen Sie dieses Konzept und laden Sie es mit dem Gedanken *Ich bin nicht so gut wie der andere* auf, und es wird negativ. Wenn Sie es aber mit *Ich habe Raum, mich weiterzuentwickeln und zu wachsen* aufladen, dann wird es ein sehr starker positiver Motivator. Wenn Sie Ungerechtigkeiten ablehnen, ist das grundlegende Signal dieser Flagge das Konzept: *Meinem Moralkompass zufolge sollte die Sache so nicht laufen.* Das ist für sich genommen polaritätsneutral. Es kann Wut und Hass in Ihnen erzeugen, wenn Sie es auf die Urheber der Ungerechtigkeit lenken, oder Mitgefühl und Heldenhaftigkeit, wenn Sie es auf die Opfer lenken.

Die Energie bringt in beiden Fällen Handeln und Wirkung hervor. Die Wirkung kann sehr unterschiedlich sein, je nachdem, welche Polarität Sie wählen. Eine Seite kann destruktiv und rachsüchtig sein, die andere dagegen konstruktiv und heilend. Für welche sollten Sie sich entscheiden?

Wenn Sie negativ empfinden, schauen Sie sich die andere Seite des Signals an, das Ihnen von dieser Emotion gegeben wurde. Es gibt zu jeder negativen Seite Ihrer Münze immer auch eine positive.

Wenn Sie mit Ihrer Beziehung unzufrieden sind, ist die positive Seite, dass es eine bessere Form des Zusammenseins mit Ihrem Partner oder einen besseren Partner für Sie geben könnte. Wenn Sie das Gefühl haben, dass Ihre Stadt zu teuer wird, fordern Ihre Emotionen Sie vielleicht auf, eine andere Stadt in Betracht zu ziehen. Wenn Sie in der Prüfung schlecht abgeschnitten haben, heißt das, dass Sie noch etwas zu lernen haben.

Reiten Sie nicht darauf herum

Die Wahrheit über unsere Emotionen ist ganz einfach: Wir wollen uns immerzu gut fühlen, aber das ist unmöglich. Negativität ist ein Überlebensmechanismus. Er soll uns darauf aufmerksam machen, dass etwas unsere Beachtung und unser Handeln erfordert. Das ist ein bisschen wie körperlicher Schmerz. Wir mögen ihn nicht, aber ohne ihn würden Sie den Finger in eine Steckdose stecken, ohne zu merken, dass dies Ihrem Leben ein Ende setzen könnte. Auch emotionaler Schmerz hat einen Nutzen. Wir erleben ihn als Hinweis auf das, was wir über die Sicherheit unserer physischen Form hinaus unternehmen müssen. Wenn wir uns von der Negativität zur Positivität bewegen, erleben wir die Höhen und Tiefen des Lebens, wir kosten das Leben voll aus, während die Drehungen und Wendungen unserer äußeren Erfahrungen sich auf unsere inneren auswirken. So ist das Leben nun mal.

Sehr wichtig! Unsere negativen Emotionen müssen gefühlt werden; sie vermitteln uns Informationen. Doch es gibt keinen Grund dafür, dass sie über die Bewusstmachung hinaus andauern.

Wir haben die Fähigkeit, sie viel schneller abzulegen, als wir es gemeinhin tun. Einfach indem wir ihnen die *richtige* Aufmerksamkeit schenken.

Die Neuroanatomin Dr. Jill Bolte Taylor sagt, dass immer nur jeweils drei Dinge im Inneren vorgehen: Sie denken Ihre Gedanken, Sie fühlen Ihre Emotionen und Sie haben eine physiologische Reaktion auf das, was Sie denken und fühlen. Ihre berühmte 90-Sekunden-Regel besagt, dass es nicht länger als 90 Sekunden dauert, einen Gedanken zu denken, der ein Gefühl auslöst, das Ihren Körper dazu bringt, die physiologische Reaktion zu zeigen, und dann wieder zum Normalzustand zurückzukehren.

Von der Sekunde, in der Sie an etwas denken und Wut empfinden, über die Sekunde, da Ihr Körper Noradrenalin in Ihren Blutkreislauf pumpt, damit Sie das Aufwallen des Ärgers spüren und zu handeln beginnen, bis zu der Sekunde, da dieses Hormon wieder vollständig aus Ihrem Blutkreislauf verschwunden ist, vergehen nur 90 Sekunden von Anfang bis Ende.

Wie können manche Menschen dann jahrelang wütend bleiben? Indem sie die Wut durch die Wiederherstellung des Gedankens immer wieder neu erzeugen.

Mit jeder Wiederholung des Gedankens beginnt der 90-Sekunden-Timer erneut.[30]

Dr. Taylor sagte: »Es gibt einen 90-sekündigen chemischen Prozess, der im Körper abläuft; jede verbleibende emotionale Reaktion beruht nur auf der Entscheidung des Menschen, in diesem emotionalen Kreislauf zu verharren.«[31]

Wir entscheiden uns, wütend zu bleiben. Wir entscheiden uns, traurig zu bleiben. Wir entscheiden uns, nicht zu handeln, um etwas zu verbessern, und wir entscheiden uns, diese unangenehmen Gefühle immer neu aufleben zu lassen. Wie blöd ist das denn?

Alle 90 Sekunden erhalten Sie eine zweite Chance, neu einzuschätzen, zu beurteilen und zu entscheiden, was Sie in den nächsten 90 Sekunden machen wollen. Sie bekommen eine Chance, sich zu fragen, ob Sie Ihre Transaktion schneller abschließen können, wenn Sie wütend auf den armen Kundendienstmitarbeiter bleiben. Oder ob der Ärger über den

Autofahrer, der Ihnen die Vorfahrt genommen hat, Sie irgendwie schneller an Ihr Ziel bringt.

90 Sekunden lang können Sie den Vorgang beobachten, in einer Emotion festzustecken und dann freigelassen zu werden; Sie können spüren, wie es passiert, und dann können Sie zusehen, wie es nachlässt. Indem Sie bemerken, wie es geschieht, innehalten, es fühlen, tief durchatmen und dann Ihre Gedanken wieder bewusst wählen, können Sie den Verlauf Ihrer Zukunft ändern.

Nicht vergessen! Alle 90 Sekunden haben Sie die Wahl.

Wie durchbrechen Sie also den Kreislauf, der Sie in der Negativität festhält?

Werden Sie zum Beobachter

Ehe wir reagieren, müssen wir beobachten. Wir müssen uns den Raum gewähren, zum Betrachter unserer eigenen Emotionen zu werden statt zur darauf reagierenden Marionette. Wenn Sie das nächste Mal merken, dass Sie in einer Spirale aus Stress, Wut, Angst, Befürchtungen oder irgendeiner anderen negativen Emotion feststecken, halten Sie inne und atmen Sie tief durch.

Sehr wichtig! Wechseln Sie die Rolle und werden Sie vom Empfindenden zum Beobachtenden dieses Gefühls.

Wo sitzt dieses Gefühl in Ihrem Körper? Atmen Sie in diesen Bereich hinein. Welche Gedanken halten Sie in Ihrem Kopf fest, die dieses Gefühl immer neu aufleben lassen? Fragen Sie sich, wie Sie diese Gedanken verändern und eine andere Wahl treffen können. Nehmen Sie Ihre negative Emotion einfach zur Kenntnis, atmen Sie hindurch, lassen Sie sie vorübergehen und wählen Sie dann wieder bewusst Ihre Gedanken.

Sobald Sie sich ruhiger fühlen, ist das der perfekte Raum, um Ihren negativen Gedankenkreislauf zu durchbrechen. Dazu müssen Sie oft nichts weiter tun, als mit Ihren Gedanken Kontakt aufzunehmen und im Geiste eine einfache Aussage zu wiederholen – so etwas wie »Auslöschen, auslöschen« oder »Gib mir einen besseren Gedanken« (erinnern Sie sich an den Vertrag?) –, um das Muster negativer Gedanken zu stoppen, damit Sie wieder frei entscheiden können.

Betrachten Sie sich zuerst, wenn Sie in einer negativen Emotion gefangen sind, nehmen Sie dann Abstand, halten Sie inne und beobachten Sie das Gefühl, wie Sie einen Freund beobachten würden, wenn er schlecht drauf ist. Wie würden Sie einen Freund in dieser Verfassung behandeln?

Sehr wichtig! Seien Sie aufmerksam und freundlich, ohne ein Urteil zu fällen.

Freundliche Aufmerksamkeit, ohne sich selbst für Ihre Gefühle zu verurteilen, lässt Ihren Verstand das Negative betrachten, ohne ihm weiteren Zündstoff zu liefern. Sie werden eher neugierig als kritisch, freundlich und unterstützend statt entmutigend und destruktiv, realistisch im Bewusstsein dessen, dass Negativität kommt und auch wieder geht, wenn man etwas dagegen unternimmt.

Bitte bewerten Sie sich nicht selbst. Lassen Sie Ihren Verstand nicht so etwas sagen wie: *Uff. Ich hasse solche Gefühle. Ich habe kein Recht, darüber sauer zu sein,* oder: *Ich bin total pathetisch.* Betrachten Sie Ihre Gefühle stattdessen als neutraler, objektiver Beobachter: *Okay, ich spüre so eine Enge in der Brust. Fühlt sich an wie Angst. Warum könnte ich mich so fühlen?* Ich will Sie noch ein letztes Mal daran erinnern:

Nicht vergessen! Es ist in Ordnung, zu fühlen.

Schaffen Sie Raum zwischen sich selbst und dem, was Sie fühlen, und stellen Sie sich dann die notwendigen Fragen, um der Emotion auf den Grund zu gehen. Stellen Sie jedes Mal vier Fragen:

- Welche Emotion habe ich gerade?
- Wo sitzt dieses Gefühl in meinem Körper?

- Warum könnte ich mich heute so fühlen?
- Was kann ich dagegen tun?

Hinterfragen Sie Ihre Emotionen, und Ihre Antworten bereiten Ihnen den Weg zurück zum Glücklichsein. Solche Emotionen sind nicht dafür da, Sie fertigzumachen. Sie haben einfach nur den Zweck, Sie zu informieren. Hören Sie zu, handeln Sie, und das Gefühl beginnt sich wie von Zauberhand aufzulösen.

Manchmal brauchen wir Abstand zu dem, was wir empfinden, damit unsere Emotionen uns in diesem Augenblick nicht überrollen. Das passiert, wenn wir überflutet werden.

Flutwarnung

Flooding ist etwas, das im Konflikt mit anderen auftreten kann, wenn Sie eine hitzige Diskussion mit Ihrem Partner führen und plötzlich die Fassung verlieren. Sie fangen an, irrationale Profanitäten zu brüllen, die in dieser Auseinandersetzung überhaupt keinen Sinn ergeben oder extrem verletzend für den anderen sind, und im Nachhinein wünschten wir, sie zurücknehmen zu können. Doch der Schaden ist bereits angerichtet.

Wenn unser Körper einen starken Stressauslöser wahrnimmt, der für viele von uns aus einem schwierigen Gespräch bestehen kann, einem Streit oder der verletzenden Bemerkung eines anderen, fühlen wir uns angegriffen und überfordert. Nach der Definition des Gottman Institute ist Flooding »ein Gefühl der psychischen und körperlichen Überforderung während eines Konflikts, das es praktisch unmöglich macht, eine produktive, problemlösungsorientierte Diskussion zu führen«.

Dr. John Gottman, Psychologe und Gründer des Gottman Institute, erklärt: »Jeder hat eine Art eingebautes Messgerät, das erfasst, wie viel Negativität im Verlaufe solcher Interaktionen zusammenkommt. Wenn der Pegel Ihnen zu hoch wird, dreht die Nadel durch, und das Flooding beginnt. Wie schnell eine Person diesen Punkt erreicht, ist individuell verschieden.«

Wenn wir überflutet werden, macht unser denkendes Gehirn dicht, das uns den Standpunkt anderer berücksichtigen lässt, und wir verlieren teilweise die Fähigkeit des rationalen Denkens. Deshalb sagen wir schließlich Dinge, die wahrscheinlich auch bei unserem Gegenüber ein Flooding auslösen, und stecken in einer Pattsituation des Floodings fest, bei der wir einander ungefilterte, nicht hilfreiche und oft sehr unfreundliche Bemerkungen um die Ohren hauen und keiner klein beigibt oder in der Lage ist, die Worte des anderen rational zu verarbeiten. Am Ende richten wir mehr Schaden als Nutzen an.

Es ist wie bei einer versiegelten Kammer: Je mehr Druck ausgeübt wird, umso wahrscheinlicher zerbricht das Siegel. Und wenn die Kammer schließlich aufgebrochen wird, richtet die Flut umso größeren Schaden an.

Sehr wichtig!

Je weiter wir den Druck steigen lassen, unter dem wir leiden, umso wahrscheinlicher werden wir überflutet und umso größeren Schaden verursacht diese Flut.

Der Druck, der vor dem Zerbrechen auf uns ausgeübt wird, ist wohlgemerkt nicht ausschließlich ein externer. Der externe Auslöser ist meist nur das letzte Quäntchen Druck, das zum Zerbrechen des Siegels führt. Der Großteil des Drucks kommt für gewöhnlich aus unseren hochsteigenden Emotionen.

Aus diesem Grund ist es so wichtig, einen Schritt Abstand zu nehmen, wenn wir mit jemandem, den wir lieben, in eine hitzige Diskussion geraten sind oder anfangen, Gereiztheit zu verspüren, die Pause-Taste zu drücken und uns eine Auszeit zu nehmen.

Wenn Sie in der Lage sind, wegzugehen und Ihre Emotionen selbst herunterzuregeln, sich zu fragen, warum Sie sich so fühlen und warum *der andere* sich vielleicht so fühlen könnte, wechseln Sie die Perspektive. Das sorgt dafür, dass Sie nicht von Ihrem emotionalen Stress überrollt werden und andere mit hineinreißen.

Wenn Sie also das nächste Mal spüren, dass Sie jeden Moment überflutet werden können oder sich bereits in der Flut befinden, halten Sie inne und nehmen Sie eine Auszeit. Kommen Sie auf das Gespräch zurück, wenn Sie ruhiger geworden sind und sich in einem rationaleren Zustand befinden. Dann sind Sie besser in der Lage, das große Ganze zu sehen, nicht nur diesen gefährdeten Aspekt, an den Ihr überfluteter Verstand Sie glauben lassen will.

Das kann uns allen einiges an Reue ersparen, die wir wegen dem empfinden, was wir in diesem erhitzten Zustand gesagt haben, und uns davor bewahren, durch unsere unbedachten Worte weiteren emotionalen Stress zu schaffen, sowohl bei uns selbst als auch bei anderen.

Noch besser? Lassen Sie gar nicht erst zu, dass es zum Flooding kommt.

Obwohl wir unsere Emotionen nicht an anderen auslassen müssen, ist es doch ganz wichtig, unsere Emotionen rauszulassen. Emotionen sind immer willkommen. Was wir vermeiden müssen, ist ein Exzess von aufgestauten, unverarbeiteten Emotionen.

Woran erkennen wir also, was sich in uns zusammenbraut? Wie schützen wir uns vor der Gefahr von emotionalem Stress und schlagartigen Überflutungen? Wie befreien wir uns von unseren Emotionen?

Emotionale Freiheit

Emotionale Freiheit liegt in unserer Bereitschaft, emotional neugierig zu sein, sodass wir emotional achtsamer und intelligenter werden. Das geschieht, wenn wir unsere Emotionen mit Neugier beobachten und annehmen.

Emotionen sind nur Energie in Bewegung. Unangenehme Emotionen können bewältigt werden, indem man ihre Energie verteilt; das tun wir, indem wir ihnen genügend Aufmerksamkeit schenken und sie dann durch uns hindurchlaufen lassen. Wir können unseren Gefühlszustand viel schneller verändern, als uns klar ist. Mit den folgenden drei Techniken können Sie Ihren emotionalen Zustand rasch ändern.

Die drei emotionalen Alchemisten

Tapping

Das Tapping – offiziell bekannt als EFT (Emotional Freedom Technique) – wurde in den 1990er-Jahren von Gary Craig entwickelt. Es ist eine Erweiterung der Konzepte, die Akupunktur und Akupressur so erfolgreich machen.

Die chinesische Medizin arbeitet mit Energiemeridianen, die über den Körper verteilt sind. Das sind Kanäle, die Akupressurpunkte miteinander verbinden und durch die die Lebensenergie eines Menschen fließt – von den Chinesen *Qi* genannt (*Chi* ausgesprochen).

Wenn Qi im Fluss ist, fühlen wir uns emotional und körperlich gesund; wird es jedoch blockiert oder gestaut, leiden wir unter einem Ungleichgewicht. Die Energie unserer unangenehmen Emotionen staut sich in bestimmten Bereichen des Körpers. Wir nehmen diese Emotionen in unserem Körper als Beschwerden wahr – Enge in der Brust, Verspannungen in der Schulter oder ein Ziehen im Magen. Kommt Ihnen das bekannt vor?

EFT funktioniert durch das Berühren bestimmter Akupressurpunkte im Gesicht und am Oberkörper, während Sie die Emotionen anerkennen, die Sie empfinden. Es ist diese *Anerkennung* der Emotion bei gleichzeitiger Berührung des Energiemeridians, die es der aufgestauten Energie ermöglicht, sich im Körper zu verteilen, was uns wieder ins Gleichgewicht zurückkehren lässt.

In diesem Buch erinnern wir Sie immer wieder daran, dass Sie bei extremem Stress, zum Beispiel im Fall eines Traumas, die Hilfe eines professionellen Anwenders der von uns besprochenen Technik einholen sollten. Es gibt jedoch auch wirkungsvolle Einsätze des Tapping, die Sie selbst durchführen können.

Schritt 1: Das Problem identifizieren

Erkennen Sie an, wie Sie weshalb und wo empfinden. Zum Beispiel: *Ich bin beklommen wegen meiner neuen Arbeitsstelle, denn ich mache mir Sorgen, wie meine Kollegen wohl sein werden. Ich spüre ein Engegefühl in der Brust.*

Schritt 2: Die ursprüngliche Intensität Ihrer Emotion bewerten

Bewerten Sie die Intensität Ihres Gefühls auf einer Skala von 0 bis 10, wobei 10 das Höchste und Schlimmste ist, was Sie empfinden können, und 0 der völligen Gelassenheit und Ruhe entspricht. Behalten Sie diese Bewertung im Kopf.

Schritt 3: Treffen Sie eine Aussage

Treffen Sie eine Aussage mit zwei Bestandteilen: der Anerkennung des spezifischen Problems und der Akzeptanz Ihrer selbst trotz des Problems.

Beispiel: *Obwohl ich wegen meiner neuen Arbeit Beklommenheit empfinde, liebe und akzeptiere ich mich in vollem Umfang und bin bereit, meine Angst loszulassen.*

Schritt 4: Beginnen Sie mit dem Tapping

1. Setzen Sie sich bequem mit angelehntem Rücken hin, atmen Sie tief durch und schließen Sie die Augen.

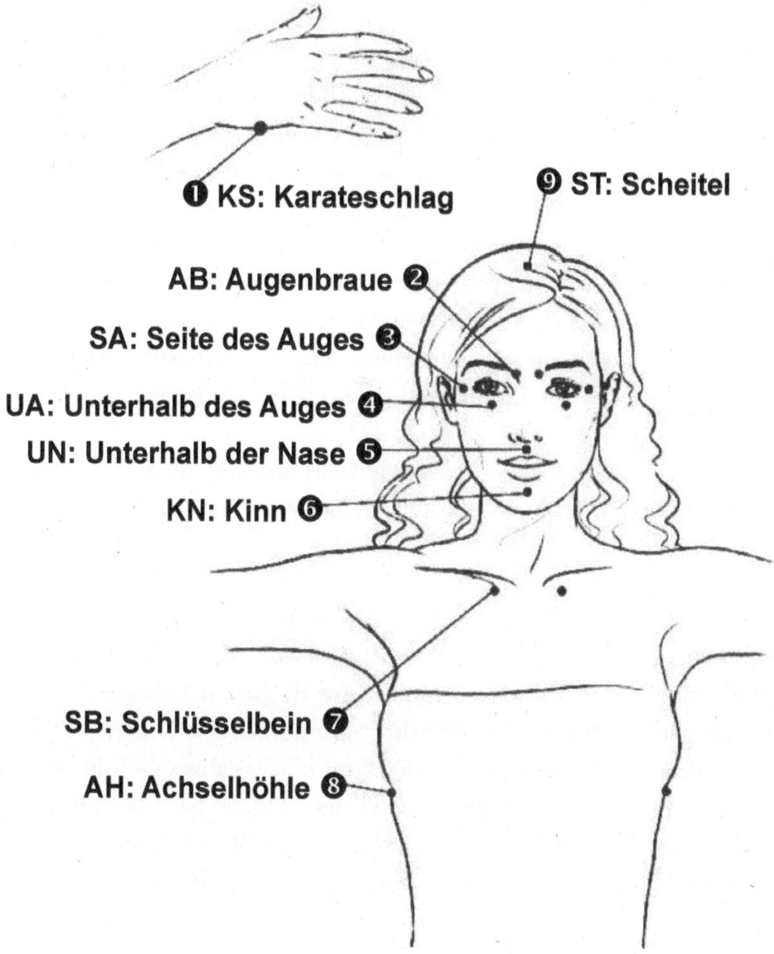

2. Richten Sie Ihre Gedanken auf das Problem und das damit verbundene Gefühl, also auf Ihre Aussage.
3. Legen Sie die Handkanten, also die Bereiche der Hand, mit denen Sie einen Karateschlag ausführen würden, einige Minuten aneinander, und wiederholen Sie dabei Ihre Aussage: *Obwohl ich wegen meiner neuen Arbeit Beklommenheit empfinde, liebe und akzeptiere ich mich in vollem Umfang und bin bereit, meine Angst loszulassen.*
4. Klopfen Sie nun der Reihe nach auf jeden in der Abbildung gezeigten Punkt, vom Scheitel beginnend bis zu den Achselhöhlen. Klopfen Sie 20 oder 30 Sekunden lang mit Zeige- und Mittelfinger beider Hände rhythmisch auf jeden Punkt.
5. Während Sie alle Punkte durchgehen, atmen Sie tief ein und aus und halten Sie die Achtsamkeit für Ihr Problem und Ihre Aussage aufrecht. Wenn Sie fertig sind, wiederholen Sie die gesamte Abfolge noch einmal.
6. Lassen Sie mit immer noch geschlossenen Augen die Hände sinken, atmen Sie tief durch und bewerten Sie erneut, wie Sie sich fühlen. Achten Sie, ohne zu beurteilen, darauf, ob es stiller oder lauter geworden ist – nehmen Sie die Bewertung zur Kenntnis.

Sie können diesen Prozess wiederholen, bis Sie eine gut zu bewältigende Wertung (1 bis 3) erzielt haben oder die Emotion komplett verschwunden ist (0).

Da Tapping so einfach ist und weil es wie Zauberei funktioniert, rate ich Ihnen, Probleme nicht andauern zu lassen. Wann immer Sie emotionale Bedrängnis verspüren, klopfen Sie sie weg. Warten Sie nicht. Besser noch: Machen Sie es sich zur Gewohnheit, Ihre negativen Emotionen ein- bis zweimal wöchentlich im Rahmen Ihrer Morgenroutine wegzuklopfen.

Sie können EFT sogar anwenden, um ein negatives Gefühl durchzuschleusen, dessen Gründe Sie nicht kennen. Nutzen Sie eine Aussage wie: »Obwohl ich dieses Beklemmungsgefühl in der Brust verspüre, liebe und akzeptiere ich mich in vollem Umfang.«

Formwandlung

Neugier auf unsere Emotionen ist der Schlüssel, um Freundschaft mit ihnen zu schließen, statt sie zu unseren Gegnern zu machen. Im Umgang mit intensiven Emotionen kommt unser Schmerz zurück, wenn wir den Prozess durchlaufen. Werden wir erst einmal neugierig auf unsere Emotionen, haben sie keinen Grund mehr, durch Fortdauern um unsere Aufmerksamkeit zu ringen.

Es ist klug, sich ihrer täglich anzunehmen, indem Sie sich fragen, wie Sie sich fühlen und warum Sie so empfinden. Um diesen Prozess zu vereinfachen, können wir das Emotionale ins Körperliche verwandeln, damit es für den Verstand leichter zu erkennen ist. Ich verwende dafür einen Vorgang, den ich *Formwandlung* nenne. Er ermöglicht es, der Körperlichkeit Aufmerksamkeit zu widmen, über die körperlichen Signale unserer Gefühle hinaus, sodass wir den Emotionen Leben verleihen und sie beschreiben können wie jede »Form«, die wir sehen.

Dabei lernen wir, sie im Körper zu verorten, und achten im Detail auf sie. Es ist eine tolle Methode, um zum äußeren Beobachter Ihrer Emotionen zu werden. Reiki-Meister lernen den ersten Teil dieser Technik für die Heilung, aber ich habe sie weiterentwickelt, um am Ende die emotionale Energie freisetzen zu können, sobald sie lokalisiert wurde.

Durch gründliche Beobachtung können wir jede Emotion fragen, was sie uns sagen will, und sie dann weiterschicken, indem wir sie durch unseren Atem loslassen, da ihr nun die korrekte Aufmerksamkeit vollständig zuteilgeworden ist.

Schritt 1: Suchen Sie sich einen ruhigen Ort

Setzen Sie sich bequem hin, atmen Sie tief durch und schließen Sie die Augen.

Schritt 2: Scannen

Atmen Sie tief ein und aus, während Sie Ihren Körper von Kopf bis Fuß scannen. Achten Sie darauf, wo in Ihrem Körper negative Gefühle festsitzen.

Schritt 3: Beobachten und beschreiben
Richten Sie Ihre Aufmerksamkeit auf diesen Bereich Ihres Körpers und atmen Sie weiter tief ein und aus. Beschreiben Sie das Gefühl anhand seiner physischen Merkmale: Welche Form hat es? Welche Größe? Welche Farbe? Welche Beschaffenheit? Und welche Temperatur?

Schritt 4: Das Gefühl identifizieren
Haben Sie es als physische Form identifiziert, fragen Sie sich, welches *Gefühl* diese Form repräsentiert und was diese Form und dieses Gefühl Ihnen zu sagen versuchen.

Schritt 5: Akzeptanz
Jetzt lassen Sie bei tiefem Atmen die Emotion folgendermaßen los: *Danke, (Emotion), dass du dich mir als (Form, Größe, Farbe, Beschaffenheit) gezeigt hast. Ich weiß, du bist hier, weil (Ihre Erkenntnis, warum Sie so empfinden), und bin jetzt bereit, dich loszulassen.*

Schritt 6: Loslassen
Zum Schluss richten Sie Ihre Aufmerksamkeit auf diesen Bereich Ihres Körpers (wenn Sie können, legen Sie sanft Ihre Hand darauf). Atmen Sie tief durch die Nase ein und durch den Mund aus. Bei jedem Einatmen stellen Sie sich vor, Gelassenheit einzuatmen, und bei jedem Ausatmen stellen Sie sich vor, dass die Emotion losgelassen wird, indem Sie das Schrumpfen der Form visualisieren. Wiederholen Sie in Gedanken immer wieder: *Ich lasse dich los.*

Wiederholen Sie diesen Vorgang über den Tag verteilt oder mehrere Tage lang, bis Sie den Eindruck haben, dass sich das Gefühl gewandelt hat.

So, hier bin ich wieder, der nervige männliche Ingenieur, der das liest und nicht versteht, wie die menschliche Maschine einen Nutzen davon haben sollte. Aber dieser ganze Prozess ist wirklich wunderschön, und er funktioniert. Es ist eine sanfte, freundliche Methode, Ihre Gefühle anzuerkennen und zu akzeptieren. Es ist achtsam auf eine Weise, die Ihrem inneren Kind wohltut, und es ist nährend und Leben spendend wie das mütterliche Weibliche, nach dem wir uns alle so sehnen. Bring deinen Ingenieursverstand zum Schweigen, Mo. Wir haben es hier mit Gefühlen zu tun.

Mit unseren Emotionen auf Tuchfühlung zu gehen und sie in etwas Physisches zu verwandeln, das wir visualisieren können, ist eine wirkungsvolle Methode, sie zu verändern. Hier kommt noch eine letzte, praxisorientierte Vorgehensweise dafür.

Aufschreiben

Es gibt Dinge, die wir nicht aussprechen, aber niederschreiben können. Vielleicht fällt Ihnen das auf, wenn Sie einem Freund eine Kurznachricht schicken. Es ist leichter, Ihre Gefühle aufzuschreiben und darüber intensiv nachzudenken, als dies in einer Unterhaltung anzusprechen. Ich, Alice, weiß, dass es immer hilfreich war, jemand anderem meine Emotionen präzise aufzuschreiben, statt sie in einem schwierigeren Gespräch anzusprechen. Unsere Gefühle treten leichter an die Oberfläche, wenn wir ihnen den richtigen, urteilsfreien Raum dafür geben.

Sehr wichtig!

Wenn Sie einen intensiven Zugang zu Ihren Emotionen haben wollen, schreiben Sie sie auf.

Seit Jahrtausenden wird das Schreiben genutzt, um uns zu veranlassen, uns mit unseren Emotionen auseinanderzusetzen, indem wir uns bessere Fragen stellen. Doch erst in den 1960er-Jahren wurde das Konzept durch die intensive Tagebuchmethode des Psychologen Dr. Ira Progoff zum Tagebuchschreiben formalisiert.

Durch die Beantwortung von Tagebuchanstößen gelangen wir zur Realität des Inneren, vorausgesetzt, dass wir aufschreiben, was immer uns in den Sinn kommt – unzensiert. Da niemals jemand lesen muss, was wir schreiben, können wir aufrichtig zu unseren Emotionen sein, ohne eine Verurteilung befürchten zu müssen. Dieses unzensierte freie Fließen ist unser Schlüssel zur Verarbeitung unserer Emotionen und zur Steigerung unserer Selbstwahrnehmung.

Ich glaube so fest an die Kraft des Tagebuchschreibens, dass ich jeden meiner Klienten dazu ermuntere, ein solches Tagebuch zu nutzen, damit er den eigenen Stress und seine Angst besser verstehen kann. Forschungen des Medical Center der University of Rochester belegen, dass dies sehr oft funktioniert. Tagebuch über unser Empfinden zu führen, verringert nachweislich Angst und Stress und lindert sogar Depressionen.

Was dort beginnt, entwickelt sich zu einer intensiven Erforschung des eigenen Selbstgefühls, bei der man sich auf einer tieferliegenden Ebene kennenlernt.

Den Stift über das Papier zu führen, ist ein magischer Weg vom Verlorensein zum Gefundenwerden, von der Verwirrung zur Klarheit und von einem chaotischen zu einem ruhigen Verstand. Wenn wir uns später die Zeit nehmen, das Geschriebene noch einmal zu lesen, geben wir uns das implizite Versprechen, Zerstörtes zu reparieren, Verborgenes zu erkennen und zu handeln, wenn das Notwendige deutlich wird.

Mit Beständigkeit und Disziplin ist die Gewohnheit des Tagebuchschreibens, bei der wir uns selbst und die Ursachen für unseren Stress kennenlernen, ein entscheidender Faktor, um besser damit umgehen zu können. Der chinesische Philosoph Laotse schrieb:

Nicht vergessen! »Wer andere kennt, ist weise. Wer sich selbst kennt, ist erleuchtet.«

Ein weiterer maßgeblicher Vorteil des Aufschreibens von Emotionen ist, dass die Zeit, in der Sie Tagebuch führen, eine Zeit der Reflexion, des Fokus und der bewussten Aufmerksamkeit ist. Diese Momente versetzen Sie in einen Zustand, der dem Erleben während der Meditation ähnlich ist, nur dass Sie sich statt auf Ihren Atem auf Ihre Emotionen konzentrieren. Wenn Sie das regelmäßig tun, geben Sie Ihrem Leben eine Gelassenheit, die Sie auch stürmische Gefühle überstehen lässt.

Weiter oben in diesem Kapitel waren wir uns einig, dass der wichtigste Grund für emotionalen Stress in einer mangelhaften Kenntnis der Sprache unserer Emotionen liegt. Verwandeln Sie diese Emotionen in Worte, die man lesen kann, und Sie haben einen großen Schritt auf dem Weg zu ihrer Übersetzung gemacht.

Fragen Sie sich in Ihrem Tagebuch:

- Wie fühle ich mich heute?
- Warum könnte ich mich so fühlen?

Wenn Ihre Empfindungen negativ sind, fragen Sie sich:

- Wie würde ich mich stattdessen lieber fühlen?
- Was kann ich tun, um mich zu diesem Gefühl zu bringen, das ich schaffen möchte?

Und wenn es positiv ist, fragen Sie sich:

- Wie kann ich dieses Gefühl kultivieren und mehr davon in mein Leben bringen?

Bei der Gelegenheit stellen Sie sich noch eine letzte Frage, die Ihre Stimmung zum Abschluss hebt, wie wir in Kapitel 4 im Zusammenhang mit kognitivem Stress erwähnt haben: *Wofür bin ich heute dankbar?*

Nehmen Sie das Leben nicht für selbstverständlich.

Nicht vergessen! Seien Sie dankbar für jede kleine Freude, die Sie heute erleben.

Über die Maßen freundlich sein

Wenn Dankbarkeit helfen kann, unsere negativen Emotionen alchemistisch zu verwandeln, so kann Freundlichkeit helfen, unseren Stress alchemistisch in Gelassenheit zu verwandeln.

Wenn wir gestresst sind, ängstlich oder einfach total niedergeschlagen, geraten wir in einen Kreislauf der Analyse des Lebens und all seiner Tricks und glauben, dass seine mächtigen Räder und jeder darin sich um das Zentrum des Universums drehen – »Ich, ich, ich«. Das nimmt uns völlig gefangen, und das Letzte, wonach uns der Sinn steht, ist, Abstand zu nehmen, um über uns selbst hinauszublicken und etwas für andere zu tun. Wir sind so von den Geschichten gebannt, die in unserem Kopf ablaufen, dass wir sogar die Notwendigkeit ignorieren, gut zu uns selbst zu sein.

In solchen schwierigen Zeiten ist nur sehr wenig hilfreicher, als freundlich mit uns selbst oder freundlich mit anderen umzugehen.

Die Random Acts of Kindness Foundation wurde 1995 gegründet, um Menschen zu freundlichem Verhalten anzuregen und dies an andere weiterzugeben. Sie hat die Studienergebnisse verschiedener Universitäten zugrunde gelegt, um die enormen Vorteile von Freundlichkeit aufzuzeigen. Sie besagen, dass es den Stress verringert, anderen willkürliche Gesten der Freundlichkeit zu erweisen. Im Blut kontinuierlich freundlicher Menschen fand sich 23 Prozent weniger Cortisol als bei der Durchschnittsbevölkerung; freundliche Menschen alterten außerdem langsamer. Schockierend, oder? In gewisser Weise haben sie den Jungbrunnen gefunden, wenn man so will.

Die Zeitschrift *Motivation and Emotion* veröffentlichte eine Studie von Dr. Lynn Alden, Professorin für klinische Psychologie an der University of British Columbia, für die 115 hochgradig ängstliche Studentinnen und Studenten aufgefordert wurden, einen Monat lang mindestens sechs willkürliche freundliche Handlungen pro Woche auszuführen. So simpel diese Handlungen auch gewesen sein mögen, die Teilnehmerinnen und Teilnehmer erlebten durch die Bank einen deutlichen Anstieg der positiven Stimmung und der Beziehungszufriedenheit sowie einen Rückgang ihrer sozialen Ängstlichkeit und der angstbedingten Vermeidung sozialer Begegnungen.

Studien wiesen auch nach, dass Freundlichkeit zu mehr Energie, Glück, einem erhöhten Serotoninspiegel, längerer Lebenszeit, mehr Freude, Selbstwertschätzung und Optimismus führt.

Untersuchungen der Emory University ergaben, dass die Glücks- und Belohnungszentren des Gehirns, wenn man jemandem eine Freundlichkeit erweist, so aufleuchten, als wäre man selbst der Empfänger, nicht der Erbringer der guten Tat. Dieses unglaubliche Phänomen wird als *Helper's High* bezeichnet.

Sehr wichtig!

Freundlich zu sein ist das Selbstloseste und Egoistischste, was Sie tun können.

Wenn Sie das nächste Mal besonders gestresst oder erschöpft sind wegen etwas, das Sie nicht ändern können, fragen Sie sich:

> Nicht vergessen! Wie kann ich stattdessen jemand anderem irgendeine Freundlichkeit erweisen?

Laden Sie einen Fremden zu einem Kaffee ein, lassen Sie in der Schlange jemanden vor, schicken Sie einer nahestehenden Person eine freundliche und liebevolle Nachricht. Achten Sie darauf, wie sich anschließend Ihre Stimmung verändert, und ja, bitte seien Sie so freundlich, mit uns beiden über die sozialen Netzwerke Kontakt aufzunehmen, um uns glücklich zu machen und uns zu erzählen, dass es auch bei Ihnen funktioniert hat. Das wäre überaus freundlich von Ihnen.

Grenzen schaffen Gelassenheit

Nett zu anderen zu sein, verringert unseren Stress und steigert unser Glück, aber wir dürfen auch nicht vergessen, nett zu uns selbst zu sein.

Mitunter das Netteste, was Sie für sich selbst tun können, ist zu verhindern, dass Sie der Wahnsinn der heutigen Zeit negativ beeinflusst. Das geht nur, wenn Sie in der Lage sind, Grenzen zu setzen: Damit tun sich viele von uns oft schwer.

Die meisten Menschen sind nicht bösartig, manchmal jedoch egoistisch. Doch sie handeln, ohne zu verstehen, welche Bedürfnisse wir tatsächlich haben. Unsere Bedürfnisse werden demnach nicht erfüllt, und wir sind frustriert, ja sogar erschöpft – emotional gestresst von uns selbst und von anderen. Dafür können Sie keinem anderen die Schuld geben.

> Nicht vergessen! Der Einzige, der Ihre Bedürfnisse und Grenzen wirklich kennt, sind Sie.

Diese Grenzen zu setzen, ist maßgeblich für unsere emotionale Gesundheit und eine sichere Methode, unseren emotionalen Stress zu verringern.

Wenn wir wissen, was unsere eigenen Grenzen sind, und die Überzeugung und den Mut haben, sie auch zu setzen, schaffen wir ein besseres

Selbstgefühl sowie mehr Leichtigkeit in unserer Beziehung zu anderen, denn wir haben klargestellt, was wir nicht zulassen wollen und werden.

Wenn Sie das nächste Mal in eine Situation geraten, in der jemand viel von Ihnen verlangt, achten Sie darauf, wie ausgelaugt Sie sich fühlen, wenn Sie zulassen, dass diese Person zu viel von Ihren Energiereserven und Ihrer Aufmerksamkeit beansprucht.

Oft sagen Sie einfach *Ja*, um anderen zu gefallen. Alice hier. Ich weiß, dass ich mich in der Vergangenheit schuldig gemacht habe, meiner eigenen Familie, meinen Freunden oder früheren Partnern nicht zu sagen, was meine Bedürfnisse sind. Als jemand, der ein friedliches Umfeld mag, merke ich manchmal, dass meine eigenen Bedürfnisse beiseitegeschoben werden, damit andere ihren Frieden und ihr Glück bekommen. Doch ich habe gelernt, dass ich dadurch später nur Erschöpfung oder Frustration empfinde und nicht so glücklich bin, wie ich wäre, wenn ich einfach von vornherein ehrlich in Bezug auf meine eigenen Bedürfnisse gewesen wäre.

Wenn wir unsere Bedürfnisse nicht kommunizieren, versinken wir in Stress und Frustration und lassen letztlich diejenigen im Stich, die uns am Herzen liegen. Grenzen sind nicht nur notwendig, um Sie zu schützen, sie schützen auch Ihre Angehörigen, indem sie Ihre begrenzten Energie- und Aufmerksamkeitsreserven für sie bewahren.

Gandhi sagte einmal:

Sehr wichtig!

»Ein ›Nein‹ aus tiefster Überzeugung ist besser als ein ›Ja‹, nur um zu gefallen.«

Die Ironie ist: Ohne Grenzen wird letztlich das eigentliche Ziel des Gebens verfehlt. Wenn wir ehrlich sind in Bezug auf das, was wir wollen und vor allem was wir brauchen, geben wir uns die Möglichkeit, denjenigen zu helfen, die uns am meisten bedeuten, weil unsere eigenen Ressourcen nicht erschöpft sind. Das Ergebnis ist jemand, der genug zu geben hat, weil wir jemand werden, der fähig und entschlossen ist, sich selbst etwas zu geben.

Denken Sie an die Stressformel. Stress ist nicht nur das Ergebnis der auf uns ausgeübten Belastung, sondern auch das Ergebnis unserer Fähigkeit, damit umzugehen. Wenn wir gesunde Grenzen setzen, sei es in unseren Beziehungen, unserer Zeit oder unserer Arbeit, greifen wir beide Seiten der Gleichung auf. Auf der einen Seite verringern wir den Druck, der auf uns ausgeübt wird, und auf der anderen Seite bauen wir unsere Fertigkeit auf, weiteren Druck zu eliminieren, einfach indem wir Nein dazu sagen, ehe er überhaupt auf uns ausgeübt wird, und wir behalten ein wenig von unserer Zeit und Energie, um mit anderen unvermeidbaren Stressfaktoren zurechtzukommen.

Grenzen verringern unseren emotionalen Stress, weil sie uns helfen, Ressentiments gegenüber anderen zu vermeiden, denen gegenüber wir in etwas einwilligen, das wir eigentlich nicht wollen.

Fragen Sie sich, wo Sie in Ihrem Leben vielleicht bessere Grenzen setzen müssten.

Sagen Sie manchmal Ja zu etwas, nur um andere nicht zu enttäuschen und auf Kosten Ihres eigenen Glücks? Können Sie Grenzen zwischen Ihrer Arbeit und Ihrem Privatleben ziehen, damit Sie abschalten und sich abends richtig erholen können? Oder wissen Sie im Innersten, dass Sie an Ihren Grenzen arbeiten sollten, weil Ihre Bedürfnisse oftmals nicht erfüllt werden?

Woher weiß man, dass man mehr Grenzen setzen muss? Nun, das ist einfach. Wenn Grenzen überschritten werden, raubt Ihnen das Zeit, Energie und Emotionen.

Beobachten Sie, wie viel Zeit und Energie Sie Menschen, Aktivitäten und der Arbeit widmen, und dann sehen Sie sich an, wie viel Zeit und Energie Sie *sich selbst* schenken, Ihrem eigenen Wohlbefinden, dem Kontakt zu Ihrer Familie und Ihren körperlichen und emotionalen Bedürfnissen. Listen Sie auf, was Ihnen fehlt. Woher wissen Sie, was das ist? Indem Sie darüber nachdenken, wovon Sie im Leben eines Menschen, den Sie sehr lieben, mehr sehen wollen würden. Würden Sie einem geliebten Menschen etwas geben, dann sollten Sie es sich auch selbst zugestehen.

Finden Sie heraus, was Sie für sich selbst tun wollen.

Nicht vergessen! Setzen Sie das, was Sie für sich selbst tun wollen, in Ihrer Planung an oberste Stelle!

Hier ist Mo. In meinem extrem geschäftigen Leben als Führungskraft war dieser eine Tipp für mich der größte Gamechanger. Zeit zum Meditieren, fürs Fitnessstudio oder mit meiner Tochter stand in meinem Kalender immer ganz oben. Keiner anderen Verpflichtung wurde eine höhere Priorität eingeräumt. Wenn der CEO von Google ein wichtiges Projekt mit mir besprechen wollte und dieser Termin sich mit einer Verabredung überschnitt, die ich mit meiner Tochter hatte, antwortete ich, dass ich da bereits eine andere Verpflichtung hatte, und rief zuerst Aya an, um nachzufragen, ob ihre Zeit auch einen anderen Termin für unser Treffen erlaubte. Falls nicht, dann bat ich unseren CEO, ob Sie es glauben oder nicht, um einen anderen Terminvorschlag. So wichtig sollten Ihre Selbstfürsorge und Ihre Grenzen für Sie sein.

Sperren Sie die Zeit für sich selbst im Kalender ebenso wie jedes andere Meeting.

Dann betrachten Sie das Gesamtbild und fragen Sie sich, wie viel von Ihrer Arbeit sich in Ihre soziale und persönliche Zeit hineinschleicht – und wie viel von Ihrer wachen Zeit auf die Arbeit und auf andere entfällt statt auf Sie selbst. Eine gute Faustregel sind 50 bis 60 Stunden pro Woche. Darin sollten Ihre Arbeit sowie weitere Verpflichtungen enthalten sein. Es ist eine Richtlinie für Ihr Leben, von dem etwa ein Drittel für die Arbeit, ein Drittel für Schlaf und ein Drittel für Freizeit und Selbstfürsorge aufgewendet werden sollte.

Betrachten Sie zum Schluss Ihre Zeit für sich selbst und prüfen Sie, wie viel davon auf Social Media, negative Nachrichten und Technik entfällt. Wenn Sie mich fragen, ob es da auch eine gute Faustregel gibt, dann würde ich, so kontrovers das auch klingen mag, immer sagen: möglichst null. Wenn Sie eine Minute Ihrer wertvollen Zeit damit zubringen, ist das eine Minute zu viel.

Da Sie sich nun Klarheit über die tatsächliche Verteilung Ihrer Zeit und Energie verschafft haben, schauen Sie sich mal an, wie viel emotionale Energie Sie bestimmten Menschen und Situationen widmen. Finden Sie heraus, wo Sie vielleicht etwas kürzertreten und sich diese emotionalen Ressourcen für sich selbst bewahren sollten. Wenn Sie feststellen, dass Sie häufig in emotionale Situationen mit Familie oder Freunden geraten und sie zu Ihrem eigenen Problem machen, sollten Sie Ihre emotionale Investition vielleicht ein bisschen reduzieren, besonders wenn solche Probleme nur von denen gelöst werden können, die davon betroffen sind. Unterstützen Sie weiter Ihre Lieben, aber lassen Sie Ihre eigenen emotionalen Reserven nicht darunter leiden.

Sehr wichtig!

Seien Sie wirklich aufrichtig zu sich selbst in der Frage, wo Sie bessere Grenzen ziehen müssen.

Grenzen, ob physische, emotionale oder zeitbezogene, sind wichtige Faktoren unseres emotionalen Wohlbefindens, aber ich, Alice, glaube, ein weiterer wichtiger, wenn auch häufig vergessener Aspekt sind unsere energetischen Grenzen. Wir können Grenzen setzen und auf unseren eigenen *Energiekörper* achten durch energetische Intelligenz.

Energetische Intelligenz

Unser Energiekörper ist ein komplexes Gefüge. Gemäß der alten östlichen Weisheit hat unser Dasein mehrere Ebenen, manchmal als *Koshas* bezeichnet. In diesen verschiedenen Schichten, zu denen unsere mentalen, emotionalen, physischen und spirituellen Körper gehören, befindet sich auch der Energiekörper.

Unser Energiekörper enthält zahlreiche Kanäle und Wege (Meridiane) und Zentren (Chakren). Innerhalb dieses Energiesystems bewegt sich unsere Lebensenergie Qi oder Prana.

Genau wie Wasser sollte Energie sich bewegen, um frisch zu bleiben; anderenfalls erzeugen wir eine Stagnation. Diese Stagnation wird durch Störungen unserer *unverarbeiteten* Emotionen erzeugt.

Energietherapien wie Akupunktur und EFT helfen, wie oben erwähnt, unsere Energie gesund und im Fluss zu halten. Eine einfache Methode, um Ihre eigene energetische Gesundheit zu stärken, besteht im Schaffen von energetischen Grenzen und Übungen.

Was im Hinblick auf Ihre energetische Gesundheit berücksichtigt werden muss: Es geht nicht nur um das, was Sie tun, sondern auch um das, was andere tun. So wie eine gemeine Bemerkung sich auf Ihr psychisches und emotionales Wohlbefinden auswirken kann, haben auch von anderen ausgestrahlte intensive Energien einen Einfluss auf unsere eigene Energie und unser Befinden.

Dichtere emotionale Energien wie Angst, Beklommenheit, Stress, Depressionen, Wut und Neid können sich von anderen an unseren Energiekörper anheften und unsere eigene Energie aussaugen.

Darum glauben manche Kulturen an den energetischen Schutz – die Griechen nutzen zum Beispiel das böse Auge, *mati* (μάτι), ein Symbol, das zum Schutz gegen den Neid und die Eifersucht anderer getragen werden soll.

Wenn jemand Ihnen das »böse Auge« gibt, gilt das als energetischer Fluch (machtvolle Absicht) durch einen neidischen und boshaften Blick, damit die Person Unglück oder Verlust erleidet. Falls er nicht vom Symbol des bösen Auges geschützt wird, kann dies beim Empfänger sogar Unwohlsein auslösen, was ich selbst bereits erlebt habe. Bis zum heutigen Tage ist das böse Auge ein wichtiger Bestandteil der griechischen Kultur, das von Millionen Menschen weltweit zum Schutz getragen wird, und auch ich trage es täglich.

Die Wirkung der Energie anderer auf unsere eigene ist etwas, dessen man sich bewusst sein sollte, wenn man sich besonders ausgelaugt, gestresst oder besorgt fühlt; denn allzu oft greifen wir diese Energien auf und verwechseln sie mit unseren eigenen Gefühlen.

Sich bewusst zu werden, dass man etwas empfindet, was eigentlich die Energie von jemand anderem ist, ist eine Fähigkeit, die Übung erfordert, während man seine eigene emotionale und energetische Achtsamkeit aufbaut – wie sich Ihre eigene emotionale Energie anfühlt versus wie die fremde Energie anderer sich anfühlt.

Ein bisschen einfache energetische Intelligenz, damit Sie sich um die eigene energetische Gesundheit kümmern können, ist unerlässlich für Ihr Wohlbefinden und damit Sie unstressbar werden.

Sie können damit anfangen, eine einfache Übung zu kultivieren, um Ihre eigene Energie mit etwas zu schützen, das ich Ihr energetisches **RSE** nenne.

Reinigen, schützen, erden

Reinigen

Unsere Energie von dem energetischen Müll zu reinigen, den wir über den Tag hinweg von uns bekannten und anderen Menschen aufsammeln, ist eine großartige Methode, um uns wieder leichter zu fühlen.

Der Stress, die Ängste und die Besorgnisse, die Wut und die Eifersucht anderer sind alles sehr dichte Energien, die unsere eigene Energie mindern und dafür sorgen, dass wir uns energetisch ausgelaugt und emotional unausgeglichen fühlen.

Wenn Sie erschöpft und müde sind, probieren Sie mal das Folgende. Ich empfehle, es mindestens einmal wöchentlich auszuführen, um Ihren Energiekörper rein zu halten.

Salz ist ein natürlicher Energiereiniger. In Kombination mit Wasser kann es unsere Aura (den Energiekörper, der unseren physischen Körper umgibt) von allen negativen Energien reinigen, die sie aufgenommen hat. Haben Sie das Gefühl, leichter geworden zu sein, nachdem Sie im Meer geschwommen sind? Das Eintauchen in natürliches Salzwasser reinigt Ihren Energiekörper, was das Schwimmen ebenso zu einer energetischen wie einer körperlichen Übung macht. Falls Sie dies hier jedoch irgendwo lesen, wo es nicht nach einer Paradiesinsel aussieht, keine Sorge – das können Sie auch schnell zu Hause machen:

- Machen Sie beim Duschen ein Salzpeeling und peelen Sie Ihren ganzen Körper.
- Während des Abspülens schließen Sie eine Minute lang die Augen und visualisieren Sie, wie das Wasser aus dem Duschkopf alle negative Energie wegwäscht und sie im Abfluss verschwindet.

Sie können auch in Epsom-Salz baden und sich beim Eintauchen in die Wanne bewusst vornehmen, alle schwere Energie von sich abzuwaschen. Lassen Sie das Salz seine Magie bewirken. Das mag sich seltsam anhören, aber achten Sie einfach darauf, wie Sie sich im Vergleich zu vorher fühlen, sobald Sie das gemacht haben.

Schützen

Haben wir erst einmal alle unerwünschte äußere Energie bereinigt, ist es wichtig, uns davor zu schützen, damit unser Energiekörper nicht so offen für externe Energie ist, dass sie sich leicht daran anheften kann.

Energetischer Schutz erfolgt durch Intention oder Visualisierung.

Visualisierung kann so aussehen, dass Sie die Augen schließen und sich eine schützende durchsichtige Blase vorstellen, die von oben herunterkommt und sich um Sie legt, vom Kopf bis hinunter zu Ihren Füßen. Enden Sie damit, im Geiste den Entschluss zu fassen, dass dies Ihre Energie schützen soll.

Wir können das auch einfach durch verbale Absichtserklärung tun, wenn wir es brauchen.

Mir wurde dieses wirklich einfache und wirkungsvolle energetische Gebet von einer meiner Lehrerinnen, Tori Jenae, beigebracht, und es ist meine bevorzugte Wahl; es geht schnell, ist leicht und kann überall ausgeführt werden.

Wiederholen Sie diese Absicht in Gedanken, entweder bevor Sie irgendwohin gehen, wo es ziemlich intensiv werden könnte, oder während eines Gesprächs mit jemandem, der wütend oder gestresst ist oder Ihnen Unbehagen einflößt, indem er etwas tut, das Ihnen die Energie raubt, zum Beispiel jammern oder schlecht über andere reden.

Wiederholen Sie einfach dreimal in Gedanken:

Was mein ist, ist mein, was dein ist, ist dein.

Sie werden bemerken, dass dies besonders wirksam ist, wenn Sie mit jemandem in einer unangenehmen Situation festsitzen. Selbst wenn Sie mit der anderen Person telefonieren, tun Sie es. Es hilft Ihnen, dass Sie nicht gänzlich emotional ausgelaugt und erschöpft aus dem Gespräch herauskommen.

Erden

Damit wir stabil, gelassen und gefestigt in uns selbst ruhen können, müssen wir unsere Energie erden.

Das Erden unserer Energie ist ein großartiges Gegenmittel bei Angst. Wenn wir Angst haben, ist unsere Energie ungeordnet und chaotisch.

Wenn wir gelassen sind, fühlen wir uns geerdet und stabil in unserer Energie und in uns selbst.

Eine der ersten Maßnahmen bei Angst ist, dafür zu sorgen, dass Sie Ihre Energie erden, um zu gewährleisten, dass dieser Teil von Ihnen stabilisiert wird.

Es gibt zwei Möglichkeiten, sich zu erden. Die eine besteht darin, einfach barfuß durch die Natur zu gehen, was oft als *Erdverbundenheit* bezeichnet wird. Das beruhigt auch das Nervensystem, während es unsere Energie mit der Erde verbindet.

Und dies ist die zweite Methode:

- Sitzen Sie bei fest auf dem Boden ruhenden Füßen oder stehen Sie mit schulterbreit voneinander entfernten Füßen aufrecht.
- Schließen Sie die Augen und atmen Sie einige Male tief ein und aus.
- Spüren Sie das Gewicht Ihres Körpers auf dem Stuhl und das Gewicht Ihrer Füße auf dem Boden.
- Visualisieren Sie dann energetische Wurzeln, die wie Baumwurzeln aus Ihren Füßen wachsen und den Boden und den Untergrund darunter durchdringen bis zum Mittelpunkt der Erde.
- Stellen Sie sich vor, wie Sie sich um den Erdkern wickeln, um dann zu Ihnen und in Sie zurückzukehren, durch Ihre Füße hinauf zu Ihrem Herzen, und wie sie sich um Ihr Herz wickeln.
- Wiederholen Sie diese Visualisierung ein- oder zweimal.

Wenn Sie fertig sind, atmen Sie tief durch, und wiederholen Sie in Gedanken: *Ich bin geerdet.*

Nicht vergessen! Wenn unsere Energie ausgeglichen ist, lässt uns das leichter mit Stress zurechtkommen und weniger Angst empfinden.

Wir fühlen uns reiner und mehr im Gleichgewicht, deshalb können wir die Herausforderungen, mit denen wir täglich konfrontiert werden, besser meistern.

Die Macht und Bedeutsamkeit unserer energetischen Gesundheit wird in vielen Kulturen und Ländern seit Jahrhunderten anerkannt, so etwa in

Indien, der Türkei, Japan und China. Sie wissen um die Wirkung, die unsere eigene Energie und die Energie anderer sowohl auf unsere emotionale als auch auf unsere körperliche Gesundheit haben, und praktizieren alternative Energietherapien wie Akupunktur und – einer meiner Favoriten – Reiki.

Reiki

Reiki wurde 1922 in Japan von Mikao Usui gegründet. Usui ging zum Meditieren auf den Gipfel des Mount Kurama in Kyoto. Er wollte eine Art der Erleuchtung erfahren, die *anshin-ritsumei* genannt wird und bei der man sich fortlaufend in einem Zustand übernatürlichen Friedens befindet. Wenn man in diesem Zustand ist, wird man dazu angeleitet, seinen Lebenszweck zu erfüllen.

Nachdem er durch Meditation erfolgreich in diesen Zustand eingetreten war, rannte er den Berg hinab, um anderen zu erzählen, was passiert war. Dabei stolperte er und verletzte sich am Zeh. Er legte die Hände auf den Zeh, um den Schmerz zu lindern, wobei er ein wunderbar warmes Gefühl verspürte und der Schmerz im Zeh verschwand. In diesem Moment erkannte er, dass er die Fähigkeit des Heilens erhalten hatte – Reiki.

Von nun an unterrichtete er Reiki und eröffnete eine Reiki-Klinik. Seither hat Reiki sich bis in den Westen ausgebreitet und ist zu einer anerkannten alternativen Therapie geworden, die selbst vom National Health Service in den USA anerkannt wird.

Seine Fähigkeit, sowohl unsere körperliche als auch unsere emotionale Gesundheit zu fördern aufgrund der Verbindung zwischen beiden, ist etwas ganz Außergewöhnliches. Sie wird berührungslos ausgeübt, wodurch der Anwender heilende Energie in den Klienten fließen lassen und erkennen kann, wo sich in seinem Energiesystem Blockaden befinden. Er kann die Energie wieder dorthin zurückbringen, um das Gleichgewicht wiederherzustellen.

Die Vorstellung von Reiki mag sich für Sie zunächst merkwürdig anhören, aber ich will Ihnen von meiner Erfahrung damit erzählen, die mich meine eigenen Zweifel hat ablegen lassen.

Nachdem Suzanne gestorben und mein Vater in Depressionen versunken war, fiel es mir überaus schwer, mit der neuen Realität dessen zurechtzukommen, was aus meinem Vater geworden war, mit meiner eigenen Trauer, wie meine Familie nun dastand – ohne finanzielle Sicherheit und von zu Hause vertrieben, und das alles ohne ein erkennbares Ende dieser Belastungen.

Jeden Tag fühlte es sich an, als säße ein Elefant auf meiner Brust. Dieses Gefühl hatte sich schon vor dem Tod meiner Schwester über Monate hinweg aufgebaut und wurde hinterher immer stärker und stärker.

Ich war so vertraut damit geworden, dass ich vergessen hatte, wie es war, nicht diese Schwere in meiner Brust zu fühlen – bis sie verschwand.

Ich hatte mir Hilfe bei einer Therapeutin geholt, um mit meiner neuen Realität zurechtzukommen, aber sie und ich passten einfach nicht gut zusammen. Wie bei jeder guten Beziehung muss auch hier die Chemie stimmen.

Diese Therapeutin verstand nicht, dass mein 25-jähriges Ich sich damit schwertat, über meine Belastungen zu sprechen, solange mir keine Fragen gestellt wurden, die es aus mir herauskitzelten. Sie saß schweigend da, starrte mich an und wartete auf etwas, das nicht kam.

Nach zehn frustrierenden Wochen, in denen nichts erreicht zu sein schien, erzählte sie mir schließlich, dass es eine Reiki-Heilerin im selben Haus gebe, und meinte, ich sollte dort ein paar Sitzungen neben unserer Therapie vereinbaren.

Ich hatte keine Ahnung, was Reiki war, keinen Begriff von Energieheilung, ich glaubte nicht einmal daran. Aber zu diesem Zeitpunkt war ich vom Leben so ausgelaugt, dass ich bereit war, alles zu versuchen.

Ich ging zur ersten Sitzung und fühlte mich so wohl wie schon lange nicht mehr. Während ich mit geschlossenen Augen dalag, konnte ich spüren, wie die Energie durch meinen Kopf und meine Brust floss, und ich entspannte mich, während die Heilerin an mir arbeitete. Ich war fasziniert, deshalb kam ich noch mal wieder, spürte diese Empfindungen erneut, war tief entspannt. Doch erst als ich nach der dritten Sitzung nach Hause ging, blieb ich plötzlich stehen und legte die Hände auf die Brust. Erst da erkannte ich, dass der vertraute Elefantendruck … endlich weg war.

Dieses körperliche Gefühl hatte mich fast neun Monate lang begleitet. Zehn Wochen Gesprächstherapie hatten es nicht lindern können, doch innerhalb von nur drei Reiki-Sitzungen war eine Veränderung eingetreten, die ich tatsächlich körperlich spüren konnte. Ich war begeistert, erleichtert und natürlich neugierig.

Aus diesem Grund probierte ich in den folgenden Jahren so viele verschiedene Energietherapeuten und -heiler aus, wie ich konnte, ehe ich mich selbst mit den Energiemodalitäten von Reiki, RSE und Clearing beschäftigte. Ich begann, mehr über die Stärke von Energietherapien am eigenen Leibe zu erfahren, und wurde später Reiki-Meisterin.

Reiki und andere Energietherapien wie RSE gehören zu den am meisten übersehenen Verfahren beim Umgang mit Stress und der Prävention von körperlichen Erkrankungen. Es gibt eine Verbindung zwischen unseren Emotionen und unserer körperlichen Gesundheit. Diese Verbindung entsteht durch die Energie, die unsere Emotionen speichert. Wenn wir emotional gesund sind, kann die Energie, das Qi, in uns frei fließen. Wir brauchen diesen freien Fluss von Energie in unseren Systemen, um gesund zu sein und uns wohlzufühlen. Gerät er ins Stocken und wird von emotionalen Erlebnissen blockiert, die wir nicht verarbeitet haben, können emotionale und sogar körperliche Probleme auftreten.

Ich hatte häufig Klienten, die Magenprobleme hatten, weil sie im Magen eine negative Emotion aufrechterhielten und unbewusst ihre emotionale Belastung dort ansammelten.

Ein guter Freund von mir erzählte mir einmal von seinen Verdauungsproblemen, die ihm viel Ärger machten. Er war beim Arzt gewesen und hatte jede Untersuchung gemacht, die es nur gab. Doch es ließ sich nichts finden, und immer noch litt er unter denselben Symptomen. Als er mir von einem belastenden Ereignis erzählte, das er vor Kurzem erlebt hatte, wusste ich intuitiv, dass dies ein emotionales Problem war, das eine energetische Blockade verursacht hatte, die nun zu etwas Körperlichem geworden war. Ich sagte ihm, er solle zu einer Reiki-Sitzung kommen, denn nachdem alles andere ergebnislos geblieben war, könne er das doch ebenso gut mal ausprobieren. Eine Stunde nach der Sitzung schrieb er mir, er könnte es nicht glauben, aber seine Symptome seien vollständig verschwunden.

Ganz häufig müssen wir etwas, das unsere Überzeugungen auf die Probe stellt, selbst erleben, um seine Wirksamkeit erkennen zu können. Mit Reiki ergeht es vielen Menschen so, bei mir war es dasselbe. Da ich nun die wahren Vorteile von Reiki kenne, möchte ich Sie anhalten, es für sich herauszufinden und es auszuprobieren, wenn Sie besonders belastet oder gestresst sind, aber auch einfach zur Entspannung.

Bei unserer monatlichen Mitgliedschaft gibt es die Gelegenheit dazu, denn wir stellen den Mitgliedern von mir entwickelte Reiki-inspirierte Meditationen zur Verfügung, die Verstand, Emotionen und Körper miteinander im Gleichgewicht halten und die Vorteile von Reiki und Meditation in sich vereinen.

Nun haben wir einige Seiten lang von Emotionen gesprochen. Obwohl diese verzwickten Empfindungen täglich trilliardenmal und bei der gesamten Menschheit auftreten und viele unserer Handlungen und Stimmungen vollständig beeinflussen, erkennen nur wenige von uns sie wirklich an, ganz zu schweigen davon, dass sie ihre Sprache sprechen und sie verstehen.

Kurz gesagt ist der Umgang mit Emotionen nicht schwer, wenn Sie ihnen erst mal Beachtung schenken und wissen, wie. Sie sind Signalflaggen, die uns auf die Subtilitäten des Lebens hinweisen sollen, dieses Zeug, das unsere Aufmerksamkeit erfordert. Obwohl sie von einem Gedanken ausgelöst werden, ist ihnen nur schwer mit Logik auf die Spur zu kommen, denn dieser Gedanke läuft oft unterbewusst ab und ist häufig tief vergraben, sodass uns nur die heftige Emotion bleibt, manchmal jedoch ohne eine klare, logische Erklärung für ihre Gründe.

Mit unseren Emotionen vertraut zu werden, heißt, sie neutral und ohne Urteil zu beobachten, sie zu akzeptieren, ja sogar zu begrüßen, und sie als eine Form von Energie zu betrachten, die bewegt, positiv aufgeladen und positiv umgeleitet werden kann. Fragen Sie nach dem Wo, dem Warum und dem Was, damit die Dinge mehr Klarheit erhalten. Ob Sie sich durch Ihre emotionalen Flutwellen klopfen oder klare Grenzen ziehen, damit sie gar nicht erst auftreten – was Sie auch tun, lassen Sie Ihre negativen Emotionen nicht verweilen.

Emotionen sind der Treibstoff des Lebens, aber wenn sie unangenehm sind und wir sie fortdauern lassen, führen sie zu chronischem Stress und machen uns letztlich kaputt. Verstehen Sie die Flagge, sobald damit gewinkt wird, kümmern Sie sich um das, was Ihnen angezeigt wird, und handeln Sie. Es kann wirklich so einfach sein.

Die nächste Schicht dessen, was uns zu Menschen macht, Ihre Physis, ist theoretisch leichter zu verstehen. Sie schreit und bereitet Ihnen Unwohlsein und sogar Schmerz, wenn sie gehört werden will, und doch ignorieren wir sie. Legen Sie bitte zu Ehren Ihres Körpers dieses Buch beiseite. Stehen Sie auf, strecken Sie sich. Machen Sie eine Pause, ernähren Sie Ihren Körper oder lassen Sie ihn ein nahrhaftes Getränk genießen.

Verbinden Sie sich mit sich selbst, dann brauchen Sie vielleicht nicht mal die Zeit aufzuwenden, um das nächste Kapitel zu lesen.

Aber wir empfehlen es Ihnen trotzdem.

Kapitel 6

Ihre Hüften lügen nicht

Teil 1: Die Grundlagen

- Stress spielt eine Rolle
- Die Stressmaschine
- All die verschiedenen Stressfaktoren
- Das 3L-Modell im Einsatz

Teil 2: Ein Sprachkurs

- Kognitiver Stress
- Emotionaler Stress
- Körperlicher Stress
- Spiritueller Stress

Teil 3: So fügt sich alles zusammen

- Gewohnheiten der Unstressbaren

Schmetterlinge im Bauch. Ein dicker Hals. Das sind nicht nur Ausdrücke, die wir als Metaphern verwenden. Diese körperlichen Empfindungen spüren wir tatsächlich beim Auftreten bestimmter Emotionen. Shakira hat es gesungen. Es stimmt. Hüften lügen nicht. Ebenso wenig wie irgendein anderer Teil Ihres Körpers. Die Verbindung zwischen Körper und Emotionen ist ebenso real wie die Verbindung zwischen Gedanken und Gefühlen.

Doch während unser Verstand uns täuschen kann und unsere Emotionen sich manchmal verstecken und tarnen, nennt unser Körper die Dinge beim Namen. Die Signale, die der Körper uns gibt, sind unmissverständlich für jene, die darauf achten. Diese Signale können nur für einen begrenzten Zeitraum beiseitegeschoben werden, ehe irgendetwas aufhört zu funktionieren. Wenn unser Körper spricht, sollten wir zuhören.

Vielleicht entgehen Ihnen einige dieser Signale, und andere möchten Sie lieber ignorieren. Wenn solche Signale ignoriert werden, kann das zu erhöhtem Stress führen – ein unaufhaltsamer Kreislauf, der unter allen

Umständen Ihrer Aufmerksamkeit bedarf. Bessel van der Kolk, Autor von *Das Trauma in dir*, schrieb: »Wir haben gelernt, dass ein Trauma nicht nur ein Ereignis ist, das irgendwann in der Vergangenheit stattgefunden hat; es ist auch der Abdruck, den dieses Erlebnis bei Verstand, Gehirn und Körper hinterlassen hat. Dieser Abdruck hat weitreichende Folgen dafür, wie der menschliche Organismus es in der Gegenwart zu überleben schafft.«[32]

Ihre Hüften lügen tatsächlich nicht in Bezug auf ihre Erfahrungen, ob körperlich, mental oder emotional. Ebenso wenig wie irgendein anderer Teil Ihres Körpers. Alles wird festgehalten. Sie müssen nur zuzuhören lernen.

Die körperliche Signatur unserer Emotionen

Die traditionelle östliche Medizin und Heilphilosophie wissen seit Jahrhunderten, was dem Westen sich erst seit etwa zehn Jahren zu erschließen beginnt. Bei näherem Hinsehen, so lehren sie uns, erkennen wir, dass erlebte Emotionen, die wir nicht vollständig verarbeiten, sich in unserem Körper manifestieren und dort Schmerzen, Beschwerden, Missempfindungen und alle möglichen Erkrankungen und Störungen auslösen.

Diese Beziehung zwischen unserem körperlichen Zustand und unseren Emotionen findet sich in der traditionellen chinesischen Medizin, die davon ausgeht, dass sieben Emotionen – Freude, Wut, Sorge, Sehnsucht, Trauer, Angst und Schock – sich auf die Gesundheit von fünf Organgruppen auswirken.

Ist der emotionale Reiz stark, negativ und anhaltend, so übersteigt er die Fähigkeit des Körpers, damit zurechtzukommen, was zu Schäden der inneren Organe und Blockaden im Fluss unserer Lebensenergie führt, von den Chinesen *Qi* genannt.

Ihr Herz reagiert auf negative Emotionen wie Hass oder Ungeduld. Sorge, Angst und Misstrauen werden von der Milz gesteuert und führen zu körperlichen Symptomen wie Müdigkeit, Gedächtnisstörungen, Appetitmangel, Blähungen und Gewichtsabnahme. Ist es ein Wunder, dass wir müde werden, wenn wir gestresst und besorgt sind?

Niedergeschlagenheit, Trauer und Depression sind eng mit der Lunge verknüpft. Ein Engegefühl in der Brust, Atemnot, Asthma und häufige Erkältungen können Teile Ihres Lebens sein, wenn Sie traurig sind.

Angst ist mit der Aktivität der Nebennieren verbunden – sie produzieren Adrenalin, wenn sie von der Kampf-oder-Flucht-Reaktion des Körpers dazu angeregt werden.

Wut, Frustration, Eifersucht und Neid wirken sich auf die Leber aus, was leicht nachzuvollziehen ist, denn sie ist verantwortlich für die Einlagerung und rasche Abgabe von Glukose in den Blutkreislauf, wenn die Energie der Wut von uns Besitz ergreift.

Durch die Betrachtung der betroffenen Organe kann ein Heilkundiger der chinesischen Medizin versuchen, das emotionale Problem zu beheben, um das körperliche Symptom zu heilen. Es gilt die Überzeugung, dass die Krankheit, wenn wir nur das Körperliche behandeln und das Emotionale unbeachtet lassen, zwar eine Zeit lang verschwinden kann, doch so lange zurückkehrt, bis das emotionale Problem gelöst wurde.[33]

Es ist faszinierend, wenn man mal darüber nachdenkt: eine Emotion, die unmittelbar Ihren körperlichen Zustand beeinflusst und zu Missempfindungen und sogar Krankheit führt. Die gute Nachricht ist, dass das in beide Richtungen funktioniert.

Positive Emotionen erhalten uns gesund, und Gesundheit – wenn wir also gut auf unseren Körper achten – trägt zu unseren positiven Emotionen bei, etwa Liebe, Vertrauen, Mut und Sanftmut.

Positive Emotionen wie Liebe, Freude und Glück gelten in der traditionellen chinesischen Medizin als Elemente des Feuers. Entsprechend soll das Gefühl von Liebe und Wertschätzung die Gesundheit und den Rhythmus des Herzens beeinflussen. Wenn Sie also Liebe empfinden, fördert das die Gesundheit Ihres Herzen. Ist das nicht wunderbar?

Emotionen wie Gerechtigkeit, Offenheit und Vertrauen werden als Elemente der Erde betrachtet. Sie erden uns und halten damit Milz, Magen und Bauchspeicheldrüse gesund.

Mut und Rechtschaffenheit, die als Elemente des Metalls gelten, wirken sich auf Lunge und Haut aus. Sanftmut, Gelassenheit und Stille, die als Elemente des Wassers angesehen werden, machen sich in Nieren und Blase bemerkbar. Und Großzügigkeit ist gesund für die Leber.

Die traditionelle chinesische Medizin funktioniert seit Jahrtausenden und hält die größte Bevölkerungsgruppe der Welt gesund. Doch selbst wenn Sie an nichts davon glauben, können Sie sich an der Schönheit der Metapher erfreuen.

Nicht vergessen! Emotionen manifestieren sich in unserem körperlichen Erscheinungsbild. Wir können sie mit dem Körper physisch wahrnehmen.

Louise Hay, Autorin und Gründerin des Verlags Hay House, hat sich diese Verbindungen näher angesehen. Sie untersuchte, wie man herausfindet, welche emotionalen Probleme bearbeitet werden müssen, aufgrund der körperlichen Symptome, die wir aufweisen. In ihrem Buch *Heile deinen Körper* findet sich eine umfassende Liste mit körperlichen Erkrankungen und der angenommenen emotionalen Ursache. »Ich glaube, dass wir jede sogenannte Krankheit in unserem Körper selbst schaffen«, sagte sie. »Der Körper ist wie alles andere im Leben ein Spiegel unserer inneren Gedanken und Überzeugungen. Unser Körper spricht ständig mit uns; wir müssen uns nur die Zeit nehmen, ihm zuzuhören. Jede Zelle unseres Körpers reagiert auf jeden einzelnen Gedanken, den wir denken, und auf jedes Wort, das wir sprechen. Kontinuierliche Denk- und Sprechweisen führen zu körperlichen Verhaltensweisen und Haltungen sowie zu ›Unpässlichkeiten‹ oder Krankheiten.«[34]

Sie glaubte, dass unsere Emotionen auch unsere körperlichen Unausgewogenheiten manifestieren können, ebenso gut wie ein externes Virus – sie können unser eigenes, selbst geschaffenes inneres Virus sein.

Manifestierte Emotionen

Ich habe diese Verbindung zu meinem eigenen Körper erlebt, als ich als fitte, gesunde 30-Jährige an einer Lungenentzündung erkrankte.

Ich hatte nie zuvor in meinem Leben eine Lungenentzündung gehabt. Ich war gesund, ich ernährte mich gut, ich hatte keine Vorerkrankungen, die diese Reaktion hätten auslösen können – nichts Offensichtliches, außer dass ich zu dieser Zeit mit einer der schwierigsten emotionalen Erfahrungen zu tun hatte, die wir Menschen erleben können: Trauer.

Ich hatte nur neun Monate zuvor meinen wunderbaren Vater verloren und machte immer noch die Höhen und Tiefen der Trauer durch. Mein

Immunsystem war durch den Stress angegriffen. Das wäre wahrscheinlich eine vernünftige Erklärung der westlichen Medizin – eine verringerte Immunabwehr, die eine Krankheit ermöglicht. Was mich jedoch faszinierte, war, dass das in der traditionellen chinesischen Medizin mit Niedergeschlagenheit und Trauer verknüpfte Organ die Lunge ist.[35]

Als ich die Lungenentzündung bekam, wurde ich mit allen nur vorstellbaren Antibiotika und Steroiden gegen das behandelt, was die westlichen Ärzte für die Auslöser der Krankheit hielten. Bis zur vierten Runde Antibiotika litt ich entweder unter einer allergischen Reaktion auf das Antibiotikum selbst oder hatte mittlerweile ein Stadium der Lungenentzündung erreicht, das meine unverzügliche Einweisung ins Krankenhaus nötig machte. Ich war in einem sehr schlechten Zustand. Man sagte mir, ich solle die Antibiotika absetzen und bis zum nächsten Morgen abwarten. Sie können sich sicher vorstellen, dass diese Nacht nicht zu den erholsamsten gehörte.

Als ich aufwachte und mich ein bisschen besser fühlte, erklärte der Arzt, es sei das Antibiotikum gewesen, das meinen Zustand verschlechtert hätte. Als die Ärzte mir also die fünfte Runde anboten, lehnte ich ab. Stattdessen beschloss ich, auf meinen Körper zu hören, um gesund zu werden, aber auch auf meine emotionale Gesundheit zu achten.

Ich stärkte meinen Körper durch Ruhe, Flüssigkeit, Dampf- und Teebaumöl-Inhalationen und so viele Vitamine wie möglich. Noch wichtiger war, glaube ich, dass ich mir auch gestattete, viel von dem durch die Trauer ausgelösten Schmerz zu verarbeiten.

Sechs Wochen lang war ich vollkommen allein und unfähig, das Haus zu verlassen. Wenn man so lange allein ist und keine andere Wahl hat, als drinnen zu bleiben, keine andere Wahl, als bei sich selbst zu sein, und wenn man dann offen dafür ist, so lernt man seine Emotionen auf sehr intimer Ebene kennen. Und das tat ich.

Ich hielt täglich in einem Tagebuch fest, wie ich mich fühlte. Ich meditierte. Ich weinte, wann immer mir danach war. Ich machte Atemübungen, um die Emotion durch mich und meine Lunge hindurchzubewegen. Ich schrieb meinem Vater Briefe, als wäre er noch da, und sagte ihm alles, was ich sagen musste. Ich machte täglich Reiki auf meiner Brust, und ich hörte zu. Ich hörte auf die emotionale Signatur in meinem Körper. Die Lunge steht für Trauer. Ich verarbeitete noch mehr Trauer, und ohne weitere Medikation wurde ich wieder gesund, ganz von allein.

Es ist natürlich offensichtlich, dass wir uns ärztliche Hilfe holen sollten. Ich behaupte nicht, dass man diesbezüglich nachlässig sein soll. Was ich hier hervorheben will, ist lediglich, dass das Problem für mich in diesem Fall nicht einzig das Virus war, sondern die Umgebung, die meine unverarbeiteten Emotionen geschaffen hatten, um dem Virus in meinem Körper einen Raum zu geben, und dass ich, um gesund zu werden, zuerst einmal anfangen musste, meine Emotionen zu heilen.

Nicht vergessen! Um Ihren Körper zu heilen, müssen Sie oft zuerst Ihr Herz heilen.

So wie die Chinesen verschiedene Teile des Körpers mit verschiedenen emotionalen Signaturen in Bezug setzen, tun sie das auch mit Stress.

Was wir alle ignorieren

So wie die moderne Welt uns beibringt, unsere Emotionen zu ignorieren, lernen wir auch, die körperlichen Signaturen von Stress zu ignorieren, nur um mit dem erbarmungslosen Tempo der heutigen Zeit Schritt halten zu können. Wir ignorieren die eindeutige Verflechtung unseres körperlichen Schmerzes und der Belastung, unter der wir leiden. Wir schieben Gegenmaßnahmen hinaus und erzählen unseren Angehörigen, dass wir uns »bald« um unsere Beschwerden und Schmerzen kümmern werden. Wir überzeugen uns davon, dass es früher oder später wieder ruhiger wird, und dann haben wir Zeit, uns dieser Unpässlichkeiten anzunehmen, doch das Tempo bleibt gleich und unsere Beschwerden dauern an.

Wir tun den anhaltenden Rückenschmerz ab und sagen, da hätten wir uns vor Wochen beim schweren Heben etwas gezerrt. Wir ignorieren die wiederkehrende Migräne, die zu selten auftaucht, um etwas dagegen zu unternehmen, bis der nächste Anfall zuschlägt und uns wieder daran erinnert. Wir lavieren uns durch die Verdauungsprobleme und schieben sie nur auf diese eine zu üppige Mahlzeit, und die Enge in der Brust, die im

Hintergrund immer stärker geworden ist, tun wir einfach ab, bis die Kosten dafür zu hoch geworden sind.

Vor und zurück

Die Gedanken, die wir erzeugen, und die emotionalen Reaktionen, die wir nicht verarbeiten, halten unser System in einem ständigen Stresszustand. Das führt zum Großteil unserer körperlichen Belastung. Doch dieser Kreislauf funktioniert auch in die entgegengesetzte Richtung. Die ständigen körperlichen Beschwerden, die Kopf- und Rückenschmerzen und die Blähungen sind Stressfaktoren, die uns massiv beeinträchtigen. Denken Sie mal darüber nach: Haben Sie schon mal jemanden angeschnauzt nicht aufgrund von etwas, das er gesagt hat, sondern weil Sie erschöpft waren oder Schmerzen hatten und er einfach nicht zu reden aufhörte? Waren Sie schon mal gereizt, weil Sie nicht gut geschlafen oder einige Zeit keinen Sex mehr hatten? Haben Sie schon mal die Einladung eines Freundes ausgeschlagen und sind mit düsteren Gedanken zu Hause geblieben aufgrund einer Sportverletzung oder weil Sie eine Pause brauchten? Hinterher entschuldigen Sie sich und sagen, Sie wissen nicht, was da über Sie gekommen ist, aber wir wissen alle, dass es Ihr Körper war, der Ihnen Stress bereitet hat. So wie Gedanken Emotionen auslösen und Emotionen körperlichen Schmerz, so löst der Schmerz auch Ihre Emotionen aus, die wiederum Ihre Gedanken in Gang setzen. Stress erfolgt in einem geschlossenen Kreislauf, das eine führt zum anderen.

Nicht vergessen! Ihre Schmerzen und Beschwerden stressen Sie ebenso sehr wie Ihre Gedanken und Emotionen.

Unser Hirn überprüft ständig die Informationen aus unserer Umgebung auf Gefahren, aber es überwacht auch ständig die Informationen unseres Körpers. Wenn der Körper Signale sendet, um zu signalisieren, dass etwas nicht in Ordnung ist, erfolgt eine Stressreaktion.

Einfache Dinge wie Essen, Bewegen, Schlafen und sogar Atmen haben alle unmittelbare Auswirkungen auf unseren körperlichen Stress. Sie alle haben Einfluss auf die Informationen, die unser Gehirn vom Körper erhält und die ihm mitteilen, ob wir gestresst sein sollten oder nicht. Wenn Sie zum Beispiel nicht schlafen und nicht zur Ruhe kommen können, kann Ihr primitives Überlebenssystem das als Zeichen einer präsenten Gefahr interpretieren. Wenn Sie nicht genug nährstoffreiche Nahrung zu sich nehmen, kann das als Hungersnot interpretiert werden. Und auch wenn Ihr logisches Gehirn weiß, dass keins davon zutrifft, interessiert sich unser primitives Überlebenssystem wirklich nicht für die feinen Unterschiede. Es will nur, dass Sie in Sicherheit sind, und deshalb nimmt es diese Signale zum Anlass, Sie noch mehr zu stressen.

Eine gefährliche Talfahrt. Egal, woher der Stress kommt, er zeigt sich letztlich im Körper, entweder als Ursache für unseren Stress oder als sein Produkt. Und dann wirkt sich der Stress in unserem Körper auf die anderen Systeme aus, verursacht noch mehr Stress, der noch mehr körperlichen Stress erzeugt, und der Kreislauf setzt sich fort.

Der Teufelskreis von körperlichem Stress

Die Arbeit des Entwicklungsbiologen Dr. Bruce Lipton zeigt, dass der Körper jeden einzelnen unserer Gedanken mithört – jede Zelle empfängt immerzu Informationen von unserem Verstand. Somit hat das, was wir denken und sagen, eine erhebliche Wirkung auf unser körperliches Selbst und die Umgebung, die wir darin erschaffen, was sich wiederum auf unsere Gesundheit auswirkt.

Dr. Lipton hat den Begriff *Noceboeffekt* geprägt. Das ist im Wesentlichen das Gegenteil des Placeboeffekts, also die Annahme, dass wir unsere Gesundheit nur durch unsere positive Überzeugung beeinflussen können. Der Noceboeffekt ist im Gegensatz dazu der Einfluss unserer negativen Gedanken und Emotionen auf die Gesundheit und wie diese die Fähigkeit besitzen, nur aufgrund von Überzeugungen negative gesundheitliche Auswirkungen im Körper hervorzurufen.

Stress setzt ein, wenn die Selbstregulation Ihres Körpers gestört wird – der Zustand stabiler innerer, physischer und chemischer Bedingungen, der durch lebende Systeme gewährleistet wird. Dieser Zustand ist die Voraussetzung für das optimale Funktionieren eines jeden Organismus. Stress bringt den Körper aus dem Gleichgewicht, weil er sich auf das Überleben konzentriert.

Wenn unsere Gedanken dem Körper fortwährend sagen, er soll gestresst oder gar krank sein, indem wir uns über gesundheitliche Ergebnisse Sorgen machen, wird das zur Realität.

Zahllose medizinische Berichte beziehen sich auf die Auswirkung unserer Gedanken auf den Körper. Das *Southern Medical Journal* berichtete 1992 von einem Mann, der im Jahr 1973 eine Krebsdiagnose mit einer Restlebenszeit von wenigen Monaten erhielt. Nach seinem Tod ergab die Autopsie, dass sein Lebertumor gar nicht gewachsen war. Die Schlussfolgerung im Untersuchungsbericht lautete: »Pathologische Todesursache unbekannt.« Anstelle der Krebserkrankung war es möglicherweise die Erwartung des Todes, die ihn ums Leben gebracht hat.[36]

Die Physiologie, die unsere Gedanken in unserem Körper schaffen können, ist sehr real.

Nicht vergessen! Der Körper verwandelt das, was Sie denken, in Ihre physische Realität.

Das gilt auch für Ihre unbewussten Gedanken. Allein schon die Erinnerung an ein zurückliegendes stressiges Ereignis kann Stress verursachen.

Wenn Sie zum Beispiel ein unangenehmes Erlebnis mit Ihrer Schwiegermutter hatten, das Ihnen Angst gemacht hat, kann Ihre Stressreaktion nur allein dadurch zurückkehren, dass Sie sie mit Ihrem Partner zusammen besuchen gehen, weil Sie sich daran erinnern, welche Gefühle sie in Ihnen ausgelöst hat.

Sie sitzen im Auto und erinnern sich an Ihren letzten Besuch bei der Schwiegermutter, und Ihr Körper produziert dieselbe Stressreaktion nur durch den Gedanken daran.

In diesem Moment produzieren Sie dieselbe chemische Zusammensetzung in Ihrem Gehirn und Körper und fühlen sich genauso wie zu dem Zeitpunkt des tatsächlichen Ereignisses.

Kein Organismus der Natur kann es aushalten, die überwiegende Zeit im Notfallmodus zu leben, doch wir Menschen können Notfälle sogar dann simulieren, wenn alles in Ordnung ist.

Wir haben die Fähigkeit, uns das Worst-Case-Szenario vorzustellen, und lassen die Ängste in unserem Kopf von unserem Verhalten und unseren Emotionen spiegeln.

Der Stress unseres Lebens

Stress kann schwächend, sogar lebensbedrohlich sein, wenn er sich körperlich bemerkbar macht. Das ist etwas, das ich sowohl an mir selbst als auch an meinem wunderbaren Vater selbst erlebt habe.

In der Zeit, als mein Vater sich weigerte, etwas gegen seinen Krebs und seine gesundheitlichen Probleme zu tun, bekam ich selbst Magenprobleme. Ich trauerte um meinen Vater, wie er früher gewesen war, und machte mir so große Sorgen um seine geistige und körperliche Gesundheit, dass ich mir selbst natürlich eine Menge Stress bereitete und mir das Ganze auf den Magen schlug.

Meine Verdauungsprobleme wurden im Laufe der Monate immer schlimmer. Schließlich waren sie so gravierend, dass ich zum Arzt ging, der aufgrund meiner Familiengeschichte fürchtete, ich könnte an Darmkrebs erkrankt sein, und mir weitere Untersuchungen verordnete.

Die anschließende Wartezeit auf die Ergebnisse war die nervenaufreibendste halbe Stunde meines Lebens. Ich hatte gerade erst erlebt, wie meine Schwester den Schrecken der Krebskrankheit durchlitt, ich hatte gerade erst erfahren, dass mein Vater wieder Krebs hatte, und nun lag ich da und fragte mich, ob ich mit 26 Jahren dieses grässliche Familienschicksal teilte.

Doch die Untersuchung war ohne Befund, und der Arzt diagnostizierte ein schweres stressbedingtes Reizdarmsyndrom. Das war ein Weckruf für mich, etwas an meinem Umgang mit der Gesundheitsentscheidung meines Vaters zu ändern. Ein Weckruf, der mich davon abhielt, mich selbst wirklich krank zu machen. Ich musste jetzt und hier etwas ändern, und das tat ich. Mein Stress war zu mir vorgedrungen, und ich entschied mich, etwas dagegen zu tun. Doch mein Vater hatte sich traurigerweise anders entschieden.

Mein Vater beschloss, seine frühzeitigen körperlichen Weckrufe zu ignorieren, teils absichtlich aufgrund von Depressionen und Apathie, teils weil er so fest davon überzeugt war, dass die körperlichen Probleme mit seinem Magen ein Ergebnis der Krebserkrankung waren, die er nicht behandeln lassen wollte. Tatsächlich waren sie das Ergebnis eines Magengeschwürs, das wegen seines Stresszustands im Hintergrund allmählich wuchs.

Es war dieses Geschwür, nicht der Krebs, an dem er starb. Hätte er es behandeln lassen, wäre er noch länger bei uns geblieben. Vielleicht würde er heute noch leben. Aber so denke ich nicht. Ich weiß, dass jede Seele ihren Weg hat, und er hat seinen genommen, was mich dazu geführt hat, dieses Buch für Sie zu schreiben.

Als mein Vater nach einem Herzstillstand, der durch die inneren Blutungen in seinem Magen ausgelöst worden war, auf der Intensivstation lag, fragte mich der behandelnde Arzt, ob er irgendwie unter Stress gestanden hätte. Nun, Sie kennen die Antwort ja bereits.

Wenn ich mich an meinen Vater erinnere, denke ich immer an seine frühere Version. Er war glücklich und ruhte in sich selbst, er war gesund, sehr scharfsinnig, er lachte viel und hatte unglaublich viel Charme und Schalk. Er hatte immer zehn Jahre jünger ausgesehen, als er war, und benahm sich auch so. Jedenfalls bis der Stress sich seiner bemächtigte. Sieben Jahre, und nun lag er da und kämpfte elend in einem Krankenhaus ums Überleben wegen einer Krankheit, die der Stress ihm eingebracht hatte.

Der lebensprühende Mensch, der mich großgezogen hatte, ist nicht derselbe, mit dem ich in den Jahren vor seinem Tod Zeit verbrachte. Er ist nicht der Vater, der später auf der Intensivstation lag, nachdem die Ärzte ihn wiederbelebt hatten, der sich mir zuwandte und meine Hand hielt, während überall Schläuche aus seinem Körper kamen, dem ich in die Augen sah und ihn fragte, ob er sterben wollte, und er antwortete mit einem sanften Nicken – ja.

Dieses verheerende Bild von ihm dient mir als Erinnerung daran, und das sollte es Ihnen auch, dass wir niemals unseren körperlichen Stress so lange andauern lassen sollten, bis es zu spät ist.

Ihre Emotionen, Ihre Mattigkeit, Ihre Erschöpfung, Ihre Schmerzen und andere körperliche Probleme sind nicht nur ein Symptom, sie sind Flaggen, mit denen Ihr Körper Ihnen energisch winkt, um Ihnen zu sagen, dass etwas nicht in Ordnung ist, dass Sie einen Gang zurückschalten und den Kurs ändern sollten.

Lernen Sie die Sprache Ihres Körpers. Achten Sie auf die Flaggen.

Gib mir ein Zeichen

Studien belegen, dass nur allein in den USA 70 bis 90 Prozent aller Arztbesuche in irgendeinem Zusammenhang mit Stress stehen. Das heißt, in zwei von drei Fällen körperlicher Beschwerden können Sie mit Gewissheit davon ausgehen, dass diese stressbedingt sind.

Wenn wir ein kleineres körperliches Problem haben, sollten wir uns vor dem Griff nach den Schmerztabletten als Erstes fragen: Bin ich derzeit gestresst? Was könnte mein Körper mir womöglich mitteilen wollen? Wie lange dauert das schon?

Nicht vergessen! Jede Minute, in der Ihre Stressreaktion über ihren Zweck hinaus ignoriert wird, schwächt Ihren Körper.

Warum? Weil das verrufene Stresshormon Cortisol sich anders auf Ihren Körper auswirkt, je nachdem, wie lange es in Ihrem System erhöht bleibt. Unter normalen Umständen ist es entzündungshemmend. Es bindet sich an den Glukokortikoid-Rezeptor (GR) und hilft Ihrem Körper dadurch, gesünder zu sein. Eine anhaltende oder übermäßige Produktion von Cortisol dagegen, wie sie erfolgt, wenn wir unter wachsendem kontinuierlichem Stress stehen, führt zu einer Resistenz des GR, der das Anbinden des Cortisols blockiert. Ähnlich wie bei dem Mechanismus, der einem insulinresistenten Diabetes zugrunde liegt, werden hierbei Entzündungen im Körper ausgelöst.[37] Was ursprünglich eine gesunde körperliche Stressreaktion war, wird auf lange Sicht gefährlich.

Kurzfristige Entzündungen durch unsere Stressreaktion sind gut, denn sie sind die Folge des In-Gang-Kommens Ihres Immunsystems, um Sie im Umgang mit einer Gefahr zu unterstützen; sie lassen Ihren Körper sich auf eine schnelle Heilung vorbereiten, falls Sie eine Wunde davontragen, die sich infiziert. Sie bereiten Sie auf den Kampf vor.

Doch noch einmal: Was kurzfristig funktioniert, richtet sich auf lange Sicht gegen Sie. Lang andauernde Entzündungen, die chronisch werden und unbehandelt bleiben, erhöhen das Risiko von Herzerkrankungen, Diabetes Typ 2, Fettleibigkeit, Depressionen und sogar Krebs.[38]

Wenn wir konstant mit Cortisol vollgepumpt sind, werden Entzündungen chronisch und fungieren als Immununterdrücker, was uns anfälliger für Keime und demzufolge für weitere Erkrankungen macht.

Mit steigenden Entzündungen beginnen sich auch weitere körperliche Probleme zu entwickeln. Unser Körper fokussiert sich auf die Dinge, die er für überlebensnotwendig hält, statt auf jene, die unserem Wohlbefinden dienen.

Ein häufiges Beispiel ist die Verdauung. Wenn die Stressreaktion eingesetzt hat, werden unsere körperlichen Ressourcen von der Verdauung abgezogen. Unser weiser Körper weiß, dass das Mampfen von Steak und Pommes nicht entscheidend ist für unser unmittelbares Überleben, wenn wir in echter Gefahr sind. Die Stressreaktion zieht Ressourcen vom Verdauungssystem ab. Wir kommen ein paar Stunden oder Tage bestens zurecht ohne einen Fokus auf Verdauung, doch wenn die Aufmerksamkeit zu lange entzogen bleibt, entwickeln wir Verdauungsprobleme wie Blähungen, Verstopfung und Reizdarmsyndrom. Wird der Magen weniger mit Blut und Sauerstoff versorgt, nimmt die Magensäure zu, und das führt zu Komplikationen wie Magengeschwüren.

Verdauungsprobleme sind nur eine von vielen körperlichen Stresssignaturen – vielleicht eine der häufigsten und offensichtlichen. Andere körperliche Signaturen sind oft solche, die wir alle haben. Wenig überraschend.

Viele der weniger schlimmen werden jedoch für so »normal« gehalten, dass wir sie gar nicht als Problem wahrnehmen, an dem zu arbeiten die Zeit lohnt.

Und auch wenn solche Stresssignaturen bei ihrem ersten Auftreten weniger problematisch sein mögen – niemand glaubt, dass er an leichten Bauchschmerzen sterben wird –, werden sie im Laufe der Zeit möglicherweise lebensbedrohlich. Denken Sie an meinen Vater und den von Mo.

Trifft irgendeine dieser Stresssignaturen auch auf Sie zu?

- Kopfschmerzen
- Müdigkeit

- Engegefühl in der Brust/Brustschmerzen
- Schmerzhafte Verspannungen – besonders Rücken, Nacken und Schultern
- Muskelverspannungen
- Verspannungen im Kieferbereich/Zähneknirschen
- Schlafprobleme
- Verdauungsprobleme – Verstopfung, Magenverstimmung, Blähungen, Magengeschwür und so weiter
- Herzrasen
- Schwaches Immunsystem (höhere Anfälligkeit für Erkältungen et cetera)
- Verringerte Libido
- Höherer Blutdruck
- Höherer Cholesterinspiegel
- Gewichtszunahme
- Akne und andere Hautprobleme
- Verminderte Fruchtbarkeit

Wenn Sie unter einem der oben genannten Probleme leiden, können Sie davon ausgehen, dass es sich um das Ergebnis von Stress handeln könnte. Und es gibt noch weitere:

- Magenbrennen
- Übelkeit
- Unruhige Beine und Unfähigkeit, still zu sitzen
- Hämmernder und unregelmäßiger Herzschlag
- Schwitzen oder Schweißausbrüche
- Schnellere Atmung
- Mundtrockenheit
- Durchblutungsstörungen

Hierbei handelt es sich insbesondere um die Folgen von Beklommenheit, die, wie oben bei den Formeln der Emotionen besprochen, nicht nur aus der Sorge um die Zukunft entsteht, sondern auch um Ihre Fähigkeit, sie zu bewältigen – ein doppelter Stresshammer.

Diese Zeichen teilen uns mit, dass so viele Stresshormone durch unseren Körper gepumpt wurden, dass wir nun unter Druck stehen, weil wir so lange damit zurechtkommen mussten. Aber so muss es nicht sein.

Sie können natürlich weiteren körperlichen Stress vermeiden, indem Sie die Gründe für Ihren Stress beseitigen, indem Sie psychisch und emotional auf sich achtgeben. Auch wenn Sie die körperlichen Probleme liebevoll und achtsam behandeln, lassen sie sich vermeiden. So oder so: Alles beginnt mit einer einfachen Entscheidung. Wollen Sie es tun? Wollen Sie sich körperlich besser fühlen?

Fragen Sie irgendjemanden, der wegen eines massiven gesundheitlichen Problems ins Krankenhaus eingewiesen wurde oder mit dem Bohrer im Mund auf einem Zahnarztstuhl sitzt, und was wird er sagen? *Ich wünschte, ich hätte besser aufgepasst. Ich wünschte, ich hätte mehr auf meinen Körper achtgegeben.* Traurigerweise halten wir alles andere für soooo wichtig – jedenfalls bis wir krank werden. Wir beanspruchen Kredit von der Bank unserer Gesundheit; wir nehmen Darlehen beim Stress, um für das Erledigen von Angelegenheiten zu bezahlen.

Nicht vergessen! Ihre Gesundheit ist wichtiger als alles andere.

Daran erinnern wir uns oft erst dann, wenn unsere ruinierte Gesundheit plötzlich zum unausweichlichen Zentrum unserer Tage wird. Allzu oft schätzen wir erst dann, was wir haben, wenn es nicht mehr da ist.

Weisheit in der Zelle

Im Gegensatz zu den Tricks, die unsere negativen Gedanken unserem Verstand spielen können, ist unser Körper weise; er hält uns nicht »aus Spaß« zum Narren. Er versucht, uns zu lenken, wenn etwas aus dem Ruder läuft. Er warnt uns, wenn etwas unsere Aufmerksamkeit erfordert. Und er erhöht die Intensität des Alarms, wenn wir die Lenkung ignorieren.

Unser Körper ist ein bisschen wie ein deutsches Auto. Er funktioniert so gut und hat nur so wenige Pannen, dass wir ihn für selbstverständlich nehmen. Wir denken, es wäre einfach, diese extrem komplexe biologische Maschine zu betreiben, aber denken Sie mal darüber nach: Fünf Liter Blut werden täglich durch Ihren Körper gepumpt.[39] Diese rote Flüssigkeit transportiert Nährstoffe für 37 Trillionen Zellen,[40] damit sie fortbestehen und Ihnen dabei helfen können, Lasten zu tragen und zu laufen und zu denken, und das alles mit nur 2000 Kalorien pro Tag. Da jede Nahrungsmittelkalorie im Schnitt 4,2 Kilojoule Energie erzeugt, läuft Ihre gesamte hochkomplexe Maschine von einem Körper mit dem Äquivalent einer 100-Watt-Glühbirne. So effizient ist diese Maschine. Oh, und wenn einige von diesen Trillionen Zellen absterben, stellt Ihr Körper sich – besser noch als die deutschen Autos – selbst wieder her und ersetzt 330 Milliarden Zellen täglich.[41] Wenn etwas diesen Körper angreift, aktiviert er ausreichend weiße Blutkörperchen, um sich zu verteidigen. Davon gibt es zwischen 4500 und 11 000 in jedem Kubikmillimeter Blut.[42] Ihr Körper wärmt Sie, wenn es kalt ist, und kühlt Sie bei Hitze. Er ist ein Kraftwerk, eine Reparaturwerkstatt, ein mobiles Fahrzeug, eine entschlossene Armee und ein Supercomputer in einem, und das alles tut er automatisch, ohne dass ihm irgendwas davon gesagt wird, während er Ihnen ermöglicht, dass Sie sich bewegen, atmen, verdauen, denken, jammern, ihn schlecht behandeln und zu viel grübeln, um sich selbst Stress zu bereiten.

Respektieren Sie Ihren Körper. Nehmen Sie ihn nicht für selbstverständlich.

Sehr wichtig! Ihr Körper ist viel klüger, als Sie denken.

Körpersprache

So lästig das auch sein mag, aber die einzige Sprache, die Ihr Körper spricht, wenn etwas schiefgeht, ist Schmerz und seine Weiterentwicklungen – Unwohlsein, Qual, Verletzung und Erschöpfung. Wenn Sie den Finger in die Steckdose stecken, spüren Sie ein unangenehmes Kribbeln, das Sie augenblicklich reflexhaft die Hand wegziehen lässt und Ihnen außerdem beibringt, dies nicht noch einmal zu tun. So wenig Sie den Schmerz auch mögen, Sie würden nicht ohne ihn leben wollen, denn ohne ihn würden Sie nicht lange am Leben bleiben.

Schmerz ist nicht da, um Sie zu ärgern. Er ist da, um Sie zu retten. Er arbeitet für Sie, wenn Sie darauf hören, was er Ihnen sagt, und reagieren. Die Erschöpfung, die Sie infolge Ihres Schlafmangels empfinden, ist ein klares Zeichen dafür, dass Ihr Körper nichts davon hält, wenn Sie nachts wach liegen und pausenlos grübeln. Er sagt Ihnen, dass Sie damit aufhören sollen, damit Sie sich ausruhen können. Die verminderte Energie, die Sie empfinden, wenn Sie in einem Job oder einer Beziehung feststecken, die Ihnen nicht guttut, ist ein Zeichen dafür, dass Sie nicht dort sind, wo Sie sein sollten, und dass Sie einen Plan fassen sollten, um das zu ändern. Dieses brennende Gefühl, wenn Sie gereizt sind und kurz davor stehen zu explodieren, ist ein Warnsignal, sich zu beruhigen und die Situationen zu meiden, die Sie stressen; und der Burn-out, den Sie erleiden, wenn Sie sich überarbeitet haben, sagt Ihnen einfach nur, dass es wirklich an der Zeit ist, mal eine Pause einzulegen.

Was ist die richtige Reaktion, wenn jemand mit Ihnen spricht? Zuhören!

Was ist die richtige Reaktion, wenn Ihr Körper mit Ihnen spricht? Zuhören!

Es ist leicht, in einen Teufelskreis ungesunder Gewohnheiten zu geraten und diesen aufrechtzuerhalten. Wir trinken zu viel, und wenn wir einen Kater haben, schwören wir uns, nie wieder so viel zu trinken, aber dann tun wir es doch. Wir essen Junkfood, und wenn es uns am nächsten Tag schlecht geht, versprechen wir, uns gesünder zu ernähren, nur um nach ein paar Tagen doch wieder zum Burger und zur Limonade zu greifen. Wir bleiben zu lange auf, während unser ruheloser Körper sich abmüht zu bewältigen, was wir ihm antun. Und wenn wir dann von all dem Missbrauch erschöpft sind, denken wir, statt auf uns selbst achtzugeben: *Weißt du, was? Ich werde mir einfach ein paar Süßigkeiten und ein, zwei Gläschen gönnen. Das war ein harter Tag und ich brauche jetzt unbedingt Zucker, damit ich mich besser fühle. Aber ist das wirklich so?*

Lost in Translation

Auf den ersten Blick mag es so aussehen, als wären Süßigkeiten die Botschaft, die Ihr Körper Ihnen durch sein Verlangen zukommen lassen will. Schließlich haben wir Lust auf Zucker oder Kohlenhydrate, wenn Schlafmangel unser appetitstimulierendes Hormon Ghrelin ansteigen und gleichzeitig das appetitmindernde Hormon Leptin sinken lässt. In diesem Zustand strebt unser Körper nach einem schnellen Happen Energie, damit wir uns wacher fühlen, und das lässt sich am einfachsten durch Kohlenhydrate erzielen, die rasch in Glukose aufgebrochen werden, ehe sie in den Blutkreislauf eintreten. Doch diese temporäre Zufuhr ist nicht die Lösung. Genau wie bei kleinen Kindern, die zu viele Bonbons essen, folgt auf den Zuckerflash der Zuckerabsturz. Das lässt uns Erwachsene noch mehr Kohlenhydrate konsumieren, ergänzt durch zu viel Koffein.

Was der Körper wirklich braucht, ist Ruhe, keine vorübergehende Maßnahme. Er versucht, tapfer durchzuhalten, aber früher oder später klappt er zusammen. Unser Festhalten an den falschen Gewohnheiten ist einfach die Folge dessen, dass wir es unserem Verstand erlauben, uns in Stress zu versetzen. Wenn wir das tun, spricht unser Körper. Das ist nicht gerade die gesündeste Angewohnheit.

Nicht vergessen! Unser Verstand strebt nach dem vorübergehenden Trost von Suchtverhalten.

Wir betäuben uns mit Junkfood, Netflix, Arbeit, Alkohol, wahllosem Sex oder gar mit Drogen, nur um unserem gestressten Körper und verängstigten Verstand eine vorübergehende Annehmlichkeit zu verschaffen.

Jedenfalls so lange, bis unser Körper beschließt, dass es jetzt genug ist. Er schreit nach unserer Aufmerksamkeit.

Meine Aufmerksamkeit wurde angefordert, als ich im Winter eine chronische Müdigkeit entwickelte. Schließlich erhielt ich die Diagnose »wiederkehrendes Epstein-Barr-Virus« (EBV), was nach Ansicht der Ärzte durch Stress ausgelöst wird. Denn das Virus schlummert im Körper der großen Mehrheit der Bevölkerung, es wird jedoch erst bei massivem Stress aktiv.

Wenig überraschend, dass meines erst aktiv wurde, als ich meinen Vater verloren hatte.

Das EBV löste Migräneanfälle und extreme Müdigkeit aus, also musste ich mir bewusst machen, was ich meinem Körper zuführte und wie ich mit ihm umging.

Ich tauschte meine Hautpflegeprodukte gegen natürliche aus und begann mit einer strikt entzündungshemmenden Ernährung. Ich nahm die empfohlenen Nahrungsergänzungsmittel, ging regelmäßig laufen und machte ein gemäßigtes Krafttraining, das zu mir passte. Durch Müdigkeit und Migräne forderte mein Körper mich zur Aufmerksamkeit auf. Also hörte ich auf ihn.

Nicht vergessen! Seien Sie aufmerksam! Darum bittet Ihr Körper Sie am meisten.

Sie können aufmerksam sein, indem Sie beobachten, was Ihren Körper beeinträchtigt und wie sich das anfühlt.

Fragen Sie sich, wie sich Ihr Körper gerade anfühlt. Welche Verspannungen haben Sie und wo? Fragen Sie sich auch, wie Sie ihn behandeln. Welche Nahrungsmittel nehmen Sie zu sich? Welchen Sport machen Sie (oder machen Sie nicht)? Wie viel Schlaf haben Sie?

Was passiert wirklich in und mit Ihrem Körper?

Einfach selbstverständlich

Niemand ist unbesiegbar. So eindrucksvoll unser Körper auch die Aufgaben erfüllt, die wir brauchen, um in der physischen Welt zu bestehen, er ist nicht einfach nur eine Maschine. Oder wenigstens ist er eine Maschine, die häufig gewartet werden muss und präventive Fürsorge benötigt.

Eine bessere Betrachtungsweise des Körpers ist allerdings, ihn als das temporäre Zuhause der Seele anzusehen, die sich darin verankert hat. Dieses Zuhause verdient Respekt und Fürsorge. Es ist wie bei allem: Je mehr wir uns darum kümmern, umso besser wird es und umso erfreulicher wird unsere Lebenszeit darin.

Tatsache ist, dass nur allzu viele Menschen die Gesundheit für selbstverständlich halten, bis es zu spät ist. Wir halten sie für selbstverständlich, weil wir in unserem Leben noch keine Erfahrung gemacht haben, die uns ihren wahren Wert begreifen lässt.

Nicht vergessen! Wir schätzen den Wert unserer Gesundheit erst dann, wenn wir sie verlieren.

Eines Tages bekommen wir endlich den Weckruf. Sei es, indem wir unsere eigene Gesundheit verlieren oder indem wir jemanden leiden und sterben sehen, der uns wichtig ist. Erst dann wünschen wir uns, wir hätten besser darauf achtgegeben.

Sehr wichtig! Warten Sie nicht. Kümmern Sie sich noch heute um die Bedürfnisse Ihres Körpers.

Wie? Es beginnt alles mit Achtsamkeit.

Das erste Flüstern ist entscheidend für eine frühzeitige Intervention.

Scannen

Die physischen Empfindungen des Körpers sind die Sprache, in der er zu uns spricht. Wie beginnen Sie ein Gespräch? Fangen Sie an, indem Sie jeden Teil Ihres Körpers fragen, wie es ihm geht, und schenken Sie der Antwort Ihre Aufmerksamkeit.

Achten Sie auch auf die kleinsten Veränderungen, die kleinen Nuancen der Spannung, lange bevor Sie extreme Schmerzen und chronische Symptome spüren. Schenken Sie ihm aktive Aufmerksamkeit.

Die Technik wird oft als *Bodyscan* bezeichnet, eine Achtsamkeitsübung, bei der Sie sich aktiv auf Ihren Körper einstellen. Indem Sie achtsam werden, lässt sich das Unwohlsein lindern.

Stress-Trick

Achtsamkeit verlangt nach freundlicher Aufmerksamkeit. Wenn Sie also an Ihrem Körper etwas Unangenehmes bemerken, bewerten Sie es nicht und geben Sie sich nicht selbst die Schuld. Geraten Sie nicht in Panik und haben Sie keine Angst, dass Sie auseinanderfallen. Nehmen Sie es neutral zur Kenntnis wie ein externer Beobachter, und dann entspannen Sie sich und holen Sie sich Unterstützung von einem Therapeuten oder einem Arzt, wenn Sie es nicht selbst lindern können.

Gehen wir den Prozess gemeinsam durch:

- Nehmen Sie an einem ruhigen Ort eine bequeme Position ein, entweder sitzend oder liegend.
- Stellen Sie die Füße fest auf den Boden und legen Sie die Hände mit aufwärts gerichteten Handflächen in den Schoß.
- Atmen Sie fünf Sekunden lang durch die Nase ein und atmen Sie durch den Mund aus.
- Wenn Sie bereit sind, schließen Sie die Augen.
- Atmen Sie weiterhin tief ein und aus, entspannen Sie sich in den Atem hinein.
- Beginnen Sie, langsam Ihren Körper zu scannen, am Scheitel angefangen über die Stirn nach unten, und achten Sie dabei auf Verspannungen.
- Bewegen Sie sich langsam abwärts …
  - zu den Augen, dem Gesicht und dem Kiefer,
  - hinunter zu Hals und Schultern,
  - weiter zur Brust und dem oberen Rücken,
  - dann oberer und unterer Unterleib,
  - weiter zum unteren Rücken und den Hüften,
  - die Oberschenkel und die Beine hinab bis zu den Knöcheln
  - und schließlich zu den Füßen.
- Wenn Sie an irgendeiner Stelle eine Spannung oder ein Missempfinden wahrnehmen, atmen Sie bewusst und mit weiterhin geschlossenen Augen tief in diesen Bereich Ihres Körpers hinein.
- Lenken Sie Ihre Achtsamkeit auf diesen Bereich, lenken Sie Ihren Atem dorthin.
- Visualisieren Sie aktiv ein weißes Licht, das sich in dem Bereich ausdehnt, in den Sie atmen, und lassen Sie dann die Spannung los, wenn Sie ausatmen. Stellen Sie sich gedanklich vor, wie es sich anfühlt, in diesem Teil von Ihnen keine Spannung und keinen Schmerz zu spüren.

- Während Sie in den Bereich atmen, der Ihrer Aufmerksamkeit bedarf, wiederholen Sie affirmativ in Gedanken oder laut: *Körper, warum ist da diese Spannung in meinem X?*
- Atmen Sie tief und warten Sie, bis Sie die erste Antwort erhalten; dabei geht es nicht um eine medizinische Diagnose, sondern um einen emotionalen Hinweis.
- Fragen Sie dann: *Körper, was brauchst du?*
- Atmen Sie tief und warten Sie auf die erste Antwort.

Es kann etwas ganz Einfaches sein wie mehr Ruhe oder eine Dehnung bis hin zu einer Veränderung der Lebensweise oder ein emotionales Bedürfnis. Warten Sie einfach ab, was Ihr Körper und Ihre Emotionen Ihnen im Stillen mitteilen.

Tun Sie, worum Ihr Körper Sie bittet. So einfach ist das.

Schütteln

In seinem Buch *Warum Zebras keine Migräne kriegen* verweist Robert Sapolsky scherzhaft darauf, dass Zebras deshalb keine Magengeschwüre bekommen, weil sie bei ausgelöster Stressreaktion ihre Stresshormone so einsetzen, wie sie gedacht sind. Sie rennen vor dem Löwen weg, und wenn sie es schaffen, ihm zu entkommen, schütteln sie ihren Körper anschließend kräftig durch, um ihrem System zu signalisieren, dass sie jetzt in Sicherheit sind. Dann entspannen sie sich wieder und rupfen zufrieden Grashalme.

Wäre es nicht großartig, sich auf ein Signal zu verständigen, durch das Ihr Körper versteht, dass er Entspannung braucht, dass alles in Ordnung ist, weil die »Gefahr«, die ihn gestresst hat, endlich vorüber ist?

Dazu gibt es eine gute und schnelle Methode, die dem Beispiel der Natur folgt: Sie schütteln den Stress ab wie ein Zebra. Wenn wir unseren Körper ein paar Minuten lang ordentlich schütteln, können wir den Stress im System verringern, jede mögliche Beklommenheit massiv mindern und unser System wieder auf einen entspannten parasympathischen Zustand zurücksetzen.

- Stellen Sie sich aufrecht hin, die Füße schulterbreit voneinander entfernt, heben Sie die Arme über den Kopf (ebenfalls schulterbreit) und arbeiten Sie sich von den Händen über den ganzen Körper nach unten vor.
- Schütteln Sie Hände und Handgelenke.
- Schütteln Sie Arme und Schultern.
- Schütteln Sie Kopf und Brust.
- Wippen Sie in den Knien und schütteln Sie den gesamten Oberkörper einschließlich der Hüften.
- Schütteln Sie Beine und Füße jeweils einzeln.
- Arbeiten Sie sich dann wieder nach oben empor.
- Schütteln Sie den Körper einige Minuten lang aus.

Schütteln Sie sich kräftig! Lassen Sie ein paar Minuten lang richtig los.

Nicht vergessen! Machen Sie es wie die Zebras. Schütteln Sie es ab.

Rauslassen

Erinnern Sie sich an Taylor Swifts Hit »Shake It Off«? Sie hat es auf den Punkt gebracht. Sie sollten die Dinge, auf die Sie verzichten können, rauslassen und abschütteln. Das kann aktiv aufgestauten Stress in Form einer starken emotionalen Entspannung aus dem Körper lösen.

Nehmen Sie zum Beispiel das Weinen. Prof. Stephen Sideroff, klinischer Psychologe an der UCLA, erklärt, dass Stress »die Muskeln verhärtet und die Spannung erhöht, wenn Sie also weinen, lösen Sie einen Teil dieser Spannung. [Weinen] aktiviert das parasympathische Nervensystem und bringt den Körper wieder in einen ausgeglichenen Zustand.«[43]

Untersuchungen der unterschiedlichen Arten von Tränen ergaben, dass emotionale Tränen eine größere Menge Stresshormone enthalten als basale (auch schmierende) Tränen oder Reflextränen (wenn man etwas ins Auge bekommen hat). Die Hormone werden mit den Tränen aus dem Körper ausgespült: Sie fühlen sich weniger gestresst.

Weinen gilt daher als gute Methode zum Stressabbau, besonders in Japan. Die Japaner sind so von den gesundheitlichen Vorteilen des Weinens überzeugt, dass es in einigen japanischen Städten inzwischen Weinclubs namens *rui-katsu* gibt (das heißt so viel wie »tränensuchend«), in denen Menschen zum Weinen zusammenkommen.

Weinen, Lachen oder Schreien sind natürliche menschliche Reaktionen auf Stress. Durch eine Simulation dieser Reaktionen stellt sich unser Körper auf den Zustand ein, der sie normalerweise hervorruft. Ja! Lassen Sie einfach alles raus.

Vergessen Sie die soziale Konditionierung, die Sie davon überzeugt hat, dass Sie solche Emotionen der Verwundbarkeit für sich behalten sollen. Derartige Druckventile haben ihren Grund; sie sind ein eingeplanter Bestandteil Ihres Bauplans mit dem Zweck, Ihren Stresslevel zu regulieren. Nutzen Sie sie wie vorgesehen.

Warnung: Um zu gewährleisten, dass Sie nicht noch mehr Stress verursachen, sorgen Sie dafür, dass Ihr Schreien auf ein Kissen gerichtet ist oder in einem abgeschlossenen Garten stattfindet, nicht gegenüber Ihrem armen, ahnungslosen Partner.

Oh, und noch etwas. Drehen Sie dieses Stirnrunzeln um. Vergessen Sie nicht zu lächeln.

Austricksen

Stress-Trick

Schließen Sie die Augen und zwingen Sie sich zwei volle Minuten zum Lächeln.

Die Physiologie eines Lächelns überlistet Ihr Gehirn, es gibt dieselben Wohlfühlhormone frei wie bei einem echten Lächeln. Sie glauben mir nicht? Dann hören Sie jetzt auf zu lesen. Schließen Sie die Augen und lächeln Sie.

Dann schauen Sie mal, wie lange es dauert, bis Sie sich augenblicklich glücklicher fühlen oder, wenn Sie so sind wie ich, schließlich wegen des Dopaminkicks sogar zu lachen beginnen.

Ein weiterer Trick, mit dem Sie sich selbst beruhigen können, wenn Sie sehr verängstigt sind, besteht darin, sich schnell in die Gegenwart Ihres eigenen Körpers zurückzubringen.

Wenn wir große Angst haben, ist unsere Energie überall verteilt, und wir fühlen uns in unserem Körper nicht geerdet und stabil oder gar so, als befänden wir uns überhaupt nicht im eigenen Körper, denn unsere Angst lässt das Herz rasen und macht die Atmung flach.

Doch sich selbst in Ihren Körper zurückzuholen, ist mit das Beste, was Sie in einem solchen Erregungszustand tun können. Wie beim Ausschütteln können Sie Ihren angsterfüllten Verstand in Ihren Körper zurückholen, indem Sie ihn auskühlen.

Stress-Trick

Wenn Sie das nächste Mal körperlich von Angst überrollt werden, nehmen Sie eine Schüssel voller Eiswasser und tauchen Sie die Hände oder das Gesicht hinein. Harren Sie einen Moment so aus, ehe es zu unangenehm wird.

Dieser Kälteschock stimuliert augenblicklich Ihre Sinne und bringt die Achtsamkeit zurück in Ihr körperliches Selbst, weg von den schwierigen Empfindungen der Angst. Sie tricksen Ihren Verstand aus und lassen ihn rasch in Ihren Körper zurückkehren, indem Sie ihm eine übergeordnete Empfindung verschaffen.

Nicht vergessen!

Wenn Sie Angst haben, fühlen Sie sich in Ihrem Körper unwohl, aber Sie müssen etwas Kontraintuitives tun und sich wieder in Ihrem Körper erden.

Die vollständige Kaltwassertherapie (Eintauchen des gesamten Körpers in kaltes Wasser, kaltes Duschen oder Schwimmen in kaltem Wasser) ist bekannt dafür, das Immunsystem zu stärken, Schmerzen zu lindern und die Konzentration zu steigern. Sie stimuliert die adaptive Stressreaktion des Körpers und kann so langfristig seine Stressbewältigungsfähigkeit erhöhen.

Studien zeigen auch, dass die Kaltwassertherapie nicht nur außergewöhnlich wach macht, sondern auch Ihre Stimmung hebt, weil die Kälterezeptoren der Haut elektrische Impulse an das Gehirn schicken, was den Noradrenalinlevel erhöht, und das wiederum steigert die Konzentrationsfähigkeit des Gehirns und die Ausschüttung von Endorphinen, die glücklich machen.[44]

Nicht auf den Zusammenbruch warten

Besser noch, als Ihren Körper zu retten, wenn er gestresst ist, sind die Gewohnheiten, die dafür sorgen, dass die Dinge gar nicht erst außer Kontrolle geraten.

Wir alle kennen den uralten Ausspruch »Der Körper ist ein Tempel«. Es ist schön, sich den Körper als etwas Heiliges vorzustellen, aber ich würde das Narrativ gern ändern von einem Tempel, in dem wir anbeten, zu einem Zuhause, wo wir eine Chance zu leben haben. Wenn wir unser Heim nicht aufräumen, wird es mit der Zeit unordentlich und schmutzig. Wenn wir es nicht pflegen und in Schuss halten, blättert die Farbe ab, das Dach wird undicht und die Rohre verstopfen.

Lassen Sie Ihren Körper nicht dasselbe erleiden. Hören Sie auf ihn, vernachlässigen Sie ihn nicht, lassen Sie ihn nicht herunterkommen. Anders als bei Gebäuden bekommen Sie niemals ein neues Zuhause, wenn Ihr Körper zusammenbricht. Also warten Sie nicht, bis es zu diesem Zusammenbruch kommt.

Acht körperliche Appelle

Bewegen, wiederherstellen, dehnen, entspannen, atmen, nähren, verdauen und schlummern. Das sind die Dinge, die Ihr Körper braucht, um gesund und ungestresst zu bleiben. Es ist überhaupt nicht kompliziert, es ist nichts Neues, aber wir gehen durch unseren Alltag, als hätten wir von diesen Anforderungen noch nie etwas gehört. Schauen wir uns also mal genauer an, warum sie beim Abfedern von Stress eine so große Rolle spielen.

Bewegen

Sport hat eine umfassende und positive Wirkung auf unseren Stresslevel und somit auf unseren psychischen und körperlichen Zustand. Stresshormone sind in erster Linie Signale, die die Kampf-oder-Flucht-Reaktion unseres Körpers auslösen. Ihr gesamter Zweck besteht darin, den Körper in Bewegung zu bringen. Durch Bewegung werden die Hormone abgebaut und machen uns bereit, in unseren entspannten Zustand zurückzukehren. Doch in der heutigen Zeit führt Stress nicht immer zu Bewegung, denn der Stress, mit dem wir zu tun haben, ist zum größten Teil überhaupt nicht körperlicher Art. Bewegung ist daher etwas, das wir unserem Leben hinzufügen müssen, nicht um vor Gefahren davonzurennen, sondern um unser Gleichgewicht wiederherzustellen.

Der führende Funktionsmediziner und Autor Dr. Mark Hyman rät zu 30 Minuten Sport am Tag als wirkungsvolle und gut erforschte Methode, um Stresshormone abzubauen und mentale Heilung zu bewirken. Er sagt, Sport sei wirksamer bei der Behandlung von Depressionen als das Medikament Prozac.

Wenn Sie sich das nächste Mal besonders ängstlich oder überfordert fühlen, machen Sie eine kurze, intensive sportliche Übung, zum Beispiel indem Sie sehr schnell um den Block gehen oder zwei Minuten Hampelmann machen. Sie werden staunen, wie Sie sich anschließend fühlen.

Ein gutes Training regt den Körper auch dazu an, Endorphine freizusetzen, die uns auf natürliche Art in Hochstimmung versetzen. Dazu noch ein kleiner Schuss Dopamin, das Belohnungshormon, wenn wir merken, dass unser körperliches Erscheinungsbild sich verbessert und wir so eine magische Bemerkung hören wie: »Oh, hast du Sport gemacht?« – »Ooooo ja, hab ich. Vielen Dank, du aufmerksamer, wunderbarer Freund.«

Wenn wir besser in Form sind, verbessert das auch unser Selbstbild, das Selbstwertgefühl und die Zuversicht.[45] Das ermuntert uns dazu, andere Bereiche des Lebens zu verbessern, denn Menschen mit mehr Selbstbewusstsein erbringen nachweislich bessere Arbeitsleistungen und erreichen ihre Lebensziele leichter.[46]

Sehr wichtig! Wenn Sie sich bewegen, gerät Ihr ganzes Leben in Bewegung.

Und dann ist da noch die Wirkung, die Sport auf Ihre körperliche Gesundheit und auf die Unterstützung des Körpers bei der Vorbeugung von Krankheiten hat.

Eine von der Harvard Medical School veröffentlichte Studie belegte, wie auch etliche andere, dass regelmäßige körperliche Bewegung den Blutdruck senkt (der bekanntlich bei anhaltendem Stress steigt), den Cholesterinspiegel verbessert und den Blutzuckerspiegel verringert. Sport mindert auch das Risiko von Herzinfarkt, Diabetes, Darm- und Brustkrebs, Verstopfung, Osteoporose und Knochenbrüchen, Depressionen und sogar Demenz. Das Schöne ist, dass er sogar den Alterungsprozess verlangsamt, dem die Mehrheit der Menschen in der westlichen Hemisphäre unbedingt etwas entgegensetzen möchte.[47] Aber bestimmt brauchen Sie keinerlei Studien, um das alles zu beweisen. Ihre aktive Freundin scheint Ihnen Beweis genug zu sein.

Warum sitzen Sie immer noch hier und lesen?

Nicht vergessen! Stehen Sie auf und bewegen Sie sich.

Wiederherstellen

Sport ist im Allgemeinen eine großartige Methode, um Stress loszuwerden, indem die überschüssigen Hormone abgebaut werden. Wenn Ihr Körper sich jedoch in einem Zustand extremer Belastung und Erschöpfung befindet, ist intensives Training das Gegenteil dessen, was er braucht.

Das Schlimmste, was wir einem extrem gestressten Körper antun können, ist, ihn durch Kardiotraining mit Adrenalin und Cortisol vollzupumpen, denn aufgrund der Überaktivität der Nebennieren wird er davon bereits überschwemmt. In einem solchen Zustand müssen Sie Ihren Körper sich durch leichte, antientzündliche Übungen wieder auffrischen lassen. Wie das am besten geht? Durch einen gemütlichen Spaziergang.

Spazierengehen mindert nachweislich Entzündungen, Stress und Angst, und es verhilft Ihnen zu einem klaren Kopf, während es zugleich das Abnehmen fördert. Es ist sanft genug, dass Ihr Körper nicht durch noch mehr Hormone über seine Grenzen gebracht wird.

Was noch besser ist: Zu den langfristigen Vorteilen des Gehens gehören eine höhere Herz-Kreislauf-Fitness, die Stärkung des Immunsystems, bessere Gleichgewichts- und Koordinationsfähigkeiten, mehr Muskelausdauer, Stärkung der Knochen, ein höherer Energielevel und ein verringertes Risiko von Schlaganfall, Diabetes, Herzerkrankungen, hohem Blutdruck und sogar Krebs.[48]

Und kostenlos ist es auch noch. Hört sich gut an!

Eine weitere Form sanften Sports, die ich Ihnen bei extremem Stress oder Hypervigilanz rate, ist Restorative Yoga. Einige Übungen vor dem Schlafengehen lassen Sie bei minimaler Mühe wirklich entspannen und abschalten.

Restorative Yoga besteht im Wesentlichen aus fünf oder sechs entspannenden Haltungen, von denen Sie einige auswählen und die Sie dann sechs bis zehn Minuten beibehalten, wobei Sie tief ein- und ausatmen und sich entspannen. Eine kurze Onlinesuche wird Ihnen zeigen, wie diese Haltungen aussehen. Meine persönlichen Favoriten sind Balasana und Beine an der Wand hoch. Probieren Sie es aus und schauen Sie mal, was Sie am besten entspannt.

Nicht vergessen! Lassen Sie Ihren Körper zur Ruhe kommen.

Hören Sie dabei entspannende Musik, sodass auch Ihr Kopf abschalten kann. Und dann … lassen Sie einfach los.

Dehnen

Stretching ist eine wirksame und oft unterschätzte Methode, Spannungen in Körper und Geist zu lösen. Stretching verringert Stress durch die Stimulation von Rezeptoren im Nervensystem, welche die Produktion von Stresshormonen verlangsamen und zugleich den Blutkreislauf anregen, was wiederum zu einem klareren Bewusstsein und besserer Laune führt.

Dehnübungen können Sie überall, jederzeit und kostenlos machen. Es geht schnell und ist einfach. Sie müssen sich bloß entschließen, es zu tun.

Erkunden Sie verschiedene Dehnübungen und schauen Sie mal, was Ihnen am besten gefällt. Hüftdehnungen zum Beispiel sind hervorragend geeignet, um Wut zu dämpfen. Aus diesem Grund haben die Teilnehmerinnen von Yogakursen bei intensiven Hüftdehnungsübungen manchmal emotionale Ausbrüche in Form von Lachen oder Tränen. Ihr Nacken und Ihre Schultern sind angespannt. Bisweilen wird angenommen, dass ein Schmerz in der linken Schulter auf mangelndes Selbstwertgefühl hindeutet, während Schmerz in der rechten Schulter anzeigt, dass Sie zu viel arbeiten und Selbstbehauptung brauchen, um Nein zu sagen. Dehnen Sie diese Bereiche und lösen Sie solche negativen Gefühle. Dehnen Sie den unteren Rücken und öffnen Sie Ihre Brust, um die Angst loszuwerden.[49]

Wo auch immer Sie Schmerzen oder Verspannungen in Muskeln und Gelenken haben, muss eine negative Emotion freigelassen werden. Es dauert nur ein paar Minuten, um sich besser zu fühlen.

Nicht vergessen! Dehnen Sie Ihren Körper aus der Negativität heraus.

Entspannen

Wenn wir gestresst herumwirbeln und versuchen, noch etwas mehr erledigt zu bekommen, kann es sich wie eine eigene Aufgabe anfühlen, zwei Minuten zum Entspannen zu finden. Aber mal ehrlich, so beschäftigt sind Sie doch gar nicht. Wir alle haben ein paar Minuten Zeit zum Entspannen.

Erinnern Sie sich an das parasympathische Nervensystem? Ja. Sie müssen sich entspannen, um am Leben zu bleiben. Langfristig ist das für Ihr Überleben genauso wichtig, wie es kurzfristig wichtig ist, vor dem Tiger wegzulaufen. Wenn wir es zur Priorität machen, ist Entspannung, echte Entspannung, von größter Wichtigkeit, um den Körper von Stress zu befreien.

Wie entspannt man sich denn richtig? Ich will Ihnen einen Hinweis geben.

Mit einem Glas Wein in der Hand auf dem Sofa zu liegen und Ihre Lieblingsserie zu gucken, mag angenehm sein, aber es gilt nicht als echte Entspannung. Es lenkt Ihre Gedanken auf das emotionale Drama, das sie sich anschauen, und versetzt Sie in Alarmbereitschaft. Was Sie brauchen, ist aktive Entspannung.

Dazu zählt eine Aktivität, die Entspannung vermittelt. Wandern, Gärtnern, Yoga, Tagebuchschreiben, Meditieren und Malen sind nur einige

Beispiele. Ich, Mo, zünde mir manchmal eine Zigarre an, so ungesund das auch sein mag. Ich bin eigentlich kein Raucher, aber eine Zigarre zwingt einen, eine Stunde seiner Zeit draußen zu verbringen, während man sie pafft, langsam, damit man sich nicht verschluckt. Das ist eine Stunde der Entspannung, wenn man es schafft, den Ansturm von Gedanken zu verlangsamen. Für Sie schlage ich stattdessen eine Tasse Kräutertee vor. Das ist besser für Ihre Gesundheit. Legen Sie Ihr Handy weg und verbannen Sie alle Ablenkungen. Falls Ihnen das ultimative der Menschheit bekannte Entspannungswerkzeug zur Verfügung steht, versinken Sie darin. Es nennt sich ... Umarmung.

Eine Umarmung von etwa 20 Sekunden signalisiert Ihrem System, dass alles in Ordnung ist und dass es das Hormon Oxytocin freisetzen soll (auch als Kuschelhormon bekannt), das, wie Studien belegen, eine stresslindernde Wirkung haben kann, indem es das Cortisol reduziert und den Blutdruck senkt.[50]

Stellen Sie sich Stress als Zusammenziehen und Entspannung als Ausdehnen vor (hier ist wieder Alice): Das gibt Ihnen den Raum, den Sie für Ihren Frieden benötigen. Wenn wir gestresst sind, sind wir in hoher Alarmbereitschaft und spüren, wie wir uns zusammenziehen, wir verhärten unsere Muskeln, um uns zu schützen und der Gefahr zuvorzukommen. Wenn wir Methoden der aktiven Entspannung anwenden, lassen wir Körper und Geist in einen viel tieferen Zustand der Entspannung kommen.

Nicht vergessen! Entspannung ist ein machtvoller Zustand. Er versetzt Ihren Körper in einen Zustand tiefer Heilung.

Keine Umarmungen zur Verfügung? Hier ist die einfachste Sache, die wir alle tun können, um uns zu entspannen, selbst wenn wir allein sind.

Atmen

Wir haben die Macht, uns nur durch den Einsatz unseres eigenen Atems in einen Zustand der Entspannung zu versetzen. Diese Ressource ist jederzeit verfügbar und bereit, von uns gelenkt zu werden, doch allzu oft ignorieren wir ihre Wirksamkeit.

Wenn wir einatmen, beschleunigt sich unser Herzschlag ein bisschen, doch auch das Gegenteil trifft zu: Wenn wir ausatmen, verlangsamt sich der Herzschlag.

Deshalb gibt es nur eines, das man sich merken muss, wenn man die Atmung zur Beruhigung einsetzen will, nämlich möglichst lange auszuatmen.

Ein rascher Herzschlag ist für Ihren Körper das Signal, dass etwas seinen Einsatz erfordert, vielleicht eine potenzielle Gefahr. Ein langsamer Herzschlag ist das Signal, dass alles in Ordnung ist und Sie sich entspannen und Ihren Körper wieder in einen parasympathischen Zustand versetzen können.

Meine Lieblingsatemtechnik ist das 4-4-8-Atmen, denn es geht schnell und lässt sich leicht merken.

- Atmen Sie durch die Nase ein und zählen Sie dabei bis **vier.**
- Halten Sie die Luft an und zählen Sie bis **vier.**
- Atmen Sie durch den Mund aus und zählen Sie bis **acht.**

Wiederholen Sie diese Abfolge zwei bis fünf Minuten oder bis Sie wieder vollkommen ruhig sind.

Unsere Atmung trickst den Körper aus, wenn er im Kampf-oder-Flucht-Modus ist. Wenn wir die Atmung verlangsamen und bewusst tief ins Zwerchfell atmen statt flach in der Brust, versetzen wir das Nervensystem in den Ruhe- und Verarbeitungszustand, was den Geist beruhigt. Wir konzentrieren uns auf den Rhythmus des Atmens statt auf die sorgenvollen Gedanken.

Leider ist die Art, wie wir heute atmen, völlig anders als die natürliche Art des Atmens, mit der wir geboren werden. Wenn Sie ein Baby im Schlaf beobachten, stellen Sie fest, dass es aus dem Zwerchfell atmet, nicht aus der Brust. Sie können sehen, wie sich mühelos sein Bauch hebt, wenn es einatmet, und wie er dann unwillkürlich wieder sinkt.

In der modernen Welt jedoch atmen die meisten Menschen sehr flach aus der Brust heraus und atmen nur selten vollständig ein. Diese flache Atmung signalisiert unserem Körper, dass wir unter Stress stehen. Das ist ganz natürlich, denn bei Stress beschleunigt sich die Atmung und wird flacher.

Ihr Körper weiß, dass flache Brustatmung Teil der typischen Stressreaktion ist.[51]

Es wurde sogar ein Konzept namens E-Mail-Apnoe entwickelt, das James Nestor in seinem Buch *Breath – Atem. Neues Wissen über die vergessene Kunst des Atmens* beschreibt. Demnach atmen Büroangestellte, die möglichst viel erledigt bekommen wollen, unregelmäßig und sehr flach aus der Brust heraus und halten beim Tippen oft die Luft an, 30 Sekunden und länger.[52]

Achten Sie mal darauf, ob auch Sie unbewusst die Luft anhalten, wenn Sie das nächste Mal eine E-Mail beantworten. Ich wette, Sie tun es (so wie ich beim Schreiben des letzten Absatzes).

Ich bitte alle meine Klienten, in ihren Handys einen namentlich gekennzeichneten Alarm einzurichten, der sie stumm alle paar Stunden daran erinnert, eine Pause zu machen und bewusst mehrmals tief ein- und auszuatmen, damit sie ein bisschen Mikrostress aus Ihrem System herauslassen können. Ich möchte auch *Sie* dazu ermuntern. Eine Erinnerung, einfach tief zu atmen.

Machen wir es gleich jetzt. Es ist wichtiger, als weiterzulesen.

- Legen Sie sich bequem hin, die Knie angewinkelt und der Kopf abgestützt. Wenn Sie keine Möglichkeit zum Liegen haben, sitzen Sie bequem.
- Legen Sie eine Hand auf den oberen Brustbereich und die andere auf Ihr Zwerchfell (gleich unterhalb des Rippenbogens).
- Schließen Sie die Augen.
- Lenken Sie Ihre Aufmerksamkeit auf den Atem.
- Atmen Sie tief durch die Nase ein und konzentrieren Sie sich darauf, ins Zwerchfell zu atmen, sodass Ihre untere Hand, die auf diesem Bereich liegt, angehoben wird und Ihre Brust möglichst unbeweglich bleibt.
- Atmen Sie durch den Mund aus. Die Hand auf dem Zwerchfell sollte dabei sinken und die Hand auf der Brust sich etwas heben.
- Wiederholen Sie diesen Atemzyklus, bis Sie tief entspannt sind, oder drei bis fünf Minuten lang.

Wie geht es Ihnen jetzt? Ist es nicht großartig, was ein paar tiefe Atemzüge ausmachen?

Diese paar Atemzüge haben noch einen Vorteil. Sie reichern Ihr Blut mit Sauerstoff an und geben Ihnen Energie. Deshalb fühlen Sie sich wacher, wenn Sie dies den Tag über mehrmals machen. Und wenn Sie es im Bett vor dem Einschlafen machen, hilft Ihnen die Einbindung Ihres parasympathischen Systems, besser zu schlafen. Ehrlich gesagt fühlt sich diese ganze Atemsache wie Betrug an. Sie ist so gut, dass Sie manchmal denken, es müsste einen Haken an der Sache geben, aber es gibt keinen.

Sehr wichtig! Einfach atmen.

Atmen Sie aus und lösen Sie einen Teil der Spannung, wenn Sie das Bedürfnis haben. Wir alle sind gelegentlich ein bisschen verspannt.

Nähren

Wir alle wissen, dass wir etwas essen und Wasser trinken müssen, um einfach zu überleben. Aber wenn es darum geht, dem Körper übermäßigen Stress zu ersparen, müssen wir wählerisch sein und aufhören, den falschen Sprit in den Tank zu füllen, damit unser Körper weiter funktionieren kann.

Es ist kein Geheimnis mehr, auch wenn die Branchenlobbys uns etwas anderes weismachen wollen, dass raffinierter Zucker und ein Übermaß an Alkohol beispielsweise als Gifte gelten, die eine Belastung für ein bereits angeschlagenes System darstellen. Essen, das nicht Teil einer ausgewogenen, gesunden Ernährung ist, liefert Ihnen lediglich Kalorien zum Verbrennen oder zum Einlagern von Fett. Es gibt Ihnen keine Energie. Stattdessen laugt es Sie aus und stresst Ihren Körper.

Nicht vergessen! Nicht alle Nahrungsmittel haben den gleichen Wert.

Wenn wir zum Frühstück einen Donut mit Kaffee zu uns nehmen, wird der raffinierte Zucker rasch in den Blutkreislauf absorbiert. Das lässt unseren Blutzuckerspiegel rapide ansteigen und signalisiert dem Körper, Insulin zu produzieren, damit der Blutzuckerspiegel wieder sinkt und wir keine Diabetiker werden.

Ein rasch absinkender Blutzuckerspiegel signalisiert dem Körper, dass er in den Überlebensmodus gehen soll, denn er deutet auf Hunger hin. Wenn Sie das häufiger machen, sind die Höhen und Tiefen des Blutzuckerspiegels, die durch hochverarbeitete und zuckerhaltige Nahrungsmittel ausgelöst werden, sehr belastend für den Körper. Wann immer Sie Nahrungsmittel wie gezuckerte Getränke, Weißmehlprodukte, Fast Food oder sogar stärkehaltiges Gemüse zu sich nehmen, bereiten Sie Ihrem Körper eine zusätzliche Dosis Stress.

Ein weiterer Aspekt dieser Lebensmittel ist, dass das Cortisol, das mit der Stressreaktion unseres Körpers in Verbindung steht, selbst sehr stark entzündungsauslösend ist, wenn es fortwährend durch unser System gepumpt wird. Entzündungen sind der Nährboden für Krankheiten und machen unseren Körper anfällig für krankheitsbedingten Stress.

Ich habe Entzündungen durch meinen Trauerstress erlebt und dadurch zum ersten Mal in meinem Leben an Gewicht zugenommen. Die ganze Zeit war ich müde. Ich legte 25 Pfund zu, was für jemanden, der immer von Natur aus zierlich war, viel zu viel war, und das ließ meine Stimmung noch weiter sinken.

Ich probierte viele verschiedene Diäten aus, aber mein Körper hielt an diesem Gewicht fest, weil er entzündet und gestresst war.

Als ich dann Yalda Alaoui in meinem Podcast *Unstressable* zu Gast hatte, sprach sie über ihre entzündungshemmende Lebensweise *Eat Burn Sleep*, und ich probierte es aus. Das Gewicht fiel regelrecht von mir ab und setzte meinen Stoffwechsel wieder auf seinen Normalzustand zurück. Alaouis Untersuchungen bestätigen, was ich gerade erzählt habe: Weißmehlprodukte und Getreide arbeiten gegen Sie, und ein sechswöchiger Reset für den Verdauungstrakt kann die Entzündungen verringern und Ihren Körper wieder ins Gleichgewicht bringen.

Die Ärztin und Ernährungswissenschaftlerin Elizabeth Boham empfiehlt eine Ernährung mit einer guten Proteinquelle, gesundem Fett und Ballaststoffen bei jeder Mahlzeit, um den Anteil an Kohlenhydraten unserer Nahrung auf ein vernünftiges Maß zu reduzieren, damit wir den Körper gut ernähren und den Blutzuckerspiegel unter Kontrolle halten können.

Sie spricht auch über eine Beschränkung von Koffein, wenn wir unter Angstzuständen leiden, und von einem völligen Verzicht bei Burn-out. Wir glauben, wir bräuchten das Koffein, um zu funktionieren, aber eigentlich verursachen wir unseren Nebennieren nur weiteren Stress, wenn das Koffein gegen den Wunsch des Körpers nach Ruhe ankämpft und uns eine zusätzliche, wenn auch unnatürliche Wachheit verschafft, die uns weiter Dinge tun lässt, die uns Stress bereiten.

Wir alle kennen diese angstvollen Momente, in denen ein Kaffee unserem bereits rasenden Herz noch einen weiteren Anschub verpasst hat. Tragen Sie nicht dazu bei. Lassen Sie das Koffein weg, wenn Sie Angst haben.

Und dann ist da noch die Flüssigkeitszufuhr.

Unsere Vorfahren wären entsetzt, wenn sie sähen, dass uns das Privileg sauberen Trinkwassers zur Verfügung steht und wir unsere Körper durch Dehydrierung trotzdem unnötig belasten. Während ich dies schreibe, merke ich, wie durstig ich bin, weil ich schon eine ganze Zeit an meinem Schreibtisch arbeite. Sie auch?

Wir sind so oft beschäftigt und auf all unsere zunehmenden Verantwortlichkeiten konzentriert, dass wir vergessen, genug Wasser zu trinken. Wenn wir Kaffee und andere koffeinhaltige Getränke konsumieren, die entwässernd wirken, fällt uns oft das Ungleichgewicht nicht auf, wenn wir mehr Flüssigkeit über den Urin ausscheiden.

Durstgefühle bereiten unserem System erheblichen Stress, ohne dass wir es bemerken.

Der menschliche Körper besteht zu etwa 60 Prozent aus Wasser. Ohne diese Grundlage regelmäßig nachzufüllen, werden wir müde und unser Energielevel sinkt. Wenn wir müde sind, werden wir anfälliger für Stress, und wenn wir auch nur leicht dehydriert sind, setzt die Stressreaktion ein und flutet unseren Körper wieder mal mit Cortisol.

Stress-Trick

Die National Academies of Science, Engineering, and Medicine empfehlen, dass Frauen täglich drei Liter und Männer 3,75 Liter Wasser zu sich nehmen sollen, einschließlich der Flüssigkeit in Ihrer Nahrung.

Um sicherzugehen, dass Sie ausreichend mit Wasser versorgt sind, empfiehlt der Funktionalmediziner und Autor Dr. Mark Hyman, den Saft einer halben Zitrone oder Limette und eine Messerspitze Meersalz in Ihr Wasser zu geben. Das sorgt dafür, dass das Wasser absorbiert wird und Ihre Zellen gebührend hydriert.

Er betont auch die Wichtigkeit von ausreichend Elektrolyten in unserer Ernährung, damit wir mit Flüssigkeit versorgt sind. Sie finden sich in Obst und Gemüse – Bananen, Avocados und Süßkartoffeln sind kaliumreich, Gemüse wie Spinat und Kohl enthalten sowohl Kalzium als auch Magnesium. All das ist gut für unsere Hydrierung.

Eine weitere Gewohnheit ist der Alkohol, der kontraproduktiv für unsere Bedürfnisse wird, wenn der Körper gestresst ist. Ich trinke ebenso gern ein Glas kühlen Wein wie jeder andere, weiß jedoch: Wenn ich gestresst bin, ist Alkohol vielleicht das Erste, wonach mir abends zumute ist, aber es ist zugleich auch genau das, was ich erst mal beiseitelassen sollte, bis mein System wieder entspannt ist.

Das Gefühl der Entspannung, das Alkohol anfangs vermittelt, ist sehr vorübergehend, denn das Vorhandensein von Alkohol setzt unser System zusätzlich unter Druck. Wir glauben auch, dass er uns beim Einschlafen hilft, doch tatsächlich ist die Schlafqualität schlechter, und auch hier steigt die Entzündungsneigung im Körper. Zu viel Alkohol schadet unseren B-Vitaminen, die entscheidend sind für die Funktion der Nebennieren. All das macht unserem armen Körper zusätzlich Stress.

Maßhalten ist das Entscheidende. Wenn Sie sich das nächste Mal einen Drink genehmigen wollen, um Ihren Stress zu mildern, fragen Sie sich, welche aktive Entspannung (wie Spazierengehen, Meditieren, Tagebuchschreiben, Stretching, Atmen, Malen) Sie stattdessen zuerst ausprobieren könnten.

Machen Sie sich bewusst, was Sie Ihrem Körper zuführen. Wählen Sie, was ihn nährt, mit Flüssigkeit versieht und antreibt, und vermeiden Sie, was ihn stresst. Mehr Wasser, weniger Koffein; ein ausgewogener Anteil von Protein, Fett, Ballaststoffen und Kohlenhydraten bei weniger Weißmehlprodukten und schließlich nur begrenzt Alkohol, besonders wenn Sie gestresst sind. Ihr Körper ist kein Mülleimer. Gesunde Nahrung muss nicht teuer sein und gefiltertes Wasser gibt es kostenlos.

Nicht vergessen! Nähren Sie Ihren Körper.

Und dann kommen wir zum …

Verdauen

Bei Stress wird unsere Verdauung angehalten, damit ihre Ressourcen für Kampf oder Flucht zur Verfügung stehen. Deshalb kann unser Verdauungssystem bei Stress Schaden nehmen. In der Folge lösen Wut, Angst, Traurigkeit, Angst und andere negative Gefühle Symptome im Magen-Darm-Trakt aus.

Gehirn und Magen haben eine direkte Verbindung zueinander, und zwar in beide Richtungen. So wie allein der Gedanke an eine leckere Mahlzeit das Signal geben kann, Magensaft auszuschütten, noch ehe das Essen dort überhaupt angekommen ist, kann ein gestörtes Verdauungssystem auch Signale ans Gehirn schicken. Unsere Magenbeschwerden können sowohl die Ursache als auch das Produkt von Angst, Stress und sogar Depressionen sein.[53]

Die Magen-Hirn-Verbindung besteht aus mehreren Kommunikationsschnellstraßen. Manche Informationen kommen aus dem lymphatischen System, manche via Botenzellen namens Zytokine, die durch das Blut zirkulieren, und einige werden über den Vagusnerv geschickt.

Eine Vielzahl an Informationen wird auf eine Art vermittelt, von der wir bis vor Kurzem nur sehr wenig wussten – die Keime, Bakterien und Viren, die in unserem Magen leben und das bilden, was als unser Mikrobiom bezeichnet wird.

Dr. Tara Swart Bieber, Neurowissenschaftlerin und Autorin von *Die Quelle,* erklärt die negativen Auswirkungen auf das Gleichgewicht der Darmflora, wenn wir unter Stress, Angst, Depressionen oder Schlaflosigkeit leiden. Das Mikrobiom in unserem Verdauungstrakt, das für Verdauung, Immunfunktion und sogar für die Stimmung benötigt wird, kann aus dem Gleichgewicht geraten und Müdigkeit, Lustlosigkeit, unbegründete Ängste, Niedergeschlagenheit, Verdauungs- und Gewichtsprobleme und sogar Schlafstörungen verursachen.

Nicht vergessen! Selbst die Mikroben in unserem Darm werden von unserem Stress beeinflusst.

Dr. Swart Bieber rät zu probiotischen Nahrungsmitteln wie Kefir, Kombucha, Kimchi und Sauerkraut, und zu präbiotischen Nahrungsmitteln wie Zwiebeln, Knoblauch, Artischocken und Spargel, weil diese gut für die Darmflora sind. Das wird von all unseren gesunden Angewohnheiten noch unterstützt – genügend Flüssigkeit, Sport, Schlaf und Achtsamkeit haben alle Einfluss auf die Qualität und Vielfalt unserer Darmflora.

Sie sollten das nicht als Nahrung für sich ansehen, sondern als Nahrung für Ihr Verdauungssystem, damit es Ihre Mahlzeiten verdauen kann.

Stress-Trick Nehmen Sie ein gutes probiotisches Nahrungsergänzungsmittel, um Ihrem Verdauungstrakt etwas Gutes zu tun und ihn resilienter gegen Stress zu machen. Fragen Sie zuvor Ihren Apotheker um Rat.

Somit bleibt uns noch das letzte Anliegen, um das unser Körper ständig bittet und das mir eins der liebsten ist.

Schlummern

Vertrauen Sie nicht auf die bekannte Redensart. Umgekehrt wird ein Schuh daraus.

Nicht vergessen! Wer nicht schläft, sündigt.

Es ist wie mit allem anderen auch: Den Wert des Schlafes lernen wir erst zu schätzen, wenn wir ihn verlieren.

Prof. Matthew Walker, Schlafforscher und Autor von *Das große Buch vom Schlaf*, erklärt, dass Schlafmangel für das Gehirn eine ähnliche Handschrift hat wie Stress. Somit ist Schlafentzug für sich genommen ein Stressfaktor. Deshalb ist er auch eine bekannte und wirksame Form der Folter. Wenn man jemanden lange genug wach hält, bricht er zusammen. Haben Sie sich in letzter Zeit mal selbst gefoltert?

Schlafmangel steigert die Aktivität der Amygdala, die, wie oben erklärt, unser Gefahren-Frühwarnsystem ist. Eine aktive Amygdala konzentriert sich mehr auf das Negative, und infolgedessen scheint alles schlimmer zu sein.

Walker erklärt, dass das Gehirn nach wenig Schlaf einen Zusammenbruch von Gedächtnis, Aufmerksamkeit, kognitiver Funktion, Entscheidungsfähigkeit und Lernfähigkeit erleidet. Das alles geht einher mit einem Anstieg von Adrenalin, Cortisol und Noradrenalin. Die Entzündungsmarker steigen und wir werden resistent gegen Insulin. Das macht ein Entstehen von Typ-2-Diabetes wahrscheinlicher und regt den Appetit an, wodurch unsere Ernährung aus dem Gleichgewicht gerät. Der Stress greift unseren Körper von allen Seiten an.

Darüber hinaus macht sich Schlafmangel buchstäblich in jeder Zelle unseres Körpers bemerkbar.

Das Surrey Sleep Research Centre hat eine Studie durchgeführt, bei der eine Teilnehmergruppe nur sechs Stunden täglich schlafen durfte, eine andere dagegen achteinhalb Stunden. Nach nur einer Woche hatten diejenigen, die nur sechs Stunden schliefen, Veränderungen an 711 Genen entwickelt.

Etwa die Hälfte dieser Gene – darunter solche, die mit Stress, Krebs, chronischen Entzündungen und Herz-Kreislauf-Erkrankungen in Zusammenhang stehen – erhöhten die Aktivität. Die andere Hälfte, die für ein ausgeglichenes Immunsystem und einen stabilen Stoffwechsel verantwortlich waren, schränkten ihre Aktivität ein.[54]

Krass. Eine Woche lang zwei Stunden weniger schlafen, und Ihre eigene Maschine wendet sich so gegen sie, als wollte sie Sie umbringen.

Nicht vergessen! Guter Schlaf lindert Ihren Stress.

Studien belegen, dass Traumapatienten mit höherer Wahrscheinlichkeit eine PTBS und Depressionen entwickeln, wenn das Trauma sich auf ihre Schlafqualität auswirkt, als wenn der Schlaf nicht beeinträchtigt ist.

Das Fazit lautet also: Wenn Sie gestresst sind, ist eins der wichtigsten Dinge, dass Sie Ihren achteinhalb Stunden Schlaf Priorität einräumen.

Das kann natürlich zu einem frustrierenden Dilemma werden, weil wir im Allgemeinen schlecht schlafen können, wenn wir unter kognitivem oder emotionalem Stress stehen. Darum müssen wir unsere Aufmerksamkeit auf ein paar gesunde Schlafgewohnheiten richten.

Das Hormon Melatonin wird von der Zirbeldrüse freigesetzt, um uns beim Einschlafen zu helfen. Melatonin wird auch gelegentlich als dunkles Hormon bezeichnet, denn es wird ausgeschüttet, wenn wir Dunkelheit wahrnehmen als Signal, dass es Zeit zum Schlafen ist. Aber was machen wir normalerweise als moderne Menschen, wenn es dunkel wird? Wir wischen und tippen und liken auf kleinen leuchtenden Bildschirmen herum, die blaues Licht ausstrahlen, das die Melatoninausschüttung nachweislich um bis zu 50 Prozent verringert.[55]

Laut Dr. Rangan Chatterjee, Autor von *Der Anti-Stress-Plan*, ist die Qualität Ihres Schlafs, selbst wenn Sie zu den Menschen gehören, die nach der Gerätenutzung mühelos einschlafen können, dennoch beeinträchtigt, weil Sie entscheidende Stunden des REM-Schlafs verlieren – jener Phase unseres Schlafs, in der das Gehirn neue Eindrücke des Tages verarbeitet und sie in Erinnerungen umwandelt.

Lassen Sie Ihr Handy nicht ins Schlafzimmer.

Stress-Trick

Stellen Sie die Nutzung digitaler Geräte mindestens eine Stunde vor dem Schlafengehen ein.

Was können Sie noch tun? Lassen Sie uns eine kurze Liste mit gesunden Schlafgewohnheiten durchgehen, damit Sie schneller dieses Buch beiseitelegen und sich ein Nickerchen oder einen guten Nachtschlaf gönnen können.

Wenn Sie einen aktiven Geist haben und es schwer finden, vor dem Schlafengehen abzuschalten, rate ich Ihnen sehr zu einer »Gedankendeponie« in Form einer Tagebuchsitzung, um alle Gedanken und Überlegungen des Tages aus dem Kopf und zu Papier zu bringen. So können Sie Ihre Sorgen und Bedenken besser verarbeiten, damit sie nicht in Ihrem Kopf herumschwirren und Sie um den Schlaf bringen.

Aber Ihre Schlafgewohnheiten beginnen schon lange vor dem Zubettgehen.

Wenn Sie sich beispielsweise morgens als Erstes natürlichem Licht aussetzen und darauf achten, dass Ihre Augen dieses Licht auch einfangen (sie also nicht durch eine Sonnenbrille verdecken), bringen Sie Ihren zirkadianen Rhythmus (Ihre innere Uhr) in den richtigen Takt, bei dem der Morgen als Morgen und die Nacht als Nacht gekennzeichnet sind, was die Schlafregulation verbessert.

Früher zu Abend zu essen, sagen wir: drei Stunden vor dem Schlafengehen, gibt Ihrem Verdauungssystem Zeit, Feierabend zu machen und Ihrem Körper zu signalisieren, dass es Zeit fürs Bett ist.

Trinken Sie keinen Kaffee mehr nach zehn Uhr. Das können Sie nicht glauben? Doch, schon so früh am Morgen müssen Sie sich auf den Schlaf vorbereiten. Unnötig zu erwähnen, dass Sie Ihren Koffeinkonsum auf weniger als zwei Tassen koffeinhaltiger Getränke pro Tag beschränken sollten.

Sorgen Sie für ein kühles Schlafzimmer. Eine niedrigere Körpertemperatur fördert den Schlaf, denn Ihre Kernkörpertemperatur sinkt nachts von Natur aus, wenn Sie schlafen.

Heißes Baden oder Duschen ein bis zwei Stunden vor dem Zubettgehen hilft dabei, Ihre Kernkörpertemperatur zu senken, indem es das Blut an die Oberfläche bringt und Ihnen ermöglicht, Hitze durch die Körperoberfläche abzugeben.[56]

Dimmen Sie eine oder zwei Stunden vor dem Schlafengehen das Licht oder zünden Sie Kerzen an. Das regt die Melatoninproduktion des Körpers an und hilft beim Einschlafen.

Stress-Trick

Probieren Sie eine Stunde vor dem Zubettgehen dieses Teerezept aus:

- Koffeinfreier Kräutertee
- 2 Esslöffel Apfelessig
- 1 Esslöffel ungefilterter Honig[57]

(Das ist das Rezept von Tim Ferriss, der es wiederum von dem Psychologen Seth Roberts hat.) Es ist ein Gamechanger und ich schwöre darauf, wenn es ums Einschlafen geht.

Verzichten Sie auf Alkohol, wenn Sie Schlafprobleme haben, oder trinken Sie nicht abends. Alkohol hat eine sedierende Wirkung, die Ihnen beim Einschlafen helfen mag, aber er durchbricht oft Ihren Schlafzyklus, weil die Leberenzyme den Alkohol verstoffwechseln.[58]

Restorative Yoga, erinnern Sie sich? Machen Sie unmittelbar vor dem Schlafengehen ein paar Übungen, um Ihr Nervensystem zu entspannen.

Lesen Sie einen beruhigenden Roman (auf Papier, nicht digital). Ich muss wohl nicht erwähnen, dass Actionthriller oder Horrorgeschichten zu vermeiden sind, denn die begleiten Sie bis in Ihre Träume.

Machen Sie eine Einschlaf-Meditation oder eine Einschlaf-Atemübung.

Und versuchen Sie schließlich, die Gründe zu eliminieren, die Sie nachts wach halten. Versuchen Sie, Geräuschquellen auszuschalten, oder verwenden Sie Ohrstöpsel. Versuchen Sie, das Zimmer zu verdunkeln, oder tragen Sie eine Schlafmaske. Gehen Sie nicht zu hungrig oder zu vollgefuttert ins Bett. Prüfen Sie die Raumtemperatur, damit es nicht zu heiß oder zu kalt ist. Sorgen Sie tagsüber für ausreichende Flüssigkeitszufuhr, damit Sie nicht vom Durst aufgeweckt werden, aber es kann ratsam sein, eine Stunde vor dem Schlafengehen nichts mehr zu trinken, damit Sie nachts nicht auf die Toilette müssen.

Diese kleinen Schlaftricks funktionieren besser im Zusammenspiel. Bauen Sie sie alle in Ihr Leben ein. Wenn Sie irgendeinen davon auslassen, wachen Sie vielleicht mitten in der Nacht auf. Und dann ist es egal, welcher es war: Wenn Sie einmal wach sind, sind Sie wach.

Sollten Sie weiterhin Schlafprobleme haben, gehen Sie den Stress in Ihrem Leben mit den Methoden an, die wir in diesem Buch vorgestellt haben, und zögern Sie nicht, sich professionelle Hilfe zu holen, um Ihren Schlaf wiederherzustellen.

Lassen Sie Ihren Schlafmangel nicht zu seinem eigenen Albtraum werden. Lassen Sie kein anderes Schlafproblem andauern und keine andere Nacht vergehen, aus der Sie müde und gestresst hervorgehen. Wachen Sie auf. Achten Sie auf das, was Sie brauchen. Das ist eins der Dinge, die Sie am meisten brauchen, um Ihren Körper von dem zu befreien, was immer ihm Stress bereitet.

Nicht vergessen! Schlaaaaaaafen.

Wir haben uns bis hierhin mit den körperlichen Aspekten Ihrer Stressbelastung befasst und wie man damit umgehen kann. Doch was ist mit dem nicht-körperlichen, also jenem Teil von uns, der sich still in unserem körperlichen Selbst befindet? Das ist der ehrlichste Teil von uns, also was ist mit dem Stress, den wir unserer Seele machen?

Kapitel 7
Seelenleben

Teil 1: Die Grundlagen

- Stress spielt eine Rolle
- Die Stressmaschine
- All die verschiedenen Stressfaktoren
- Das 3L-Modell im Einsatz

Teil 2: Ein Sprachkurs

- Kognitiver Stress
- Emotionaler Stress
- Körperlicher Stress
- Spiritueller Stress

Teil 3: So fügt sich alles zusammen

- Gewohnheiten der Unstressbaren

Definition: Geist: Der nicht-körperliche Teil einer Person, Sitz der Emotionen und des Charakters; die Seele.

Das ist das Ergebnis, das man erhält, wenn man Google fragt, was *Geist* ist. Diese Definition ist allerdings sehr umstritten, für einen ständig wachsenden Anteil von Individuen in der modernen Welt gibt es so etwas nicht. Wer nur auf das Physische Bezug nimmt oder der modernen Religion folgt, die sich wissenschaftliche Methode nennt, glaubt an ihre Lehre – wenn etwas nicht mit unseren physischen Instrumenten gesehen oder gemessen werden kann, existiert es nicht. Für sie ist der Geist nichts weiter als eine Fiktion.

Also ich, Mo, bin ein Riesenfan der wissenschaftlichen Methode. Sie hat unserer Zivilisation all die Wunderdinger wie iPhones und Cookies geschenkt, aber ich glaube, dass diese Grundannahme falsch ist. Die korrekte Weise, um die auf das Messbare fokussierte Lehre zu vermitteln, sollte folgendermaßen lauten:

Nicht vergessen!

Wenn etwas nicht mit unseren körperlichen Sinnen gesehen und gemessen werden kann, kann es trotzdem existieren, allerdings wäre es dann nicht Bestandteil der wissenschaftlichen Domäne.

Das wurde mir tief im Herzen klar, als ich Alis Stirn küsste – nun, die seines physischen Körpers –, nachdem das Krankenhaus ihn von den lebenserhaltenden Maschinen getrennt hatte. Er hatte immer noch das ansprechende Äußere, das wir kannten, als er lebendig gewesen war, aber es war sicherlich nicht mein Sohn. Dieser Körper war nicht mehr Ali. Etwas war weg. Das, was ihn zu Ali gemacht hatte.

Für das Herz eines liebenden Vaters, der verzweifelt an dem festhalten wollte, was von seinem verstorbenen Sohn übrig war, fühlte es sich an, als sei das, was übrig geblieben war, niemals Ali gewesen. Es war die Hülle, die er genutzt hatte, um sich in unserer Welt zu bewegen. Wie der Avatar, der ihn in diesem Videospiel namens Leben repräsentiert hatte. Sein Körper dort auf dem Behandlungstisch der Intensivstation verhielt sich, als hätte der Spieler den Controller niedergelegt, das Spiel verlassen und den Avatar reglos zurückgelassen, sodass er von den Elementen des Spiels angegriffen werden konnte. Was natürlich genau das ist, was uns allen passiert, genau wie es auch mit der körperlichen Form meines geliebten Sohnes geschah, als sie im Staub der folgenden Tage und Wochen verschwand.

Sie können diesen Spieler, der den Controller hält, als Geist bezeichnen, wenn Sie wollen. Mir ist es egal, wie Sie ihn nennen, aber er existiert ungeachtet der Tatsache, dass wir ihn nicht messen können.

Diese Seele existiert ebenso, wie Liebe existiert. Wir wissen das, weil wir alle, darunter auch viele Wissenschaftler, Liebe empfunden haben, und doch konnten wir sie niemals messen oder von anderen beobachten lassen. Keime existieren, sie machen uns krank, doch die Wissenschaft konnte sie sehr lange nicht betrachten. Dunkle Materie und dunkle Energie existieren; genau genommen machen sie 97 Prozent des bekannten Universums aus, obwohl unsere Großeltern glaubten, der Großteil des Universums wäre einfach ein Vakuum … und ja, die Seele existiert auch.

Auch wenn wir diese Seele ein Leben lang ignorieren, hält sie doch trotzdem weiter den Controller und schickt uns Signale, um uns durch das

Spiel zu lenken. Sie kommuniziert mit uns, sie führt uns nicht nur. Sie ist gestresst, wenn wir nicht zuhören, genau wie ernsthafte Videogamer frustriert sind, wenn zwischen ihren blitzschnellen Bewegungen am Controller und den Bewegungen des Avatars auf dem Bildschirm Verzögerungen auftreten.

Genau wie der echte Spieler – Ihre Seele – den Avatar während des ganzen Spiels fest im Blick behält, so kann interessanterweise aber auch der Avatar – Ihre körperliche Form – frei entscheiden, ob er darauf hört, was die Seele sagt. Das verringert den Stress der Seele und lässt den Avatar ein besseres Spiel machen. Jene, die eine solche umgekehrte Verbindung schaffen und sich mit ihrem Geist verknüpfen, bezeichnen wir als *spirituell.*

> Definition: spirituell
> Den menschlichen Geist oder die Seele betreffend im Gegensatz zu materiellen oder physischen Dingen.

In der realen Welt spirituell zu sein, ist kein Voodoo-Zauber. Es ist der einzige Weg, um sowohl mit dem physischen als auch mit dem metaphysischen Aspekt des Lebens in seiner Gesamtheit umzugehen.

Nicht vergessen!

Wenn Wissenschaft die Disziplin ist, die der Mensch zur Untersuchung von allem Physischen nutzt, so ist Spiritualität die Philosophie, die wir brauchen, um das zu verstehen, was jenseits des für uns Sichtbaren liegt.

Treten wir also nun Philosophie und Weisheit offen entgegen. Im Umgang mit Stress wird unser spiritueller Anteil oft übersehen. Alice hier. Natürlich haben wir uns das angesehen, was offensichtlich zu sein scheint: das Körperliche, das Kognitive und sogar das Emotionale; das Wissenschaftliche und Logische. Doch wir sind erst dann vollständig, wenn wir auch das mit einbeziehen, was uns zu einem Ganzen macht. Real, doch nicht sichtbar. Ganz vieles von dem, mit dem wir täglich zu tun haben und das wir schätzen, ist streng genommen nicht zu sehen. Ganz vieles von dem, an das wir glauben, ist nicht wirklich wissenschaftlich bewiesen. Dennoch fließt es tagtäglich in unsere Entscheidungen und unser Verhalten ein.

Um das wahre Wohlbefinden und Glück zu erlangen, nach dem wir alle suchen, können wir uns nicht einfach nur auf das stützen, was wir vor uns »sehen«, sondern auch auf das, was uns geheimnisvoll im Inneren und ringsumher betrifft. Ich weiß, dass dies der Schlüssel zur wahren Entdeckung unserer tiefsten Gelassenheit ist. Es war nicht nur der Schlüssel für meine Klienten, sondern auch für mich selbst. Und deshalb ist der spirituelle Aspekt von Stress der Teil, der nicht ausgelassen werden darf.

Wenn wir erst mal das fehlende Stück unserer inneren Harmonie bemerkt haben, machen wir die lebensverändernde Erkenntnis, dass wir weitaus mehr sind als nur unser Körper, dass dieser andere Teil von uns, der in uns steckt, als Teil unserer selbst einen erheblichen Einfluss sowohl auf die Erfahrung als auch auf die Qualität unseres Lebens besitzt.

Wir ignorieren nicht die Tatsache, dass bestimmte Dinge existieren, nur weil wir sie nicht sehen können. Sie zweifeln ja auch nicht an der Luft, die durch Ihre Lungen strömt, oder an dem transzendenten Gefühl der Liebe, das Sie beim Anblick Ihres Kindes oder Ihres Partners empfinden. Sie bezweifeln nicht die Macht der Erdanziehungskraft, die Sie hält und verhindert, dass sie kopfüber schreiend von der Erde herunterstürzen. Es besteht keine Notwendigkeit, daran zu zweifeln. Warum sollten Sie? Denn auch wenn Sie sie nicht sehen können, wissen Sie doch, dass sie da ist.

Und doch gibt es einen großen Teil von uns, tatsächlich sogar unseren wahrsten Teil, den wir oft vernachlässigen oder als »unwichtig« übersehen, wenn es um unsere Gesundheit geht. Die Welt war in den letzten 100 Jahren auf den Lobpreis der Logik ausgerichtet und darauf, immer das Analytische zu betrachten, weg von unserem sensorischen Anteil. Tatsächlich ist jedoch das Sensorische der fehlende Schlüssel, denn das Sensorische ist Ihr verbindender Anteil. Er ist das, was Sie mit Ihrem Körper, Ihrem Geist und Ihrer Seele verbindet. Was Sie mit sich selbst verbindet.

Wir müssen uns nur daran erinnern, dass das Vergessene da ist. Wie Albert Einstein sagte: »Jeder, der sich ernsthaft mit der Wissenschaft beschäftigt, gelangt zu der Überzeugung, dass sich in den Gesetzen des Universums ein göttliches Wesen manifestiert – ein Geist, der dem des Menschen immens überlegen ist und dem gegenüber wir mit unseren bescheidenen Kräften Demut empfinden müssen.«[59]

Wenn einer der klügsten Menschen, die je auf der Erde gelebt haben, das konnte, dann können vielleicht auch Sie sich für die Idee erwärmen, dass wir nicht nur aus unserem Körper bestehen. Dass wir auch spirituelle Wesen mit einer menschlichen Erfahrung sind. Wenn wir diese Seite betrachten und erkennen können, dass es sich um das fehlende Puzzlestück handelt, mit dem wir uns und unsere natürliche Gelassenheit verbinden können, wird uns plötzlich klar: *Mein Gott, kein Wunder, dass die Welt so gestresst ist, wenn wir alle so sehr vom Wesenskern unseres eigentlichen Seins abgetrennt sind.*

Seien Sie also aufgeschlossen, öffnen Sie sich für die Möglichkeit, dass Sie nicht nur Ihr Körper sind. Öffnen Sie Ihr Herz und seien Sie gewiss, dass es, egal, wie klug wir sein mögen, etwas noch Wichtigeres gibt, an das wir denken müssen.

Nicht vergessen! Wir können niemals alles wissen.

Wie treffen wir also Entscheidungen, wenn einige Dinge unbewiesen oder unbekannt sind? Wir suchen Zuflucht in der Weisheit oder in der Weisheit anderer. Denken Sie daran, dass die Klügsten und Weisesten von uns diejenigen sind, die bescheiden akzeptieren, dass sie nicht alles wissen, und die mit großer Neugier den Dingen auf den Grund gehen, die sie noch nicht verstehen.

Weisheit ist, wohlgemerkt, nicht dasselbe wie Wissen. Weisheit hat mehr mit dem Üben guter Urteilsfähigkeit zu tun, selbst wenn vollständige Kenntnis fehlt. Sie erkennt an, dass wir nicht wissen, was wir nicht wissen. Vielleicht ist es diese tiefere intuitive Weisheit, an der es unserer modernen Welt am meisten mangelt.

Die moderne Krise der Spiritualität

Spiritualität hat einen konfusen und oft schlechten Ruf bei einem großen Teil der Bevölkerung heutzutage, wenn man beobachtet, wie auf der Weltbühne seit Hunderten Jahren Streitigkeiten und sogar Kriege im Namen der Religion geführt werden, oder wie unser ungeheiltes menschliches Ego anderen genau vorschreibt, wie sie huldigen und beten »sollen«.

Der Mensch hat die Spiritualität in etwas verwandelt, das im Wesentlichen zunehmend unspiritueller wird: eine kontrollierte Anordnung von Idealen, denen wir durch eine Autoritätsperson folgen müssen, sonst ist uns keinerlei Verbindung mit dem Göttlichen möglich; eine hitzige Auseinandersetzung darüber, wessen Religion »besser« oder »richtig« ist. Aber kommt Ihnen dieses »Ich hab recht und du nicht« wirklich spirituell vor?

Aufgrund unseres menschlichen Kontrollbedürfnisses haben wir die eigentliche Kernidee der echten Spiritualität verloren, und dadurch haben wir die Freiheit, den Frieden und die Befreiung verloren, die damit einhergeht, während sich viele Menschen von ihrer eigenen spirituellen Verbindung abwenden.

Diese vielen Religionen, Überzeugungen und spirituellen Lehren, die heutzutage angeboten werden, all die verschiedenen menschlichen Konzepte von Glauben und Spiritualität oder sogar davon, an wen und woran wir glauben sollten, können schon sehr verwirrend sein.

Seine Heiligkeit, der Dalai Lama, sagte, er sei zutiefst davon überzeugt, dass »wir alle gemeinsam zu einer neuen Spiritualität finden müssen. Dieses neue Konzept sollte dergestalt neben den Religionen entwickelt werden, dass jeder, der es wünscht, sich daran orientieren kann.«[60]

Die spirituelle Verbindung, die wir in uns finden müssen, sollte nichts damit zu tun haben, was aufgrund der Vorstellungen einer Religion für richtig oder falsch gehalten wird, mit einer bestimmten spirituellen Lehre oder mit den polarisierten Meinungen der heutigen Menschheit, wenn es für uns tatsächlich etwas verändern soll, indem wir etwas in uns selbst verändern.

Spiritualität darf uns nicht durch Meinungsunterschiede spalten.

Nicht vergessen! Spiritualität sollte das sein, was uns durch eine gemeinsame Grundlage verbindet.

Wir sind alle gleich; wir alle hier sind Seelen, die als Menschen leben, egal, was wir tun oder woran wir nicht glauben.

Seine Heiligkeit, der Dalai Lama, sagt, das Konzept der Spiritualität sollte neben den Religionen entwickelt werden, damit gute Menschen darin Trost und Gemeinsamkeit finden, unabhängig von ihrer eigenen Religion oder ihren persönlichen Standpunkten.

Das finde ich gut, denn es gibt zahlreiche wunderbare vielfältige Religionen und spirituelle Lehren, sowohl alte als auch neue. Heißt das, die eine ist besser als die andere, nur weil unsere aus den eigenen Erfahrungen entstandenen Überzeugungen das so entschieden haben? Bestimmt sieht die wahre Göttlichkeit, die in uns lebt, die Akzeptanz all dessen und die Kraft in der unterschiedlichen Stärke verschiedener Überzeugungen und Lehren, sowohl in der Religion als auch im Leben.

Es lässt sich kaum ignorieren, dass es Schwachstellen in der Umsetzung der meisten Religionen und spirituellen Lehren gibt, aber statt uns auf das Fehlende zu fokussieren, fordert die Weisheit uns auf, die Schönheit in allem zu sehen.

Das Christentum lehrt uns, unseren Nächsten zu lieben wie uns selbst, unsere Feinde zu lieben und jenen zu vergeben, die uns Unrecht getan haben. Die Buddhisten erkennen keinen erhabenen Gott an wie andere Religionen, sondern fokussieren sich stattdessen auf das Erreichen der Erleuchtung, einen Zustand des inneren Friedens und der Weisheit. Hindus glauben an wundervolle Konzepte wie Karma und Reinkarnation, was bedeutet, dass unser Handeln in diesem Leben nicht nur Einfluss auf das hat, was jetzt zu uns zurückkommt, sondern auch welches Leben nach diesem folgt, was unser Bewusstsein für unsere Entscheidungen und deren Folgen schärft. Die Muslime haben eine Reihe von Prinzipien, an denen es festzuhalten gilt, zum Beispiel Gebet, Fasten und sogar Pilgerschaft. Sie glauben auch, dass der Frieden zu finden ist, indem man sich unterwirft und den Lauf des Lebens als Gottes Willen betrachtet. Der Sikhismus gründet seine drei Glaubenssätze auf ehrlichem Leben und ehrlicher Arbeit, das zu teilen, was das Leben und Gott uns schenken, und in vollem Bewusstsein des Göttlichen in jedem von uns zu leben. Das lässt sich vergleichen mit einer der Lehren des Judentums, wonach alle Menschen durch den göttlichen Funken, den wir alle in uns tragen und den wir nähren müssen, mit Gott verbunden sind, verbunden mit der intensiven Suche nach der Wahrheit.

All diese Aspekte sind schön. Sie alle spielen eine Rolle in unserer eigenen Spiritualität und in der Stärkung unseres Lebens.

> **Nicht vergessen!** Suchen Sie das, was Ihrem eigenen Gefühl für Spiritualität entspricht.

Suchen Sie das, was Ihnen die stärkste Verbundenheit mit sich selbst bietet. Nehmen Sie sich die Freiheit, Sie selbst zu sein.

Ihr Geist, Ihre Spiritualität

Die wahre Schönheit der Spiritualität ist, dass sie von Ihrer eigenen, einzigartigen Verbindung mit dem Göttlichen definiert wird und nicht irgendwelchen menschengemachten Ideologien folgen muss. Auch ich habe meine eigene persönliche Definition …

> **Nicht vergessen!** Spiritualität ist eine tiefere Verbindung zu mir selbst und eine Verbindung zu etwas Größerem außerhalb meiner selbst.

Für mich ist dieses Größere Gott, eine göttliche Macht. Aber ich will Ihnen hier nicht sagen, was das für Sie ist oder sein sollte. Dieses Größere kann für Sie jede beliebige Form haben.

Vielleicht glauben Sie nicht an einen Gott, eine höhere Macht, eine universelle kreative Intelligenz, aber Sie haben eine tiefe Verbindung zur Natur oder dazu, andere in Not zu unterstützen. Das ist Ihr Gefühl einer tieferen Verbindung zu etwas außerhalb von Ihnen, das Ihnen auch hilft, die tiefere Verbindung in Ihrem Inneren zu stärken. Das ist Ihr Empfinden von Spiritualität.

Oder Sie haben eine tiefe Verbindung zu Gott, zu einer höheren Macht, und daran glauben Sie unerschütterlich, dass eine höhere Intelligenz am Werke ist – nicht jemand, der im Himmel sitzt, sondern eine kreative Kraft, die weit über Umfang und Logik des menschlichen Verstands hinausgeht.

Durch diese Verbindung sehen Sie das Göttliche in der Natur, in den Zufällen und Synchronitäten der äußeren Welt, in der Hilfe und Freundlichkeit von Menschen, die genau dann auftauchen, wenn Sie sie brauchen.

Sie finden den Funken des Göttlichen sogar in sich selbst, in der friedlichen Ruhe, die tief in den Nischen Ihres Herzens verborgen ist, und haben ein tiefes Gefühl der Verbundenheit – im Inneren und um sich herum.

Oder Sie sind jemand, der als Anhänger einer Religion schon immer ein wunderbar starkes Gespür für Gott hatte. Die Struktur dieser Religion, ihre speziellen Glaubenssätze und Lehren und was sie bietet, finden Sie am machtvollsten; das funktioniert für Sie, leitet Sie, nährt Ihre spirituelle Verbindung, hält Sie in der Spur und gibt Ihnen das Gefühl der Verbundenheit mit Gott. Auch das ist wunderbar. Es ist Ihre Wahl von Spiritualität.

Egal, auf welchem Weg Sie durchs Leben gehen – ob als Atheist, als Mensch des Glaubens oder einfach als jemand, der neugierig darauf ist, was jenseits unserer körperlichen Daseinsform liegt –, es spielt keine Rolle, solange Sie sich mit etwas Nichtkörperlichem in sich selbst und mit etwas außerhalb Ihrer selbst verbinden können.

Bei Ihrer Spiritualität geht es darum, das Gleichgewicht zu finden bei dem, was für Sie funktioniert, damit Sie so gelassen und verbunden sein können wie nur möglich.

Vorbei sind die Zeiten, da wir einen Schamanen oder Priester brauchten, um uns zu sagen, wie wir sein sollten. Wir allein entscheiden, wie sich unsere Spiritualität entfaltet. Wir entscheiden, wie diese Verbundenheit aussehen soll.

Nicht vergessen! Spiritualität ist eine persönliche Reise.

… und ebenso sehr ist sie eine kollektive Erforschung.

Scheuen Sie sich also nicht, gegen den Strom zu schwimmen, und entscheiden Sie, worum es bei Ihrer spirituellen Reise geht. Geben Sie nicht den echtesten Teil Ihrer selbst auf, nur weil andere diesen auf eine Weise beschrieben haben, die nicht mit Ihrer übereinstimmt. Am Ende des Tages sind wir alle spirituelle Wesen, also lernen Sie, wie eines zu leben.

Fragen Sie sich jetzt:

Sehr wichtig! Was bedeutet Spiritualität für Sie?

Lassen Sie mal das Konzept der Religion für einen Moment außer Acht, auch die Frage, ob Sie überhaupt an Gott glauben oder nicht, und fragen Sie sich, was *Spiritualität* eigentlich für Sie bedeutet.

Wie stehen Sie zur Präsenz von etwas, das größer ist als Sie selbst? Wie verbunden fühlen Sie sich mit der Welt um Sie herum? Achten Sie auf sich selbst über Ihr physisches Erscheinungsbild hinaus? Haben Sie schon mal Botschaften von diesem nicht-physischen Ich erhalten? Wie haben Sie darauf reagiert?

Diese Frage stelle ich vielen Menschen, denen ich begegne, weil ich wirklich glaube, dass wir uns nicht richtig kennen, solange wir unsere Antwort darauf nicht kennen.

Erst wenn Sie diese Frage tatsächlich beantworten können, wenn Sie tatsächlich wissen, was es Ihnen bedeutet, können Sie Ihre Verbindung dazu zu stärken beginnen.

Die Seele ist gelassen

Das Wort *gelassen* wird heutzutage oft verwendet, sei es in Wellness-Apps oder in bekannten kommerzialisierten Slogans wie »Keep calm and carry on«. *Gelassenheit* ist ein modernes Wellness-Schlagwort, das ständig auf Social Media und in Podcasts erwähnt wird. Es ist zu etwas geworden, wonach wir alle streben, auch wenn die meisten von uns sich häufig sehr weit davon entfernt fühlen. Es ist zu einem Heiligen Gral der Errungenschaften im Rahmen unseres Wohlbefindens geworden.

Natürlich ist Gelassenheit aus all den vielen Gründen, die wir Ihnen hier genannt haben, ein wichtiges und notwendiges Ziel. Die Vorstellung der Gelassenheit ist auch etwas, worüber wir in diesem Buch gesprochen haben, doch das Problem ist nicht, dass wir sie uns wünschen, sondern wie wir bei der Suche danach vorgehen. Wir verbringen den Großteil unserer Zeit damit, auf jede nur erdenkliche Art rings um uns nach Gelassenheit zu suchen, dabei befindet sich die natürliche Höhle der Gelassenheit, die wir uns wünschen, still in unserem Herzen, in unserem Innersten, in unserer Seele.

Wir können den Geist in Gelassenheit üben; wir können unsere Emotionen besänftigen und zur Ruhe bringen und unseren Körper in den gelassensten Zustand von »Ausruhen und Verdauen« bringen. Doch der natürliche Lehrer dieses begehrten Gefühls, derjenige, der keine Ausbildung für diese Empfindung heiteren Gleichmuts hat, steckt in uns. Nicht in unserem Verstand, sondern in unserem Innersten, als Teil dessen, womit viele von uns nicht so vertraut sind – der Seele.

Obgleich die Seele, wie alles, was schon seit Langem existiert, ihre eigenen Abnutzungserscheinungen aus der Vergangenheit mitbringt oder das, was die antiken Veden als *samskara* bezeichnen würden (Narben der Seele), diese energetischen Abdrücke unbewältigter Traumata in Geist und Energie, bleibt ihre wahre Natur doch immer gleichermaßen friedlich.

Die Seele birgt ein Verständnis, das weitaus größer ist als die beschränkte Perspektive des menschlichen Verstands. Sie kennt einen Frieden und eine Stille, die menschliches Begreifen übersteigen. Eine Stille, die unberührt bleibt von den irrationalen Sorgen des Verstands, der Achterbahn unserer Emotionen und den Beschwerden unseres Körpers. Ruhig wartet sie darauf, dass wir aufhören, hektisch nach den Antworten zu suchen, und stattdessen den Mut aufbringen, uns hinzusetzen und darauf zu hören, was uns von innen heraus zugeflüstert wird. Was uns still durch das äußere Chaos unseres Lebens zu lenken versucht.

Nicht vergessen! In der chaotischen Schlacht Ihres Lebens ist Ihre Seele Ihr größter Verbündeter.

Es gibt viele Schwierigkeiten in der Welt, mit denen wir als Menschen konfrontiert werden. Jederzeit können uns unerwartet die größten Herausforderungen begegnen. Wir müssen sie bewältigen und wir alle besitzen die Resilienz, das zu tun; doch wir geraten ins Wanken, wenn wir uns ausschließlich auf unsere menschliche Seite, ausschließlich auf uns selbst verlassen. Uns wurde etwas gegeben, um uns durch all das hindurchzulenken, ein innerer Kompass und eine gelassene und kraftvolle Ressource in uns. Unsere Seele weiß nicht nur, wozu wir hier sind, was unsere größten Stärken und Gaben sind, sondern auch, wie wir unsere größten Belastungen und Herausforderungen bewältigen.

Doch wir missachten oder ignorieren ihre Lenkung aufgrund unserer mangelnden Bereitschaft, einfach *still* zu sein, ein bisschen mehr in die

Tiefe zu gehen. Über unsere menschliche Seite hinauszugehen und zu lernen, uns mit etwas viel Größerem in uns zu verbinden. Mit etwas, das sich finden lässt, wenn wir äußere Ablenkungen auf Abstand halten.

Wenn wir uns mit diesem gelasseneren Teil unserer selbst verbinden, ändert sich alles. Wenn wir uns die Zeit nehmen, diese Verbindung zu pflegen, erleben wir, wie Gelassenheit sich aus einem viel tieferen Ort entwickelt als einfach nur Geist und Körper. Wir bemerken sie auch aus unserer Energie heraus. Aus unserem Herzen, aus unserem Kern.

Bei Spiritualität geht es vor allem um die Linderung von Leid, sei es draußen in der Welt oder das Leid tief in uns selbst, das Leid, das uns daran hindert, so durch die Welt zu gehen, wie es uns bestimmt ist, auf eine bedeutsame Weise. Dieses Leid kann nur gelindert werden, wenn wir diese eine Ebene tiefer zu unserer Seele gehen und endlich unsere spirituelle Verbindung entwickeln. Wenn wir uns endlich dessen erinnern, wer wir sind.

Die Kunst des Lebens besteht darin, all das abzulegen, was uns unsere wahre Natur hat vergessen lassen. Alles abzulegen, was uns in unseren Ängsten und der gesellschaftlichen Programmierung gefangen gehalten hat, alles, was der wahren Essenz unseres Ich, unserer Seele, unserem Geist zuwiderläuft.

Stellen Sie sich Superman im Chaos einer Naturkatastrophe, die von einem Superbösewicht verursacht wurde, vor: Überall zischen Geschosse, Flugzeuge stürzen vom Himmel und Menschen in Panik rennen kreuz und quer durcheinander, während Superman gelassen dasteht, die Situation einschätzt und das Beste daraus macht – im Bewusstsein, dass er die Superkraft hat, immer in Ordnung zu sein. Dieser Supermann- oder Superfrauanteil in Ihnen ist Ihre Seele. Lassen Sie sie die Verantwortung übernehmen.

Spiritueller Stress

Was »spiritueller Stress« bedeutet, habe ich in einer prägenden Zeit meines Lebens erkannt. Diese Erfahrung ließ mich erkennen, dass es das fehlende Stück war – das letzte, was so viele von uns daran hindert, unstressbar zu werden.

Für mich ist Spiritualität eine stärkere Verbindung zu mir selbst und zu etwas Größerem außerhalb von mir. Diese stärkere Verbindung außerhalb von mir ist die zu einer höheren Kraft, zu einer göttlichen Energie, zu dem, was ich für Gott halte. Es ist diese Verbindung, die mir nicht nur ermöglicht hat, in meinen schwierigsten Zeiten den Glauben zu bewahren, sondern auch in den entspannteren Zeiten ein tieferes Verständnis für mich selbst zu bekommen. Wenn wir jedoch spirituellen Stress empfinden, heißt das, so glaube ich, dass wir die Verbindung verlieren.

Es war eine Zeit meines Lebens, in der alles um mich fortwährend auseinanderzubrechen schien – meine Halbschwester war soeben gestorben und ich befand mich im totalen »Kontrollmodus«. Mein Vater hatte soeben erfahren, dass in seinem Körper wieder Tumore gefunden worden waren, nur Wochen nach ihrer Beerdigung, doch er weigerte sich, etwas deshalb zu unternehmen.

Jeden Tag kämpfte ich mit der Vorstellung, dass ich die Situation retten und beherrschen müsste. Ich musste ihn dazu bringen, schneller einen Facharzt zu konsultieren und sich einer Behandlung zu unterziehen. Ich musste ihn dazu bringen, mit dem Trinken aufzuhören und einen Trauerbegleiter aufzusuchen, und ich musste ihn dazu bringen, mit uns zu sprechen und sich uns zu öffnen, seinen Töchtern und seiner Frau, die noch hier waren und ihn sehr liebten.

Jeden Tag stellte ich ihm dieselben Fragen: »Hast du schon mit dem Facharzt gesprochen? Wann hast du deinen nächsten Termin? Was willst du jetzt unternehmen?« Ich war ein Papagei in Dauerschleife.

Diese ständig wiederholte Unterhaltung reizte ihn und erboste mich und verursachte uns beiden großen Stress. Ich war todunglücklich, panisch und angsterfüllt. *Wie kann er nur so egoistisch sein?*, dachte ich. *Warum schert er sich denn nicht um den Rest seiner Familie, der noch hier ist und ihn will und braucht?*

Er dagegen hatte schon zuvor gegen den Krebs gekämpft. Jetzt, mit über 70, hatte er nicht die Absicht, die potenziell letzten zehn Jahre seines Lebens wieder im Krankenhaus zu verbringen.

Er hatte aufgegeben. So wie wir alle wusste *er* tief in seinem Herzen, was für *ihn* das Beste war.

Er hatte immer gesagt, dass der Krebs in seinem Alter nicht schnell genug wuchs, um ein echtes Problem darzustellen. Und wissen Sie, was? Es stellte sich heraus, dass er recht hatte. Wie erwähnt starb er nicht an Krebs, sondern an einem geplatzten Magengeschwür, das sich aufgrund von massivem Stress gebildet hatte.

Die ganze Zeit hindurch, während sein Körper unter Stress stand, war auf meiner Seite mein spiritueller Geist extrem gestresst. Ich brachte so viel Zeit damit zu, die Welt rings um mich zu betrachten, jedes Ergebnis kontrollieren zu wollen, besessen von meinem Bedürfnis, etwas in Ordnung zu bringen, was außerhalb meiner Kontrolle lag.

Wenn wir spirituell gestresst sind, haben wir das Gefühl, die Kontrolle über unser Leben verloren zu haben und sie nie zurückerhalten zu können. Diese Illusion hält uns im Stress gefangen, denn wir alle wissen, dass wir im Grunde überhaupt nie die Kontrolle haben. Jederzeit kann uns irgendetwas Unvorhergesehenes passieren. Doch wir versuchen verzweifelt, das Unkontrollierbare zu kontrollieren oder das Unabänderliche zu ändern.

Wir verharren im Widerstand, und dieser Widerstand spiegelt sich dann in uns selbst wider, darin, wie wir uns innerlich fühlen, als würden wir verzweifelt gegen etwas kämpfen, über das wir keine Macht haben.

Es fühlt sich an, als wäre nichts richtig, als ginge alles schief, als hätten wir keinen Trost und keine Gelassenheit in uns, als würde das, dem wir widerstehen, jeden Augenblick unsere Gedanken und Emotionen aufzehren.

Ob es nun Trauer, ein gebrochenes Herz oder die Arbeitslosigkeit ist – wir alle durchlaufen Phasen, in denen wir Widerstand gegen das Kommende leisten. Wir halten am Vergangenen fest und lehnen das Unvermeidliche ab. Der Stress, den wir dann empfinden, ist anders als der Schmerz im Körper oder das Rasen der Gedanken, wenn wir geistig gestresst sind. Er überrollt uns mehr, ist vorherrschend und kräftezehrend. Dennoch machen wir weiter.

Erleben Sie gerade so etwas? Es kann sich lohnen, sich ein paar Minuten Zeit zu nehmen, das Buch zur Seite zu legen und nachzudenken. Fragen Sie sich: *Kämpfe ich zurzeit gegen das Unausweichliche an?*

Ich hatte diesen Moment des Nachdenkens nach monatelanger innerer Qual, nach dem monatelangen Versuch, das Unkontrollierbare zu kontrollieren. Da erst erkannte ich, dass es mir nicht nur sehr viel Stress verursachte, was ich tat, sondern auch die Beziehung zu meinem geliebten Vater belastete, ohne dabei irgendetwas zu verbessern.

Also beschloss ich, unsere Beziehung für die kurze Zeit, die uns, wie ich wusste, noch gemeinsam blieb, an oberste Stelle zu setzen. Ich hörte auf, ihn deswegen zu fragen, machte eine Kehrtwende und fragte stattdessen meine Seele.

Ich zog mich an einen ruhigen Ort zurück. Ich ging in mich und fragte meine Intuition, und während ich zuhörte, ließ ich endlich los. Ich machte meinen Frieden damit, das Unkontrollierbare zu akzeptieren, und nahm den Rat von meiner Seele statt von meinem Ego an.

Was die Seele stresst

Unser spiritueller Stress entsteht, wenn wir nicht einmal versuchen, auf unsere Seele zu hören. Wenn wir nicht darauf hören, was sie uns durch das sich vor uns abspielende Leben zu zeigen versucht. Wenn wir uns gegen die Geschehnisse auflehnen und nach außen schauen oder das Unabänderliche ändern wollen.

Wir sind gestresst und leiden, wenn das Leben nicht so verläuft, wie es das unserer Ansicht nach tun sollte. Doch wir erkennen nicht, wie es zu sein versucht, denn wir sind so unserem menschlichen Kontrollbedürfnis verhaftet statt unserer spirituellen Natur des Nachgebens. Wir merken nicht, was unsere Seele uns sagen möchte, das uns durch diese schwierige Zeit hindurchhelfen würde.

Wir bemühen uns, alles durch unsere menschliche Natur zu erklären, und stellen dann fest, dass wir scheitern. Es soll nicht auf menschlicher Ebene behoben, sondern auf einer Seelenebene verstanden werden.

Das heißt, dass wir die Antwort, warum die Dinge so sind, wie sie sind, vielleicht nicht vor uns sehen mögen. Doch eines Tages werden wir es tun, und wenn wir es schaffen, auf die Lenkung unserer Seele zu hören und darauf, was das Leben uns die ganze Zeit zu zeigen versucht hat, werden wir es eines Tages verstehen.

Nicht vergessen! Die Weisheit der Seele ist der Teil von uns, dem wir uns zuwenden sollten, wenn die Stürme des Lebens über uns hinwegfegen.

Es ist der einzige Teil, auf den wir achten sollten, wenn wir nicht wissen, in welche Richtung wir uns wenden sollen. Der Teil, der mit dem Göttlichen verbunden ist.

Doch unser spiritueller Stress wird von unserer mangelnden Bereitschaft verursacht, darauf zu hören, was das Leben uns zu zeigen versucht, und von unserer mangelnden Bereitschaft, uns mit unserer Seele zu verbinden und darauf zu hören, welche Weisheit sie für uns bereithält, wenn das Leben zum Verwirrspiel wird. Wir hören nicht auf das, was unsere Seele uns mitzuteilen wünscht und was wir wirklich hören müssen.

Dem Leben zuhören

Als ich die Tatsache akzeptierte, dass dieses Kontrollbedürfnis mir enormen Stress verursachte und den meines Vaters vergrößerte, konnte ich auch hinnehmen, dass wir zwar nicht ändern können, was rings um uns geschieht, aber sehr wohl ändern können, was in uns geschieht.

Nicht vergessen! Wenn wir die Situation nicht verändern können, fordert uns das heraus, etwas in uns selbst zu verändern.

Also sah ich der Tatsache ins Auge, dass ich meine Reaktion verändern musste. Denn ich war nicht nur gestresst, ich war spirituell gestresst – ich verbrachte keine Zeit mit mir selbst und der Führung meiner Seele. Ich akzeptierte nicht, was geschah, und hatte kein Vertrauen zu der mich umgebenden Situation. Stattdessen versuchte ich ständig, die Kontrolle zu behalten, und orientierte mich nach außen, um Antworten auf etwas zu bekommen, das unkontrollierbar war.

Weil ich ständig nach außen schaute, steckte ich fest in Angst und Kontrollsucht, was mich nur immer mehr stresste und aufregte.

Wenn wir Zeit dafür aufbringen, auf den Dialekt unserer Seele zu hören, um Raum für die Lenkung zu schaffen, die sie uns anbietet, erreichen wir einen Grad der Verbundenheit mit uns selbst, der uns die Entscheidungen treffen lässt, die uns am wenigsten Stress bereiten und am meisten Glück schaffen. Wir verstehen uns selbst auf einer Ebene, die uns ermöglicht, wirklich zu erkennen, was das Richtige für uns ist und nicht was in den Augen anderer das Richtige sein »sollte«. Oder was die Ängste unseres Verstands für das Richtige halten.

Wenn wir diese Verbindung nicht haben und dem nicht folgen, was sie uns zuflüstert, geraten wir in spirituellen Stress, denn wir sind überhaupt nicht im Einklang mit unserem wahren Selbst, unserer Seele.

Wer seine Seelenseite leugnet, der leugnet die eigentliche Essenz dessen, wer er wahrhaftig ist. Und wenn wir diese Seite von uns ignorieren, schneiden wir uns selbst von der göttlichen Lenkung und der Weisheit ab, die sie uns in unseren schwierigsten Zeiten und darüber hinaus bieten kann.

Die ersten Worte eines Kleinkinds lauten niemals: »Ich bin so gestresst!« Unsere natürliche Grundeinstellung ist die der Gelassenheit und des Glücks. Die natürliche Essenz der Seele ist unberührt von äußeren Ängsten und den Umständen der Welt. Diese Essenz in uns ist friedvoll, frei von Beklommenheit und Angst. Das ist wirklich das Gegenteil von Stress.

Es ist die Leichtigkeit, die wir spüren, wenn wir auf einer tieferen Ebene mit uns selbst verbunden sind. Der Fluss des Lebens, den wir erfahren, wenn wir keinen Widerstand leisten und nicht verzweifelt die Kontrolle haben wollen, wenn wir versuchen, die Dinge so zu machen, wie unser Verstand denkt, dass sie sein sollten, statt so, wie das Leben weiß, dass sie sein werden.

Es ist die Stimme der gelassenen Führung, die in jedem von uns liegt. Unsere Verbindung sowohl zum Göttlichen um uns herum als auch zur Göttlichkeit in uns. Ob wir uns jedoch entscheiden, es kennenzulernen und darauf zu hören, ist eine andere Geschichte, und zwar eine, die wir fortlaufend für uns selbst schreiben.

Hätte ich in diesen anfänglichen Monaten der Verzweiflung die Zeit für ein bewusstes Bemühen, mich mit der gelassenen Führung meiner Seele zu verbinden, aufgewendet, dann hätte ich die Botschaft gehört, die sie mir schon viel früher vermittelt hatte und die ganz einfach lautete: *Lass los – das ist nicht dein Kampf.*

Als ich diese innere Botschaft endlich hörte, beugte ich mich ihr und akzeptierte, was sich vor mir abspielte.

Damals wusste ich nicht, dass dieses Nachgeben und die Akzeptanz, die ich durch das Hören auf die Weisheit meiner Seele fand, das kostbarste Geschenk sein würden, das ich mir selbst je gemacht hatte. Es war das

Geschenk, das mir die letzten beiden Jahre mit meinem Vater gab, die so waren, wie sie sein sollten. Ohne darüber zu streiten, was er tun »musste«. Ohne mich ständig um etwas zu sorgen, was ich wirklich nicht kontrollieren konnte. Sondern einfach in dem, was war, bei ihm zu sein.

Hätte ich niemals innegehalten und zugehört und mein Handeln an dieser Führung ausgerichtet, wäre mir das entgangen. Ich hätte diese Monate, von denen ich nicht wusste, dass es seine letzten waren, in ein sinnloses Durcheinander aus gestresstem Geschrei und Kontrolle verwandelt und über etwas gestritten, das ihn uns gar nicht nahm, statt zu genießen, was vom Vater- und Tochtersein noch übrig war, nämlich wunderbare Freunde, die er und ich immer gewesen waren.

Doch hätte ich so weitergemacht – das kann ich mit Gewissheit sagen, während ich dies zweieinhalb Jahre später niederschreibe –, würde ich immer noch tiefe Reue empfinden, denn ich hätte nicht gemäß der Weisheit meiner Seele gehandelt.

Auf sich selbst hören

Dieser Aspekt unserer spirituellen Belastung rührt daher, dass wir uns nicht die Zeit nehmen, uns mit der Seele zu verbinden und auf sie zu hören, ihre Sprache zu lernen und nicht nur die Wahrheit dessen zu erkennen, wer wir sind und was wir wirklich wollen, sondern auch die darin enthaltene Weisheit, die uns dorthin lenkt, wohin wir gehen müssen. Stattdessen wenden wir uns nur der äußeren Welt zu, um diese Leere zu füllen.

Der zweite Aspekt von spirituellem Stress lässt sich auf die menschliche Arroganz reduzieren, vielleicht sollten wir sagen: Ignoranz. Das passiert, wenn wir uns tatsächlich die Zeit für eine Verbindung genommen haben, wenn wir uns auf dieser tieferen Ebene kennengelernt haben, wenn wir uns nach innen gewandt haben, um die gelassene Führung unserer Seele zu erfahren, wenn wir das Gespräch zwischen uns selbst, unserer authentischen Wahrheit, dem Göttlichen und unserer Intuition eröffnet haben – aber dann die uns angebotene Führung einfach vollkommen ignorieren.

Wir ignorieren die Einwände, die uns sagen, dass unser Arbeitsplatz nicht der Ort ist, an dem wir sein sollten. Wir tun das Gefühl ab, dass unsere Beziehung nicht gut für uns ist, weil wir zu viel Angst haben, allein zu sein. Oder dass eine Beziehung gut für uns ist, aber wir haben zu viel Angst, uns darauf einzulassen, weil wir nicht verletzt werden wollen.

Wir flüchten uns in unser menschliches Ego. In unseren angstorientierten Verstand, unsere eigenen Unsicherheiten. Oder in den äußeren Druck dessen, was die Gesellschaft, die Familie, Freunde und die Menschen um uns herum von uns erwarten.

Wir geben der Logik mehr Gewicht als dem tieferen Wissen. Wir versagen uns das eigene Glück und die Erfüllung, um der Norm zu entsprechen. Oder wir ignorieren die Botschaften, die wir hören, weil wir zu viel Angst vor dem Handeln haben und in einem ständigen Kreislauf dessen stecken, was schlecht für uns ist, statt dessen, was für uns bestimmt ist.

Wenn wir wissen, wer wir sind – jenseits der Etiketten, die uns von der Welt aufgeklebt werden –, aber trotzdem nicht dieser Authentizität entsprechend leben, lassen wir zu, dass wir immer wieder Entscheidungen aufgrund des äußeren Drucks und der gesellschaftlichen Erwartungen anderer treffen, und die laufen dem zuwider, wer wir wirklich sind und was wir tief im Inneren für uns als das Richtige erkannt haben.

Damit verursachen wir uns selbst einmal mehr spirituellen Stress, denn wir weichen von dem Weg, auf den unsere eigene Seele uns zu führen versucht, ab, von unserer wahrhaftigsten Essenz, von dem, was die Seele als unser höchstes Gut und unser größtes Glück erkennt, weg von den Ängsten unseres Verstands und den Ansichten der äußeren Welt.

Hatten Sie in letzter Zeit mal das Gefühl, dass Ihnen etwas zu schaffen macht? Dass in Ihrem Leben etwas fehlt? Oder hat etwas nach Ihrer Aufmerksamkeit verlangt und Sie haben es immer wieder ignoriert? Wovor verschließen Sie aus Angst oder aus Zweifeln die Augen?

Woran geben Sie vor, Freude zu haben, nur weil Sie denken, dass Sie das sollten?

Ein Seelenschlag

Diese Dinge fühlen sich nicht ganz »richtig« an, denn wir bekämpfen unsere eigene Authentizität, statt sie anzunehmen.

Deshalb versucht unsere Seele dann, unsere Aufmerksamkeit zu erringen, indem sie uns ein Gefühl des Unbehagens vermittelt, um uns zu zeigen, dass dies nicht in unserem besten Interesse ist, dass dies nicht mehr die Richtung zu unserem höchsten Gut ist. Wir haben den Eindruck, dass etwas fehlt, dass etwas nicht so ist, wie es sein sollte – ganz einfach, weil es das auch nicht ist.

Wenn das Leben uns verzweifelt etwas zugeflüstert hat, nimmt es manchmal Zuflucht zu stärkeren Signalen. Signale, dass dieser Mensch nicht mehr der richtige für uns ist. Signale, dass die Arbeit, die wir ausüben, nicht das ist, was uns den Erfolg und die Erfüllung bringt, die wir uns zu Recht wünschen. Signale, dass wir einfach auf dem falschen Weg sind.

Doch was tun wir? Wir ignorieren diese Signale, das Flüstern und das Anstupsen. Wir tun sie ab, bis – *wumms*! Das Leben verpasst uns einen heftigen Schlag, nur um unsere Aufmerksamkeit zu bekommen, einen Schlag, den wir nicht ignorieren können.

Der Verlust unserer Arbeit, die wir schon seit Jahren hassen, aber uns nie zu wechseln getraut haben. Der Weggang der Person, mit der wir zwar nicht mehr glücklich sind, doch für einen Neubeginn hatten wir zu viel Angst. Der Autounfall, bei dem wir verletzt werden und der uns zwingt, alles langsamer anzugehen und uns um unsere Gesundheit zu kümmern, die wir für unsere Hochleistungsarbeit vernachlässigt haben.

Der Seelenschlag kann erschütternd sein, aber er ist oft notwendig, denn wir sind menschlich. Manchmal müssen wir ordentlich durchgeschüttelt werden, um aufmerksam zu werden und unsere Ängste zu überwinden.

Tatsache ist jedoch: Wenn wir es bloß lernen, uns mit der Lenkung unserer Seele zu verbinden und darauf zu hören, und dann den Mut aufbringen, entsprechend zu handeln, sei es auch nur Schritt für Schritt, dann können wir einen solchen Stress viel eher vermeiden, denn wir leben unserem eigenen Selbst gemäß, wir leben gemäß der einzigartigen Authentizität unserer eigenen Seele.

Eine der größten Heldentaten, die wir in diesem Leben vollbringen können, besteht darin, den Mut aufzubringen, so zu leben, wie wir wirklich sind.

Nicht vergessen! Nichts ist spiritueller, als Ihr wahres Selbst zu sein.

Doch wenn wir uns nie die Zeit nehmen, uns selbst kennenzulernen, damit wir aus dieser Authentizität heraus leben und unsere Entscheidungen und Handlungen daran ausrichten können, erleben wir natürlich spirituellen Stress, weil wir so weit von der Authentizität unserer Seele entfernt sind und unser Selbst verloren geht.

Wenn wir von dieser Seite unseres Selbst abgekoppelt sind, können wir uns nie wirklich gut fühlen, ganz gleich, ob wir in unserem Leben etwas sehr Belastendes erleben oder nicht. Wie sollten wir auch, wenn wir ständig auf unsere Ängste hören statt auf die Lenkung unseres Herzens?

Ihre Seele überschreitet alles, was Ihnen von außen zugewiesen wird. Es kümmert sie nicht, wie Sie von außen wahrgenommen werden oder was die Gesellschaft von Ihnen will. Sie betrachtet Sie ohne all das. Wer sind Sie unter all den Etiketten, die man Ihnen von außen aufgeklebt hat? Die Mutter, der Arzt, der Sohn, die Anwältin.

Welche Energie wollen Sie in die Welt einbringen?

Nicht die Energie hinter den vielen Masken, die Sie tragen, sondern die authentische Energie, die Sie zu Ihren größten Freuden und echtesten Gaben lenkt. Wovon mögen Sie sich selbst abhalten? Wohin werden Sie wirklich geführt?

Nicht vergessen! Was in Ihrem Herzen wird von Ihnen ständig ignoriert?

Spirituelle Gelassenheit

Wie können wir gelassen sein, wenn wir gegen die Führung verstoßen, die unsere Seele uns zu unserem höchsten Wohl anbietet? Wenn wir uns auflehnen, statt uns zu fügen? Wenn wir uns anpassen, statt zu tun, was wir wirklich brauchen? Wenn wir den Trost immer nur in der äußeren Welt suchen und uns darauf verlassen, dass ihre Ergebnisse uns glücklich machen – Ergebnisse, die größtenteils außerhalb unserer Kontrolle liegen?

Wenn wir uns endlich auf einer Ebene mit unseren Seelen verbinden, die uns unbeirrbar an unseren Entscheidungen festhalten lässt, vertrauen wir ohne jeden Zweifel auf das, was richtig für uns ist, denn wir erinnern uns plötzlich dessen, wer wir tatsächlich sind.

Wenn wir zu jenem Ort der inneren Ruhe zurückkehren, um Lenkung an guten Tagen und Trost an den schlimmsten zu erhalten, können wir endlich zu einer Gelassenheit finden, die über den Verstand hinausgeht, einer Gelassenheit, die unseren Herzen und auch unserer Energie innewohnt.

Dann werden Sie feststellen, dass Sie den Schmerz des Lebens zwar spüren, aber nicht im Leid versinken, dass eine Stärke entstanden ist, die viel größer ist als alles, was wir auf körperlicher Ebene schaffen können, die Stärke eines unerschütterlichen Glaubens an uns selbst und etwas Größeres außerhalb unserer selbst, das uns immer zu unseren größten Möglichkeiten führt. Dann kann sich unsere *tiefste* Gelassenheit endlich entfalten.

Dieser Glaube wird, wie alles im Leben, manchmal auf die Probe gestellt. Aber wenn wir uns mit der Seele verbinden, stellen wir fest, dass wir immer wieder dahin zurückfinden.

Wie kann es sein, dass die Verbindung mit unserer eigenen Spiritualität uns mit einer tieferen Ebene des Selbst verbindet?

Warum lässt sich diese Ebene nicht finden, indem wir einfach den Schritten unseres Verstands folgen oder nur die äußere Welt betrachten? Warum lässt sich nur von diesem Ort aus diese *nächste Ebene* unserer Gelassenheit und unseres Glücks finden?

Wenn wir spirituelle Gelassenheit erleben, fühlen wir uns zentriert und verbunden. Wir fühlen uns in unseren Entscheidungen bestätigt, weil wir wissen, dass sie unseren höchsten Interessen dienen, nicht nur unserer leichtesten Option, die uns ein vorübergehendes Hochgefühl verschafft oder im Moment guttut. Wir fühlen uns aus unserem Zentrum heraus stabil und gelassen, weil wir wissen, dass wir nicht alles jetzt sofort verstehen müssen. Wir sollen die schwierigeren Rätsel des Lebens nicht mit unserem Verstand lösen; wir sollen einfach dem Weg folgen, auf den das Leben uns in diesem Augenblick zu führen versucht. Den Mut haben, zu schauen, wohin diese Führung uns am Ende bringt. Vertrauen.

Wenn wir diesen Zustand erreicht haben, folgen wir dem Fluss des Lebens und schaffen unser Leben gleichzeitig selbst.

Nicht vergessen! Sie wissen, dass Sie spirituell gelassen sind, wenn Ihr Herz mit Ihren Entscheidungen im Einklang steht.

Wenn Sie Ihre Ängste loslassen und auf die Weisheit Ihres Herzens hören können, auf die Sehnsucht Ihrer Seele, werden Sie feststellen, dass die größten Herausforderungen des Lebens zu Ihren größten Lernerfahrungen werden. Ihr tägliches Glück wächst, weil Sie dem Weg folgen, der genau für Sie geschaffen ist, von Ihrer Seele, nicht dem Weg, dem Sie bloß glauben folgen zu *müssen*, weil Ihre Familie oder die Gesellschaft Ihnen das gesagt hat.

Sie verspüren endlich eine gelassene Zuversicht, dass Sie, selbst wenn nicht alles genau so verläuft, wie Sie es gern hätten, sich auf etwas zubewegen, das größer ist, als Sie es sich vorstellen können. Das Leben ist voller unendlicher Möglichkeiten, und die Einschränkungen, die wir schaffen, stammen größtenteils aus unserem Verstand.

Möchten Sie nicht, dass diese Glückseligkeit das Leben ist, das Sie jeden Tag führen, dass Sie sich sicher und gelassen fühlen und wissen, dass Sie von Ihrer Seele geführt werden und nicht von den Beschränkungen Ihrer Ängste?

Um diesen Zustand zu erreichen, müssen Sie nichts weiter tun, als neu zu lernen, wie Sie wirklich auf Ihre Seele hören, und sich von Ihren Ängsten freizumachen.

Die Sprache der Seele

Verstand und Seele sind wie zwei Menschen im selben Haus, die völlig unterschiedliche Sprachen sprechen. Der Verstand ist wie Ihr Freund mit einer gespaltenen Persönlichkeit. Einerseits kann er gelassen, rational und offen sein, er kann über Vorurteile hinausblicken und Dinge aus einer anderen Perspektive betrachten. Andererseits kann Ihr Verstand zu einer gänzlich anderen Person werden – unfreundlich, ängstlich, ständig von der ihn umgebenden Negativität geprägt, vom Stress der äußeren Welt, und mit einem scharfen Urteil sowohl über sich selbst als auch über andere. Wir bezeichnen das als *negatives Ego.*

Verstehen Sie mich nicht falsch – der Verstand besteht nicht aus zwei Personen. Er ist dieselbe Person, die von zwei verschiedenen Dingen motiviert wird, manchmal von Angst und dann wieder von Vernunft. Wenn die Angst der Motivator ist, schaltet sich das Ego ein, und wenn die Vernunft sich einschaltet, übernimmt der Intellekt.

Egal, von welcher Seite aus der Verstand spricht, es ist Ihr Gehirn, nicht Ihre Seele. Sie sind nicht Ihre Gedanken. Doch diese beiden Seiten des Verstands sind der Grund dafür, dass die Seele es oft schwer hat, sich Gehör zu verschaffen.

Warum lassen wir uns so stark vom Druck der äußeren Welt aus dem Konzept bringen? Warum suchen wir nicht Trost in jenem Teil von uns, der all diese Eigenschaften von Natur aus besitzt?

Warum machen wir es nicht zu unserer Priorität, uns die Zeit zu nehmen, um uns wirklich mit unserer Seele zu verbinden und sie zu verstehen?

Das Ego ist einer der Hauptgründe dafür. Wir sind geprägt von dieser angstgetriebenen Stimme, von dem Negativitäts-Bias unseres eigenen Verstands. Unser Gehirn ist darauf ausgerichtet, nach Gefahren für unser Leben Ausschau zu halten. Deshalb sind wir besessen von dem, was es an den kleinen Handlungen und sogar Meinungen der äußeren Welt als »Gefahr« wahrnimmt.[61]

Wenn wir es dann schaffen, aus diesem Denkmuster auszubrechen, schaltet sich das Ego ein und überzeugt uns davon, dass wir das Falsche tun und dass wir dem Untergang geweiht sind, wenn wir etwas anderes vorschlagen, wenn wir vorschlagen, einen anderen Weg zu gehen, der uns mehr Glück bereiten könnte. Wenn wir vorschlagen, dass wir gern etwas anders machen würden, bringt unser Ego uns dazu, an uns selbst zu zweifeln; es und versucht, uns in der Illusion von Sicherheit inmitten unserer Ängste festzuhalten, statt uns in unserem wahren Geist frei sein zu lassen, frei in uns selbst, genau das zu sein und zu fühlen, was wir möchten. Es gibt schließlich einen Grund dafür.

Nicht vergessen! Man hat uns beigebracht zu denken, aber nicht zu fühlen.

Doch es gibt noch einen anderen Freund, der nicht schreien will, um unsere Aufmerksamkeit zu bekommen, der weiß, dass das, was er zu sagen hat, von großem – wenn nicht viel größerem – Wert ist, viel größer als die angstgeprägte Stimme des Egos. Er wird sich jedoch nicht auf das Niveau des Egos begeben, nur um von Ihnen beachtet zu werden.

Er weiß, dass seine Stimme letztlich gehört werden wird, dass seine Führung von Ihnen erwünscht ist, wenn Sie sie zu hören bereit sind. Sei es, dass Sie sich die Zeit für eine private und stille Unterhaltung nehmen oder dass Sie nach vielen Irrwegen, die Sie durch den irrationalen Rat Ihres Egos eingeschlagen haben, endlich die Vorstellung anerkennen, dass dies nicht funktioniert, und sich stattdessen lieber einem anderen Freund zuwenden.

Sie wenden sich also Ihrem Freund zu, der darauf gewartet hat, dass Sie zu ihm kommen, wenn Sie bereit dazu sind, und er erwartet Sie mit offenen Armen, ohne jede Beurteilung, mit gelassener Gewissheit, Weisheit und Mitgefühl.

Natürlich ist dieser Freund Ihre Seele.

Nicht vergessen! Die Seele spricht nicht die Sprache der Angst, das Ego schon.

Die einzige Herausforderung, die Sie hierbei meistern müssen, ist die, dass dieser weise Freund eine andere Sprache spricht.

Das Vokabular einer Seele

Die Seele spricht den Dialekt der Freundlichkeit, des Mitgefühls, der Geduld, Liebe, Verbundenheit und Weisheit.

Sie ist nicht da, um über Sie oder andere zu urteilen. Sie ist der Teil von Ihnen, der eher verbindet, statt zu trennen.

Wann immer Sie trennende Gedanken haben, wenn Sie denken, dass Sie gegen die Welt stehen, ist es nicht Ihre Seele, die spricht. Wenn Sie feststellen, dass Sie über sich und andere urteilen, ist es nicht Ihre Seele, die spricht. Oder wenn Sie sich ängstlich und einsam fühlen und in Ihren angstgeprägten Geschichten festsitzen, ist es *nicht* Ihre Seele, die spricht.

Die Natur der Seele spiegelt alle besten Eigenschaften der Menschheit wider, unsere göttliche Natur.

Das Mitgefühl, das wir für einen Freund in Schwierigkeiten haben. Die Freundlichkeit, die wir einem Fremden auf der Straße erweisen. Die Gelassenheit, die wir ausstrahlen und mit der wir einen Menschen voller Angst beruhigen. Die Vorurteilsfreiheit, mit der wir anderen begegnen, statt aus Klatsch und Tratsch eine vorübergehende Befriedigung zu ziehen. Die plötzliche zuverlässige Weisheit, die kommt, wenn wir der Führung am meisten bedürfen. Die Vergebung, die wir jemandem schenken, der uns Unrecht getan hat. Die Liebe, die wir geben, ohne irgendetwas dafür zu erwarten.

Das ist die Sprache der Göttlichkeit in uns allen. Diese unglaublichen Eigenschaften sind im Herzen der wahren Menschheit und gehen so oft verloren in Angst und Stress der äußeren Welt, werden so oft übersehen und als »unwichtig« abgetan, weil die Gesellschaft Intellekt, Wettbewerb statt Kreativität und Macht höher bewertet, wenn wir alle das Spiel des Lebens erfolgreich meistern wollen.

Natürlich ist das Gegenteil der Fall. Diese getriebenen Eigenschaften haben ihren Platz, aber es sind die friedvollen Eigenschaften, die notwendig sind, damit wir nicht nur existieren, sondern wirklich gut leben können.

Diese Eigenschaften verändern etwas innen wie außen; sie erzeugen eine Wellenbewegung des Guten ohne messbares Ende; sie sorgen dafür, dass wir uns wohl in der eigenen Haut *fühlen* und auch unseren Mitmenschen ein gutes Gefühl vermitteln.

Das ist kein spirituelles Gerücht, sondern eine wissenschaftliche Tatsache. Studien belegen, dass ein täglicher Akt der Freundlichkeit Stress mindern kann,[62] und eine Studie der Harvard-Universität zeigt, dass Dankbarkeit und aktive Wertschätzung zu einem höheren Grad an Glück beitragen.[63]

Wenn also diese spirituellen Eigenschaften der Seele dieselben sind, die nachweislich positive Auswirkungen auf Gesundheit und Glück haben, warum nutzen wir sie dann nicht bewusst in jedem wachen Moment?

Alle spirituellen Lehren würdigen die Verbindung zum Herzen statt zum Kopf. Im Islam zum Beispiel beschreibt der Koran die im Leben Glücklichen als jene, die Herzen haben, mit denen sie urteilen. Der Sufismus lehrt, dass Liebe die einzige Verbindung zum Göttlichen und allem Metaphysischen ist. Der Buddhismus hält zu jahrelangen Meditationsübungen an, nur um aus unserem Kopf heraus und in unser Herz des Mitgefühls zu gelangen, denn *Fühlen* ist die Sprache unserer Seele. Das ist die Art, wie sie zu uns und durch uns spricht.

Nicht vergessen! Ihr Herz ist die Verbindung zu Ihrer Seele.

Ihr Herz ist nicht ohne Grund Ihr Mittelpunkt. Es ist nicht nur Ihr biologisches Zentrum, sondern das Zentrum Ihrer selbst. Die Heimat Ihrer Seele.

Jetzt, da Sie wissen, wie Ihre Seele Sie zu erreichen versucht, verstehen Sie ein wenig von ihrer Sprache. Es ist nun an der Zeit, dies alles zusammenzufügen.

Üben, üben, üben

Nicht vergessen! Wir tun uns schwer, auf unsere Seele zu hören, weil wir darauf trainiert sind, ihre Sprache nicht zur Kenntnis zu nehmen, unsere Gefühle nicht wahrhaftig zu fühlen und ihnen keine Beachtung zu schenken.

Wir verbringen viel Zeit damit, das Gegenteil unserer sensorischen Seite und unserer tiefen Empfindungsfähigkeit auf ein Podest zu stellen. Wir feiern unsere Rationalität, unseren Intellekt, unsere Antriebskraft. Doch mindestens ebenso wichtig, wenn nicht noch wichtiger ist unsere Intuition.

Sehr wichtig! Intuition sind die Worte Ihrer Seele.

Sie ist die Brücke zwischen Ihnen und Ihrem höheren Selbst, was immer Sie auch darunter verstehen. Sie ist der Teil von Ihnen, der »weiß« und fühlt, statt die Dinge mit dem Verstand zu betrachten, das Für und Wider abzuwägen und in Ihren Ängsten zu verharren. Sie ist der Teil von Ihnen, der verbunden ist mit der Ihrer Seele innewohnenden Weisheit dessen, was wirklich richtig für Sie ist, der Teil, der immer weiß, was Sie *wirklich* brauchen, damit Sie größtmögliches Glück und Erfüllung finden.

Manchmal wollen wir die Botschaften nicht hören, die sie für uns bereithält, weil wir zu sehr in unseren verstandesmäßigen Ängsten verfangen sind und nicht bereit sind, sie anzuhören, ganz zu schweigen davon, dementsprechend zu handeln. Doch die Intuition ist immer da und versucht, uns zu lenken, selbst wenn wir noch nicht bereit sind, uns anzuhören, was sie zu sagen hat.

Sie können sich Ihre Intuition wie einen Muskel vorstellen. Wenn Sie ihn nicht stärken und sich nicht die Zeit nehmen, ihn zu pflegen, wird jeder Muskel schwächer. Gehen Sie jedoch regelmäßig ins Fitnessstudio und trainieren ihn kontinuierlich, nimmt er an Stärke zu.

So ist auch unsere Intuition: Wenn wir sie ignorieren, wird sie schwächer, wenn wir ihr zuhören und ihrem Rat folgen, wird sie stärker.

Das Problem ist, dass viele Menschen heutzutage nicht einmal merken, wenn ihre Intuition zu ihnen spricht. Deshalb tun sie sie einfach ab und ignorieren sie. Dann wird sie immer schwächer, und der Kreislauf des Unbehagens setzt sich fort. Sie fühlen sich verloren, unsicher, es fehlt ihnen an Klarheit und Richtung, und natürlich – sind Sie gestresst.

Halten Sie nun einen Moment inne und fragen Sie sich: Wann sind Sie zum letzten Mal Ihrer Intuition gefolgt? Wann haben Sie sie zum letzten Mal um Lenkung gebeten? Und wann haben Sie sie zum letzten Mal ignoriert? Wann haben Sie das letzte Mal Ihre Sinne abgetan und auf andere gehört statt auf das, was Sie tief im Inneren *wussten*, nur um später frustriert festzustellen, dass Sie auf Ihre Intuition hätten hören sollen, weil *Sie* die ganze Zeit wussten, was für Sie das Richtige war?

Zugang zu Ihrer Intuition

Wenn wir anfangen, unsere Intuition zu verstehen, wird uns klar, dass wir sie fühlen müssen, um auf sie hören zu können.

Es gibt keine spirituelle Arbeit ohne den emotionalen Körper und keine Intuition ohne die sensorische Seite Ihres physischen Körpers.

Nicht vergessen! Wenn wir unsere sensorische Seite öffnen, öffnen wir den Weg zu unserer Seele.

Wir beginnen, die Sprache unserer eigenen Intuition zu verstehen und zu erlernen, und so, wie wir verschiedene Vokalstimmen haben, verfügen wir auch über verschiedene intuitive Stimmen.

Unsere Einzigartigkeit als menschliche Wesen ist an unsere Einzigartigkeit als spirituelle Wesen geknüpft. Die Art, wie Ihre Intuition mit Ihnen kommuniziert, kann völlig anders sein als die Art, wie die Intuition einer Freundin mit ihr kommuniziert. Ist sie deswegen falsch? Überhaupt nicht. Das macht sie einzigartig. Das macht sie zu der Ihren.

Nicht vergessen! Jedes Mal, wenn Sie Ja gesagt, aber Nein gefühlt haben, haben Sie Ihre Intuition ignoriert.

Ein tieferer Teil von Ihnen hat Sie auf bestimmte Weise empfinden lassen, um Sie zu leiten, während Ihr Verstand auf Autopilot Ihren Ängsten folgte. Dieses tiefere *Wissen* ist die Intuition.

Wenn wir kontinuierlich gegen unsere Intuition handeln, beginnen wir, einen Teil unserer selbst zu verraten. Durch diesen inneren Verrat verursachen wir uns selbst spirituellen Stress, denn wir sind nicht im Fluss mit dem, was für uns das Richtige ist. Wir können uns nicht gänzlich wohlfühlen, weil wir nicht vollständig mit der Wahrheit in uns selbst verbunden sind.

Um unsere Intuition komplett zu öffnen, müssen wir uns bewusst werden, wie sie durch die Sinne mit uns zu kommunizieren versucht, wann wir sie ignorieren und wie wir uns aktiv mit ihr verbinden, wenn es nötig ist.

Die Nutzung unserer Intuition zu lernen, ist so, als hätten wir ein inneres GPS, das uns auf den richtigen Weg führt und bei dem wir unsere Logik einsetzen können, um sie zu ergänzen, nicht um sie zu schmälern. Wir können unsere Intuition als Ankerpunkt für unsere Entscheidungen nutzen, indem wir in das hineinzuspüren lernen, was richtig für uns ist, und nicht nur darüber nachdenken, was verstandesmäßig richtig für uns sein »sollte«.

Der erste Aspekt bei der aktiven Nutzung Ihrer Intuition ist, darauf zu achten, was Ihr Körper Ihnen zu zeigen versucht, wenn sie Sie leitet. Die Schamanen glauben, dass der Körper viel weiser ist als der Verstand, und wenn wir uns mit unserem Körper verbinden können, lassen sich dadurch unglaubliche Erkenntnisse über unsere Bedürfnisse gewinnen.

Nicht vergessen! Weisheit entsteht nicht durch die Einschränkungen unseres Geistes, sie entsteht durch das Wissen unseres Herzens.

Die Sinne unseres Körpers, die Gefühle in unserem tiefsten Inneren, diese Sinne sind es, was wir nutzen, um uns mit unserer Intuition zu verbinden – der Brücke zu unserer Seele.

Wenn die Intuition eine Brücke zu unserer Seele ist, dann ist der Körper eine Brücke zu unserer Intuition. Der Körper kann genutzt werden, um Verbindung zu unserer Intuition aufzubauen, indem wir mit den Gefühlen und Empfindungen, die er uns vermittelt, Kontakt aufnehmen. Von dort aus können wir lernen, wie unsere Intuition durch unser eigenes Bauchgefühl mit uns zu kommunizieren versucht.

Die Körperbrücke

Ein guter Ausgangspunkt für die Verbindung zu Ihrer Intuition ist eine schamanische Übung. Ich nenne sie gern die *Körperbrücken*-Übung, von der Shaman Durek, ein Schamane in sechster Generation, in seinem Buch *Spirit Hacking* spricht.[64] Darin vermittelt er der westlichen Welt einige der uralten schamanischen Werkzeuge, die wir alle selbst anwenden können, um einen tieferen Zugang zu unserem Geist zu finden. Er schrieb davon, dass eine der Methoden, uns mit unserer Intuition zu verknüpfen, die aktive Kommunikation mit dem Körper ist.

Die Körperbrücke ist eine unglaubliche Art, mit Ihrem Körper zu kommunizieren und in Form einfacher Ja-oder-nein-Fragen durch Sinneswahrnehmungen herauszufinden, was er Ihnen sagen will.

Stress-Trick

Zuerst machen wir uns vertraut mit dem Ja und Nein unseres Körpers, und dann können wir dies aktiv nutzen, wenn wir Lenkung beim Ja oder Nein für etwas Bestimmtes brauchen.

- Suchen Sie sich einen ruhigen Ort, setzen Sie sich hin oder stehen Sie.
- Entspannen Sie den Körper, atmen Sie tief durch und schließen Sie die Augen.

- Sagen Sie laut und mit Überzeugung (es muss laut sein, damit Ihr Körper es hören kann): »Körper, zeig mir ein klares *Ja*, sodass ich es spüren kann.«
- Atmen Sie tief durch und überprüfen Sie Ihren Körper vom Kopf bis zu den Füßen auf Empfindungen (es spielt keine Rolle, wie subtil oder wie merkwürdig sie sein mögen).
- Wenn Sie noch nichts feststellen können, wiederholen Sie den Vorgang.
- Wenn Sie als Reaktion eine Empfindung in Ihrem Körper bemerkt haben, sagen Sie laut: »Ich spüre X in meinem Y« (zum Beispiel »Ich spüre ein Kribbeln im Hals«).
- Sagen Sie dann laut: »Danke.«
- Wiederholen Sie den Vorgang für das Gegenteil, damit Ihnen die Empfindung für *nein* gezeigt wird. Sagen Sie laut: »Körper, zeig mir ein klares *Nein*, sodass ich es spüren kann.«
- Merken Sie sich, wo das Ja und das Nein in Ihrer Körpersprache auftauchen.

Wiederholen Sie diesen Prozess im Laufe einer Woche, damit Sie wirklich eine klare Vorstellung davon bekommen, wie sich das Ja und das Nein Ihres Körpers für Sie anfühlen.

Beginnen Sie, sich mehr auf diesen sensorischen Teil Ihrer Intuition einzustimmen. Viele Klientinnen haben mir erzählt, dass sie die Empfindung Ihres Ja oder Nein schon viele Male zuvor hatten, sie jedoch ignorierten, weil sie seinerzeit nicht wussten, um was es sich dabei handelt.

Sind wir uns erst einmal dessen bewusst geworden, wie unsere Intuition durch unseren Körper mit uns zu kommunizieren versucht, können wir anfangen, unserer Seele Ja-oder-nein-Fragen zu stellen und zu schauen, was uns zurückgespiegelt wird.

Wiederholen Sie den obigen Vorgang, indem Sie Ihrer Intuition laut eine Ja-oder-nein-Frage stellen, und achten Sie darauf, welche Empfindungen entstehen. Sie werden diese Empfindungen dann allmählich auch bemerken, ohne dass Sie sich extra dafür hinsetzen, Verbindung aufnehmen und fragen.

Denken Sie daran, dass es nicht darum geht, mit einer ausgefeilten, umfangreichen Antwort daraus hervorzugehen, wie Sie sie von einer Freundin oder von der Angst Ihres Egos erhalten würden. Es geht um ein klares und einfaches *Gefühl*. Das Gefühl von *Ja* oder das Gefühl von *Nein*.

Indem Sie Ihre Achtsamkeit für Ihre Intuition öffnen, nehmen Sie sie im täglichen Leben besser wahr, wenn Sie vor etwas gewarnt werden, das nicht richtig für Sie ist, oder zu etwas gelenkt werden, das es ist.

Nehmen Sie sich die Zeit, diese Übung auszuprobieren und die intuitive Sprache Ihres Körpers kennenzulernen. Das Ergebnis kann Sie angenehm überraschen.

Verabredung mit der Seele

Um zu gewährleisten, dass ich mit meiner Seele verbunden bin und in Kommunikation stehe, finde ich es großartig, eine Verabredung mit ihr zu vereinbaren, sie genügend wertzuschätzen, dass ich einen bestimmten Zeitpunkt dafür frei halte, so wie Sie es tun, wenn Sie sich die Zeit für Sport nehmen, weil Sie Ihre körperliche Gesundheit wertschätzen. Ich bezeichne das als *Verabredung mit der Seele*.

Um in dieser Welt gut zurechtzukommen, müssen wir unsere spirituelle Gesundheit ebenso hoch schätzen wie unsere anderen Anteile. Dies zu einem nicht verhandelbaren Teil Ihrer Woche zu machen, ist daher entscheidend für eine tiefere, stabilere Gelassenheit.

Bei dieser Verabredung können Sie wirklich die Feinheiten Ihrer Seele ergründen, indem Sie den Kanal öffnen, um ihr die Fragen zu stellen, bei denen Sie in dieser Woche Führung benötigen.

Sie sollten für die Verbindung einen ruhigen Ort aufsuchen. Das kann draußen allein in der Natur sein oder ein Bereich Ihrer Wohnung, in dem Sie nicht gestört werden. Zünden Sie ruhig eine Kerze an, um sich in eine friedliche Stimmung zu bringen. Und wenn Sie sich im Badezimmer einschließen müssen, nur um diesen ruhigen Raum für sich zu schaffen, dann tun Sie es! Es ist wirklich wichtig.

Sobald Sie den Raum der Gelassenheit und Ruhe geschaffen haben, können Sie mit der Verabredung beginnen.

Nehmen Sie zuerst ein Blatt Papier und schreiben Sie alles auf, für das Sie im Moment gern Führung hätten, alles, was Ihnen derzeit unklar ist oder Sie verwirrt, alles, zu dem Sie einen Rat wünschen.

Haben Sie das aus dem Sinn und zu Papier gebracht, können Sie eine Übung machen, die Ihnen aus Ihrem Kopf heraushilft und Sie ins Herz bringt, wo wir Zugriff auf unsere Seele haben. Sie beginnt mit einem Prozess namens *intuitiver Fragen*, den ich entwickelt habe.

Durch diesen Prozess erhalten Sie einen leichteren Zugang zur Weisheit Ihrer Seele, dem tiefsten Teil Ihrer selbst, um sich der Dinge bewusst zu werden, die sie Ihnen jetzt zu tun aufträgt, und sich mit ihrer Heiterkeit zu verknüpfen, und sei es auch nur für einen Augenblick.

Suchen Sie sich einen ruhigen Ort. Schaffen Sie sich einen ungestörten Ort der Stille, und dann führe ich Sie hindurch.

Der Vorgang des intuitiven Fragens

- Setzen Sie sich bequem und mit angelehntem Rücken an einen ruhigen Ort. Legen Sie die Hände mit den Handflächen nach oben in den Schoß.
- Verknüpfen Sie sich mit Ihrer Atmung für drei tiefe Atemzüge nach der 4-4-8-Atemsequenz.
- *Atmen Sie durch die Nase ein und zählen Sie bis vier, halten Sie den Atem an und zählen Sie bis vier, atmen Sie durch den Mund aus und zählen Sie bis acht.*
- *Wiederholen Sie das dreimal, ehe Sie entspannt in Ihr eigenes Atemmuster zurückkehren, wobei Sie weiterhin tief durch die Nase ein- und durch den Mund ausatmen.*
- Legen Sie eine Hand auf Ihr Herz und die andere Hand über diese Hand und atmen Sie weiter tief.
- Richten Sie Ihre Achtsamkeit zuerst auf die Energie Ihres Verstands, den oberen Teil Ihres Kopfes, und nehmen Sie sie einfach zur Kenntnis, ohne zu werten. Wie fühlt sich die Energie gerade in Ihrem Kopf an?
- Konzentrieren Sie sich nun tief atmend darauf, diese Energie, diese Aufmerksamkeit, die auf Ihren Verstand gerichtet ist, durch

Ihren Körper hindurch abwärts zu bewegen, sie bewusst durch Ihren Kopf, Ihren Hals, Ihre Brust nach unten zu bringen, bis Sie Ihre Aufmerksamkeit auf Ihre Herzgegend lenken (wo Ihre Hände liegen).

- Sobald Sie Ihre Herzmitte erreicht haben, richten Sie Ihre Aufmerksamkeit auf die Energie in diesem Bereich.
- Achten Sie auf den Raum innerhalb Ihres Körpers, den Ihr Herz einnimmt.
- Achten Sie darauf, wie es sich anfühlt. Ist es eng oder locker, leicht oder eingeengt? Atmen Sie einfach für eine Weile tief in diesen Teil Ihrer Brust und erweitern Sie ihn mit jedem Atemzug.
- Nun sind Sie mit diesem Teil Ihrer selbst besser verbunden und können mit dem Prozess des intuitiven Fragens beginnen.

Für diesen Teil können Sie entweder bestimmte Situationen verwenden, in denen Sie Führung brauchen, oder Sie können allgemeine Fragen stellen und um Lenkung bitten. Ich verwende oft die folgende Struktur.

- Die Hände immer noch auf dem Herzen liegend, atmen Sie weiterhin tief ein und aus.
- Sagen Sie mit Zuversicht entweder im Geiste oder laut (was immer Ihnen angenehmer ist): *»Seele, was muss ich über X wissen?«*, oder: *»Seele, was muss ich im Moment am meisten wissen, das in meinem besten Interesse ist?«*
- Indem Sie Ihre Aufmerksamkeit auf das Zentrum des Herzens gerichtet lassen, achten Sie auf die erste Botschaft, die Sie aus *diesem* Bereich erreicht. Versuchen Sie nicht, sie zu kontrollieren, und bewerten Sie sie nicht; lassen Sie sie einfach zu.
- Sobald Sie spüren, dass Sie die Botschaft erhalten haben (hören Sie auf die erste einfache und klare Botschaft und brechen Sie ab, wenn Ihr Verstand anfängt, in einen Zyklus der Verwirrung zu geraten), atmen Sie tief durch und sagen Sie laut oder in Gedanken: *»Danke.«*
- Dann können Sie zur nächsten Frage übergehen, wobei Sie denselben Prozess wiederholen: *»Seele, von was brauche ich mehr?« – »Seele, von was brauche ich weniger?«*

Notieren Sie sich anschließend Ihre Antworten und wundern Sie sich nicht, wenn Sie über einige der erhaltenen Antworten lachen müssen. Die Seele mag es einfach und klar, und manchmal ergeben die Antworten erst beim späteren Durchlesen einen Sinn.

Sie können nun Ihre eigenen Fragen entwickeln oder Sie können dieser einfachen Struktur folgen. Wichtig ist, dass Sie es einfach halten und darauf achten, welche Antwort als Erstes aus Ihrer *Herzgegend* zu Ihnen kommt, nicht aus Ihrem Kopf. Halten Sie sie schriftlich fest.

Diese Form der spirituellen Verbindung lässt uns aktiv den Zugang zu unserer Seele herstellen. Doch die Seele flüstert uns immer etwas zu, genau wie das Leben.

Nicht vergessen! Es ist unsere Aufgabe, uns selbst nicht im Weg zu stehen (Verstand und Ängste) und aufmerksam zu werden.

Entscheidende Gespräche

Das Flüstern, das die Seele uns zukommen lässt, die mitfühlende, freundliche, urteilslose und verzeihende Energie, die in uns wohnt, kann an anstrengenden Tagen für uns schwerer zugänglich sein; an jenen Tagen, die wir alle kennen, weil wir Menschen sind; den Tagen, an denen Sie einfach nur jemanden anschreien, verschwinden oder sich zu einer Kugel zusammenrollen und weinen möchten, weil Ihnen das Leben über den Kopf gewachsen ist.

Kein menschliches Wesen auf dieser Erde hatte noch nie einen solchen Tag. Viele davon, um genau zu sein. Es ist Teil unseres menschlichen Erlebens, dass wir Höhen kennen und durch Tiefen steuern müssen in der Ebbe und Flut des Lebens. Doch wie schnell wir aus solchen Zuständen zurückkommen, hängt zu einem Großteil davon ab, wie schnell wir uns daran erinnern können, dass wir in erster Linie spirituelle Wesen mit menschlichen Erfahrungen sind.

In Ihnen lebt ein Geist, der viel größer ist als alles, was rings um Sie vorgeht. Diesem uns innewohnenden Geist müssen wir uns zuwenden an den Tagen, an denen wir am liebsten Strg/Alt/Entf drücken würden. Er besitzt jene Eigenschaften, die wir in solchen Momenten am dringendsten brauchen. Die Eigenschaften, die wir an solchen Tagen *uns selbst* geben müssen.

Freundlich zu uns sein, wenn wir einen schlimmen Tag haben. Uns nicht verurteilen, wenn wir einen Fehler machen. Mitfühlend sein, nachdem wir einen Moment der Angst oder des Zorns erlebt haben. Uns dafür vergeben, dass wir nur Menschen sind.

Was würde meine Seele tun?

Die Seele verströmt die wunderbarsten Eigenschaften unserer Menschheit, die Beschaffenheit dessen, wonach wir alle streben und was wir im Innersten bereits sind. Aber wie können wir mit diesen wunderbaren Eigenschaften im Einklang sein, wenn wir ständig mit den weniger schönen unserer Umwelt bombardiert werden? Wenn die Menschen ringsumher werten und tratschen? Wenn der Chef uns anfährt und sagt, wir hätten schlechte Arbeit geleistet? Wenn unser Partner uns auf die Palme bringt, weil er unsere Bedürfnisse an diesem Tag einfach nicht erfüllen kann?

Wie können wir bei diesen sich ständig vor uns auftuenden Stressfaktoren zum Einklang mit den höheren Werten und der Essenz unserer Seele finden?

Es beginnt mit Achtsamkeit, wenn wir von den entgegengesetzten Eigenschaften festgehalten werden, wenn wir feststellen, dass wir ständig gereizt sind, wenn wir merken, dass wir über andere lästern oder urteilen, wenn wir die Negativität erkennen, in der wir stecken. *Wenn* das der Fall ist, können wir eine Pause machen, tief durchatmen und uns einfach diese Frage stellen.

Was würde meine Seele tun?

Stress-Trick

Haben wir diese Frage erst einmal gestellt, trennen wir uns auf natürliche Weise von unserem Ego und gestehen uns den Raum zu, die Dinge von einer übergeordneten Perspektive aus zu betrachten. Von dort aus können wir genau so antworten, wie wir es täten, wenn wir wüssten, wie eine von uns bewunderte Person in dieser Situation handeln würde.

Wir können uns ansehen, wie weit wir von unserem Seelenselbst entfernt sind, und uns abseits des Geplappers unseres Egos fragen: Was würde unsere Seele tun? Was würde der Teil von uns tun, der freundlich, mitfühlend, gelassen und weise ist?

Indem wir innehalten, atmen und fragen, geben wir uns die Stärke, wieder zu entscheiden – wieder aus der Übereinstimmung mit unserer spirituellen Natur heraus zu entscheiden.

Fragen Sie sich nun, wie Sie mehr Ihrer Seeleneigenschaften, mehr von dem Frieden und dem Göttlichen, in die kleineren Handlungen Ihres Tages einbringen können? Was können Sie heute noch an zusätzlicher Freundlichkeit, an Mitgefühl, Liebe und Dankbarkeit geben?

Gehen Sie diesen zusätzlichen Schritt, um bewusst mehr von diesen göttlichen Eigenschaften in Ihren Tag einfließen zu lassen, und sehen Sie zu, wie Ihre Tage besser werden. Sie wissen, wenn diese schwereren Augenblicke kommen, haben Sie die Kraft in sich, um innezuhalten, zu atmen und sich zu fragen: *Was würde meine Seele tun?*

Je mehr wir bemerken, dass wir nicht im Einklang mit unseren göttlichen Eigenschaften stehen, umso mehr können wir anstreben, sie bewusst zu verkörpern. Wir können aufwachen und einfach *Danke* sagen, dass wir aufgewacht sind, indem wir uns daran erinnern, dass dies allein schon ein Geschenk ist. Wir können dem Fremden auf der Straße zulächeln. Nehmen Sie sich die Zeit, mit dem Obdachlosen zu sprechen, an dem Sie täglich vorbeigehen. Wir können versuchen, weniger zu lästern, weniger über andere zu urteilen, aufrichtig zuzuhören und nicht bloß zu antworten. Wir können netter zu uns selbst sein und eine zusätzliche Anstrengung unternehmen, netter zu anderen zu sein.

Wir können anfangen, uns in den kleineren Momenten und bei den größeren Herausforderungen des Lebens einfach zu fragen: *Was würde meine Seele tun?*

Geben Sie acht auf diese kleine Seele

Der berühmte Guru Paramahansa Yogananda sagte: »Einsamkeit ist der Preis der Größe.« Aber ist sie überhaupt ein Preis oder einfach ein notwendiges Geschenk, das wir uns selbst machen müssen, damit wir zu unserer spirituellen Natur zurückkehren können?

Die Seele verlangt nach Einsamkeit.

Sie verlangt, dass wir solche Momente haben, in denen wir mit uns allein sind, uns aktiv mit Meditation oder dem oben beschriebenen Prozess beschäftigen, einfach lernen, in unserer eigenen Gesellschaft zu sein, sodass wir den Raum schaffen, ihr abseits vom Geplapper der äußeren Welt zuzuhören. Wie Mark Aurel sagte: »Nirgends findet man einen ruhigeren oder ungestörteren Rückzugsort als in der eigenen Seele.«[65]

Wenn wir uns fortwährend das Geschenk der Einsamkeit verwehren, weil wir zu viel Angst haben, uns auf die Gedanken in unserem Kopf einzulassen, werden wir niemals wahren Frieden, *wahre* Gelassenheit erfahren. Wir erleben niemals die Kraft des Schweigens und die Gabe des Alleinseins und der Einsamkeit, fernab von jeder Ablenkung.

Wir alle sind Menschen. Wir brauchen Verbundenheit, um uns wohlzufühlen. Doch wir sind auch spirituelle Wesen. Um also richtig aufzublühen, um unser größtes Potenzial zu erreichen, müssen wir auch Raum schaffen für die Wünsche unserer Seele.

Die Seele verlangt nur sehr wenig, anders als der Körper, in dem sie ihre Heimat hat, oder der Verstand, der unsere Tage bestimmt. Sie braucht weder Nahrung noch Wasser, kein Training, kein Lernen und keine Gespräche für ihre Stärke und ihr Überleben.

Sie verlangt lediglich ein bisschen Stille.

Stille, damit wir lernen können, auf ihre Führung zu hören und die Schönheit unserer Ganzheit zu lieben. Um uns auf unsere wahrste Natur zu besinnen, auf den einzigartigen Weg, den wir zu gehen haben, und die einzigartigen Gaben, die wir der Welt darbringen müssen.

Wenn wir endlich den Mut aufbringen, Zeit allein mit uns selbst zu verbringen, können wir eine Ursprünglichkeit in uns entdecken, die weit über das hinausgeht, was jeder äußere Einfluss uns gezeigt haben mag. Wir können uns als die erkennen, die wir wirklich sind, geführt zu der Großartigkeit, die das Leben uns zu bieten hat.

Nehmen Sie sich die Zeit, mit sich selbst in der Stille zu sein, jede Woche, jeden Tag – und sei es nur für fünf Minuten. Gehen Sie allein hinaus in die Natur. Verbringen Sie Zeit allein mit Ihrem Atem und Ihrer inneren Kontemplation, ohne Handy und andere Ablenkungen ringsherum.

Verbringen Sie jede Woche Zeit in Einsamkeit und Stille mit Ihrer Seele. Erkennen Sie, wie dieser Raum Ihr Leben bereichern kann.

Schön, dich kennenzulernen, Seele

In jenem Raum finden wir nicht nur eine tiefere Gelassenheit, eine klarere Führung und die Wahrheit dessen, wer wir wirklich sind – wir können auch in der Ganzheitlichkeit zu leben anstreben, die dieser heilige Gral zu bieten hat. Wir können endlich lernen, uns nicht nur wahrhaft selbst zu kennen, sondern auch die Gesamtheit unserer Persönlichkeit zu lieben und anzunehmen.

Selbstliebe ist auch so ein Schlagwort des 21. Jahrhunderts, und ehrlich gesagt ein etwas nerviges. *Liebe dich selbst. Vergiss deine Selbstliebe nicht. #SelfLoveSaturday.* Solche und ähnliche ermüdende Begriffe hören wir ständig in den sozialen Netzwerken. Doch die Wahrheit hinter der Selbstliebe, die spirituelle Wahrheit, geht weit über das hinaus, was irgendein Hashtag-Trend auf Instagram darunter versteht.

Wahre Selbstliebe dreht sich nicht bloß um Selbstfürsorge und Schaumbäder oder den Versuch, in Gedanken netter zu sich zu sein, obwohl auch das wichtig und berechtigt ist.

Echte Selbstliebe geht darüber hinaus. Sie zielt darauf ab, sich selbst *vollständig* zu erkennen, sich die eigenen Schattenseiten und Stärken anzuschauen und dann den Mut zu haben, nicht wegzusehen, wenn einem vielleicht nicht alles davon gefällt, zu erkennen, was vorhanden ist, und dann bedingungslos *alles* zu akzeptieren, was Sie ausmacht.

Nicht vergessen! Das Licht in uns wird von den danebenliegenden Schatten nur verstärkt.

Diese 360-Grad-Perspektive auf sich selbst ist für viele Menschen heutzutage ein schwer zu erreichendes Kunststück. Wir sehen vielleicht unser Gesicht im Spiegel, aber wir sehen niemals die Wahrheit in unserem Herzen. Wir kennen uns vielleicht auf der oberflächlichen Ebene der Gesellschaft, aber wir verstehen uns niemals auf der tieferen Ebene unserer Seele.

Wenn wir nicht all unsere Facetten vollständig betrachten und dann den Mut haben, nicht wegzuschauen, unsere Fehler und Unvollkommenheiten ebenso zur Kenntnis zu nehmen wie unsere Stärken, können wir die Gesamtheit dessen, wer wir sind, niemals wirklich annehmen. Wie sollten wir auch, wenn wir von anderen verlangen, jene Aspekte an uns zu lieben, die wir selbst ablehnen?

In einer Liebesbeziehung wird häufig erwartet, dass unser Partner nicht versuchen sollte, uns zu ändern, sondern dass er oder sie alles an uns so lieben und akzeptieren sollte, wie wir nun mal sind. Dann sei es echte Liebe. Tatsache ist jedoch:

Wenn wir von anderen verlangen, dies für uns zu tun, aber unfähig sind, es für uns selbst zu tun, können wir dann jemals wahre Liebe kennenlernen?

Ohne uns in unserer Gesamtheit anzunehmen, zu kennen und zu lieben, bis hinein in unsere Seele, können wir da jemals umfassend lieben?

Wie können wir außerhalb unserer selbst lieben, wenn wir ablehnen, alles innerhalb unserer selbst zu lieben? Wie können wir erwarten, dass ein anderer diejenigen Aspekte von uns liebt, die wir selbst uns anzuschauen weigern?

Ich liebe dich

Diese drei Wörter wollen wir so gern von anderen hören, aber sie zu uns selbst zu sagen, fällt uns äußerst schwer. Wir betrachten die Oberfläche, und wir lieben das eine körperliche Merkmal mehr als die anderen. Wir lieben die Art und Weise, wie wir etwas Bestimmtes tun oder wie wir uns in bestimmten Momenten verhalten. Wir lieben nur das Gute, das zu sehen wir uns entscheiden, statt der Unvollkommenheiten, die wir verzweifelt zu verbergen suchen.

Spiritueller Stress hat teilweise auch damit zu tun, dass wir uns nicht auf der Seelenebene kennen, unsere Authentizität leugnen und gegen das handeln, was diese Authentizität verlangt. Doch die Akzeptanz der eigenen Persönlichkeit, wenn wir uns erst einmal wirklich sehen, ist die Brücke zwischen unserer Menschlichkeit und unserer Göttlichkeit.

Die Göttlichkeit in uns allen, die Seele, die wir sind, liebt bedingungslos. Ob da nun diese kleine Stimme im Kopf kommt und uns sagt, wir hätten etwas oder jemanden nicht verdient oder wären nicht gut genug, um etwas zu erreichen – die Göttlichkeit in uns akzeptiert und liebt alles. Sie verbindet uns mit dem tiefsten Teil unseres Herzens. Sie kennt eine ganz wichtige Lektion.

Nicht vergessen! Alles, was wir ablehnen, ist ein Bereich, den wir heilen müssen.

Wenn wir den Mut haben, uns mit Mitgefühl und Freundlichkeit das anzusehen, was wir an uns nicht mögen, können wir an einen Punkt gelangen, da wir es nicht nur akzeptieren, sondern zu lieben lernen, nicht weil es unser Lieblingsanteil ist, sondern weil wir endlich erkennen, dass wir ohne diese Eigenschaft nicht wir selbst wären.

Es gibt über acht Milliarden Menschen auf der Erde – acht Milliarden Seelen. Jede einzelne davon hat andere Gaben, ihre eigenen besonderen Superkräfte. Doch unter diesen Kräften ist eine, die bei uns allen exakt gleich ist, die uns sowohl miteinander verbindet als auch hervorhebt.

Die Kraft, dass von den acht Milliarden Seelen hier nicht eine einzige so ist wie Sie.

Nicht eine einzige hat exakt dasselbe Seelenmuster wie Sie, genau dieselben Lebenserfahrungen und dadurch genau dieselben Gaben und mehr.

Nicht vergessen! Ihr Seelenselbst ist Ihr authentisches Selbst.

Niemand ist genau wie Sie, wenn Sie sich erst mal die Zeit nehmen, die Gesamtheit Ihres *wahren* Selbst zu entdecken und zu lieben.

Vollständig und doch unvollständig

Wir alle haben Raum für Wachstum. Man sagt, wer nicht wächst, der stirbt. Das klingt zwar dramatisch, aber ich finde es total wahr. Wenn wir uns nicht in irgendeiner Richtung weiterentwickeln, und sei es nur geringfügig, haben wir das Gefühl, in uns selbst zu stagnieren. Das Leben wird monoton, wir fühlen uns eingeengt und unausgefüllt.

Unser Wachstum hängt nicht nur von der äußeren Entwicklung unserer Handlungen und Errungenschaften ab oder von unseren Beziehungen, die uns mit unseren eigenen Ängsten konfrontieren, oder von neuen Qualifikationen, deren Erwerb uns herausfordert. Es ist auch in unserem spirituellen Wachstum verankert, in der Erweiterung und Steigerung unseres Bewusstseins.

Wenn wir uns unserem eigenen Wachstum verschreiben – kognitiv, körperlich, emotional *und* spirituell –, können wir uns selbst auf einer völlig neuen Ebene entdecken, wir können Begabungen, Eigenschaften und Ressourcen in uns finden, von deren Existenz wir gar nichts wussten, und zugleich auch jene Dinge aufspüren, die wir noch heilen müssen und die uns zurückhalten.

Aber Sie müssen nicht unter Ihrer eigenen Kritik leiden und glauben, Sie würden nicht genügen, während Sie an diesem Wachstum arbeiten – denn diese Art des Wachstums ist ein lebenslanges Vorhaben. Sie sind wunderbar, so, wie Sie jetzt sind; Sie können besser werden, aber das heißt nicht, dass Sie gegenwärtig nicht genügen.

Der Ort, an dem Sie Ihr Entwicklungsvorhaben starten können: Selbstliebe.

Ein großer Teil unseres spirituellen Wachstums ist die Liebe zu sich selbst. Wenn wir so weit kommen zu sagen, dass wir die Gesamtheit unserer Persönlichkeit lieben, ist es uns gelungen, mit unserer spirituellen Natur der Freundlichkeit, der Akzeptanz, des Mitgefühls und der Liebe in Einklang zu kommen. Diese Natur muss mit dem Selbst beginnen, wenn sie erfolgreich in die Welt hinausgetragen werden soll.

Beginnen Sie damit, wie Sie mit sich selbst umgehen und wie groß Ihre Bereitschaft ist, sich selbst auf einer intimeren Ebene zu betrachten. Schauen Sie die Risse, die Schatten und die Mängel an, und lieben und akzeptieren Sie sie ebenso sehr wie jene Anteile von sich selbst, auf die Sie stolz sind und die Sie der Welt zeigen wollen. Akzeptieren Sie sogar jene Teile, an denen Sie arbeiten müssen, ohne sie zu bewerten.

Ein Teil der spirituellen Reise ist es, sich selbst vollständig zu kennen und sich dann umfassend zu lieben – mit Fehlern, Rissen und allem. Vollkommenheit liegt in der Schönheit des Unvollkommenen. Wenn wir die Schönheit des Mangels sehen können, sehen wir auch das Wachstum und die Gaben, die er uns gebracht hat.

Doch warum müssen wir diesen Unvollkommenheiten ins Auge sehen? Warum können wir nicht einfach jene Teile ignorieren, die wir an uns nicht mögen, und in gesegneter Unwissenheit weitermachen?

Nicht vergessen! Wenn wir leugnen, was wir an uns selbst nicht mögen, werden wir es nicht los – wir stärken es lediglich.

Am Ende schaffen wir falsche Persönlichkeiten mit Glitzer über den Rissen, wir setzen Masken auf, hinter denen wir diese Wahrheiten aus Angst vor einer Verurteilung verbergen, weil wir uns unbewusst bereits selbst verurteilt haben.

Doch wenn wir nicht zu lernen bereit sind, was diese Anteile von uns sind, sie alle deutlich zu erkennen und bedingungslos zu lieben, die Schichten dessen zu entfernen, was wir nicht sein sollen, und stattdessen die Wahrheit unserer Bestimmung zu enthüllen, wie können wir dann erwarten, jemals unser größtes Potenzial auszuschöpfen, wenn wir nicht unsere Schattenseiten zu sehen bereit sind?

Die Vorstellung des Schatten-Ich wurde von dem Psychiater und Psychoanalytiker Carl Gustav Jung bekannt gemacht. Es besteht aus den Teilen von uns, die wir ablehnen, von deren Existenz wir oft gar nichts wissen, weil wir uns weigern, sie anzuschauen.

Schattenarbeit ist Selbsterforschung, und wenn wir dies integrieren, können wir einen Grad an Liebe erreichen, der stärker mit unserem göttlichen als mit unserem menschlichen Ich übereinstimmt. Wir sind nicht mehr abhängig von einer Liebe, die nur das Gute liebt, sondern von einer Liebe, die das Ganze sieht und akzeptiert und bereit ist, daran zu wachsen.

Der Schatten zeigt sich uns unter anderem dann, wenn wir von jemandem getriggert werden, den wir aus irgendeinem Grund unangenehm oder nervig finden. Machen Sie die folgende Übung als Ausgangspunkt für die Betrachtung Ihres eigenen Schattens und schauen Sie, was Sie dabei herausfinden.

Im Schatten

- Denken Sie an jemanden, der Sie aufregt, und versuchen Sie sanft herauszufinden, was Sie an dieser Person stört, das auch in Ihnen sein könnte.
- Stellen Sie sich die folgenden Fragen und schreiben Sie die Antworten auf:
  - Was hat diese Person an sich, das ich nicht mag?
  - Was macht es mir schwer, in ihrer Nähe zu sein?
  - Finde ich, dass ich einige dieser Eigenschaften manchmal selbst habe?
  - Welche Aspekte von mir löst diese Person aus, wenn ich mit ihr zusammen bin? Und was denke ich über diese Aspekte meiner selbst?

Es sind die dunkelsten Aspekte in unserem Leben, die zu sehen, zu akzeptieren und zu integrieren wir uns am meisten bemühen müssen, damit wir daran wachsen können. Carl Gustav Jung sagte: »Jeder hat einen Schatten, und je weniger er im bewussten Leben des Individuums verkörpert ist, umso schwärzer und dichter ist er.«[66]

Sehen, akzeptieren, lieben

Unsere Bereitschaft, die Gesamtheit unseres Selbst anzuschauen, ist der Ausgangspunkt für eine exponentielle Form des spirituellen Wachstums – ein Wachstum, das unsere wahrgenommenen Schwächen zum Katalysator der Bewusstseinserweiterung werden lässt, indem wir uns entschließen, für sie einzustehen, statt sie zu verbergen. Das kann eine schwierigere Aufgabe sein, als einfach ein bisschen näher hinzusehen.

Sehr wichtig! Wir können fast alle hinschauen, aber wir sehen niemals wirklich.

Wir betrachten die Oberfläche, sehen jedoch niemals die Wahrheit dessen, was darunter liegt – die Schönheit des Makels, die Lektion der Verletzung ... die Diamanten der Seele.

Wenn wir uns in unserem Leben von jemandem wirklich gesehen und gehört fühlen, ist das eins der kraftspendendsten und schönsten Gefühle, die wir als Menschen jemals erleben: zu wissen und zu spüren, dass jemand uns wirklich sieht und annimmt und liebt, was er sieht.

Dieses Gefühl kann nur gespiegelt werden von dem Gefühl, uns selbst wirklich zu sehen.

Sehen, akzeptieren, lieben (SAL) ist ein Instrument, das ich entwickelt habe, um mit dieser Seelenerforschung zu beginnen, damit Sie anfangen können, die Gesamtheit Ihres wahren Selbst zu sehen, zu akzeptieren und zu lieben. Je mehr Sie das tun, umso mehr gewinnen Sie; umso mehr werden Sie feststellen, dass Sie sich eines Tages nicht mehr selbst betrachten und denken: *Ich muss diesen Teil von mir verstecken oder mich bremsen, um mich anzupassen.* Stattdessen denken Sie: *Wie kann ich diesen Teil von mir stärker zeigen? Wie kann ich mir gestatten, diesen Aspekt heller leuchten zu lassen?*

Wir sehen uns selbst, wenn wir über das hinausschauen können, für das wir uns halten, und dabei entdecken, wer wir wirklich sind.

Wir akzeptieren uns, wenn wir über unsere Stärken und Schönheiten hinausblicken und die Verletzungen und Makel finden, an denen wir wachsen können, die uns gleichermaßen besonders und weise machen.

Wir können uns lieben, wenn wir all dies in seiner Gesamtheit sehen und es uns endlich gelingt, dankbar zu sein für *alles*, was wir sind.

SAL

Diese Vorgehensweise des **S**ehens, **A**kzeptierens und **L**iebens soll Ihnen dabei helfen, zu sehen, wer Sie wirklich sind, und alles zu akzeptieren und zu lieben, was Sie sehen.

Stress-Trick

Wir lassen uns dafür Zeit. Genau genommen rate ich Ihnen, diese Methode über drei Tage hinweg durchzugehen (oder auch länger, wenn Sie möchten). Kosten Sie sie aus und geben Sie alles, was Sie haben, damit Sie jede Stufe vollständig integrieren können.

Stufe 1: Sehen

Der Erfolg am Ende von Stufe 1 besteht darin, dass Sie alles von sich selbst sehen. Sie sehen jedes Merkmal, jede Eigenschaft, jede Stärke und Schwäche und jede Angst.

- Setzen Sie sich an einen ruhigen Ort und schreiben Sie alles auf, was Sie für Ihre Stärken, besten Eigenschaften und Begabungen halten.
- Bitten Sie dann zwei Personen, die Sie lieben und denen Sie vertrauen, dasselbe zu tun.
- Denken Sie sowohl über Ihre eigenen als auch über ihre Antworten nach.
- Schreiben Sie dann alles auf, was Sie an sich selbst nicht mögen, was Sie für Ihre Schwachpunkte halten und welche Ängste Sie bremsen.
- Bitten Sie dann zwei Personen, die Sie lieben und denen Sie vertrauen, dasselbe zu tun.
- Denken Sie sowohl über Ihre eigenen als auch über ihre Antworten nach.
- Sind sie unterschiedlich oder ähnlich? Gibt es Bereiche auf beiden Seiten, die Sie selbst nicht gesehen haben?

Stufe 2: Akzeptieren

- Betrachten Sie noch einmal Ihre Antworten für beide Seiten und schreiben Sie auf, welche Aspekte Sie am schwersten zu akzeptieren finden, sowohl bei den guten als auch bei den für schlecht wahrgenommenen.
- Mit welchen Teilen stimmen Sie nicht überein?
- Fragen Sie sich, warum Sie nicht damit übereinstimmen. Warum finden Sie, dass diese Aspekte am schwierigsten zu akzeptieren sind?
- Fragen Sie sich dann, was Sie brauchen könnten, um sich selbst zu vergeben, sodass Sie diese Anteile von Ihnen akzeptieren können.
- Schreiben Sie sich selbst eine Liste der Vergebung, lesen Sie sie noch einmal durch und sagen Sie laut oder für sich: »Ich vergebe mir für …«

Stufe 3: Lieben

- Lesen Sie das Geschriebene durch und fragen Sie sich zunächst, was Sie an dem Guten lieben, das sowohl Sie selbst als auch andere an Ihnen sehen.
- Fragen Sie sich dann, was das als schlecht Wahrgenommene Ihnen über sich selbst gezeigt hat und warum Sie auch das lieben könnten.
- Schreiben Sie eine Liste von 80 Dingen, die Sie an sich selbst lieben (Aussehen, Persönlichkeitsmerkmale, Begabungen et cetera). Das kann einige Tage dauern, aber hören Sie nicht auf, ehe die Liste vollständig ist.
- Bewahren Sie die Liste auf und lesen Sie sie sich an Tagen durch, an denen Sie wirklich eine Erinnerung daran brauchen, warum Sie so toll und besonders sind, wie Sie sind.

SAL hilft uns dabei, auf einer tieferen Ebene mit uns selbst in Verbindung zu kommen, indem wir die Gesamtheit unseres Selbst sehen. Wenn wir die Wahrheit dessen enthüllen, wer wir sind, können wir unser Potenzial voll ausschöpfen.

Ihr göttliches Potenzial

Wenn wir unser gesamtes Selbst sehen und lieben können, erkennen wir, dass unser göttliches Potenzial keine Grenzen kennt.

Wir können sein und erschaffen, was immer wir wollen, sei es in uns selbst oder in der äußeren Welt. Ich glaube, dass Menschen, die etwas Großes schaffen, dies nie allein tun; es ist immer eine Form göttlicher Lenkung mit im Spiel. Selbst in unseren schwersten Zeiten.

Was, wenn alles in unserem Leben – jedes Trauma, jede Verletzung und jede segensreiche Erfahrung – kein Zufall wäre?

Was, wenn all das Gute und das Schlechte eigentlich genau nach Plan verlaufen ist, auch wenn dieser Plan nicht ganz der eigene war?

Zusammen mit unseren besonderen Talenten werden uns auch unsere besonderen Erfahrungen mit auf den Weg gegeben, unsere eigenen Lerninhalte. Doch wenn wir nicht alles weitergeben, was wir gelernt haben, indem wir unser Potenzial voll ausschöpfen und dann hinausgehen, um es der Welt zu schenken, ist das genauso egoistisch, als würden wir ein Blech voller leckerer Kekse backen und sie dann nicht mit unseren Mitmenschen teilen, denn wir geben unser Potenzial nicht weiter.

Ich glaube, wir alle haben eine göttliche Verpflichtung, in die Welt hinauszugehen und auf die einzige uns mögliche Art zu dienen – indem wir aktiv unser eigenes göttliches Potenzial erschließen. Der griechische Philosoph Sokrates sprach über das Konzept der *Entelechie* – das Potenzial in jedem Lebewesen. Er sagte, jeder Gegenstand, jedes Wesen und jede Person besitze ein bestimmtes und nur ihr selbst eigenes Potenzial.

Wenn ein Kirschkern gegossen wird, hat er das Potenzial, ein Kirschbaum zu werden, doch er kann niemals zum Apfelbaum werden, denn das ist einfach nicht sein Potenzial. Auch wenn wir versuchen, etwas zu sein, das wir nicht sind, werden wir scheitern, denn es entspricht nicht dem, wer wir *wirklich* sind.

Sehr wichtig!

Es ist allein Ihre Entscheidung, ob Sie Ihr Potenzial voll ausschöpfen oder nicht.

So wie ein Kirschkern nicht wächst und selbst Früchte trägt, wenn man ihn unter Steinen vergräbt, statt ihn in Erde zu legen und zu gießen, werden Sie Ihr Potenzial nicht ausschöpfen, Ihr göttliches Potenzial, wenn Sie nicht sechs Dinge näher anschauen.

- Was haben Sie aus Ihrem eigenen Leid gelernt?
- Worin sind Sie von Natur aus gut?
- Woran sind Sie wirklich interessiert?
- Was lieben Sie?
- Was ist es, das Sie sich wirklich wünschen?
- Was ist Ihnen wirklich wichtig

Stress-Trick

Denken Sie über diese Fragen nach. Schauen Sie sich an, was Ihnen dabei hilft, Ihr eigenes göttliches Potenzial auszuschöpfen. Fragen Sie sich, wohin Ihr Herz Sie wirklich zu führen versucht.

Stellen Sie sich diese Fragen jenseits aller Zuschreibungen und der äußeren Geschäftigkeit. Jenseits Ihrer Arbeit und Ihrer Beziehungen. Stellen Sie sich einfach die wichtigste Frage.

Sehr wichtig!

Wer sind Sie?

Wer sind Sie, wenn alles weggenommen wird? Was macht Ihren Kern aus?

Die Seele

Jenseits Ihrer Gedanken, jenseits des Geplappers gibt es einen Teil von Ihnen, in dem eine gelassene Weisheit auf Sie wartet, das Potenzial Ihrer Größe und der Wahrheit in Ihrem Herzen. Es ist der Teil, der schlicht und klar antwortet, der nicht zweifelt oder verwirrt und der Sie durch Mitgefühl und Freundlichkeit führt statt durch Angst und Wertung. Er verursacht Ihnen keine inneren Konflikte oder verstärkt Ihr Leid, sondern lindert vielmehr Ihren Schmerz.

Unser innerer Konflikt, unser spiritueller Stress, entsteht durch die fehlende Verbindung zu diesem Teil von uns, weil wir uns nur auf das Gewirbel unseres Verstands verlassen und uns dagegen wehren, dass das Göttliche in uns mit Anmut zum Vorschein kommt.

Wenn wir uns nicht mit unseren Emotionen, unserem Herzen verbinden, können wir uns nicht mit unserer Seele verbinden. Wenn wir uns nicht mit diesem Teil von uns verbinden, leben wir nur in den geistigen und körperlichen Bereichen unserer Welt, den Bereichen, die unsere Ängste beherbergen, unser Kontrollbedürfnis, unsere selbst auferlegten Beschränkungen und unsere tiefsten Besorgnisse. Doch wenn wir Zugang zu diesem tieferen Teil unseres Selbst haben, und sei es auch nur ein paar Augenblicke täglich, verändert sich alles.

Wir treffen keine Entscheidungen mehr, die nicht richtig für uns sind, weil wir uns selbst auf einer Ebene kennen, die nicht durch äußeren Lärm verfälscht werden kann. Wir schauen nicht mehr nur auf die äußere Welt, um unsere Probleme zu lösen oder uns zu bestätigen, denn wir wissen, dass wir Trost und Ermutigung im Wissen unserer Seele finden. In der göttlichen Verbindung, die darin liegt.

Wir alle müssen uns daran erinnern, nicht zu viel zu denken und nicht zu wenig zu fühlen, nicht den Teil von uns wegzuschieben, der den Schlüssel zu unserer wahren Stärke und unserem göttlichen Potenzial bildet.

Nicht vergessen!

Die Kraft, die wir erschaffen, wenn wir unsere eigene Spiritualität reaktivieren, ist eine Kraft, die nicht von Angst erschüttert oder von Werturteilen verfälscht werden kann.

Sich selbst auf dieser intimen Ebene zu kennen, sollte das Ziel sein, das im Vordergrund Ihrer persönlichen Wachstumsmission steht. So wie Sie wachsen und sich entwickeln, sollte das auch Ihre Selbsterforschung tun. Mit zunehmender Weisheit und Gelassenheit gehen Sie immer tiefer.

Ihr Bewusstsein zu steigern, bedeutet, Ihre Wahrnehmung zu intensivieren, Ihr Verständnis zu erweitern und eine übergeordnete Perspektive einzunehmen – eine Perspektive, die mehr auf die Göttlichkeit in Ihnen ausgerichtet ist als auf die Sie umgebende Menschheit. Das ermöglicht es Ihnen, einen neuen Grad spiritueller Weisheit zu erzielen, den Sie noch nicht erreicht haben, sowohl durch das Leid als auch durch die Geschenke des Lebens zu lernen und zu wachsen.

Verfolgen Sie die Absicht, Ihre Wunden zu heilen, Ihren Schatten zu sehen und Ihre Gaben zu entdecken, die Zweifel Ihres Geistes zu überwinden und an die Quelle Ihres Herzens vorzustoßen. Carl Gustav Jung sagte: »Solange man das Unbewusste nicht bewusst macht, bestimmt es das Leben, und das nennt man dann Schicksal.«[67]

Nehmen Sie sich die Zeit, die ganze Wahrheit dessen aufzudecken, wer Sie sind, die Wahrheit über Ihren Schatten und Ihre Ängste und das Versprechen Ihrer Begabungen. Verstehen Sie, warum bestimmte Menschen und Dinge Ihnen mehr Stress bereiten als andere. Lernen Sie, warum Sie auf manche Dinge reagieren und auf andere ansprechen.

Sehr wichtig! Sie können Ihr Leben nur steuern, wenn Sie sich wirklich selbst kennen.

Um sich also wirklich kennenzulernen, decken Sie Ihre verborgenen Seiten auf und lieben Sie sie bedingungslos. Entdecken Sie Ihre geheimen Stärken, die tief in Ihrer Seele wohnen, und machen Sie sie der Welt zum Geschenk.

Wenn wir auf diese Seelenerforschungsmission gehen, müssen wir bereit sein, wirklich alles zu betrachten, zu sehen, zu fühlen und zu akzeptieren, was wir dabei finden. Zu betrachten, was wir uns wirklich ersehnen, was uns zum Lachen und was uns zum Weinen bringt. Zu sehen, wer wir jenseits der Person sind, die zu sehen wir lediglich konditioniert worden sind. Zu *fühlen*, was für uns das Richtige ist und was uns anfleht, uns noch ein klein wenig mehr Mühe zu geben. Aus vollem Herzen alles zu akzeptieren, das wir entdecken, und es bedingungslos zu lieben.

Nicht vergessen! Der Intellekt wächst und der Körper wird stärker, und gleichermaßen strebt die Seele.

Sie strebt nach einer höheren Bewusstseinsstufe. Sie will sich weiterentwickeln und Sie zu Ihrem wahrsten Selbst zurückbringen.

Diese tiefere Seelenheiterkeit zu finden, entsteht aus der inneren Zuversicht, dass das, was in Ihnen steckt, viel größer ist als jeder Stressauslöser von außen, der Sie in die Knie zwingen könnte. Diese Zuversicht ist alles – sie ist das Vertrauen auf das Leben, auf eine höhere Macht, auf Sie selbst. Wo immer Ihr Ort ist, sorgen Sie dafür, ihn zu bewahren.

Vertrauen Sie auf einen sich ständig entfaltenden Plan, der Ihren Weg mit Synchronizität und guten Absichten ebnet.

Vertrauen Sie darauf, dass Ihre schwersten Zeiten und größten Belastungen Sie lediglich Ihrem großartigsten Selbst näherbringen – nur wenn Sie bereit dazu sind.

Der Skeptiker in Ihnen tut den Zauber von Synchronizitäten vielleicht als reine Zufälle ab. Doch wenn Ihnen das nächste Mal einer solcher »Zufälle« begegnet, fragen Sie sich: Woran haben Sie gedacht, als er geschah? Was haben Sie sich an den Tagen gewünscht, ehe dieser Zufall eintrat?

Was haben Sie sich in der Vergangenheit so sehnlich gewünscht, das aber letztlich nicht eintrat, stattdessen aber etwas viel Besseres, das Sie nicht hätten voraussehen können? Etwas, das Sie mit Ihrem menschlichen Verstand nie hätten ahnen können, aber wenn Sie zurücksehen, bemerken Sie, dass vielleicht wirklich die ganze Zeit ein höherer Plan für Sie am Werk war?

Wenn *Sie* sich nicht auf der Ebene Ihrer Seele kennen, fragen Sie sich: *Warum nicht?*

Was fürchten Sie so sehr zu sehen? Was fürchten Sie aufzudecken? Marianne Williamson schrieb: »Es ist unser Licht, nicht unsere Dunkelheit, was uns am meisten Angst macht.«[68]

Spirituelle Freiheit heißt, dass Sie Ihre Entscheidungen aufgrund der Führung Ihres Herzens treffen können, nicht aufgrund der Ängste Ihres Verstands.

In Zuversicht zu leben, die den Zweifel besiegt. Sich selbst gut genug zu kennen, um sagen zu können, dass Sie allein entscheiden, wie Sie sich fühlen, und nicht länger zuzulassen, dass diese Gefühle ausschließlich von den Umständen bestimmt werden – sondern von Ihnen. Sich völlig frei zu fühlen, weil Sie durch Autonomie gestärkt sind, ermutigt durch das Wissen, dass Sie allein über sich bestimmen. Sie werden nicht von Ihren Reaktionen gelenkt, sondern von Ihren Erwiderungen befreit.

Manchmal ist unser Kummer mit dem Schicksal anderer verknüpft, doch das heißt nicht, dass unser Leiden zu unserem Schicksal werden sollte.

Übernehmen Sie die Kontrolle über Ihren Verstand, besänftigen Sie Ihre Emotionen, lieben Sie Ihren Körper – doch was immer Sie tun, vergessen Sie nicht, mit Ihrer Seele zu führen.

ZUSAMMENFASSUNG VON TEIL 2
Fließend sprechen

- Wir alle bestehen aus vier Elementen, die sich darauf auswirken, wie wir in der Welt auftreten: unserem kognitiven, dem emotionalen, dem körperlichen und dem spirituellen Selbst. All diese Teile unseres Seins können sowohl Ursache als auch Wirkung unserer eigenen Belastung sein. Sie haben zwar alle ihre eigene Sprache und ihr besonderes System, sind aber auch miteinander verknüpft. Was in dem einen geschieht, kann sich auf den anderen auswirken. Der Verstand kann unsere Emotionen hervorrufen, unsere Emotionen können körperliche Symptome auslösen und unser Geist kann durch unsere Emotionen mit uns in Verbindung treten. Wir alle sind innerhalb dieser Systeme als ein einzigartiges Ganzes verbunden.

  Wir müssen nichts weiter tun, als ihre jeweiligen Sprachen zu lernen und zuzuhören.
- Das Hindernis beim Verstehen der Sprache unseres kognitiven Selbst beginnt mit der Unterscheidung, dass wir nicht unsere Gedanken sind, dass es einen Raum in uns gibt, der unsere Gedanken beobachten und, was das Wichtigste ist, steuern kann. Unser Verstand wartet auf Anweisungen und tut, was wir ihm sagen, wenn wir die Kontrolle übernehmen. Wir können lernen, ihn zu lenken, statt zuzulassen, dass er mit schädlichen Gedanken aus dem Ruder läuft, die unseren Stress und unser Unglücklichsein verstärken. Wenn wir uns die Zeit nehmen, unsere Gedanken zu steuern, können wir Gedanken schaffen, die unser Leben verbessern, und

jene Gedanken ablehnen, die uns noch mehr Besorgnis und Stress bereiten. Entscheidend ist, innerhalb unseres Verstands eine Trainingsroutine zu entwickeln und in seinem eigenen Fitnessstudio daran zu arbeiten, so wie wir das auch mit dem Körper machen. Wenn wir mit unserem Verstand durch Dinge wie Dankbarkeit und Achtsamkeit das Gute trainieren, werden diese Dinge stärker. Erst wenn wir unsere Gedanken lenken können, können wir auch unser Leben wirklich lenken. Es sind nicht die Dinge in unserem Leben, die uns stressen; es ist die Art und Weise, wie wir darüber denken.

- Das Hindernis beim Verstehen unseres emotionalen Selbst ist unsere Unfähigkeit, den negativen Gefühlen nachzugeben und sie vollständig zuzulassen. Uns wurde beigebracht, wie man denkt, aber nicht, wie man fühlt. Wenn es um unsere Emotionen geht, so dauert das an, dem wir Widerstand leisten. Wann immer wir also unseren emotionalen Stress durch Ablenkung beiseiteschieben, werden wir ihn nicht los – wir häufen ihn nur an. Wenn Sie ein wenig Abstand nehmen und zum mitfühlenden Beobachter Ihrer Gefühle werden, lassen Sie sich nicht von ihnen absorbieren. Ihre Emotionen bitten Sie, neugierig zu sein und darauf zu achten, was sie Ihnen zu sagen versuchen.

  Je neugieriger Sie sind, desto leichter wird es, Ihre Emotionen zu verstehen. Achten Sie auf Ihre Emotionen wie auf einen Freund. Fragen Sie sich, wo das Gefühl ist, warum es auftritt und was Sie tun können, um es zu erleichtern. Je mehr Sie auf Ihre unangenehmen Gefühle eingestellt sind, umso ausgeprägter werden Ihre angenehmen. Sie können beeinflussen, wie Sie sich fühlen, durch die Gedanken, die Sie erzeugen, und die Reaktion, die Sie zeigen, wenn Ihre Gefühle aufkommen. Durchqueren Sie Ihre negativen Gefühle, damit Sie wieder zum Wohlgefühl zurückkehren können. Nutzen Sie Ihre Gefühle als Kompass, der Sie zu Ihrem glücklichsten Selbst zurückführt.

- Das Hindernis beim Verstehen unseres Körpers liegt darin, dass wir ihn erst beachten, wenn er am Rande des Zusammenbruchs steht. Wir stellen uns nicht auf ihn ein, solange er zufrieden ist, deshalb bemerken wir nicht die kleinen ersten Anzeichen dafür, dass er es nicht ist. Wir geben ihm dann nicht den richtigen Treibstoff, um reibungslos zu laufen, und vernachlässigen seine Grundbedürfnisse. Unser Körper ist wie ein Auto: Er erfordert eine gewisse Wartung und den richtigen Treibstoff, damit er gut läuft. Zu lernen, welche Wartung das ist und wie man den Druck von ihm nimmt, ist entscheidend für sein gutes Funktionieren. Wenn wir nicht auf die sensorische Seite unseres Körpers und seine

Grundbedürfnisse achten, gehen die Dinge kaputt. Und wenn unser Körper spricht (schreit), ist es wirklich Zeit, aufmerksam zu werden. Unser Körper kann ebenso von unseren Handlungen gestresst sein wie von den Handlungen ringsumher. Wir können das bewältigen, indem wir darauf achten, wie wir unseren Körper behandeln, seine Belastungen aktiv mindern und dann auf seine Wünsche hören - bewegen, wiederherstellen, dehnen, entspannen, atmen, nähren, verdauen, schlummern.

- Das Hindernis beim Verständnis der Sprache unserer Seele ist, dass wir außen statt innen nach unseren Antworten suchen. Wir verlieren uns in den Ängsten unseres Verstands und den Meinungen der äußeren Welt, statt unser tieferes inneres Wissen zu nutzen. Wir wenden uns ab von der Wahrheit unseres Herzens und sehen uns nicht genauer an, wer wir jenseits der Erwartungen anderer sind, was wir wirklich lieben und wollen. Wir versuchen, alles mit dem Verstand zu lösen, und wir achten nicht auf die Gefühle und die Führung, die unsere Seele uns anbietet. Unsere Intuition ist die Brücke zwischen uns und unserer Seele, unser Herz ist ihr Heim. Wenn wir lernen, auf die intuitiven Empfindungen zu hören, die uns geschenkt werden, uns mit der Wahrheit unseres Herzens zu verbinden, dann finden wir die Wahrheit unseres Selbst. Das tun wir, indem wir Raum und Zeit für unsere Seele schaffen, so wie wir das auch für den Körper tun, uns in Ruhe mit ihr auseinandersetzen und ihr Aufmerksamkeit widmen. Wenn wir das Tempo verringern, schaffen wir Raum für die Verbindung zu unserer Seele und etwas Größerem. Wenn wir die Kontrolle abgeben, lassen wir das seelenvolle Nachgeben zu. Das Erlernen der Sprache der Seele beginnt mit Fühlen und Aufmerksamkeit.

TEIL 3
So fügt sich alles zusammen

Die echten Superhelden der heutigen Zeit sind jene, die es schaffen, engagiert, produktiv und erfolgreich zu bleiben, während sie die stressigen Hochgeschwindigkeitsstraßen der modernen Welt entlangrasen, ohne an chronischem Stress und Burn-out zu leiden. Sie haben Erfolg mit dem, was Sie sich vornehmen, ohne mit Stress den unvermeidlichen Preis für ihren Erfolg bezahlen zu müssen.

Wir nennen sie die Unstressbaren. Sie bleiben unerschütterlich durch sieben Gewohnheiten, die sie zu dem machen, was sie sind.

Kapitel 8
Die Unstressbaren

Um unstressbar zu sein, brauchen wir der Welt nicht aus dem Weg zu gehen wie Mönche oder Nonnen; wir müssen lediglich den Ursachen für jene Art von repetitivem Stress aus dem Weg gehen, der uns fertigmacht. Wie wir in diesem Buch gesehen haben, sind die Gewohnheiten und Techniken, die unsere Anfälligkeit für Stress verringern können, und die Fertigkeiten und Fähigkeiten, die wir im Umgang damit einsetzen können, praktisch unendlich. Jeder Einzelne von uns verwendet eine andere Auswahl dieser Techniken und Methoden, um den Weg zu einem weniger stressbelasteten Leben zu finden. Unsere Studien haben jedoch ergeben, dass jene, die unter den belastendsten Lebensumständen die größte Gelassenheit bewahren, die sich voll ins Leben einbringen und dabei extrem produktiv und erfolgreich sind, für gewöhnlich sieben Gewohnheiten folgen. Diese Gewohnheiten scheinen bei allen, die zufälligerweise unstressbar sind, allgegenwärtig zu sein.

Der Unstressbare behält das Ziel eines stressfreien Lebens jederzeit fest im Blick. Abgesehen von diesen Gewohnheiten betrachtet der Unstressbare jede belastende Erfahrung als Lerngelegenheit. Er durchläuft fortwährend das Modell der drei *L*: limitieren, lernen, lauschen. Er ruft sich noch mal ins Gedächtnis, was ihn gestresst hat, fragt sich, was er versäumt hat, und denkt über Möglichkeiten nach, diesen Stressfaktor aus seinem Leben zu tilgen und seine Fähigkeit im Umgang damit zu verbessern, falls er ihm noch einmal begegnen sollte. Jede seiner Gewohnheiten scheint eine Seite des Drei-*L*-Dreiecks zu berücksichtigen. Er ist fortwährend bemüht, die Faktoren zu verringern, die ihm Stress verursachen können. Ob es sich um interne oder externe, um Mikro- oder Makrostressfaktoren handelt – der Unstressbare ächzt niemals unter der Last. Wenn er unter Stress leidet, hört er aufmerksam auf seinen Verstand, sein Herz, seinen Körper und seine Seele. Er versteht die Sprache, jene entscheidenden Bestandteile dessen, was ihn zum Menschen macht, und reagiert, wenn er die Botschaft empfängt und mit dem Stress umgeht. Dabei reflektiert und lernt er, um beim nächsten Mal besser zu werden. Er achtet auf die Fertigkeit, die ihm geholfen hat, eine schwere Zeit zu überstehen, verinnerlicht sie und setzt sie ein, wenn er das nächste Mal einer ähnlichen Form von Stress ausgesetzt ist. Man sieht ihn mit Würde älter werden. Man erkennt die Weisheit darin, wie er das Leben als das betrachtet, was es ist, und wie er gelassen und würdevoll mit seinen Ereignissen umgeht. Jedes Mal startet er den Drei-*L*-Kreislauf aufs Neue, betrachtet die Stressauslöser in seinem Leben und verringert sie.

Diese sieben Gewohnheiten wollen wir Ihnen hier vorstellen und Sie dazu ermuntern, sie zur obersten Priorität zu machen und sie in jeden Aspekt Ihres täglichen Lebens zu integrieren.

1. Der Unstressbare führt ein Inventar und reduziert

Stress bringt uns nicht um, wenn wir richtig damit umzugehen wissen. Genau genommen kann ein bisschen Stress uns dazu motivieren, mehr zu tun, als wenn wir gar keinen hätten. Ein bisschen fokussierter zu sein. Uns etwas mehr Mühe zu geben. Doch zu viel Stress kann tödlich sein und ist es auch. Er führt zu chronischen Angstzuständen, Depressionen und

Burn-out und macht uns unfähig, dem Leben mit unserer bestmöglichen Leistungskraft zu begegnen. Die höchste Priorität aller Unstressbaren ist es, ihre Stressanfälligkeit zu beschränken, egal, woher diese Anfälligkeit rührt.

Bisweilen ist der Stress, dem wir im Leben begegnen, ausgelöst durch traumatische, unerwartete Ereignisse, die uns Kummer, Leid und Schmerz bereiten. Ereignisse wie der Verlust eines nahestehenden Menschen oder die unerwartete Kündigung an einem Montagmorgen liegen vollständig außerhalb unserer Kontrolle. Es ist unmöglich, ihrer belastenden Wirkung auf uns zu entkommen. Niemand, nicht mal die Besten unter den Unstressbaren, können irgendetwas dagegen tun – außer zu lernen, die Sache durchzustehen und damit zurechtzukommen.

Abgesehen von solchen Ereignissen jedoch lernt der Unstressbare, alle anderen Stressfaktoren zu entfernen und sie regelmäßig aus seinem Leben zu tilgen, damit sie nicht wachsen, nicht anhalten und sich nicht über die Kurzfristigkeit hinaus negativ auf ihn auswirken.

Jene anderen Stressfaktoren machen den Großteil aller Stressauslöser aus, die uns täglich begegnen – kleine Ärgernisse wie im Stau zu stehen oder montagmorgens keinen Kaffee mehr im Haus zu haben, wenn man ihn am dringendsten braucht. Solche Vorfälle können Sie stressen, und wenn Sie das zulassen, können sie an jedem einzelnen Tag Hunderte Male auftreten. Die Erfahrenen unter den Unstressbaren wissen, dass sich jeder einzelne dieser kleineren externen Stressauslöser vermeiden lässt.

Wenn wir es zu unserer Priorität machen, diese kleinen Stressfaktoren zu vermeiden, indem wir etwa einen anderen Weg zur Arbeit nehmen oder den Stau als Gelegenheit nutzen, um einen Podcast zu hören, für den wir sonst nicht die Zeit gehabt hätten, gäbe es keine Notwendigkeit, Probleme mit diesen unerwünschten stressigen Ereignissen zu haben. Der Unstressbare macht sich die Bestandsaufnahme zur Gewohnheit und entfernt nach Kräften derartige Ereignisse aus seinem Leben, sobald sie in seinem Blickfeld auftauchen.

Von diesen abgesehen wird jeglicher Stress nicht von der äußeren Welt ausgelöst, sondern von unserem Gehirn. Wir beißen uns fest an bestimmten Konzepten, für wie dämlich wir unseren Chef halten oder wie ungerecht wir uns von unserem letzten Partner behandelt fühlen, und denken immer wieder darüber nach, bis uns das in Depressionen oder Wut oder Verzweiflung treibt und der Stress sich häuft, um uns auszubrennen, ohne dass das Leben eigentlich irgendetwas dazu beiträgt, abgesehen vielleicht von einem Ereignis, das vor langer Zeit stattgefunden hat. Oft steigern wir uns sogar in Ereignisse hinein, die es gar nicht gegeben hat. Wir stellen sie uns vor, sorgen uns deshalb, steigern uns hinein und machen sie zum Mittelpunkt unseres Lebens, bis unsere Gedanken uns viel mehr Schaden zufügen, als es dieses Ereignis jemals hätte tun können, wenn es denn stattgefunden hätte. Was nicht der Fall war. Doch das gilt nicht für den Unstressbaren. Wer sich einem stressfreien Leben verschworen hat, lässt sich niemals von seinem Gehirn in eine solche Obsession hineinziehen. Er durchschaut die Illusionen und lenkt sein Denken zum Positiven und Objektiven.

Jenseits solcher großer Obsessionen, die leicht auszumachen sind, ist es die Anhäufung kleiner negativer Gedanken, die uns überrollen. Wir sorgen uns um unendlich viele Kleinigkeiten, viel zu viele, obwohl keine davon überhaupt unsere Aufmerksamkeit verdient hat – ein blöder Kommentar in den sozialen Netzwerken oder wie jemand unsere Schuhe angesehen hat, als fände er sie hässlich.

Wenn sie von seinem Gehirn erzeugt werden, übernimmt der Unstressbare sofort die Kontrolle und stoppt die negativen Gedanken. Er besteht darauf, dass sein Gehirn nützliche Gedanken hervorbringt, und meidet Gedankenkreisläufe, die ihm ein schlechtes Gefühl verursachen, ohne seine Welt in irgendeiner Form zu verbessern.

Was immer Sie auch tun, wenn Sie unstressbar sein wollen, übernehmen Sie die Verantwortung, und begrenzen Sie die Dauer und die Anzahl der Stressfaktoren, die Sie in Ihrem Leben zulassen. Ob es sich um kleine Ereignisse handelt, die Ihr Leben mit sich bringt, oder um Gedanken, die Sie selbst hervorbringen: Lassen Sie den Stress nie andauern, selbst wenn das bedeutet, dass Sie alles andere zum Halt bringen und die Zeit aufwenden müssen, um Ihren Anti-Stress-Plan zu durchlaufen.

Wenn unser Stress anhält, erleiden wir körperlich eine Stressreaktion, die ursprünglich dafür gedacht war, uns binnen Minuten oder höchstens Stunden vor einer Gefahr weglaufen oder sie frontal angehen zu lassen. Der Mensch ist nicht darauf ausgerichtet, dass Stress fortbesteht und wochenlang dauert. Übernehmen Sie die Kontrolle über Ihren Stress, und stoppen Sie ihn, ehe er ein Eigenleben zu führen beginnt. Wenn Sie Stress nicht fortdauern lassen, geht es Ihnen immer gut.

2. Der Unstressbare führt das Leben so, wie ein CEO es täte

Der Unstressbare führt das Leben niemals als Beobachter. Er setzt sich nicht irgendwohin und wartet, was passiert. Er trägt die Verantwortung für sein eigenes Schicksal und für seinen Gemütszustand. Er hofft auf Leichtigkeit, weiß jedoch, dass das Leben manchmal querschießt. In einem solchen Fall setzt er sich nicht hin und jammert. Wenn etwas schiefgeht, agiert er nicht als Objekt des Ereignisses. Er ist das Subjekt. Er übernimmt die Verantwortung. Er schafft Fakten, so wie ein CEO ein Unternehmen führt. Er weiß, dass er der Chef ist, weil er Herausforderungen auf positive und objektive Weise angeht.

Im Laufe der Jahre gewinnen erfahrene CEOs die Qualifikationen, den Mut und die Entschlossenheit, mit Schwierigkeiten zurechtzukommen. Wenn irgendein Bereich ihres Unternehmens nicht nach Plan läuft, lassen sie sich umfassend über die Tatsachen informieren und verlangen dann Maßnahmen, um das Problem zu beheben oder wenigstens zu verringern.

Als CEO Ihres eigenen Lebens sollten Sie dasselbe tun. Wenn ein Ereignis Ihres Lebens Sie stresst oder herausfordert, müssen Sie drei Fragen stellen.

Stimmt es? Das ist die erste und die wichtigste Frage, die Sie jemals stellen können. Der Unstressbare weiß um die Tatsache, dass das, was sein Gehirn ihm mitteilt, nicht notwendigerweise immer wahr ist. Im besten Falle versucht Ihr Gehirn lediglich, Ihnen zu sagen, was es für wahr hält. Beeinflusst von seinen eigenen Annahmen, Ihren Emotionen, Umständen und Überzeugungen, kann Ihr Gehirn dabei ziemlich weit von der Wahrheit entfernt sein.

Wenn das Leben sich als schwierig erweist oder etwas schiefgeht, neigt Ihr Gehirn zur Vorsicht. Es neigt zur Übertreibung und es neigt zur Suche nach dem Negativen, vor dem es Sie zu schützen glaubt. Wenn es danach sucht, findet es auch etwas. Was unser Gehirn uns mitteilt, ist oft nicht wahr, aber das hindert es nicht daran, furchteinflößende und traurige Behauptungen aufzustellen, die uns unglücklich machen.

Der Unstressbare ist immer mit der Frage *Stimmt es?* bewaffnet, wenn sein Gehirn ihm etwas Negatives erzählt. Er fragt sein Gehirn explizit: *Stimmt das, Gehirn? Stimmt es, dass mein Partner mich nicht mehr liebt? Stimmt es, dass die Welt untergeht? Stimmt es, dass ich obdachlos werde und verhungere, wenn ich meine Stelle verliere? Stimmt es, dass der Uber-Fahrer mich verachtet hat? Wie könnte er mich verachten, wenn er mich doch gar nicht kennt?*

Wenn die Antwort auf diese Frage lautet: *Nein, es stimmt nicht,* lassen Sie die Sache fallen. Es hat keinen Sinn, von etwas gestresst zu sein, das gar nicht wahr ist.

Stimmt es jedoch, ist es Zeit für die nächste Frage: **Was kann ich dagegen unternehmen?**

Unser Gehirn bombardiert uns nur deswegen mit negativen Gedanken, weil es will, dass wir handeln, damit wir in Sicherheit sind und unser Leben besser wird. Um das Denken zu beenden, die Welt zu verbessern und den Stress zu tilgen, gibt es nur eines. Wenn etwas, das Sie stresst, wahr ist, tun Sie etwas dagegen. Fragen Sie sich: *Was kann ich dagegen tun?* Der Unstressbare setzt logisches Denken ein, das die Situation verbessern kann, statt seine Gehirnkapazitäten mit Gedankenkreisläufen zu verschwenden, die ihn sich nur schlecht fühlen lassen. Wenn er die Antwort findet, unternimmt er sofort die notwendigen Schritte, und der Stress verschwindet, denn Handeln ist verbunden mit positivem Denken über das, was möglich ist, und lässt in seinem Kopf keinen Platz für negative Gedanken. Darüber hinaus hat er noch den Vorteil, dass sein Problem gelöst wird und die Situation sich verbessert.

Selbst wenn der Unstressbare nichts gegen den Stressauslöser unternehmen kann, mit dem er konfrontiert ist, kümmert er sich trotzdem. Er weiß, dass ein Teil der Kümmernisse des Lebens manchmal von endlicher Natur ist.

Wenn Sie Ihre Arbeit verloren haben, haben Sie Ihre Arbeit verloren. Punkt. Es gibt keinen Weg zurück. Wenn Sie Ihr Auto verbeult haben, ist es verbeult. Sie können nicht in die Vergangenheit zurückkehren und den Unfall auslöschen. Sie können den Schaden nicht tilgen, außer dass Sie an seiner Behebung arbeiten können. Was sollten Sie also tun, wenn Sie mit der Finalität konfrontiert werden? Sie stellen sich die dritte Frage: **Kann ich trotz des Geschehenen etwas tun, um mein Leben zu verbessern?**

Die dritte und wirkungsvollste Frage für die Jedi-Meister aller Unstressbaren lautet: *Kann ich das Geschehene als neues Fazit meines Lebens akzeptieren? Nicht weil ich schwach bin, sondern weil ich stark genug bin zu erkennen, dass es ist, was es ist? Und kann ich mir vornehmen, etwas zu verbessern, ungeachtet der Gegenwart von etwas, das ich lieber nicht in meinem Leben hätte?*

Der Unstressbare sucht immer nach einem Weg, das Leben zu verbessern. Selbst wenn er seine Arbeit verloren hat, findet er die Möglichkeit, eine Teilzeitbeschäftigung anzunehmen, bis er eine andere Stelle gefunden hat. Vielleicht nutzt er die Zeit zum Ausruhen und Nachdenken, oder er nutzt sie einfach für den Frühjahrsputz. Er weiß, dass es Zeit braucht, eine neue Arbeit zu finden, und dass ihm dies so schnell wie möglich gelingt, wenn er sein Bestes gibt. Warum sollte er also in der Ecke sitzen, jammern und sich selbst bemitleiden und wegen seiner gegenwärtigen Realität gestresst sein? Dieser Stress trägt nichts zu seiner Problemlösungsfähigkeit bei. Genau genommen verringert er sie bloß.

3. Der Unstressbare führt ein schönes Leben

Bei einem unstressbaren Leben geht es nicht nur darum, Stress zu vermeiden oder damit zurechtzukommen. Es geht ebenso sehr darum, Freude, Gelassenheit und Wohlbefinden proaktiv in das eigene Leben einzubauen. Das hat nichts mit teuren Urlaubsreisen oder schicken Restaurants zu tun. Freude liegt in den einfachsten Vergnügungen, und das Beste im Leben gibt es umsonst.

Wer lernt, unstressbar zu leben, legt genügend Erholungsphasen ein, pflegt die Kontakte zu seinen Lieben, unternimmt schöne Dinge, genießt das Essen und baut Zeit zum Nachdenken und für Hobbys täglich in seinen Kalender ein. Er verbringt Zeit in der Natur, schaltet häufig einen Gang herunter und hört Musik.

Er versteht, dass diese Aktivitäten ebenso viel Priorität haben wie das Erledigen einer Arbeit. Er lässt sich ganz darauf ein und schenkt ihnen Zeit. Wenn ein Konflikt auftaucht und berufliche Aufgaben sich in die Zeit hineindrängen, die er ursprünglich der Entspannung und dem Lebensgenuss gewidmet hatte, opfert er nicht einfach die Erholung; er sorgt dafür, dass bei anderer Gelegenheit genügend Zeit dafür gefunden werden kann, ehe er sie von etwas anderem ersetzen lässt.

Wenn wir unser Wohlbefinden zu unserer Priorität machen, schließen wir angenehme Aktivitäten in unsere Tagesplanung ein und halten als Erstes die Zeiten für unsere Selbstfürsorgebedürfnisse im Kalender frei – ehe Arbeit und Stress jede Minute unseres Tages für sich beanspruchen.

Wenn wir Freude und Gelassenheit empfinden, setzt das unser parasympathisches Nervensystem in Gang, das signalisiert, dass alles in Ordnung ist. Wohlfühlhormone werden ausgeschüttet und die Stresshormone werden aus dem Körper gespült, sodass wir uns nicht nur großartig fühlen, sondern auch bereit sind, es mit den Herausforderungen des Lebens aufzunehmen, etwas zu erreichen und zu gewinnen.

Statt nur gegen den Stress anzukämpfen und die ganze Zeit zu arbeiten, verbringen Sie so viel Zeit wie möglich mit der echten Freude, die das Leben mit sich bringen kann. Das Leben ist bloß, was wir daraus machen, also machen Sie Ihres zu einer unvergesslichen Geschichte der Freude, so gut Sie können.

4. Der Unstressbare lebt aus dem Herzen

Unser Herz ist unser Mittelpunkt. Es ist die Wahrheit unsers Seins und der Kompass unseres Lebens. Ein unstressbares Leben beginnt damit, mit diesem Mittelpunkt in Verbindung zu sein. Es beginnt damit zu wissen, dass wir, wenn wir nicht fühlen sollten, dies einfach nicht täten.

Erst wenn wir lernen, uns auf einer intimeren Ebene mit unseren Gefühlen zu verbinden, können wir uns selbst wirklich kennenlernen, und nur wenn wir uns selbst kennen, können wir ein lebenswertes Leben für uns schaffen – eines, das davon beeinflusst wird, wer wir *wirklich* sind und was wir wirklich wollen.

Der Unstressbare weiß, dass es nicht nur Aufgabe des Verstandes ist, ein schönes Leben zu schaffen, sondern auch Aufgabe des Herzens. Die Führung seines Herzens lässt ihn das Leben schaffen, das er leben sollte, indem es durch Gefühle lenkt, nicht nur durch Logik.

Er versteht, dass seine Gefühle nicht sein Feind sind, sondern sein größter Verbündeter. Er nimmt die Gefühle, die er vielleicht nicht haben möchte, ebenso an wie die anderen. Dadurch erfährt er das Leben auf einer unvergleichlich tiefen Ebene, gespeist von Wahrheit und Authentizität. Er lernt, aus einer größeren Perspektive und viel tieferer Weisheit durch das Leben zu gehen, und weiß, dass seine eigene Fähigkeit tiefer Empfindung ihm auch ermöglicht, sich umfassender mit anderen zu verbinden.

Wenn wir ganz mit unseren Emotionen verbunden sind, können wir lernen, sie zu verstehen. Dann können wir sie nutzen – um uns zu lenken, um daran zu wachsen, um uns zu inspirieren – und ermöglichen auch anderen, uns zu verstehen.

Der Unstressbare strebt danach, am tiefsten zu empfinden. Vollständig zu empfinden wird zu seiner Stärke. Er betrachtet seine Fähigkeit, Emotionen anzunehmen, als eine Errungenschaft, auf die er stolz sein kann, nicht als Hindernis auf seinem Weg zum Erfolg. Indem er seine Emotionen leben lässt, bewältigt er die davon ausgelösten Handlungen, sodass er sie nicht fürchten muss. Je mehr er fühlt, umso neugieriger wird er. Er kennt sich selbst besser als jeder andere.

Wenn wir kühn genug sind, unsere negativen Emotionen anzunehmen, lässt uns die daraus folgende Freiheit verstärkt positive empfinden. Das Yin und Yang des Fühlens gehen Hand in Hand mit unserer Akzeptanz, dass alles im Leben Polarität besitzt, einschließlich der Gefühle in uns. Niemand auf der Welt kann Trauer oder Schmerz, Stress oder Mühsal entkommen. Unsere Fähigkeit, mit unseren Emotionen umzugehen, rührt nicht daher, das Glück zu haben, niemals Erlebnisse zu haben, die unsere negativen Emotionen auslösen, sondern daher, weise genug zu sein, um zu wissen, wie wir mit negativen Gefühlen umgehen müssen, wenn sie aufkommen.

Der Unstressbare weiß, dass ebenjene Gesellschaft, die uns auffordert, unsere Gefühle zu verbergen, auch die gestressteste und unglücklichste ist, die es je gab. Gefühle unter Verschluss zu halten, funktioniert nicht, unsere Emotionen nicht zu verstehen, hilft nicht. Der Unstressbare räumt sich die Freiheit ein zu fühlen – und die Freiheit, diese Gefühle zu zeigen.

Er weiß, dass er nicht wahrhaft lebt, wenn er nicht vollkommen fühlt, und dass er niemals sein höchstes Potenzial erreichen kann, ohne diese Gefühle, die guten wie die schlechten, anzunehmen. Er versteht, dass er von den Tiefen seiner schwierigsten Gefühle lernen und von den Höhen seiner schönsten leben kann.

Er weiß, dass ein Leben aus dem Herzen das Einzige ist, was das Leben überhaupt lebenswert macht; dass ein Gefühl immer aus einem bestimmten Grund existiert und als Hinweis dient. Er nutzt seine Gefühle als seinen Leitfaden, der ihn darauf hinweist, etwas zu ändern oder etwas wertzuschätzen, und erkennt an, dass sie es sind, die uns zu unserem Besten führen, indem sie uns zeigen, wann wir in die Irre gegangen sind.

Der Unstressbare spricht die Sprache der Emotionen fließend. Er hat gelernt, seine Gefühle zu beobachten, und versteht, dass er die Macht hat, sie zu erzeugen, zu bewahren oder loszulassen.

Der Unstressbare achtet auf seine Gefühle, ohne sie zu werten. Ihm ist klar, dass dies eine der größten Fertigkeiten ist, die wir jemals erlernen können. Er ist der Meister seiner Emotionen, er liebt sie und lernt von ihnen, und niemals lässt er unverarbeitete Gefühle eine weitere Ursache für seinen Stress sein.

5. Der Unstressbare führt ein gesundes Leben

Wir haben alle nur einen Körper. Wer unstressbar lebt, weiß das zu schätzen; er wartet nicht darauf, dass sein Körper ihm sagt, wenn er es zu weit getrieben hat. Er sorgt für ihn und gibt ihm, was er braucht, wenn sein Körper es ihm sagt.

Er gewährleistet, dass er seinen Körper täglich bewegt, und sei es nur für einen gemächlichen Spaziergang. Er isst, was den Körper nährt und die Verdauung fördert. Er weiß, dass er das Leben mit Ausgewogenheit genießen kann, dass er gut essen und sich verwöhnen kann, dass er Sport machen und arbeiten kann, aber sich auch erholen muss.

Er weiß, wie er richtig entspannt, jenseits des üblichen Fernsehmarathons, und nimmt sich die Zeit für aktive Entspannung, denn er weiß, dass ihm das guttut, wenn er Stress hat. Er meditiert, geht spazieren und macht Dehnübungen. Er tanzt, er lacht, er atmet.

Der Unstressbare weiß, dass richtig atmen etwas ist, das er jederzeit tun kann, wenn er unter Beklemmungen oder Stress leidet; er hat die einfachsten Atemtechniken im Kopf und weiß, dass er sie jederzeit einsetzen kann, ob er unter Menschen ist oder still für sich allein. Er nutzt das Atmen nicht nur, um Stress abzubauen, er nutzt es auch, um Stress vorzubeugen.

Er baut eine Beziehung zu seinem Körper auf, die es ihm ermöglicht, Schmerzen und Beschwerden ganz frühzeitig zu bemerken. Er hört auf diese frühen Signale und tut etwas dagegen; er schaut, was sich durch einfache Veränderungen der Lebensweise tun lässt. Er weiß, dass sein Körper seinen emotionalen Stress manifestieren kann, dass seine unverarbeiteten Emotionen als plötzliches Unwohlsein, als Schmerz oder Symptom auftauchen können. Deshalb fragt er sich selbst, mit welchen Emotionen er wohl klarkommen muss, um seinem Körper Erleichterung zu verschaffen. Er ist sich dessen bewusst, dass Körper, Geist und Seele vollkommen miteinander verknüpft sind.

Er schiebt das Zuhören nicht auf die lange Bank, wenn sein Körper ihn um Aufmerksamkeit bittet. Er lässt nicht zu, dass die körperlichen Symptome von Stress andauern und sich verstärken. Er bringt seinen Stress unter Kontrolle und gibt seinem Körper, was er braucht, wenn er aufkommt. Er weiß: Wenn der Körper spricht, ist es Zeit zuzuhören. Er bemüht sich nach Kräften, seinen Körper zu unterstützen, damit er nicht laut schreien muss.

Er gibt dem Schlaf Priorität und tappt nicht in die Falle, weniger zu schlafen, um mehr erledigt zu bekommen. Er weiß: Je ausgeruhter er ist, umso produktiver wird er sein. Er nimmt seinen Schlaf ebenso ernst wie seine Arbeit. Er sorgt dafür, dass er vor dem Zubettgehen zur Ruhe kommt, und stellt seinen Schlaf nicht auf die Probe, indem er digitale Geräte mit ins Bett nimmt.

Er verwöhnt seinen Körper, wann immer er kann, er massiert ihn, er dehnt ihn, er bewegt ihn. Er weiß: Je besser sein Körper in Schuss gehalten wird, umso stärker ist sein Geist, und ist sich gleichzeitig bewusst, dass der Geist auch für sich genommen eine Wirkung auf den Körper haben kann. Er denkt positiv über seine Gesundheit und meidet es, nur allein durch die Gedanken etwas Negatives in seinem Körper zu schaffen.

Er ist darauf bedacht, nicht die einfachsten Dinge zu versäumen, die ganz von sich aus die Stressreaktion seines Körpers aktivieren – er trinkt ausreichend, er schläft, er konsumiert auch in seinen stressigsten Wochen nicht zu viel Zucker und Alkohol. Er leitet den Stress aus seinem körperlichen System ab; er sitzt nicht am Schreibtisch und wartet darauf, dass er sich auf wundersame Weise verändert.

Er weiß: Wenn er auf seinen Körper achtgibt, ihn pflegt und bewegt, dann läuft auch das Leben besser für ihn.

6. Der Unstressbare setzt Grenzen

Jeder Unstressbare weiß, dass das Leben ihn, wenn er alles einfach so laufen lässt, mit Stressauslösern bombardieren wird. Die Arbeit fordert ihm alles an Mühe und Aufmerksamkeit ab. Andere Menschen beanspruchen jede freie Minute seiner Zeit, und der normale Alltagstrott nimmt ihn durch lange Arbeitswege und tägliche Pflichten in Beschlag, die ihm keinen Raum lassen, um das Leben zu genießen. Die moderne Welt versucht ständig, ihm über jedes erträgliche Maß hinaus Stress zu verursachen. Um der wachsenden Belastung durch Stress zu entgehen, lernt der Unstressbare, richtig gut Grenzen zu ziehen.

Regelmäßig überprüft er die Zeit und die Mühe, die er in andere Menschen und in die Arbeit investiert. Er nimmt eine ehrliche Einschätzung vor, was davon ihn stresst, ohne ihm für seine Weiterentwicklung und seine Ziele von Nutzen zu sein.

Der Unstressbare ordnet die stressauslösenden Ereignisse regelmäßig nach ihrer Intensität und dem Wert an, dem sie ihm bieten, und tilgt die nutzlosen und stressigen. Nicht nur indem er sie einmal entfernt, sondern indem er der Möglichkeit künftiger Stressbelastungen vorbeugt, indem er Grenzen setzt, die verhindern, dass solche Ereignisse ihn erneut beeinträchtigen. Er lernt, Nein zu sagen. Er weiß, dass ein Ja zu jedem Anliegen, das ihm vorgetragen wird, nicht nur seine Fähigkeit verringert, bestmögliche Leistungen zu erbringen, sondern dass es auch seine kostbare Zeit verschlingt und ihn an einen Punkt bringt, an dem er nicht mehr die für ihn wirklich wichtigen Dinge tun kann, was ihn frustriert und stresst.

Der Unstressbare macht auch eine Bestandsaufnahme dessen, was seinem Leben Wert gibt – die Zeit, die er seinem eigenen Wohlbefinden widmet, Hobbys, Nachdenken, Aufenthalt in der Natur, Familie und Freunde. Er trägt diese Anlässe als Erstes in seinen Kalender ein und verteidigt sie, als hinge sein Leben davon ab. Weil er weiß, dass es so ist. Wenn jemand oder etwas um die Zeit konkurriert, die er seinem eigenen Wohlergehen vorbehalten hat, lehnt der Unstressbare es ab, die Zeit zu opfern, in der er sich um sich und seine Bedürfnisse kümmert. Er sagt Nein und schaut sich an, wie die Welt darauf reagiert. Oft findet derjenige, der diese Zeit beanspruchen will, einen anderen Termin, der funktioniert. Wenn nicht, sucht der Unstressbare zuerst einen anderen Zeitpunkt für seine angenehmen Aktivitäten, ehe er ihn für etwas anderes opfert.

Der Unstressbare verteidigt seine Grenzen energisch. Wenn diese Grenzen überschritten werden, sagt er einfach Nein und hat nicht das Bedürfnis, sich dafür zu rechtfertigen.

Am Ende hat er immer weniger Verpflichtungen und Aktivitäten als andere, aber diese Verpflichtungen erfüllt er makellos. Er genießt sie enorm, und infolgedessen bringt er es im Leben viel weiter, ohne sich ausgelaugt zu fühlen von dem Stress, der durch zu viele Aktivitäten entsteht.

Eine typische Fähigkeit des Unstressbaren ist es, auch die Grenzen anderer respektieren zu lernen. Er ermuntert sie, ihre Grenzen mit Freude zu setzen; und kennt er erst mal die anderer, respektiert er sie ebenso sehr, wie er sich dies umgekehrt von ihnen wünscht.

Wie die Stressformel zeigt, ist Stress das Ergebnis externer Stressfaktoren, die auf unsere Fähigkeit einwirken, mit ihnen umzugehen. Nichts tilgt Stress besser, als die Stressfaktoren gar nicht erst auftreten zu lassen. Ausreichend Grenzen zu setzen, um Ihr Wohlbefinden zu schützen, ist die wohl größte Investition, die Sie im täglichen Leben in die Verbesserung Ihrer Stressbewältigungsfähigkeit machen können, damit Sie unstressbar werden.

7. Der Unstressbare steht mit mehr als nur dieser Welt in Verbindung

Wer unstressbar lebt, der lebt in Verbindung mit seiner Seele. Er weiß, dass das tiefere Empfinden von Gelassenheit und Frieden, nach dem wir streben, nicht allein durch Geist und Körper erreicht werden kann, dass es eine Kraft sowohl in als auch um uns ist, die darauf wartet, erschlossen zu werden. Haben wir erst einmal die Verbindung zu ihr hergestellt, verändert sich alles.

Er weiß, dass er sich niemals wirklich selbst kennen kann, wenn er keine Verbindung zu seiner Seele hat – denn all seine größten Begabungen, Antworten und Weisheiten stecken in diesem Teil von ihm. Er erkennt, dass er in schwierigen Lebenslagen Führung und Trost als Erstes in sich selbst suchen muss, in seinem eigenen spirituellen Zufluchtsort. Wenn das Leben absolut ungerecht zu sein scheint, weiß er, dass es nicht seine Aufgabe ist, das Unkontrollierbare zu kontrollieren, sondern sich dem Geschehen zu überlassen und zu schauen, wohin es ihn bringt.

Seine Beziehung zu seiner Seele ist so aktiv wie die zu seinem Körper. Er pflegt seine spirituelle Gesundheit ebenso wie seine körperliche Gesundheit, denn er weiß, dass dies genauso wichtig ist.

Er achtet auf seine Intuition und fragt sie um Rat, statt sie abzutun. Er macht es sich zur Priorität, in sich zu gehen und um Lenkung zu bitten, und sei es nur fünf Minuten täglich, denn er weiß, dass es diese stillen Momente sind, die ihm die benötigte Klarheit zurückbringen – welche Maßnahmen er ergreifen muss, mit welchen Personen er sprechen muss, welche Ideen er umsetzen muss. Den Kontakt zu seiner Intuition macht er zu einer fortwährenden Praxis, damit sie stärker wird und wächst.

Der Unstressbare weiß, dass er achtgeben muss, wenn seine Intuition spricht. Selbst wenn seine gedanklichen Ängste ihr Bestes geben, ihn zu überwältigen, weiß er, dass jenes intuitive Gefühl etwas beinhaltet, das er wissen muss, wonach er handeln muss. Er kann zwischen der Stimme seines Egos und dem Flüstern seiner Seele unterscheiden. Er kann nach der Führung seiner Seele handeln, selbst wenn es manchmal wenig Sinn zu haben scheint; er weiß, wann er etwas einfach »weiß«.

Der Unstressbare *sieht, akzeptiert und liebt* alles, was ist. Er behandelt sich selbst mit derselben Freundlichkeit wie andere und lebt so, dass es das Göttliche in ihm verkörpert, Güte, Dankbarkeit und Freude stärkt und das Urteil meidet.

Er versucht, im Einklang mit seiner spirituellen Seite zu leben. Selbst wenn die Welt verzweifelt versucht, ihn rein als Mensch handeln zu lassen, lässt er sich nicht allzu lange darauf ein. Er erkennt, wenn er gestresst ist, wenn er ins Wanken gerät, und besinnt sich in seinen schwierigsten Augenblicken auf seine spirituelle Wahrheit zurück, indem er einfach fragt: *Was würde meine Seele tun?*

Er erkennt, dass es ein göttliches Potenzial in ihm gibt, das nur ihm allein gehört. Er strebt sein Leben lang danach, diesen Teil von sich weiterzuentwickeln, um mit den Wünschen seiner Seele im Einklang zu sein. Er ist sich vollständig dessen bewusst: Je mehr er lernt, umso mehr erkennt er, dass er nicht weiß, dass die Frage manchmal nicht beantwortet, sondern erfahren werden soll. Dass es immer eine Kraft gibt, die ihn leitet, sowohl in ihm als auch um ihn, und die den Weg für Synchronizitäten ebnet. Dass seine einzige Aufgabe manchmal darin besteht, über sich selbst hinauszuwachsen und dem nachzugeben, was sich bereits herauszubilden versucht.

Was das Wichtigste ist: Der Unstressbare weiß, dass seine Spiritualität etwas ist, das geschätzt, nicht gefürchtet werden soll, und er empfindet keine Notwendigkeit, sie zu fürchten, denn er weiß, dass seine Spiritualität nur ihm allein gehört.

Er lebt in der Zuversicht, dass er sich immer auf die Führung und die Weisheit seiner spirituellen Verbindung und die Erhabenheit seiner Seele verlassen kann, ganz gleich, was das Leben für ihn bereithält.

Ehe wir Sie verlassen, möchten wir Sie daran erinnern, dass unsere Welt den Stress so bald nicht verringern wird, den sie auf jeden Einzelnen von uns ausübt. Es liegt an uns, eine Lebensweise zu wählen, die uns stressfrei bleiben lässt und unsere Fähigkeit verbessert, mit der Welt, in der wir leben, zurechtzukommen, indem wir diese vier Anteile von uns kennen.

Treten Sie der Gruppe bei, werden Sie einer unserer Helden und werden Sie unstressbar. Zeigen Sie uns Ihr Engagement und schreiben Sie sich als Mitglied bei Unstressable.com ein, um das Geld, das Sie für dieses Buch bezahlt haben, als Rabatt zu erhalten – insgesamt 15 Dollar Nachlass auf Ihren ersten Monatsbeitrag, wenn Sie den Aktionscode IAMUNSTRESSABLE angeben.

Nicht vergessen! Ein gestresstes Leben ist kein Leben.

Stress ist ein Prozess. Um seine Auswirkungen abzuwenden, müssen Sie die Verantwortung für den Ablauf tragen.

Sehr wichtig!

Es ist nicht der Stress, der Sie ausbrennen lässt und zu Tode bringt.
Ihn andauern zu lassen, kann Sie das Leben kosten.
Und es sind nicht die Ereignisse der Welt, die Sie stressen.
Wie Sie damit umgehen, ist das Entscheidende.

Über den Autor

Mo Gawdat war Chief Business Officer von Google [X], dem Elite-Entwicklerteam von Google, und arbeitete unter anderem für IBM und Microsoft. Er gründete mehr als 20 Unternehmen in Bereichen wie Technologie, Gesundheit oder Fitness mit und ist Mentor für viele angehende Gründer. Von ihm sind bereits *Die Formel für Glück*, *Die kleine Stimme im Kopf* und *Scary Smart* im Redline Verlag erschienen.

Anmerkungen

Dies ist keine Einleitung

1 »America's #1 Health Problem«, American Institute of Stress, https://www.stress.org/americas-1-health-problem.

2 Megan Hull, »Mental Health Disorders«, Recovery Village, 24. August 2023, https://www.therecoveryvillage.com/mental-health/stress/related/stress-statistics/.

3 »At 6.7% CAGR, Global Sleeping Aids Market Size & Share Expand to USD 101.7 Billion by 2026: Facts & Factors«, Global News Wire, 17. März 2021, https://bit.ly/3xcgk4E.

4 »Stress: Statistics«, Mental Health Foundation, https://www.mentalhealth.org.uk/statistics/mental-health-statistics-stress.

5 »The Science of STRESS«, South Louisiana Medical Associates, https://bit.ly/2SmdWti.

6 »Stress in America™ 2020«, American Psychological Association, https://www.apa.org/news/press/releases/stress/2020/report-october.

1 Welcome to the Machine

7 »SBNI Lunch Lecture Series-The Neurobiology of PTSD«, YouTube-Video, 50:49, gepostet von Cottage Health, 7. April 2016, https://youtu.be/hrIUPOtmeyQ.

8 Britannica, s.v. »Mechanics of Solids«, https://www.britannica.com/science/mechanics-of-solids/History.

2 Die Auslöser

9 Jitender Sareen, »Posttraumatic Stress Disorder in Adults: Impact, Comorbidity, Risk Factors, and Treatment«, Canadian Journal of Psychiatry 59, Nr. 9 (2014): S. 460–467, https://www.ncbi.nlm.nih.gov/pmc/articles/PMC4168808/.

10 »How Long Does Depression Last?«, Healthline, https://www.healthline.com/health/how-long-does-depression-last#Depressive-episodes.

11 Rodney J. Korba, »The Rate of Inner Speech«, Perceptual and Motor Skills 71, Nr. 3 (199): S. 1043–1052, https://journals.sagepub.com/doi/abs/10.2466/pms.1990.71.3.1043.

12 Nate Klemp, »The Neuroscience of Breaking Out of Negative Thinking (and How to Do It in Under 30 Seconds)«, Inc., https://www.inc.com/nate-klemp/try-this-neuroscience-based-technique-to-shift-your-mindset-from-negative-to-positive-in-30-seconds.html.

3 Die Last tragen

13 Lorna Collier, »Growth After Trauma«, Monitor on Psychology 47, Nr. 10 (November 2016), https://www.apa.org/monitor/2016/11/growth-trauma.

14 Richard G. Tedeschi, »Growth After Trauma«, Harvard Business Review, Juli–August 2020, https://hbr.org/2020/07/growth-after-trauma.

15 »We Touch Our Smartphones at Least 2,617 Times a Day!«, Economic Times, 14. Juli 2016, https://economictimes.indiatimes.com/magazines/panache/we-touch-our-smartphones-at-least-2617-times-a-day/articleshow/53211326.cms?from=mdr.

16 Josh Howarth, »Alarming Average Screen Time Statistics (2023)«, Exploding Topics, 13. Januar 2023, https://explodingtopics.com/blog/screen-time-stats.

17 »SLO MO REWIND: Nir Eyal on Becoming Indistractable«, YouTube-Video, 1:16:21, gepostet von Mo Gawdat, 7. Januar 2023, https://www.youtube.com/watch?v=BzBhWPZrT7A.

4 Alles nur im Kopf

18 »Festive Fatigue: December Is the Most Stressful Month of 2022 for Half Your Workforce«, Visier, 8. Dezember 2022, https://www.visier.com/company/news/festive-fatigue-december-most-stressful-month-of-2022/.

19 »27 Holiday Stress Statistics + Tips to Survive the Festivities«, Everlywell, https://www.everlywell.com/blog/sleep-and-stress/holiday-stress-statistics/.

20 Zoya Gervis, »Couples Have Seven Arguments During the Holiday Season, Study Finds«, SWNS Digital, 6. September 2021, https://swnsdigital.com/us/2018/12/29791/.

21 »Blue Monday: What Is It and Where Did It Come From?«, Croud, 6. Januar 2023, https://croud.com/blog/blue-monday-what-is-it-and-where-did-it-come-from/#:~:text='Blue%20Monday'%20is%20a%20day,formula'%20for%20the%20January%20blues.

22 »Debunking Blue Monday«, Centre for Suicide Prevention, 13. Januar 2016, https://www.suicideinfo.ca/debunking-blue-monday/.

23 Dave Radparvar, »Neurons That Fire Together, Wire Together«, Holstee, https://www.holstee.com/blogs/mindful-matter/neurons-that-fire-together-wire-together#:~:text=%E2%80%9CNeurons%20that%20fire%20together%2C%20wire,grati-

tude%20can%20be%20so%20powerful.&text=Neuropsychologist%20Donald%20Hebb%20first%20used-,formed%20and%20reinforced%20through%20repetition.

5 Fühlen, um heil zu werden

24 Kendra Cherry, »The 6 Types of Basic Emotions and Their Effect on Human Behavior«, Verywell Mind, 1. Dezember 2022, https://www.verywellmind.com/an-overview-of-the-types-of-emotions-4163976.

25 Yasmin Anwar, »How Many Different Human Emotions Are There?«, Greater Good, 8. September 2017, https://greatergood.berkeley.edu/article/item/how_many_different_human_emotions_are_there.

26 Brené Brown, *Atlas of the Heart* (New York: Random House, 2021).

27 Sarah Regan, »The 8 Types Of Love + How To Know Which One You're Feeling«, mindbodygreen, 28. Dezember 2022, https://www.mindbodygreen.com/articles/types-of-love.

28 »Brené Brown: The Call to Courage | Official Trailer [HD] | Netflix«, YouTube-Video, 1:10, gepostet von Netflix, 10. April 2019, https://www.youtube.com/watch?v=gr-WvA7uFDQ.

29 Dr. Kim und Dr. Hilary, »Emotions Are Energy: The Bodymind Connection and E-Motion«, Authenticity Associates, 7. April 2022, https://www.authenticityassociates.com/emotions-are-energy/.

30 »The 90 Second Life Cycle of an Emotion«, YouTube-Video, 4:49, gepostet von WUSA9, 26. Mai 2021, https://www.youtube.com/watch?v=vxARXvljKBA.

31 Meg Coyle, »The 90-Second Rule You Can't Afford to Ignore«, One Body, https://onebodyinc.com/the-90-second-rule-you-cant-afford-to-ignore/.

6 Ihre Hüften lügen nicht

32 Bessel van der Kolk, *The Body Keeps the Score*, gelesen von Sean Pratt (New York: Penguin Audio, 2021), Audible Audio-Ausgabe, 16 Stunden und 15 Minuten.

33 Ye-Seul Lee, Yeonhee Ryu, Won-Mo Jung, Jungjoo Kim, Taehyung Lee und Younbyoung Chae, »Understanding Mind-Body Interaction from the Perspective of East Asian Medicine«, Evidence-Based Complementary and Alternative Medicine, 2017: 7618419, https://www.ncbi.nlm.nih.gov/pmc/articles/PMC5585554/.

34 »Louise Hay on Health«, Louise Hay, https://www.louisehay.com/health/.

35 »Clear the Lungs and open the mind with TCM«, SHA Magazine, 20. September 2018, https://shawellnessclinic.com/en/shamagazine/clear-the-lungs-and-open-the-mind-with-tcm/.

36 Penny Sarchet, »The nocebo effect: Welcome Trust Prize Science Writing Essay«, The Guardian, 12. November 2011, https://www.theguardian.com/science/2011/nov/13/nocebo-pain-wellcome-trust-prize.

37 Kara E. Hannibal und Mark D. Bishop, »Chronic Stress, Cortisol Dysfunction, and Pain: A Psychoneuroendocrine Rationale for Stress Management in Pain Rehabilitation«, Physical Therapy 94, Nr. 12 (2014): 1816–25, https://www.ncbi.nlm.nih.gov/pmc/articles/PMC4263906/#:~:text =Under%20normal%20conditions%2C%20cortisol%20binds,acts%20as%20an%20anti%2Dinflammatory.&text=However%2C%20prolonged%20or%20excessive%20cortisol,mechanism%20underlying%20insulin%2Dresistant%20diabetes.

38 »Inflammation«, Cleveland Clinic, https://my.clevelandclinic.org/health/symptoms/21660-inflammation.

39 »How Your Heart Works«, British Heart Foundation, https://www.bhf.org.uk/informationsupport/how-a-healthy-heart-works#:~:text=Each%20day%2C%20your%20heart%20beats,vessels%20called%20your%20circulatory%20system.

40 Ursula Barth, »How Many Cells Are in Your Body? Probably More Than You Think!«, Eppendorf Handling Solutions, 12. Mai 2017, https://handling-solutions.eppendorf.com/cell-handling/about-cells-and-culture/detailview/news/how-many-cells-are-in-your-body-probably-more-than-you-think/.

41 Mark Fischetti und Jen Christiansen, »Our Bodies Replace Billions of Cells Every Day«, Scientific American, 1. April 2021, https://www.scientificamerican.com/article/our-bodies-replace-billions-of-cells-every-day/.

42 Britannica, s.v. »White Blood Cell«, https://www.britannica.com/science/white-blood-cell.

43 Serusha Govender, »Is Crying Good for You?«, WebMD, https: //www.webmd.com/balance/features/is-crying-good-for-you.

44 Nikolai A. Shevchuk, »Adapted Cold Shower as a Potential Treatment for Depression«, Medical Hypotheses 70, Nr. 5 (2008): S. 995–1001, https://www.sciencedirect.com/science/article/abs/pii/S030698770700566X.

45 »Exercising to Relax«, Harvard Health Publishing, https://www.health.harvard.edu/staying-healthy/exercising-to-relax.

46 »How to Build Self-Confidence«, MindTools, https://www.mindtools.com/selfconf.html.

47 »Relax«, Harvard Health.

48 »Walking: Trim Your Waistline, Improve Your Health«, Mayo Clinic, 19. Mai 2021, https://www.mayoclinic.org/healthy-lifestyle/fitness/in-depth/walking/art-20046261.

49 Kerstin Uvnas-Moberg und Maria Petersson, »Oxytocin, a Mediator of Anti-Stress, Well-Being, Social Interaction, Growth and Healing«, Z Psychosom Med Psychother 51, Bd. 1 (2005): S. 57–80. In deutscher Sprache. doi: 10.13109/zptm.2005.51.1.57.

50 Jorge E. Esteves, Laura Wheatley, Clare Mayall und Hilary Abbey, »Emotional Processing and Its Relationship to Chronic Low Back Pain: Results from a Case-Control Study«, Manual Therapy 18, Nr. 6 (2013): S. 541–546, https://pubmed.ncbi.nlm.nih.gov/23756033/#:~:text =Chronic%20low%20back%20pain%20(CLBP,%2Defficacy%2C%20catastrophizing%20and%20depression.

51 »Breathing to Reduce Stress«, Better Health Channel, https://www.betterhealth.vic.gov.au/health/healthyliving/breathing-to-reduce-stress.

52 James Nestor, *Breath: The New Science of a Lost Art* (New York: Riverhead, 2020).

53 »The Gut-Brain Connection«, Harvard Health Publishing, 18. Juli 2023, https://www.health.harvard.edu/diseases-and-conditions/the-gut-brain-connection.

54 Rangan Chatterjee, *The Stress Solution* (New York: Penguin, 2019).

55 Chatterjee, *The Stress Solution.*

56 Susie Neilson, »A Warm Bedtime Bath Can Help You Cool Down And Sleep Better«, NPR, 25. Juli 2019, https://www.npr.org/sections/health-shots/2019/07/25/745010965/a-warm-bedtime-bath-can-help-you-cool-down-and-sleep-better?t=1647354192687.

57 Tim Ferriss, »5 Tools for Faster and Better Sleep«, Homepage Tim Ferriss, https://tim.blog/wp-content/uploads/2017/05/5-tools-for-faster-and-better-sleep.pdf.

58 Eric Suni und Abhinav Singh, »Light and Sleep«, Sleep Foundation, 1. September 2023, https://www.sleepfoundation.org/bedroom-environment/light-and-sleep#:~:text =In%20response%20to%20darkness%2C%20the,that%20this%20hormone%20facilitates%20sleep.

7 Seelenleben

59 Albert Einstein, *Albert Einstein, The Human Side: Glimpses from His Archives*, Hrsg. Helen Dukas und Banesh Hoffman (Princeton, NJ: University Press, 2013).

60 Vladislav Šolc und George J. Didier, *Dark Religion: Fundamentalism from the Perspective of Jungian Psychology* (Asheville, NC: Chiron, 2018).

61 Pam Rutledge, »The Brain Is Hardwired to Doomscroll: Can You Stop It?«, Fielding Graduate University, 10. Juni 2020, https://www.fielding.edu/news/the-brain-is-hardwired-to-doomscroll-can-you-stop-it/.

62 Elizabeth Scott, »Helping Others Can Increase Happiness and Reduce Stress«, Verywell Mind, 26. Oktober 2020, https://www.verywellmind.com/stress-helping-others-can-increase-happiness-3144890.

63 »Giving Thanks Can Make You Happier«, Harvard Health Publishing, 14. August 2021, https://www.health.harvard.edu/healthbeat/giving-thanks-can-make-you-happier.

64 Shaman Durek, *Spirit Hacking: Shamanic Keys to Reclaim Your Personal Power, Transform Yourself, and Light Up the World* (New York: St. Martin's Essentials, 2019).

65 »Zitat von Mark Aurel«, Goodreads, https://www.goodreads.com/quotes/326583-nowhere-can-man-find-a-quieter-or-more-untroubled-retreat.

66 Carl Gustav Jung, *Psychology and Religion: West and East*, Bd. 11 (Princeton: Princeton University Press, 1975).

67 »Zitat von C. G. Jung«, Goodreads, https://www.goodreads.com/quotes/44379-until-you-make-the-unconscious-conscious-it-will-direct-your.

68 Marianne Williamson, *A Return to Love: Reflections on the Principles of A Course in Miracles* (New York: HarperOne, 1996).